民事审判指导丛书

QUESTIONS AND ANSWERS ON CIVIL TRIAL PRACTICE

民事审判实务问答

最高人民法院民事审判第一庭 编

法律出版社 LAW PRESS·CHINA
北京

《民事审判实务问答》
编辑委员会

前·言

我国是制定法国家，法典则是制定法体系化的产物。在党中央的领导下，经第十三届全国人大三次会议表决通过，《中华人民共和国民法典》于2021年1月1日起正式施行。这是新时代我国社会主义法治建设的重大成果，是我国法治发展上最重要的里程碑之一。

然而，由于作为编纂《民法典》基础的民事单行法制定于不同时期，受制于特定的时代背景，单行法之间难免存在分歧甚至矛盾，《民法典》虽然通过体系化技术力求为法官裁判提供统一的规范依据，但设计法律制度毕竟是极为复杂的技术性工作，抽象概括的法律规范无法时时刻刻、清晰明确地规制丰富变化的现实生活。此时，消弭规范与现实之隔阂的重任便落在了在个案中寻找法律、解释法律、适用法律的法官身上。

法官受到个人的经历、性格、阶层、教育等因素的影响，不可避免地存在规范理解的分歧，法官往往只能在个体或某一群体范围内实现为这部分人所认可的公正，即所谓的主观公正。与此同时，每个法治社会都追求着不为个体主观价值判断所决定的客观公正，即仅依靠现行有效的法律规范来评价行为、分配利益，实现“同案同判”与“类案同判”。

我国幅员辽阔、人口众多，自古以来各地经济文化便存在一定差异。近年来，我国经济高速发展，科技日新月异，传统与现代、农村与城市、本土与外域之间交互与碰撞越发激烈，因而我国的民商事纠纷数量极多、类型各异，纷繁复杂、千奇百怪的疑难案件不时出现。现阶段我国的法官数量有限，司法能力也不尽相同，法院系统面临着提升办案质量和效率、推进法官精英化、深化审判改革等一系列任务和挑战，推动各地各级法院与全体法官间形成共同认知与共同理解、促进司法公正、提高法律和法院的权威的需求更盛、难度更高。

近年来，最高人民法院始终积极推进司法解释的制定工作，为统一执法标准付出巨大努力。但是，司法解释的制定往往需要较长时间，调整范围也有一定限制，面对全国各地特别是基层法院日益增加的疑难问题时难免应接不暇，无法面面俱到。因此，我们尝试通过辑录审判实务问答的方式，为审判人员提供审理相同或相似情形案件的范本。虽然我国并非判例法国家，判例并不具有判例法意义上的法律拘束力，但我们并不能因此否定判例对司法裁判的意义，优秀的判例为相同或相近的事实提供较好的处理方式，可为解决后来类似纠纷所借鉴。法官在个案中严格遵循法定程序、充分说理论证得出的正确有益的法律理解视角、纠纷处理方式甚至问题思考方法都是搭建司法公正这一体系的“一砖一瓦”。跬步千里、积沙成塔，正是一件件具体纠纷的妥善处理推动了司法公正的最终实现。因此，我们希望以审判问答的方式，向实务界传达最高人民法院目前对部分实务问题的态度和意见，为具体的法律问题提供较为可行的法律适用方法，以供实务界办案时参考。

本书秉承前版务实求新的风格，聚焦审判中的新问题、新关系与新理论知识，要求问题必须来自基层一线法官的实际审判工作，坚持问题具有较高的法律价值和解决难度。同时，本次修订有三个新特点：其一，本次修订密切关注《民法典》颁行以来民商事实体法和诉讼法的变更和调整，根据现行规范全面审核了原有问答，确保其内容与现行法的有效衔接；其二，本次修订着重把握《民法典》颁行前后的新增规范与司法实践，全书收录问答数量大幅增加，涵盖范围更广，内容更加丰富；其三，本次修订对诉讼法问题给予更多关注，实体问题与程序问题的权重更加协调，也更加贴近司法实践的真实样貌。

承担本书问题解答的法官仍然由两部分组成：一部分是地方法院的资深法官，他们经常同审判实践中的疑难问题打交道，拥有丰富的审判经验与行之有效的解决方法，更擅长解决具体疑难问题；另一部分是最高人民法院的资深法官，他们曾参与多个司法解释的起草，具有较高的理论素养，处理问题时视角更宏大、考虑更全面，更擅长协调制度体系。

在内容设计和安排上，本书保持了前版重视实用性、强调说理性、关切程序性的特点。首先，本书仍采用一问一答的形式，问题解答直截了当，不使用模糊语言，避免歧义，如在回答“如何处理”“怎么办”等问题时，总是尽量直接给出具体的操作规程。其次，本书仍强调说理性，力求论证充分、说理详细、逻辑严密，使结论水到渠成。最后，在涉及审判程序方面贯彻“新两便原则”，即便于当事人利用审判制度，便于人民法院独立、公正和高效地行使审判权，体现了民事审判权和当事人诉权的相互调和、相互尊重和相互平衡，体现了接近正义和协同主义思想的精华，反映了现代民事审判权的共同发展规律。此外，本书除了提供裁决具体案件的参考范本，还建议法官认真思考裁决方法，提醒他们根据个案的实际情况权衡扬弃现有方案，小心翼翼地将自己的经验、学识和见解与具体案件紧密结合起来。

本书的编撰得到了最高人民法院、地方各级人民法院和北京大学法学院的大力支持，其中，最高人民法院民事审判第一庭承担了大量工作，为本书的选题、内容编写和组织协调等做出巨大贡献，北京大学法学院研究生蔡云飞、陈纯、董行、林楚月、林浩阳、刘恩志、刘磊、刘雪飞、罗妙琳、魏青、岳千对全书内容加以修订和校对，为本书的完善提供了很多帮助。当然，最应当感谢的是使用本书和为本书提出问题的广大司法实务工作者，有了你们的问题和思考，《民法典》和我国其他法律才能真正地活起来、用起来。

本书编写组

2021 年 3 月 20 日

目·录

实体篇 SHITIPIAN

物 权

001. 公证能否引起物权变动 …… 003
002. 如何认定《民法典》物权编规定的明示属于个人的绿地 …… 004
003. 小区道路上的车位是否属于业主共有 …… 005
004. 未办理完成房屋权属变更登记手续，能否构成善意取得 …… 006
005. 应以建筑面积还是使用面积为标准计算业主表决权 …… 007
006. 公路、桥梁等收费权能否出质 …… 009

合同总则

合同当事人 …… **012**
007. 第三人实际履行合同情形下如何认定合同当事人…… 012
合同的成立与生效 …… **014**
008. 以物抵债协议未履行，债权人可否请求债务人履行原债务…… 014
009. 若抵押权人和抵押人在抵押合同中约定“主合同展期需要取得抵押人的同意，否则抵押人不再承担担保责任”，这种约定是否有效…… 015
010. 出租人出卖租赁房屋未在合理期限内通知承租人，承租人能否以侵害其优先购买权为由主张出租人与第三人签订房屋买卖合同无效…… 017
011. 合同成立与合同生效有何区别…… 018
012. 未生效合同与无效合同有何区别…… 020
013. 合同上仅有法定代表人的签字，未加盖单位公章，单位是否应承担责任…… 021
014. 法院认定合同未生效与无效有何区别…… 022
015. 请求人民法院撤销公司法定代表人于醉酒之际签订的合同能否得到支持…… 025
016. 催收公告能否使诉讼时效期间已经届满的债权“起死回生”…… 026
017. 租赁合同未经登记不影响合同的效力…… 028

合同的解除 ………………………………………………………… 029
018. 当事人在合同中约定满足某种条件时合同自动解除，当该条件成就时，能否认定此合同不经通知对方即已解除…………………………………………… 029
019. 委托合同当事人能否通过约定放弃任意解除权………… 030
020. 应如何认定解除合同通知的效力……………………… 031
021. 合同的解除有无溯及力………………………………… 033
合同的违约责任 …………………………………………………… 034
022. 合同因违约解除后，违约金条款可否继续适用………… 034
023. 此款性质是违约金还是定金…………………………… 035
赠与合同 ………………………………………………………… 036
024. 赠与合同的任意撤销权和法定撤销权有何区别………… 036
旅游合同 ………………………………………………………… 038
025. 旅游合同之诉能否获得精神损害赔偿………………… 038
026. 旅游者行使单方解除合同的权利是否导致违约条款无效………………………………………………… 040
027. 旅游者在旅游景点购买到假冒伪劣产品，旅行社是否承担责任…………………………………………… 041
承揽合同 ………………………………………………………… 042
028. 定作人发现承揽人交付的工作成果有质量瑕疵，应当在多长时间内提出异议…………………………… 042

民间借贷

029. 借款年利率达到合同成立时一年期贷款市场报价利率 4 倍后，当事人主张的借款合同约定的律师费用、诉讼费用等诉讼请求，还能否获得人民法院的支持…… 045

030. 民间借贷逾期利息的计算基数…………………………… 047
031. 非金融性质的法人或其他组织在本单位内部通过借款形式向职工筹集资金，用于本单位生产、经营，是否受法律保护…………………………………………………… 048
032. 民间借贷合同中没有约定利息，借款人自愿支付，但借款人又以不当得利为由要求出借人返还已支付的利息，人民法院是否支持……………………… 050
033. 当事人约定以物来支付结算利息的，如果偿还借款时该物折算的金钱数额超过合同成立时一年期贷款市场报价利率 4 倍的，对于出借人就超出部分的请求，人民法院是否支持……………………………………………… 051

建设工程

工程价款结算及优先受偿权 …………………………… 053
034. 发包人未在约定时间对承包人报送的竣工结算文件提出异议，但是双方对部分工程造价进行了确认，能否按照竣工结算文件结算工程价款…………………………… 053
035. 建设工程债权转让后，受让人是否享有优先受偿权…… 055
036. 建设工程优先受偿权的行使范围是否包括装饰装修工程…………………………………………………… 056
037. 建设工程施工合同无效后，发包人与承包人之间签订的以房抵顶工程款的协议是否也应无效……………… 057
038. 没有资质的实际施工人借用有资质的建筑施工企业的名义进行投标……………………………………………… 058

039. 未经诉讼直接向执行机构主张建设工程优先权的，执行机构应当如何处理…………………………………… 060
040. 建设工程优先受偿权的行使是否受合同效力的影响…… 062
041. 建设工程优先受偿权的行使是否以工程竣工为条件…… 063
042. 建设用地使用权是否为建设工程优先受偿权的客体…… 064
043. 施工人在建设工程施工合同无效的情况下是否还享有工程价款优先受偿权？工程无法如期竣工的情况下，工程价款优先受偿权的法定期间如何认定……………… 065
044. 实际竣工日期能否作为建设工程承包人行使工程价款优先受偿权除斥期间的起算点…………………………… 066
045. 享有优先权保护的建筑工程价款范围如何界定………… 068
建设工程施工合同争议解决 ……………………………… 070
046. 建设工程施工合同与承揽合同的区别…………………… 070
047. 工程转包与专业承包有何区别…………………………… 071
048. 劳务分包和专业承包有何区别…………………………… 073
049. 建设工程施工合同纠纷案件中，在需要通过鉴定确定工程造价的情形下，若一方提出了具体的工程造价数额，另一方对此数额不予认可但又不申请鉴定的，人民法院应该如何认定工程造价……………………… 074
050. 未取得建设工程规划许可审批手续等签订建设工程施工合同的，建设工程施工合同的效力如何认定……… 075
051. 承发包双方签订的建设工程施工合同因违反招标投标法规定而无效，合同履行过程中双方达成的结算工程价款补充协议是否必然无效…………………………………… 077

052. 建设施工合同的发包方能否以承包方未开具发票作为拒绝支付工程款的先履行抗辩的事由……………… 078
053. 工程变更导致工程量发生重大变化，当事人对该部分工程款结算达不成一致的，是否应当参照签订原合同时建设行政主管部门发布的工程定额标准或工程量清单计价方法结算工程款……………………… 080
054. 工程造价鉴定取费标准变化时，是否仍按原约定下浮率对工程造价鉴定结果进行下浮………………… 081
055. 经建设单位聘用的监理工程师签认的工程量月报表，能否直接作为工程结算依据……………………… 083
建设工程施工合同的效力 ………………………………… 085
056. 同一建设工程存在“黑白合同”的情形下，在判断工程价款结算根据时，是否需要考虑“白合同”的效力…… 085
057. 当事人另行签订的建设工程施工合同补充合同中关于纠纷解决方式的变更约定是否有效………………… 086
058. 发包方与承包方另行约定如工程未拿到“鲁班奖”将不予退还履约保证金的条款是否有效……………… 088
059. 发包人同承包人仅就欠付工程款约定支付违约金，承包人是否还有权要求发包人在承担违约金责任之外支付欠付工程款的利息……………………… 089
060. 施工合同约定的仲裁条款是否适用于因偿付工程欠款签订《还款协议书》后发生的纠纷案件……………… 090
061. 在履行法定招标投标程序之前，招标人与投标人签订的建设工程施工合同是否有效……………………… 091

房地产

建设用地使用权合同 …… 093

062. 如何认定划拨土地的使用人在土地改变性质之前与他人私下签订的《土地使用权转让合同》的性质…… 093

063. 因土地补偿费分配方案侵害集体经济组织成员合法权益引发的纠纷，是否属于“就用于分配的土地补偿费数额”产生的争议…… 095

房屋买卖合同 …… 097

064. 房屋备案登记与预告登记有何区别…… 097

065. 网签与备案有何区别…… 099

066. 买受人从开发商处购买房屋，尚未办理产权登记，又将该房屋转卖给第三人，第三人能否直接请求开发商协助办理权属证书…… 100

067. 作为出卖人的房地产开发企业在其未取得商品房预售许可证明之前与买受人签订的《商品房认购书》是否有效…… 101

068. 购房人因卖房人违约而遭遇限购政策，还能否请求合同继续履行…… 103

069. 出卖人因自身原因，未能在合同约定期限内为买受人办理房屋权属证书的，人民法院如何认定出卖人应承担的违约责任…… 104

070. 开发商逾期交房应承担的违约责任，能否依据业主支付的银行按揭贷款利息来判决…… 106

071. 房屋差价能否作为非违约方的损失，由违约方予以赔偿…………………………………… 108
房屋租赁合同 …………………………………… 109
072. 当事人约定租赁合同租赁期限 20 年，到期后自动续租 20 年，该自动续期约定是否有效 ……………… 109
073. 出租方未按约定开发土地，又与承租人签订《租赁合同》，将部分土地出租用于建造仓库，该《租赁合同》的效力应如何认定…………………………………… 110
074. 租赁合同中押金条款的适用…………………………… 111

土地承包

075. 二轮土地承包期内，农户家庭成员中有考入国家公务员或“农转非”的，发包方能否收回其承包地……………… 115
076. 同一块承包地，承包合同和土地承包经营权证分别发给不同的农户，该承包地被征收后，土地补偿费给谁…… 116
077. 二轮土地承包后，新出生人口和户口迁入人员要求解决承包地，如何处理…………………………………… 117
078. 发包方在二轮承包中将农户在一轮承包中的承包土地另行发包给本集体的其他农户，丧失承包土地的农户请求返还的，是否属于土地承包经营权取得纠纷……… 118

婚姻家庭

079. 事实婚姻关系如何处理…………………………………… 120
080. 夫妻在婚前或婚姻关系存续期间约定将一方个人所有的房产与另一方共有，但没有办理房产加名登记，赠与一方请求法院撤销应如何处理…………………………… 122

081. 在国内结婚并定居在国外的华侨夫妻起诉离婚，是否必须提供其定居国法院以离婚诉讼必须由婚姻缔结地法院管辖为由不予受理的证据，人民法院才予以受理…………………………………………………… 124
082. 一方婚前贷款购房，离婚诉讼中需要提供什么样的证据，才能证明婚后共同还贷………………………………… 125
083. 一方婚前购买的股票婚后增值，另一方可否请求分割增值部分…………………………………………………… 127
084. 一方起诉离婚时，要求法院将其父母在自己婚后部分出资所购买房屋判令归自己所有时，能否得到法院支持…………………………………………………… 129
085. 双方协议离婚后，一方不愿按离婚协议约定将自己名下房屋赠与子女或他人时，另一方请求法院判令一方按协议约定办理房屋过户手续，是否支持另一方的请求………………………………………………… 130
086. 离婚诉讼的当事人只有一套性质为夫妻共同财产的房屋居住，又均无能力补偿对方，法院能否判令双方离婚后对该房屋各占 1/2 产权 ……………… 132
087. 在夫妻一方因犯罪需要于附带民事诉讼中支付赔偿的情况下，其配偶以保留更多财产为目的诉请分割夫妻共同财产能否得到支持………………………………… 133
088.《民法典》规定的诉讼时效是 3 年，离婚 3 年以后发现有离婚时尚未分割的夫妻共同财产，为什么仍然可以诉请分割…………………………………… 135

089. 男方不愿意生育，女方坚持生育，男方是否应当承担抚养义务…… 137
090. 夫妻一方在婚姻关系存续期间所负债务的偿还责任主体如何认定…… 137
091. 以配偶与他人缔结虚拟婚姻为由请求离婚损害赔偿能否得到支持…… 139
092. 人民法院判决分割一方于婚前以个人名义签订合同支付首付款并按揭贷款所购房屋时，如果将房屋判归婚前购房者所有，对于夫妻共同还贷所形成的财产权益，应当如何分割…… 140
093. 离婚后不与子女共同生活的父或母是否仍是子女的监护人…… 142
094. 夫妻共同出资购买的房屋，产权登记在未成年子女名下，离婚时应如何处理…… 143
095. 夫妻一方起诉离婚的，如果离婚案件涉及不动产财产分割，是否应由被告住所地人民法院管辖…… 144
096. 父母一方对未成年子女的监护权是否优先于因委托而行使的监护权…… 145
097. 夫妻一方将户籍迁入他市，另一方起诉离婚的，是否应由被告户籍所在地人民法院管辖…… 147
098. 祖父母主张探望孙子女的诉讼请求能否得到法院支持…… 149
099. 重婚与“有配偶者与他人同居”的主要区别是什么…… 150
100. 一方将夫妻共同财产擅自赠与他人的行为是否无效…… 151

101. 结婚登记时一方未亲自到场，能否以此为由主张婚姻无效…………………………………………………… 152
102. 离婚是否属于子女主张抚养费的前置条件………… 154
103. 继父母与继子女之间形成的扶养关系能否自然终止…… 155
104. 妻子单方终止妊娠是否构成对丈夫生育权的侵害……… 157

继 承

105. 受遗赠人在遗产分割前死亡的，受遗赠人的继承人是否享有接受遗赠财产的权利………………………… 159
106. 遗嘱中的房屋在立遗嘱人死亡前被拆迁的，遗嘱中确定的原房屋继承人能否主张继承所得补偿房屋或补偿款…… 160
107. 如何认定受遗赠人“知道受遗赠后六十日内”的起算点……………………………………………… 161
108. 遗产被转让后，继承人是否有权追回……………… 162
109. 同居关系一方当事人对对方遗产是否享有继承权……… 164
110. 诉请继承意外事故中下落不明满 2 年的人的“遗产”能否得到支持………………………………………… 165
111. 保险金作为遗产继承时的死亡时间推定是否应适用《保险法》的特别规定……………………………… 166
112. 死亡赔偿金能否视为遗产………………………… 168

侵权责任

113. 如何理解和判断《食品安全法》第一百四十八条第二款中经营者的“明知”…………………………… 171
114. 侵权人承担的人身损害赔偿金额中应否扣减保险机构赔付的款项……………………………………………… 172

115. 当事人一方以具有人格象征意义的物品受损而主张精神损害赔偿，是否应获支持…… 174
116. 患有精神病的无劳动能力人在交通事故发生前一直未参加工作，现因交通事故致残，侵权人应否赔偿残疾赔偿金…… 175
117. 如何确定道路交通事故中因伤持续治疗费用承担问题…… 176
118. 未与未成年子女形成抚养关系的继父母是否承担因未成年子女致人损害时的赔偿责任…… 177
119. 患者提出的病历异议成立，是否能够依此认定医疗机构承担侵权责任…… 178
120. 如何认定未投保交强险的车辆与行人发生交通事故后的赔偿责任…… 180
121. 在一起交通事故中，受害人能否基于不同的法律关系向不同的相对人分别提起诉讼要求赔偿…… 181
122. 赔偿权利人在依据最高人民法院《关于审理人身损害赔偿案件适用法律若干问题的解释》第十二条确定的残疾赔偿金计算年限届满后仍然生存，能否继续请求赔偿义务人支付残疾赔偿金…… 182
123. 因婚内私生他人子女引发的精神损害赔偿纠纷应如何处理…… 184
124. 被扶养人生活费是否属于人身损害赔偿的范围…… 185
125. 两次伤残鉴定，受害人的误工费应算至哪一次定残日前一天…… 187

126. 残疾赔偿金、死亡赔偿金能否按照人身损害行为或者
结果发生时的统计指标计算…………………………………… 188
127. 残疾赔偿金、死亡赔偿金是不是精神损害抚慰金……… 190

劳动争议

128. 过去历史条件下形成的“临时工”与用人单位之间是否
成立劳动关系………………………………………………… 195
129. 用人单位向劳动者支付的补助、补贴等是否应当计入职
工工资总额…………………………………………………… 196
130. 用人单位对既有终局裁决事项，又有非终局裁决事项的
仲裁裁决申请撤销，法院该如何处理…………………… 199
131. 属于事业编制但未签订聘用合同的事业单位工作人员
因被辞退产生的争议是否属于人民法院受理范围……… 201
132. 如何认定用人单位与劳动者口头约定的试用期的效力
问题…………………………………………………………… 202
133. 事实劳动关系当事人之间发生的劳动争议，劳动人事争议
仲裁委员会是否应当受理………………………………… 203
134. 劳动争议案件涉及的部分事实有待刑事案件中查明的，
可否就已经查明部分先行作出裁判……………………… 205
135. 用人单位拖欠的工资，劳动者是否可以将其作为普通
债权直接向人民法院提起诉讼…………………………… 207
136. 用人单位能否以劳动者未办理完毕工作交接为由，拒绝
为其转移人事档案和社保关系…………………………… 208
137. 保险代理人与用人单位之间的关系是否属于劳动
关系…………………………………………………………… 209

138. 劳动合同到期终止后，劳动者获得经济补偿金的工作年限是否包括 2008 年 1 月 1 日前的连续工作时间 ········ 210
139. 劳动者以欺诈手段签订劳动合同，能否适用《民法典》关于欺诈合同撤销权行使期间的规定 ··················· 212
140. 如何理解《劳动合同法》有关“同一用人单位与同一劳动者只能约定一次试用期”的规定 ··················· 213
141. 即将毕业的大中专院校学生与用人单位能否建立劳动合同关系 ························· 214
142. 人民法院是否应当受理教师与事业编制学校之间的人事争议纠纷 ························· 216
143. 如何认定劳动者通知义务的履行 ··················· 217
144. 劳动者是否赔偿因其辞职造成的损失 ··················· 218
145. 未签订劳动合同如何确定试用期 ··················· 220
146. 如何界定劳动者试用期的起算点 ··················· 221
147.《劳动合同法》施行后，50% 额外经济补偿金是否还适用 ························· 222
148. 当事人一方不履行劳动争议和解协议，对方可否再次申请仲裁 ························· 224
149.“应当订立无固定期限劳动合同之日”的确定 ········ 225
公司、企业 ························· 227
150. 公司章程与公司设立协议有何区别 ··················· 227
151. 撤销公司登记是否有溯及效力，能否以此为理由否定公司被撤销登记之前的民事行为的效力 ··················· 229
152. 有限责任公司的股东死亡后，其合法继承人为多人时，如何继承股东资格，如何行使股东表决权 ··················· 230

程序篇 CHENGXUPIAN

当事人

153. 对于追索扶养费的案件，若被告在案件审理过程中死亡的，案件应如何处理…………………………… 235
154. 保险公司支公司有无诉讼主体资格……………………… 236
155. A 公司的法定代表人能否同时作为 B 公司的委托代理人………………………………………………………… 238
156. 与公司没有劳动关系的“法律顾问”，是否只要有委托书即可代理该公司参加民事诉讼…………………… 240
157. 受过刑事处罚的人能否担任民事诉讼案件的代理人…… 241
158. 单位是否属于《消费者权益保护法》中规定的消费者…………………………………………………………… 242
159. 外国破产企业的破产财产管理人能否作为当事人在中国参加诉讼……………………………………………………… 243
160. 垄断民事纠纷案件的原告应当符合怎样的资格条件…… 245
161. 对于未经反垄断执法机构查处的行为，原告能否直接向人民法院提起民事诉讼……………………………………… 246
162. 如何理解道路交通事故损害赔偿案件中交强险保险公司诉讼地位……………………………………………… 247
163. 在道路交通事故损害赔偿案件中，当事人能否将商业三者险保险公司列为共同被告…………………………… 249

164. 在继承遗产诉讼中，如何理解“其他继承人”的范围…… 250
165. 当事人追加申请被人民法院裁定驳回后，当事人救济权问题…… 251
166. 公司解散或注销是否意味着该公司法人的诉讼主体资格消灭…… 253
167. 法人分支机构是否具备诉讼主体资格…… 254
168. 既是法定代理人又是侵权责任的替代责任人的，在民事诉讼中如何列当事人…… 256
169. 在诉讼中，争议的民事权利义务转移的，原当事人申请由受让人替代其承担诉讼的，人民法院是否可以准许…… 256

管辖与受理

170. 被告提出级别管辖异议，认为原告故意虚高诉讼标的额、抬高案件级别管辖的，人民法院是否应当在立案阶段对当事人是否虚高诉讼标的额、抬高案件级别管辖问题进行实质审查…… 258
171. 对于一审判决书中已经作出认定的问题，当事人上诉时没有作为上诉理由提出，申请再审时又作为理由之一申请再审的，能否成立…… 260
172. 作出保全裁定的法院又将案件移送其他法院审理，受移送法院审理后作出了生效判决的情况下，保全损害责任纠纷案件应当由哪个法院管辖…… 261

173. 对经检察院抗诉，法院指令再审后形成的重审生效民事判决，当事人申请再审的，法院应否受理………… 262
174. 无民事行为能力人能否提起离婚之诉………………… 263
175. 同一争议事实，当事人以不同法律关系起诉，是否违反一事不再理原则……………………………………… 265
176. 税务机关就破产企业欠缴税款产生的滞纳金提起的债权确认之诉，法院应否受理………………………… 266
177. 法人的分支机构之间的纠纷是否属于法院受案范围…… 268
178. 货运代理企业在办理海上货运业务过程中，从事了仓储、陆路运输等经营活动，由此引发的纠纷如何管辖……………………………………………………………… 269
179. 垄断民事纠纷案件应当由哪个法院管辖……………… 271
180. 如何处理军事法院与地方人民法院之间的管辖权争议……………………………………………………………… 272
181. 如何处理侵害信息网络传播权民事案件的管辖问题…… 273
182. 原告发现侵权信息地可否作为网络侵权行为地……… 275
183. 当事人通过管辖协议确定管辖法院，但纠纷发生后超出该院级别管辖标准，管辖协议是否因此无效……… 276
184. 管辖协议约定的当事人住所地发生变更，管辖法院如何确定……………………………………………………… 277
185. 关于证券虚假陈述纠纷共同管辖的案件移送………… 278
186. 破产受理后有关债务人诉讼的处理…………………… 280
187. 重整计划执行期间的诉讼管辖及诉讼参加人………… 280

证 据

188. 审判中询问专家辅助人的意见属于证据种类的哪一种…… 282
189. 当事人一方以对方逾期提交证据为由而不予质证，人民法院能否采信该份证据…… 284
190. 一般保证人在借款期间届满后向出借人作出书面还款承诺的行为如何认定…… 285
191. 必要共同诉讼中，共同诉讼人中部分人自认，其他人否认，对自认人是否发生自认效力…… 286
192. 电子数据作为证据时如何认定原件…… 287
193. 当事人举证期限相关规定是否适用于申请人民法院调查取证…… 289
194. 法院对当事人调查取证申请不予准许时，当事人是否可以申请复议…… 290
195. 当事人申请诉讼证据保全，应当符合哪些条件…… 291
196. 诉前证据保全是否必须提供担保…… 292
197. 人民法院应当如何审查证据保全以实现“持有人利益影响最小”之目的…… 293
198. 申请证据保全人诉讼请求未得到支持的，是否属于申请证据保全错误而须承担赔偿责任…… 294
199. 当事人主动申请鉴定时，法院是否需要进行实质性审查以决定是否启动鉴定…… 296
200. 法院认为需要鉴定，但当事人不主动申请，经法院释明后仍不申请鉴定的，法院可否依职权启动鉴定…… 297

201. 当事人对一审法院委托鉴定人所作的鉴定意见不服，提起上诉并申请重新鉴定的，二审法院如何审查决定……… 299
202. 关于举证期限何时确定的问题……………………………… 300
203. 举证期限内提供证据确有困难的处理……………………… 301
204. 人民法院审查当事人逾期提供证据的理由时，是否需要双方当事人在场………………………………………………… 303
205. 当事人因故意或者重大过失逾期举证的后果……………… 304
206. 诉讼调解或者和解过程中是否适用自认规则……………… 305
207. 何种情况下属于申请理由成立，人民法院应当责令对方当事人提交书证……………………………………………… 306
208. 当事人主张的法律关系性质或者民事行为效力与人民法院的认定不一致时，如何处理…………………………… 308
209. 当事人超出举证期限提交证据能否组织质证……………… 309
210. 在证据交换、询问、调查过程中，或者在起诉状、答辩状、代理词等书面材料中，人民法院对于当事人认可的证据如何审核认定………………………………………… 310
211. 无民事行为能力人或者限制民事行为能力人证言的认定……………………………………………………………… 311
212. 当事人陈述前后不一致情形的处理………………………… 312
213. 私文书证审核认定规则……………………………………… 313
214. 电子数据原件的判断标准…………………………………… 314
215. 证明妨害主体是否限于证据持有主体或者直接实施证明妨害行为的主体…………………………………………… 316
216. 违约金过高的举证责任分配………………………………… 317

217. 法院审理"过桥贷"案件的证据审查…… 318
218. 在金融产品纠纷案件中，卖方机构与金融消费者之间的证明责任分配…… 319
219. 在劳动者主张提成工资的案件中，举证责任应如何分配…… 320
220. 营业信托纠纷中受托人的举证责任…… 322
221. 如何应对垄断民事诉讼中证据与证明的特殊问题…… 323
222. 在依《民法典》第一百二十二条提出的不当得利返还之诉中，由谁来举证证明案涉得利"没有法律根据"…… 325
223. 法律文书中是否需要具体阐述证据是否采纳的理由…… 327

回 避

224. 庭审终结后当事人申请审判人员回避如何办理…… 329

妨碍民事诉讼的行为

225. 上诉期间将涉案标的物转让不构成妨害民事诉讼的行为…… 331

诉讼费用与送达

诉讼费用 …… 333
226. 当事人仅对诉讼费用负担问题申请再审，如何处理…… 333
227. 同一方当事人多人共同上诉的，二审案件受理费如何收取…… 334
228. 当事人胜诉后，其所预交的案件受理费是否应予退还…… 335

229. 怎样理解《民事诉讼法》第二百六十四条规定的“加倍支付迟延履行期间的债务利息”…………………… 336
230. 再审法院裁定撤销一审、二审判决并将案件发回重审的，二审案件受理费应否退还…………………… 337
231. 当事人对反诉部分的判决不服提出上诉的，二审案件受理费是否应当减半收取…………………… 339
232. 案件被发回重审后没有申请退还二审案件受理费的，在上诉时是否可以不再预交二审案件受理费………… 340
233. 案件的鉴定费用应如何负担…………………… 341
送达 ……………………………………………… **342**
234. 对于驳回再审申请的案件，在其他方式无法送达的情况下，是否还有必要对应诉通知与审查裁定再进行公告送达…………………………………… 342
235. 受送达人避而不见，应当如何送达诉讼文书………… 343
236. 人民法院能否依据与民事诉讼被告亲属的谈话笔录，适用公告送达程序送达诉讼文书…………………… 345
237. 民事调解书能否公告送达…………………… 346
238. 当事人在一审案件中提供的送达地址确认书可否适用于此后的二审程序、审判监督程序、执行程序………… 347
239. 当庭宣判的案件，人民法院能否通过告知当事人或诉讼代理人领取裁判文书的时间和地点的方式直接送达…… 348

财产保全与期间

240. 劳动争议纠纷申请仲裁期间和起诉期间有何区别……… 350

241. 人民法院能否接受当事人以保证方式提供的担保用于申请和解除财产保全…… 351
242. 应当如何处理对于信托公司固有财产的诉讼保全…… 352
243. 二审期间的保全应当由二审法院自行实施，还是委托一审法院实施…… 353
244. 应当如何认定当事人申请变更、增加诉讼请求或者提出反诉，第三人提出与本案有关的诉讼请求的期限…… 355

第一审普通程序

245. 与“对赌协议”有关的另行起诉问题…… 356
246. 股东代表诉讼中，被告股东能否以恶意起诉侵犯其合法权益为由对原告股东、公司提起反诉？…… 357
247. 股东代表诉讼中，应当如何认定调解书的出具条件…… 358
248. 应当如何认定撤销合同之诉与合同无效之诉中的法院审理范围…… 359
249. 当事人通过诉讼程序行使形成权的诉讼类型…… 360
250. 当事人仅主张解除合同，法院应否一并审理合同解除的法律后果…… 362
251. 法院能否依职权认定担保责任大于主债务的部分无效…… 363
252. 证券虚假陈述代表人诉讼的基本事实审查是否应前置…… 364
253. 如何处理垄断民事诉讼中的合并审理问题…… 365
254. 民刑交叉案件的审理顺序…… 366
255. 当事人失踪能否中止诉讼…… 367

256. 变更失踪人财产代管人应当适用特别程序还是普通程序…… 368
257. 被告缺席的案件，法院应否对时效问题主动审查；义务人未提出诉讼时效抗辩，人民法院应否释明…… 369
258. 在违约金过高的调整问题上，法官能否行使释明权…… 370
259. 本诉撤诉后对反诉的影响…… 372
260. 当事人在一审程序中所作诉讼行为的拘束力是否存在特例…… 373

简易程序

261. 适用简易程序审理的案件，原告口头起诉的，被告等是否具有口头答辩的权利…… 375
262. 被告收到开庭传票后下落不明的，是否可以适用简易程序进行审理…… 376
263. 被告缺席的案件，人民法院该如何对证据进行审查认定…… 377
264. 适用简易程序审理的案件，法官能否依职权直接决定采用在线庭审方式开展庭审…… 379
265. 对按第一审普通程序审理的案件，能否转为小额诉讼程序进行审理…… 380

小额诉讼

266. 适用小额诉讼程序应当如何向当事人告知小额诉讼案件的特殊之处…… 382

公益诉讼

267. 公益诉讼确认的事实及生效裁判对后诉案件的效力…… 384

第三人撤销之诉

268. 第三人撤销之诉中如何认定第三人因不能归责于本人的事由未参加诉讼的情形属于“无明显过错” …………… 386
269. 对第三人撤销之诉的裁判是否可以任意选择适用改变判决和撤销判决…………………………………………… 387

第二审程序

270. 二审法院对合同未成立、无效或被撤销的法律后果的释明及处理………………………………………………… 390
271. 二审审理中，法院是否应就以物抵债协议出具调解书………………………………………………………… 391
272. 在一审诉讼中，当事人未对诉讼时效问题提出抗辩，二审中提出时效抗辩的，二审法院应否对诉讼时效的抗辩进行审查…………………………………… 392

特别程序

273. 申请实现抵押权是否以抵押权人与抵押人就抵押权的实现方式先行协商未达成协议为前提………………… 394
274. 对申请实现担保物权案件的审查是实质审查还是形式审查……………………………………………………… 395
275. 可以申请司法确认的调解协议范围………………… 396

执 行

276. 如何认定民事案件二审诉讼期间当事人达成的和解协议的性质…………………………………………………… 399
277. 对于民事案件二审诉讼期间当事人达成的和解协议，发生不履行和解协议的情况时，当事人应当如何救济……… 401

278. 在执行异议之诉中，人民法院作出不得执行或者准予执行的判决，是否应同时撤销执行裁定………………… 403
279. 案外人将其所有的款项误汇至被执行人账户后被法院冻结扣划，案外人请求排除强制执行的，应否支持…… 404
280. 执行异议与执行异议之诉是否应适用相同的审查标准……………………………………………………… 406
281. 案外人针对仲裁机构作出的确权裁决书或仲裁调解书的执行能否提起执行异议之诉……………………… 407
282. 执行异议之诉与执行异议有何区别…………………… 408
283. 执行异议之诉与普通民事诉讼有何区别……………… 409
284. 执行异议之诉中，案外人依据另案判决或调解书主张权利的处理………………………………………… 410
285. 执行异议之诉中，被执行人对案外人的权利主张表示承认的，是否可以免除案外人的举证责任…………… 411
286. 执行异议之诉中，案外人另行主张权利如何处理……… 413
287. 案外人提起执行异议之诉和另行起诉的关系…………… 414
288. 对于因保全、先予执行错误造成案外人损害的救济…… 415
289. 执行中双方达成和解协议后，被执行人就主要条款反悔，申请执行人能否寻求强制执行和解协议………… 417
290. 部分错误的仲裁裁决能否得到执行…………………… 418
291. 法人分支机构被判决承担民事责任后经法院执行无法清偿的，能否追加法人作为被执行人……………… 419

判决

292. 二审法院对一审判决内容既有维持也有改判的，应当如何引用《民事诉讼法》条文……………………… 421

293. 二审期间，原审原告能否撤回起诉 …………………… 423
294. 当事人可否在二审调解协议中约定不履行调解协议
就执行一审判决 …………………………………………… 424
295. 和解、调解协议的内容是否可以转换为判决 ………… 425

仲裁案件的异议

296. 仲裁机构、案外人能否申请撤销仲裁裁决 …………… 427
297. 因仲裁当事人恶意串通、骗取仲裁裁决损害案外人
利益时，对案外人如何救济 ………………………………… 428

再 审

298. 当事人对再审判决能否申请再审 ……………………… 431
299. 通过一审程序再审后作出的裁判，当事人上诉后，
对该二审裁判能否申请再审 ………………………………… 432
300. 再审案件中原审当事人诉讼地位应如何列明 ………… 434
301. 当事人申请再审被作出终审判决的人民法院驳回后，
上一级人民检察院向其同级人民法院抗诉后，该院
是否应当依照《民事诉讼法》的规定裁定再审等
问题 …………………………………………………………… 435
302. 再审审查阶段认定新证据“足以推翻”原判决、裁定的
标准 …………………………………………………………… 436
303. 再审发回重审案件的性质及审理范围 ………………… 437
304. 申请抗诉的当事人在人民法院审查期间请求撤诉的，
人民法院应当如何处理 …………………………………… 439
305. 一方当事人申请再审后，被申请人及原审其他当事人
另行提出再审请求，应如何处理 ………………………… 440

306. 检察院对生效判决、裁定提出抗诉，法院是否有权审查…………………………………………………… 441
307. 人民检察院对驳回当事人再审申请的裁定能否抗诉…… 443
308. 案外人同时符合第三人撤销之诉和案外人申请再审的条件时，如何选择救济方式……………………………… 444
309. 检察院能否以抗诉或再审检察建议作出“二次监督”…………………………………………………… 446

公示催告程序

310. 公示催告程序中，公告期间届满日应如何确定………… 448
311. 适用公示催告程序，是否仅限于票据“被盗、遗失或者灭失”三种情形……………………………………… 449
312. 票据义务人能否成为公示催告程序的适格申请人……… 451
313. 恶意申请公示催告的救济……………………………… 452

实体篇

SHITIPIAN

物 权

001. 公证能否引起物权变动

问：我和张某签订了房屋买卖协议，由于某种原因，张某没有将房屋过户到我名下，但是我们已经在房屋买卖协议中约定了该房屋产权归我所有，并对上述协议办理了公证。请问我能基于该公证书的内容取得该房屋的产权吗？

答：答案是否定的。《民法典》第二百零九条规定："不动产物权的设立、变更、转让和消灭，经依法登记，发生效力；未经登记，不发生效力，但是法律另有规定的除外。依法属于国家所有的自然资源，所有权可以不登记。"房屋属于不动产，根据上述法律规定，不动产物权的变动应依法登记；若未经登记，则依法不发生物权变动的效力。对于你所提问的能否通过公证约定取得该房屋的产权，《民法典》第二百一十条规定："不动产登记，由不动产所在地的登记机构办理。国家对不动产实行统一登记制度。统一登记的范围、登记机构和登记办法，由法律、行政法规规定。"由于我国法律并未规定通过公证能够发生物权变动的效力，故即使该公证书已经载明了该房屋的产权归你所有，但是在你未同出卖人张某依法到相关不动产登记机构办理权属变更登记的情况下，你还不能取得该房屋的产权。

002. 如何认定《民法典》物权编规定的明示属于个人的绿地

问：在一些房屋买卖合同中，开发商或者销售商与买方约定，小区内建筑区划内的绿地（或者底层商品房窗前的绿地）属于底层业主专有使用。请问，这一约定具有法律效力吗？在何种情况下属于业主个人专有使用？

答：《民法典》第二百七十四条规定："建筑区划内的道路，属于业主共有，但是属于城镇公共道路的除外。建筑区划内的绿地，属于业主共有，但是属于城镇公共绿地或者明示属于个人的除外。建筑区划内的其他公共场所、公用设施和物业服务用房，属于业主共有。"这一规定说明，建筑区划内的绿地，原则上均属于业主共有，但也存在专属于个人使用的例外情形。现实生活中，经常有开发商与买受人签订商品房买卖合同或补充协议约定，位于底层商品房窗前、建有合围设施、由买受人专有使用的院落（绿地），连同底层商品房一起向买受人出售。然而，按照《民法典》的规定，要使绿地专属于个人，需要符合相关条件，即立法条文所表述的"明示属于个人"。而要符合"明示"这一条件，必须具备下列要素：一是窗前绿地规划必须经过规划部门事先批准。如果商品房规划已经有关部门批准而窗前绿地没有报批，或者报批后未经批准，或者开发商与底层业主私下达成窗前绿地专有使用权买卖协议后未补办规划批准手续的，都不能认定窗前绿地专有使用权买卖合同有效。二是开发商或销售商在出售商品房时，必须通过广告、合同或者其他有效方式向其他业主明示窗前绿地属于底层业主专有（独占）使用。也就是说，开发商或者销售商必须有证据证明，在销售商品房时，其他业主知道或者应当知道窗前绿地按照规划和合同约定属于底层业主专有使用。需要注意的是：第一，窗前绿地一般与底层商品房一同取得，一同移转让与。实践中业主之间转让窗前绿地的，只要该绿地符合上述条件，且转让手续合法，则该转让行为应当认定为有效。第二，底层业主取得的窗前绿地权利，仅仅是专有使用权，而不是所有权。因为城市土地归国家所有，业主对建筑物所依附的土地以及窗前绿地只享有使用权而不具有所有权，业主只对绿地上的植物享有所有权。第三，窗前绿地不得妨碍建筑区内公共道路、公共场所、公用设施及物业服务用房等有关公用事业的建设和使用。第四，窗前绿地的土地专有使用权费用及绿地维护费用应单独计算，由专有（独占）使用绿地的业主承担，其他区分所有权人不承担此项费用。

003. 小区道路上的车位是否属于业主共有

问：小区道路上的车位是否属于业主共有？

答：小区道路上的车位有两种类别，其归属不能一概而论。

一类是经过规划的车位。《民法典》第二百七十五条第一款规定：“建筑区划内，规划用于停放汽车的车位、车库的归属，由当事人通过出售、附赠或者出租等方式约定。”据此，在建筑区划内用于停放汽车的车位，凡是经过规划的，无论是在地下还是在地上，无论是否在小区道路上，都由当事人通过出售、附赠或者出租等方式约定。虽然《民法典》没有明确规划车位的归属，但从《民法典》第二百七十五条第一款中“由当事人通过出售、附赠或者出租等方式约定”的表述来看，规划车位实际上归开发商所有。既然如此，小区道路上经过规划的车位就不属于业主共有。

另一类是没有经过规划的车位。《民法典》第二百七十五条第二款规定：“占用业主共有的道路或者其他场地用于停放汽车的车位，属于业主共有。”根据体系解释的方法，《民法典》第二百七十五条第一款规定的是规划车位的归属，那么第二款规定的就是规划之外的车位的归属。根据《民法典》第二百七十五条第二款的规定，规划之外，小区道路上新增的车位属于业主共有。

综上所述，小区道路上规划用于停放汽车的车位，属于开发商；规划之外新增的车位，属于业主共有。

004. 未办理完成房屋权属变更登记手续，能否构成善意取得

问：我善意购买了某人的房屋，价格是合理的，并且我已经占有了该房屋，我能够基于《民法典》第三百一十一条规定取得该房屋的所有权吗？

答：你所问的问题在目前审判实践中经常被问到，即虽然没有办理完成不动产权属变更登记手续，但是已经对不动产实施了占有，能否基于善意取得制度取得该不动产的所有权。对于善意取得所需满足的条件，《民法典》第三百一十一条规定：“无处分权人将不动

产或者动产转让给受让人的，所有权人有权追回；除法律另有规定外，符合下列情形的，受让人取得该不动产或者动产的所有权：（一）受让人受让该不动产或者动产时是善意；（二）以合理的价格转让；（三）转让的不动产或者动产依照法律规定应当登记的已经登记，不需要登记的已经交付给受让人。受让人依据前款规定取得不动产或者动产的所有权的，原所有权人有权向无处分权人请求损害赔偿。当事人善意取得其他物权的，参照适用前两款规定。”上述三个条件缺一不可。因《民法典》第二百零九条第一款规定，“不动产物权的设立、变更、转让和消灭，经依法登记，发生效力；未经登记，不发生效力，但是法律另有规定的除外”，而房屋属于不动产，你善意取得某人的房屋需满足《民法典》第三百一十一条规定的“转让的不动产或者动产依照法律规定应当登记的已经登记”之条件，且最高人民法院《关于适用〈中华人民共和国民法典〉物权编的解释（一）》第十七条第一款规定“民法典第三百一十一条第一款第一项所称的受让人受让该不动产或者动产时，是指依法完成不动产物权转移登记或者动产交付之时。”因此，虽然你受让某人的房屋的时候是善意的，价格是合理的，并且你已经占有了该房屋，但是由于你所受让的该房屋并没有办理完成不动产权属变更登记手续，你不能根据《民法典》第三百一十一条的规定取得该房屋的所有权。

005. 应以建筑面积还是使用面积为标准计算业主表决权

问：对于建筑区划内的重大事项，《民法典》第二百七十八条第二款规定："业主共同决定事项，应当由专有部分面积占比三分之二以上的业主且人数占比三分之二以上的业主参与表决。决定前款第六项至第八项规定的事项，应当经参与表决专有部分面积四分之三以上的业主且参与表决人数四分之三以上的业主同意。决定前款其他事项，应当经参与表决专有部分面积过半数的业主且参与表决人数过半数的业主同意。"实践中，对于业主表决权，有的地方按照建筑面积计算专有部分面积，专有部分面积之和即为建筑物总面积。这种做法是否符合法律规定呢？

答：关于专有部分，《民法典》第二百七十一条延续了《物权法》（已废止）第七十条的表述，规定"业主对建筑物内的住宅、经营性用房等专有部分享有所有权，对专有部分以外的共有部分享有共有和共同管理的权利"；最高人民法院《关于审理建筑物区分所有权纠纷案件适用法律若干问题的解释》（本文以下简称《解释》）第二条第一款规定，"建筑区划内符合下列条件的房屋，以及车位、摊位等特定空间，应当认定为民法典第二编第六章所称的专有部分：（一）具有构造上的独立性，能够明确区分；（二）具有利用上的独立性，可以排他使用；（三）能够登记成为特定业主所有权的客体"。从上述法律和司法解释规定的文义来看，专有部分应具有构造上的独立性、利用上的独立性及可登记性，业主对该部分享有独立的所有权。而《民法典》第二百七十八条第二款也使用了"专有部分"这一表述，从体系解释的角度看，其与《民法典》第二百七十一条规定的"专有部分"应当是同一含义。从这个角度理解，在计算业主表决权时，似应按各个业主所有房屋的专有部分面积即套内使用面积进行计算，不应包括共有部分的面积。

但我们认为，这样的理解过于机械，实质上是混淆了专有部分应按何种标准登记（计算业主享有所有权的面积）和专有部分应按何种标准计算业主表决权两个不同的问题。《民法典》第二百七十一条、《解释》第二条第一款和《民法典》第二百七十八条第二款所要解决的问题是不同的:《民法典》第二百七十一条、《解释》第二条第一款规定所要解决的是前一个问题,目的是明确业主对专有部分享有的是单独所有权,对共有部分享有的则是共有权;《民法典》第二百七十八条第二款规定所要解决的是后一个问题,是业主的议决能力的问题,即业主对重大事项的表决能力。而无论是按照建筑面积还是使用面积为依据计算,每个业主所享有的表决权所占比例不会因此而发生变化。因此,在实践中,在标准统一的前提下,既可以建筑面积为依据,也可以使用面积为依据。正是基于这种理念,同时考虑到各地对专有部分面积依何种标准记载并不统一的情况,《解释》第八条规定:“民法典第二百七十八条第二款和第二百八十三条规定的专有部分面积可以按照不动产登记簿记载的面积计算;尚未进行物权登记的,暂按测绘机构的实测面积计算;尚未进行实测的,暂按房屋买卖合同记载的面积计算。”其并未明确统一规定在适用《民法典》第二百七十八条第二款时应该以何种标准计算专有部分面积,而是交由各地业主自行决定采用建筑面积还是使用面积作为计算标准,只要在同一建筑区划内采取相同标准即可。

006. 公路、桥梁等收费权能否出质

问:《物权法》(现已失效)的征求意见稿和此前的相关司法解释中,有关于以“公路、桥梁等收费权”出质的规定,正式的《物权法》与《民法典》中则没有了相关规定,仅对应收账款作出规定,

原因何在？另外，“公路、桥梁等收费权”与“应收账款”两者之间的关系如何？

答：从法律法规制定的历史看，我国《担保法》（现已失效）没有明确规定应收账款可以用于设定质权，但是《担保法》第七十五条有“下列权利可以质押：……（四）依法可以质押的其他权利”的弹性条款。因此，后来国务院的文件、最高人民法院的司法解释及一些地方性法规中对部分应收账款（如公路、桥梁等的收费权）的质押都作出了准许性的规定。其中，最高人民法院《关于适用〈中华人民共和国担保法〉若干问题的解释》（现已失效）第九十七条规定：“以公路桥梁、公路隧道或者公路渡口等不动产收益权出质的，按照担保法第七十五条第（四）项的规定处理。”在《物权法》（现已失效）征求意见过程中，《物权法草案（第六次审议稿）》第二百二十四条第六项也曾明确规定，债务人或者第三人有权处分的下列权利可以出质：……公路、桥梁等收费权……不过，鉴于我国目前收费情况比较混乱、对于可以质押的收费权种类尚需进行清理的实际状况，《物权法》第二百二十三条最终没有采用明确列举的方式列出“公路、桥梁等收费权”，而只在第六项规定了“应收账款”可以出质；而《民法典》第四百四十条继承并发展了《物权法》第二百二十三条的规定，将第六项更改为“现有的以及将有的应收账款”。应收账款属于债权性质，以应收账款设定质押实质上是用一般债权出质，属于权利质权的一种。而且，最高人民法院《关于适用〈中华人民共和国民法典〉有关担保制度的解释》第六十一条第四款规定：“以基础设施和公用事业项目收益权、提供服务或者劳务产生的债权以及其他将有的应收账款出质，当事人为应收账款设立特定账户，发生法定或者约定的质权实现事由时，质权人请求就该特定账户内的款项优先受偿的，人民法院应予支持；特定账户内的款项不足以清偿债务或者未设立特定账户，质权人请求折价或者拍卖、变卖项目收益权等将有的应收账款，并以所得的价款优先受偿的，人民法院依法予以支持。”据此，“公路、桥梁等收费权”应当属于“基础设施和公用事业项目收益权”，应当可以出质。综上所述，根据立法部门和司法部门的解释和说明，虽然《民法典》中未明确对“公路、桥梁等收费权”作出规定，但是，“公路、桥梁等收费权”作为一般债权符合《民法典》第四百四十条第六项“现有的以及将有的应收账款”的规定，且“公路、桥梁等收费权”应当属于“基础设施和公用事业项目收益权”，应当可以出质。

合同总则

合同当事人

007. 第三人实际履行合同情形下如何认定合同当事人

问：在实践中有这种情形，即一方在合同书上签字，但实际享有权利和履行义务的为第三人，此种情形下如何认定合同当事人？

答：合同关系是存在于特定当事人之间的权利义务关系，原则上仅在合同当事人之间发生效力，并不及于第三人，此称为“合同的相对性”。《民法典》第四百九十条第一款规定，“当事人采用合同书形式订立合同的，自当事人均签名、盖章或者按指印时合同成立。在签名、盖章或者按指印之前，当事人一方已经履行主要义务，对方接受时，该合同成立”，故一般情形下，在合同书上签字或者盖章的人就是合同的当事人。例外情形如职务行为，虽员工在合同上签字，但员工所在单位是当事人；再如代理行为，虽代理人在合同上签字，但被代理人是当事人。诸如此类的例外情形需要法律的明确规定方可成立。

实践中出现的第三人实际享有权利、履行义务的情形并不属于前述例外情形，在合同的理论分类中，可归为“涉他合同”，具体包括“向第三人履行的合同”和“由第三人履行的合同”两种类型。“向第三人履行的合同”是指双方当事人在合同中为第三人设定合同权利，由第三人取得利益的合同。“向第三人履行的合同”虽是由第三人实际享有合同权利，但其享有权利的基础仍然来源于合同双方当事人的约定，不能改变合同当事人的身份。对此，《民法典》第五百二十二条规定：“当事人约定由债务人向第三人履行债务，债务人未向第三人履行债务或者履行债务不符合约定的，应当向债权人承担违约责任。法律规定或者当事人约定第三人可以直接请求债务人向其履行债务，第三人未在合理期限内明确拒绝，债务人未向第三人履行债务或者履行债务不符合约定的，第三人可以请求债务人承担违约责任；债务人对债权人的抗辩，可以向第三人主张。”而“由第三人履行的合同”，则是指双方当事人与第三人约定或者债务人与第三人约定，由第三人向债权人履行合同义务的合同。第三人履行义务的实质在于代债务人履行合同义务，《民法典》第五百二十三条规定：“当事人约定由第三人向债权人履行债务，第三人不履行债务或者履行债务不符合约定的，债务人应当向债权人承担违约责任。”至于债务人与第三人之间的关系，则要另案处理。

当然，实践中情况纷繁复杂，需要结合具体案情来认定合同当事人，如是否构成债权转让或债务承担；在债务承担的情形下，还应结合当事人的约定判断是构成并存的债务承担还是免责的债务承担。

合同的成立与生效

008. 以物抵债协议未履行，债权人可否请求债务人履行原债务

问：甲开发公司欠付乙建筑公司工程款1000万元，甲开发公司与乙建筑公司签订《以房抵债协议》，约定一个月内将A房产办理过户手续至乙建筑公司名下，抵顶工程款。一个月后，甲开发公司未能办理A房产过户手续，乙建筑公司可否请求甲开发公司支付工程款1000万元？

答：如果甲开发公司与乙建筑公司未作出《以房抵债协议》替代原债权债务的明确意思表示，甲开发公司到期不履行《以房抵债协议》，乙建筑公司可请求甲开发公司履行原债务。以物抵债，系债务清偿的方式之一，是当事人之间对于如何清偿债务作出的安排，故对以物抵债协议的效力、履行等问题的认定，应以尊重当事人的意思自治为基本原则。只要双方当事人的意思表示真实，合同内容不违反法律、行政法规的强制性规定，合同即为有效。当事人于债务清偿期届满后达成的以物抵债协议，可能构成债务更新，即成立新债务，同时消灭旧债务；亦可能属于新债清偿，同时存在新旧两债。从常理看，债权到期后，债权人能够接受额外增加一种新的清偿方式，但是以一个不确定的新的债权替代原到期债权，具有较大风险，债权人通常不会同意。另外，债务更新彻底消灭旧债，附属于旧债的担保也随之消灭，对债权人非常不利。因此，基于保护债权的理念，债务更新一般需有当事人明确消灭旧债的合意，否则，当事人于债务清偿期届满后达成的以物抵债协议，性质一般应为新债清偿。换

言之，债务清偿期届满后，债权人与债务人所签订的以物抵债协议，如未约定消灭原有到期债务，则应认定系双方当事人另行增加一种清偿债务的履行方式，而非原债权债务的消灭。与此相符，2019年《全国法院民商事审判工作会议纪要》（法〔2019〕254号）第四十四条第二款第四句规定，当事人不申请撤回起诉，请求人民法院出具调解书对以物抵债协议予以确认的，因债务人完全可以立即履行该协议，没有必要由人民法院出具调解书，故人民法院不应准许，同时应当继续对原债权债务关系进行审理。

在新债清偿下，旧债务于新债务履行之前不消灭，旧债务和新债务处于衔接并存的状态；在新债务合法有效并得以履行完毕后，因完成了债务清偿义务，旧债务才归于消灭。若新债务届期不履行，致使以物抵债协议目的不能实现的，债权人有权请求债务人履行旧债务；而且，该请求权的行使，并不以以物抵债协议无效、被撤销或者被解除为前提。

009. 若抵押权人和抵押人在抵押合同中约定“主合同展期需要取得抵押人的同意，否则抵押人不再承担担保责任”，这种约定是否有效

问：若抵押权人和抵押人在抵押合同中约定“主合同展期需要取得抵押人的同意，否则抵押人不再承担担保责任”，这种约定是否有效？

答：抵押合同作为主债权合同的从合同，其条款受主债权合同

内容的影响。根据《民法典》第四百条规定："设立抵押权，当事人应当采用书面形式订立抵押合同。抵押合同一般包括下列条款：（一）被担保债权的种类和数额；（二）债务人履行债务的期限；（三）抵押财产的名称、数量等情况；（四）担保的范围。"其中，"债务人履行债务的期限"是抵押合同的重要条款之一。债务人履行债务的期限延展，说明债务人履行债务的能力和实际情形有变化，可能导致诉讼时效、利息计算、违约责任等事项的变化，这种变化会影响到抵押人作为担保人的利益。因此，抵押人在抵押合同中要求主债务合同展期需要经过其同意，是维护自己合法权益的一项举措。

抵押权人和抵押人所做的"主合同展期需要取得抵押人的同意，否则抵押人不再承担担保责任"的约定实际上是对抵押权行使条件的约定，即如果主债务合同展期，抵押权人须征得抵押人同意，方能继续享有抵押权；抵押权人没有征得抵押人同意，则抵押权人自愿放弃抵押权。放弃抵押权，体现了抵押权人对自己权利的处分，法律予以允许，《民法典》第四百零九条第一款对此有明确规定："抵押权人可以放弃抵押权或者抵押权的顺位。抵押权人与抵押人可以协议变更抵押权顺位以及被担保的债权数额等内容。但是，抵押权的变更未经其他抵押权人书面同意的，不得对其他抵押权人产生不利影响。"同时《民法典》第三百九十三条规定："有下列情形之一的，担保物权消灭：……（三）债权人放弃担保物权……"所以，抵押权人是否放弃抵押权、在哪些情形下放弃抵押权，是抵押权人对自己合法权益的处分。抵押合同中有关这方面的约定属于双方当事人的意思自治，在不违反法律、行政法规强制性规定，不具备其他无效因素的情形下，应为有效。

010. 出租人出卖租赁房屋未在合理期限内通知承租人，承租人能否以侵害其优先购买权为由主张出租人与第三人签订房屋买卖合同无效

问：出租人出卖租赁房屋未在合理期限内通知承租人，承租人能否以侵害其优先购买权为由主张出租人与第三人签订房屋买卖合同无效？

答：《民法典》第七百二十六条规定："出租人出卖租赁房屋的，应当在出卖之前的合理期限内通知承租人，承租人享有以同等条件优先购买的权利；但是，房屋按份共有人行使优先购买权或者出租人将房屋出卖给近亲属的除外。出租人履行通知义务后，承租人在十五日内未明确表示购买的，视为承租人放弃优先购买权。"最高人民法院《关于贯彻执行〈中华人民共和国民法通则〉若干问题的意见（试行）》（已废止）第一百一十八条曾规定，"出租人出卖出租房屋，应提前三个月通知承租人，承租人在同等条件下，享有优先购买权；出租人未按此规定出卖房屋的，承租人可以请求人民法院宣告该房屋买卖无效"，但此条规定已被最高人民法院《关于废止2007年底以前发布的有关司法解释（第七批）的决定》所废止。

我们认为，基于合同相对性原则，出租人与第三人签订的房屋买卖合同效力应当依照《民法典》等相关法律有关合同效力的规定判断。对此，《民法典》第二百一十五条规定，"当事人之间订立有关设立、变更、转让和消灭不动产物权的合同，除法律另有规定或者当事人另有约定外，自合同成立时生效；未办理物权登记的，不影响合同效力"。《民法典》第七百二十八条规定，出租人未通知承

租人或者有其他妨害承租人行使优先购买权情形的，承租人可以请求出租人承担赔偿责任。但是，出租人与第三人订立的房屋买卖合同的效力不受影响。

011. 合同成立与合同生效有何区别

问：合同成立与合同生效有何区别？

答：合同的成立是合同订立的完结，旨在说明合同的形式，而合同的生效是指合同的效力，旨在说明业已形成的合同是否具有法律约束力。具体而言，合同成立与合同生效的区别在于：

1. 合同关系所属的阶段不同。《民法典》第四百八十三条规定："承诺生效时合同成立，但是法律另有规定或者当事人另有约定的除外。"合同成立属于合同订立阶段，是要约和承诺阶段的终结，不涉及合同义务和合同责任的问题；而合同生效是在合同订立终结后，开始实现合同目的，开始履行合同义务，处于履行阶段，因而存在必须履行义务及违约责任等问题。

2. 反映的内容不同。合同成立与生效是两个不同性质、不同范畴的问题。合同成立属于合同订立的范畴，解决的是合同是否存在的事实问题，是对合同的事实上的判断。而《民法典》第五百零二条第一款规定："依法成立的合同，自成立时生效，但是法律另有规定或者当事人另有约定的除外。"合同生效属于合同的效力范畴，解决的是已经存在的合同是否符合法律规定，是否条件成就或期限届至而具有法律效力的问题，是对合同的法律价值判断。

3. 体现的原则不同。合同成立要件体现合同自由原则，赋予当事人广泛的自主权，合同是否成立，只能从当事人的意思表示判断，不应夹杂着国家对合同的态度。法律的任务是为判断合同是否存在提供一些标准，这些标准是客观的，任何人依据这些标准，对合同是否成立都能作出同一的评判，这是合同成立制度的价值所在。合同生效要件体现的则是国家干预原则，由国家对合同的约束力予以干预。如果合同的内容不符合法律规定的生效要件，那就意味着合同当事人的意志不符合国家意志，自然不能取得当事人预期的法律效果。合同成立强调当事人的合意，体现意思自治原则，只要具备意思表示一致这一基本事实，合同即告成立。

4. 解释的适用不同。合同在某些情况下可以适用合同解释方法使之成立，鼓励当事人积极从事交易，减少交易成本。譬如，《民法典》第四百九十条第一款规定，当事人采用合同书形式订立合同的，自当事人均签名、盖章或者按指印时合同成立。在签名、盖章或者按指印之前，当事人一方已经履行主要义务，对方接受时，该合同成立。此条以事实合同为其理论基础、以社会生活为其实践基础，其意义在于尽力促成合同成立、鼓励交易。而对合同的效力而言，则不存在适用合同解释方法使无效合同转化为有效的可能性。

5. 时间上有差异。合同成立是合同生效的逻辑前提，合同只有在成立之后才谈得上判断其是否生效的问题。考察合同的生效，首先必须考察合同是否成立。合同虽已成立，但是否生效有待于进一步的判断。

总之，合同经过要约与承诺阶段即成立，但只有在法律规定的生效要件具备时，合同才得以生效。合同生效的起始时间依赖于合同的成立，合同成立是合同生效的前提。

012. 未生效合同与无效合同有何区别

问：未生效合同与无效合同均不发生法律效力，两者有何区别？

答：《民法典》第五百零二条第一款规定，“依法成立的合同，自成立时生效，但是法律另有规定或者当事人另有约定的除外”，则未生效合同就是指已经成立但尚未生效的合同。未生效合同已具备合同的有效要件，对双方具有一定的拘束力，任何一方不得擅自撤回、解除、变更，但因欠缺法律、行政法规规定或当事人约定的特别生效条件，在该生效条件成就前，不能产生请求对方履行合同主要权利义务的法律效力。而无效合同从本质上来说是确定欠缺合同的有效要件，或者具有合同无效的法定事由，例如《民法典》第一百五十三条规定：“违反法律、行政法规的强制性规定的民事法律行为无效。但是，该强制性规定不导致该民事法律行为无效的除外。违背公序良俗的民事法律行为无效。”对于无效合同，《民法典》第一百五十五条规定：“无效的或者被撤销的民事法律行为自始没有法律约束力。”

未生效合同与无效合同的责任依据不同，未生效合同作为已依法成立的合同，对当事人具有约束力，并受法律保护，其欠缺的是合同的程序要件，体现的主要是国家对于合同不能生效时当事人权益的平衡和保护；而无效合同自始没有约束力，体现的是国家对于内容违法或违反公共利益合同的否定，强调的是对违法民事行为的制裁。在责任形式上，未生效合同主要处理合同当事人之间财产利益的弥补和相关损失的分担，一般不对当事人实施制裁，而且允许当事人通过补正而使合同生效，从而获取合同约定的权益；而合同无效的后果是返还财产和赔偿损失。

013. 合同上仅有法定代表人的签字，未加盖单位公章，单位是否应承担责任

问：甲公司与乙公司签订房屋租赁合同，甲公司是出租方，乙公司是承租方。甲公司在合同上加盖公司印章，并有法定代表人签字，乙公司未加盖公章，仅有法定代表人丙的签字。后因乙公司未支付租金，甲公司将乙公司和丙诉至法院，乙公司答辩称丙未经公司授权签订租赁合同，乙公司未加盖公章，不应承担付款责任。丙答辩称其是职务行为，个人不应承担付款责任，该案应如何认定责任主体？

答：该案应由乙公司承担责任。《民法典》第四百九十条第一款第一句规定："当事人采用合同书形式订立合同的，自当事人均签名、盖章或者按指印时合同成立。"根据该规定，当事人在合同上签字或者盖章均具有法律效力。《民法典》第六十一条规定："依照法律或者法人章程的规定，代表法人从事民事活动的负责人，为法人的法定代表人。法定代表人以法人名义从事的民事活动，其法律后果由法人承受。法人章程或者法人权力机构对法定代表人代表权的限制，不得对抗善意相对人。"因此，法定代表人代表法人行使职权，其对外以法人名义从事的民事活动应由法人承担责任，而盖具公章并非合同有效的必备条件。例外情况是，《民法典》第五百零四条规定："法人的法定代表人或者非法人组织的负责人超越权限订立的合同，除相对人知道或者应当知道其超越权限外，该代表行为有效，订立的合同对法人或者非法人组织发生效力。"换言之，有在合同一方当事人知道或应当知道对方的法定代表人超越其权限而仍与其签订合同的情况下，只有法定代表人签名而没有加盖公章的合同对

该法定代表人代表的法人没有约束力。综上所述，在甲公司是善意相对人的情况下，丙以乙公司的名义签订租赁合同，其行为即是乙公司的行为，该租赁合同对乙公司有约束力。

014. 法院认定合同未生效与无效有何区别

问：人民法院审理合同纠纷案件，有时认定合同未生效，有时认定合同无效，请问这两种情况在法律上有何区别？

答：审理合同纠纷案件时，人民法院经常根据合同主体、内容的性质和审批程序的不同，依法认定合同未生效或者无效，两者在裁判结果上虽然有时产生竞合，但也有许多不同之处。区分这两种情况主要应从以下四个方面进行把握：

1. 认定前提不同。《民法典》第五百零二条第一款规定："依法成立的合同，自成立时生效，但是法律另有规定或者当事人另有约定的除外。"认定合同未生效的前提是合同已经依法成立，其效力只是由于某种原因尚未发生。例如，当事人约定的合同生效条件尚未成就；再如，依法经过批准才生效的合同未经批准，其原因可能是由于客观情况变化致使有义务登记的一方故意不去报批，或者审批机关基于某种事实暂不予批准。无效合同不存在已合法成立的前提，《民法典》第一百五十五条规定："无效的或者被撤销的民事法律行为自始没有法律约束力。"换言之，无效合同自签订时起即因合同主体或者内容违反法律、行政法规的强制性规定而无效；其自始无效，绝对无效，对当事人不产生任何约束力。

2. 条款效力不同。合同被认定未生效后，处于效力待定状态，将来有可能生效，也有可能不生效。合同被认定未生效，认定时合同实体条款虽不发生效力，但并不因此影响合同的报批条款的效力。《民法典》第五百零二条第二款规定：“依照法律、行政法规的规定，合同应当办理批准等手续的，依照其规定。未办理批准等手续影响合同生效的，不影响合同中履行报批等义务条款以及相关条款的效力。应当办理申请批准等手续的当事人未履行义务的，对方可以请求其承担违反该义务的责任。”根据2011年《全国民事审判工作会议纪要》有关规定，探矿权、采矿权转让未经相关审批管理机关批准，但符合矿产资源法等法律、法规规定的条件，应认定探矿权、采矿权转让未生效，但不影响转让合同中当事人履行报批义务条款及因该报批义务而设定的相关条款的生效及效力。当事人仅以探矿权、采矿权转让未经相关审批机关批准为由请求确认探矿权、采矿权转让合同无效的，不应予以支持。与此相符，最高人民法院《关于审理矿业权纠纷案件适用法律若干问题的解释》第七条第一款规定：“矿业权转让合同依法成立后，在不具有法定无效情形下，受让人请求转让人履行报批义务或者转让人请求受让人履行协助报批义务的，人民法院应予支持，但法律上或者事实上不具备履行条件的除外。”而合同被确认无效后，除解决争议的程序性条款有效外，其他条款自始无效，缔约双方回到合同订立前的状态。

3.适用条件不同。通常认定合同未生效的条件是，合同主体适格，内容是双方当事人的真实意思表示，且不违反法律、行政法规的强制性规定，没有法定无效事由。合同未生效只是由于设定的生效条件尚未成就，或者依法该登记而未登记。例如，国务院《探矿权采矿权转让管理办法》第十条第三款规定：“批准转让的，转让合同自批准之日起生效。”显然，合同在成立后、被批准前处于未生效状态。

而认定合同无效的条件是合同主体或者内容本身违反法律、法规强制性规范。无效合同有几种类型，首先是因主体违法而认定无效的合同：（1）缔约一方或者双方无民事行为能力而认定无效的合同；（2）缔约方违反国家限制经营、特许经营以及法律、行政法规禁止经营规定签订的合同，如未取得建筑资质与他人签订建设工程施工合同、未取得销售爆炸品资质而签订雷管炸药销售合同。其次是因为内容违法而认定无效的合同，其中包括：（1）违反法律、行政法规的强制性规定的合同，诸如签订枪支弹药买卖合同，签订关于危害消费者健康的"地沟油"、含"瘦肉精"食品的买卖合同；（2）违背公序良俗的合同；（3）恶意串通，损害他人合法权益的合同；（4）双方以虚假的意思表示签订的合同。

4. 法律后果不同。如果合同被认定未生效后，客观上没有继续履行的条件，合同双方均不承担违约责任。但在合同可以继续履行的情况下，只因合同未办理报批手续而未生效，法院可以判决：（1）有合同报批义务的一方当事人履行报批义务，促使合同生效，贯彻《民法典》关于尽量使合同有效的立法精神；（2）依照合同条款，违约方承担违反合同报批条款的责任，充分体现诚实信用原则。而合同无效的后果是返还财产和赔偿损失。如果在诉讼中当事人未请求返还财产、赔偿损失，可以另寻法律途径解决。

审判实践中应特别注意的是，要将认定合同未生效、无效与认定不动产物权合同效力、物权转让效力区分开来，即要坚持物权变动与其基础关系亦即原因关系的区分原则。《民法典》第二百零九条第一款规定，"不动产物权的设立、变更、转让和消灭，经依法登记，发生效力；未经登记，不发生效力，但是法律另有规定的除外"，确立了不动产物权转让登记生效原则，未经登记的，不得对抗第三人。同时《民法典》第二百一十五条规定："当事人之间订立有关设立、变更、转让和消灭不动产物权的合同，除法律另有规定或者当事人另有约定外，自合同成立时生效；未办理物权登记的，不影响合同效力。”审判实践中，物权合同只要符合法律规定的生效条件，即应认定合同有效。合同生效后，当事人未依约办理产权过户手续的，违约方应承担因物权不能转让而产生的风险，但绝不能以未办理物权变动手续为由，认定合同无效或者未生效。这样认定的意义在于：（1）可以有效保护依据有效合同占有不动产的占有权人的合法权益，占有权人针对第三人的侵害可以提起占有之诉。（2）有利于确立违约责任。认定合同有效，对拒不履行登记的行为可以认定违约，追究其违约责任。（3）有利于保护守约方，维护社会诚信。如果以登记为合同生效要件，就无法约束登记前的恶意违约行为，损害善意买受人的利益。

015. 请求人民法院撤销公司法定代表人于醉酒之际签订的合同能否得到支持

问：甲公司提供了其法定代表人胡某于2021年1月20日晚在某医院就诊的病历，向人民法院起诉称，胡某与乙公司洽谈时，乙公司公关经理将其灌醉，乘机与其签订了违背甲公司真实意思表示且不利于甲公司的购销合同。乙公司的行为属于乘人之危，故请求人民法院撤销该购销合同。请问，人民法院是否应当支持甲公司的诉讼请求？

答：《民法典》不再单独规定“乘人之危”，而是将“乘人之危”与“显失公平”共同在《民法典》第一百五十一条中规定：“一方利用对方处于危困状态、缺乏判断能力等情形，致使民事法律行为成立时显失公平的，受损害方有权请求人民法院或者仲裁机构予以撤销”。

但是，我们认为，即使甲公司与乙公司所签合同确实明显不利于甲公司，甲公司请求人民法院撤销其与乙公司签订的购销合同的理由也是不能成立的。首先，甲公司的法定代表人胡某作为完全民事行为能力人，应当对自己的行为承担民事责任。其在代表公司履行职务时能否饮酒，自己可以饮多少酒，胡某应当并且能够预见，因此，不能支持其将自己过量饮酒造成的后果诿过于人。甲公司指责乙公司乘人之危，使法定代表人胡某在违背其真实意思表示下签订合同，不能得到法院的支持。其次，《民法典》第六十一条第二款规定：“法定代表人以法人名义从事的民事活动，其法律后果由法人承受。”签订合同是典型的民事活动，甲公司无疑应当为其法定代表人胡某的行为承担民事责任。

016. 催收公告能否使诉讼时效期间已经届满的债权“起死回生”

问：最高人民法院《关于审理民事案件适用诉讼时效制度若干问题的规定》（本文以下简称《规定》）第十七条第一款规定：“债权转让的，应当认定诉讼时效从债权转让通知到达债务人之日起中断。”但当事人受让的债权在《债权转让及催收公告》刊出前已经诉讼时效期间届满的，新的债权人是否能够因此公告而重新获得胜诉权？

答:《民法典》第一百九十五条规定:“有下列情形之一的,诉讼时效中断,从中断、有关程序终结时起,诉讼时效期间重新计算:(一)权利人向义务人提出履行请求;(二)义务人同意履行义务;(三)权利人提起诉讼或者申请仲裁;(四)与提起诉讼或者申请仲裁具有同等效力的其他情形。”可见,除法律对诉讼时效另有规定外,诉讼时效中断的原因不外乎四种情况:提起诉讼或者申请仲裁、当事人一方提出要求或者同意履行、与提起诉讼或者申请仲裁具有同等效力的其他情形。债权转让本身,并不能引起诉讼时效中断的法律效果。在债权转让的情况下,受让成为债权人的民事主体享有原债权人的权利,包括向债务人提出要求和提起诉讼。在国家级或者下落不明的当事人一方住所地的省级有影响的媒体上刊登《债权转让及催收公告》,无疑是债权人主张权利的一种方式。如果公告涉及的债权尚在诉讼时效期间内,则无论债务人是否看到这一公告,均会引起诉讼时效中断的法律后果。但如果公告涉及的债权早已诉讼时效期间届满,则根据《民法典》第一百九十二条规定:“诉讼时效期间届满的,义务人可以提出不履行义务的抗辩。诉讼时效期间届满后,义务人同意履行的,不得以诉讼时效期间届满为由抗辩;义务人已经自愿履行的,不得请求返还。”债权人所主张的权利能否实现,完全取决于债务人是否行使时效抗辩权。换言之,诉讼时效期间届满后,债务人自愿履行的,不受诉讼时效限制;一旦债务人行使时效抗辩权,则人民法院只能驳回债权人的诉讼请求。

有一种观点认为,《规定》第十七条第一款的规定中并无前提条件。也就是说,该条司法解释没有规定只有在诉讼时效期间尚未届满的条件下转让债权,才认定诉讼时效从债权转让通知到达债务人之日起中断。我们认为,这种观点是对最高人民法院上述司法解释的误读。第一,诉讼时效期间尚未届满才谈得上中断,而已经届满的诉讼时效期间是无所谓中断的。第二，解读某一具体的司法解释条文，应当注意该条文在整篇司法解释中所处的位置，这样有助于从整体上了解该司法解释条文所在的部分是要解决哪些问题的。《规定》第八条至第十七条恰恰是用于解释诉讼时效中断的相关问题，诉讼时效期间尚未届满的前提条件应当是这些条文的应有之义。第三，如果《债权转让及催收公告》能够使已经经过诉讼时效期间的债权“起死回生”，让诉讼时效重新起算；那么，人们岂不是可以将诉讼时效期间届满的债权通过转让并公告的方式，重新获得胜诉权？那样的话，诉讼时效制度就形同虚设了。综上所述，我们认为，催收公告不能使诉讼时效期间已经届满的债权“起死回生”。

017. 租赁合同未经登记不影响合同的效力

问：租赁合同未经登记，是否会影响租赁合同的效力？

答：为便于管理及保护当事人的合法权益，我国目前对房屋租赁合同实行登记备案制度。《城市房地产管理法》第五十四条规定：“房屋租赁，出租人和承租人应当签订书面租赁合同，约定租赁期限、租赁用途、租赁价格、修缮责任等条款，以及双方的其他权利和义务，并向房产管理部门登记备案。”但该条款只是要求房屋租赁合同应当向房产管理部门登记备案，并不意味着未办理登记备案手续就会导致房屋租赁合同无效。2011 年起施行的住房和城乡建设部《商品房屋租赁管理办法》第十四条第一款规定：“房屋租赁合同订立后三十日内，房屋租赁当事人应当到租赁房屋所在地直辖市、市、县人民政府建设（房地产）主管部门办理房屋租赁登记备案。”第二十三条还规定："违反本办法第十四条第一款、第十九条规定的，由直辖市、市、县人民政府建设（房地产）主管部门责令限期改正；个人逾期不改正的，处以一千元以下罚款；单位逾期不改正的，处以一千元以上一万元以下罚款。"从前述规定可以看出，该办法强调房屋租赁合同应当办理登记备案手续，并且规定了不办理登记的处罚措施，主要是出于行政管制的考量，但并未表示房屋租赁合同未办理登记备案手续将影响合同的效力。同时，《民法典》第七百零六条更是明确规定："当事人未依照法律、行政法规规定办理租赁合同登记备案手续的，不影响合同的效力。"

合同的解除

018. 当事人在合同中约定满足某种条件时合同自动解除，当该条件成就时，能否认定此合同不经通知对方即已解除

问：当事人在合同中约定满足某种条件时合同自动解除，当该条件成就时，能否认定此合同不经通知对方即已解除？

答：合同解除是合同权利义务终止的重要方式之一，是对合同效力状态的根本性改变。在法律规定的合同解除方式中，包括当事人协商一致解除合同，以及解除权人行使解除权解除合同。合同的解除须由当事人为相应的意思表示，意图即在于使各方当事人对合同效力状态是否发生根本性变化能够有明确的认识。是否行使合同

解除权，以及依据何种事实和理由行使合同解除权，取决于当事人的意思自治。

《民法典》第五百六十五条第一款规定："当事人一方依法主张解除合同的，应当通知对方。合同自通知到达对方时解除；通知载明债务人在一定期限内不履行债务则合同自动解除，债务人在该期限内未履行债务的，合同自通知载明的期限届满时解除。对方对解除合同有异议的，任何一方当事人均可以请求人民法院或者仲裁机构确认解除行为的效力。"其意在强调，当事人一方行使约定或法定的合同解除权时，应当向对方发出通知，作出明确意思表示。该条虽未覆盖约定自动解除条件的情形，但出于促进合同关系的变动在双方当事人之间清晰化、明确化的考量，若当事人在合同中约定满足条件时合同自动解除，不宜认为该条件成就时，合同可以不经通知即解除。

019. 委托合同当事人能否通过约定放弃任意解除权

问：委托合同当事人能否通过约定放弃任意解除权？

答：《民法典》第九百三十三条规定："委托人或者受托人可以随时解除委托合同。因解除合同造成对方损失的，除不可归责于该当事人的事由外，无偿委托合同的解除方应当赔偿因解除时间不当造成的直接损失，有偿委托合同的解除方应当赔偿对方的直接损失和合同履行后可以获得的利益。"据此，委托合同当事人任意一方均享有法定的任意解除权。

对于当事人能否通过约定放弃这项权利，实践中主要包括两种观点：一是认为法定权利具有强制性，不能够通过当事人约定而排除，当事人的约定应为无效；二是认为《民法典》第九百三十三条有关任意解除权的规定并非强制性规定，当事人可以通过约定放弃。

我们认为，委托合同当事人有关放弃任意解除权的约定，在无明确立法解释或司法解释之前，对其效力认定应区分情况探讨；在无偿委托的情形下，由于当事人之间的约束力相对很弱，维系合同关系的基础只有当事人之间的信赖关系，一旦信赖关系破裂，勉强维持合同关系的理由不充分，故在无偿委托的情形下，解除权抛弃特别约定无效，在有偿委托的情形下，当事人之间除了信赖关系外，还有其他利益关系存在，为了保护这种利益关系，当事人通过合同限制任意解除权，出于尊重意思自治应当认为这种限制原则上有效，除非这种限制违背公序良俗或者出现了不得不解除合同的情形。

020. 应如何认定解除合同通知的效力

问：实践中对《民法典》第五百六十五条规定的解除合同通知的效力有两种理解。第一种意见认为，当事人根据《民法典》第五百六十五条的规定通知对方要求解除合同，必须具备《民法典》第五百六十二条第二款规定的约定解除条件或者第五百六十三条规定的法定解除条件，否则，即使解除通知到达对方也不产生解除的效力。第二种意见认为，只要解除合同通知到达对方且没有在约定的异议期内提起异议之诉，就发生解除的效力，而不论其是否符合约定或者法定的解除条件。请问对此应如何认定？

答：上述问题应结合《民法典》合同编相关规定、立法目的和法理来认定。第一，从相关立法条文看，解除合同是有条件的，不能任意解除。《民法典》第五百六十五条规定：“当事人一方依法主张解除合同的，应当通知对方……”该法第五百六十二条第二款规定了当事人约定解除合同的条件，第五百六十三条规定了法定解除合同的条件。无论约定解除合同或者法定解除合同，都必须符合相应的条件；否则，合同不能解除。总体来看，符合该法第五百六十二条第二款和第五百六十三条是行使合同解除权的实质性要件，“通知对方”是当事人取得合同解除权之后的形式要件，二者缺一不可。第二，从合同法的立法目的看，任意解除合同违背《民法典》合同编的精神。合同编的立法目的是尽量使合同有效，促进交易安全。合同解除是以合同生效为前提的。合同一旦生效，就像法律一样对缔约双方均产生约束力，任何一方违反合同将承担违约责任。如果缔约方可以任意解除合同，将使合同目的无法实现，破坏了合同的严肃性，严重影响经济发展和社会秩序。第三，从法理上看，合同守约方通常因相对方违约而取得法定的合同解除权，这一安排实际上限制了合同解除权的滥用，保护了守约方的利益。《民法典》合同编第五百六十六条第一款将合同解除的后果规定为：“合同解除后，尚未履行的，终止履行；已经履行的，根据履行情况和合同性质，当事人可以要求恢复原状或者采取其他补救措施，并有权请求赔偿损失。”如果按照上述第二种意见，那么，只要符合异议期间的要求，不具备法定或约定解除权的违约方也存在任意解除合同、废止未履行部分效力的余地，守约方的利益将无法得到保障，合同双方权利义务将显著失衡。

综上所述，我们同意第一种意见。认定合同解除通知的效力，要看合同解除的要件是否具备，既要符合《民法典》第五百六十二条第二款、第五百六十三条规定的实质性要件，又要符合通知合同相对人这一形式要件。在此基础上，如果当事人约定了异议期，异议期内对方当事人未向法院提出异议，应当认定合同解除通知有效。

021. 合同的解除有无溯及力

问：合同的解除有无溯及力？

答：合同解除原则上有溯及力，继续性合同的解除无溯及力。虽然对于合同的解除有无溯及力这一问题存在争议，但我们认为，合同的解除原则上有溯及力。（1）承认合同解除有溯及力对非违约方来讲一般都有利。例如：①在非违约方已为给付而违约方未为给付的情况下，合同解除有溯及力意味着合同被视为自始不存在，此时非违约方则可基于所有物返还请求权而要求违约方返还其已给付之物；如合同解除无溯及力，则非违约方仅能以不当得利返还请求权要求违约方返还其已给付之物。显然所有物返还请求权属于物权性请求权，在破产等特殊情形下，其效力强于属于债权的不当得利返还请求权。故在此情况下，承认合同解除有溯及力更有利于保护非违约方的利益。②在非违约方未为给付而违约方已为给付的情况下（此情况通常为瑕疵给付），承认合同解除具有溯及力，则发生相互返还的效果，非违约方可将瑕疵给付返还给违约方，更好地维护自己的利益。③在双方互为给付的情况下，合同有溯及力符合双方利益，对非违约方同样有利。（2）相反，否定合同解除的溯及力，可能会使双方当事人为了避免给付时间差之内合同解除给己方带来的不利后果（无法请求对方给付、自己的给付却无法要求返还），在给付时间和顺序上发生不必要的争执，影响交易顺利进行。

合同的违约责任

022. 合同因违约解除后，违约金条款可否继续适用

问：合同因违约解除后，违约金条款可否继续适用？

答：目前理论与司法实践中，对于合同解除后违约金条款能否继续适用主要包括两种观点：一是否定说，认为合同因解除溯及既往消灭，违约金条款失去效力，且债务人根本违约责任已吸收瑕疵履行违约责任，故当事人仅能主张损害赔偿，无权请求支付违约金；二是肯定说，认为支付违约金的行为，是当事人通过预先设定并独立于履约行为之外的给付行为，且《民法典》第五百六十七条规定，“合同的权利义务关系终止，不影响合同中结算和清理条款的效力”。我们认为，《民法典》第五百六十六条第二款规定，合同因违约解除的，解除权人可以请求违约方承担违约责任，但当事人另有约定的除外。这里的违约责任当然包括合同内定的违约金。司法实践中对此问题也有明确的司法政策与司法解释。最高人民法院《关于当前形势下审理民商事合同纠纷案件若干问题的指导意见》（法发〔2009〕40号）第八条规定，“……合同解除后，当事人主张违约金条款继续有效的，人民法院可以根据合同法第九十八条的规定进行处理”，其实质是认为违约金条款系当事人事先达成的、可独立于合同剩余条款之外的合意，该条款的效力不因合同权利义务终止而受到影响。另外，最高人民法院《关于审理买卖合同纠纷案件适用法律问题的解释》第二十条规定：“买卖合同因违约而解除后，守约方主张继续适用违约金条款的，人民法院应予支持；但约定的违约金

过分高于造成的损失的，人民法院可以参照民法典第五百八十五条第二款的规定处理。”虽然本条是关于买卖合同的规定，但其所体现出的违约金条款在效力上不因合同解除而受影响的法理，完全可以类推适用于其他类型的合同。因此，总体而言，若合同因违约而解除，违约金条款可继续适用，但违约金过分高于因解约造成的损失的，对于超过部分，人民法院可以根据当事人的请求予以调整。

023. 此款性质是违约金还是定金

问：甲公司与乙公司签订《合作开发合同书》，合同约定，为保证本合同顺利执行，出资方乙公司在合同签订之日起 15 日内付 200 万元到甲公司账户作为信誉保证金，保证金在大楼封顶后 10 日内返还乙公司；建设项目在合同签订日起设计及报建应在 1 年内完成；如不能完成，视为违约，没收信誉保证金。乙公司依约向甲公司支付 200 万元。此款性质是违约金，还是定金？

答：《民法典》第五百八十六条规定：“当事人可以约定一方向对方给付定金作为债权的担保。定金合同自实际交付定金时成立。定金的数额由当事人约定；但是，不得超过主合同标的额的百分之二十，超过部分不产生定金的效力。实际交付的定金数额多于或者少于约定数额的，视为变更约定的定金数额。”第五百八十七条规定：“债务人履行债务的，定金应当抵作价款或者收回。给付定金的一方不履行债务或者履行债务不符合约定，致使不能实现合同目的的，无权请求返还定金；收受定金的一方不履行债务或者履行债务不符合约定，致使不能实现合同目的的，应当双倍返还定金。”

依照上述规定，本案合同有关200万元性质为定金。理由如下：第一，合同有关200万元的约定，本质上就是将200万元作为乙公司要求甲公司按期完成建设项目这项债权的担保，而且符合“债务人履行债务后，定金约定抵作价款或者收回”和“给付定金的一方不履行债务或者履行债务不符合约定，致使不能实现合同目的的，无权请求返还定金”的法律特征。第二，此款为在缔约后先于履行行为即已交付的款项，符合定金特点；此时尚不存在任何履行行为和违约事实，遑论“先行支付违约金”。第三，乙公司已经依约支付200万元，符合定金合同成立的要求。第四，尽管合同没有约定接受定金一方违约，应当双倍返还定金；但定金合同成立后，任何一方违约，致使不能实现合同目的的，都可以适用定金罚则。

综上所述，本案200万元性质应认定为定金而非违约金。

赠与合同

024. 赠与合同的任意撤销权和法定撤销权有何区别

问：审判实践中，赠与人以行使赠与合同撤销权为由撤销赠与，受赠人依据赠与合同向人民法院起诉，请求赠与人继续履行合同，及时办理赠与手续，交付赠与物。赠与人并未说明他（她）是行使任意撤销权还是法定撤销权，依据《民法典》的相关规定，这两种撤销权是有区别的，请问在办案中应如何把握？

答：任意撤销权和法定撤销权的行使应以赠与合同有效为前提，两者既有共性又有区别。在审判实践中，无论赠与人是否提出行使哪一种撤销权，人民法院均应搞清赠与人应当行使何种撤销权。两者的区别有以下三点：

一是两者的法律依据不同。行使任意撤销权的依据是《民法典》第六百五十八条，而行使法定撤销权的依据则是《民法典》第六百六十三条第一款。如果赠与人就赠与房产行使任意撤销权，还应当适用《民法典》第二百零九条有关不动产登记的规定。

二是两者适用的条件不同。行使任意撤销权的条件包括：（1）赠与合同尚未履行，赠与物的物权尚未发生转移。动产的物权转移以交付为要件，不动产和特殊动产（如机动车、船舶、飞机）的物权转移以登记为要件，因为赠与合同具有实践合同的特点，物权转移后，赠与人即丧失任意撤销权。（2）赠与合同不具有公益、道德义务的性质。（3）赠与合同尚未经过公证。具备上述条件的，赠与人方可行使任意撤销权。法定撤销权是基于法定事由，由赠与人行使的撤销赠与的权利。行使该项权利的要件是，无论赠与合同是否已经履行，受赠人只要符合下列一种情形即可行使撤销权：（1）严重侵害赠与人或者赠与人的近亲属的合法权益；（2）对赠与人有抚养义务而不履行；（3）不履行赠与合同约定的义务。只要具备前述三项事由，无论赠与合同是否经过公证，赠与的财产是否已交付，也无论赠与是否具有公益和道德义务性质，享有撤销权的人均可以撤销赠与。从这两种撤销权的条件可以看出，享有法定撤销权的赠与人可能同时享有任意撤销权，但享有任意撤销权的赠与人（在缺乏法定事由时）通常不享有法定撤销权。

三是撤销权人撤销赠与的法律后果不同。行使任意撤销权的后果是，生效的赠与合同从此失去效力（但已经履行部分有效），合同双方的权利义务解除，赠与物的所有权不变，受赠人的履行请求权也随之消灭。行使法定撤销权的后果是，不仅尚未履行的赠与合同不再履行，而且已经履行的赠与合同也失效，赠与人可以对受赠人主张所有物返还请求权或不当得利返还请求权。

旅游合同

025. 旅游合同之诉能否获得精神损害赔偿

问：审判实践中，很多旅游者以旅游合同之诉向旅行社主张经济损失和精神损害赔偿，请问其精神损害赔偿请求能否得到支持？

答：从理论上讲，通常认为精神损害赔偿属于侵权责任的范畴。虽然违约可以导致包括精神损害在内的非财产性损失，但对于生活在市场经济之中的任何一个理性的人来讲，订立合同本身就意味着风险，精神损害的风险应当包括在这种风险之内，不能单独就精神损害再主张一次赔偿。从法律上讲，随着《民法典》的出台，立法者依然将精神损害赔偿限定在侵权之诉中，并适当放宽了精神损害赔偿适用的侵权行为范围。《民法典》第一千一百八十三条规定："侵害自然人人身权益造成严重精神损害的，被侵权人有权请求精神损害赔偿。因故意或者重大过失侵害自然人具有人身意义的特定物造成严重精神损害的，被侵权人有权请求精神损害赔偿。"同时，《民法典》第九百九十六条还进一步规定："因当事人一方的违约行为，损害对方人格权并造成严重精神损害，受损害方选择请求其承担违约责任的，不影响受损害方请求精神损害赔偿。”第九百九十六条的适用需满足以下条件：（1）主要适用于侵害人格权的情形。违约责任的一般原则是不适用精神损害赔偿的。但是，涉及人身权利或以精神利益满足为主要目的的合同，因违约行为侵害对方人格权的，造成非违约一方的损失通常为非金钱损失，难以通过市场价值准确衡量，适用财产损害赔偿难以对非违约方进行救济，因而，可采用精神损害赔偿方式对人格权遭受的侵害实行全面的救济。（2）以违约责任与侵权责任竞合为前提。《民法典》总则编中的第一百八十六条规定：“因当事人一方的违约行为，损害对方人身权益、财产权益的，受损害方有权选择请求其承担违约责任或者侵权责任。”从该条规定来看，仅在违约责任与侵权责任竞合的情形下，非违约方才能在违约责任中主张精神损害赔偿责任，在其他情形下，即便非违约方遭受了严重的精神损害，其也无权在违约责任中主张精神损害赔偿责任。（3）违约行为造成非违约方严重精神损害。关于造成“严重精神损害”的判断标准，理论上有不同的观点。严重精神损害的“严重性”可从以下几个方面进行判断：①损害后果的严重性。一般来说，造成严重精神痛苦往往伴随一定的后果，受害人因人身、精神遭受的损害对日常生活、工作、社会交往等造成较明显的不利影响。如果以社会一般人的标准判断，一般人在权利遭受此种侵害的情况下，都承受难以忍受的精神痛苦和肉体痛苦，则可以认为已经构成了严重后果。②精神痛苦的严重性。具体是指，因侵害人格权所造成的痛苦已经超出社会一般人的容忍限度，如果这种精神痛苦按照一般人的标准已经超出了可以忍受的程度，则可以认定其是严重的。③损害具有持续性。也就是说，损害所造成的痛苦不是立即消失的，而是持续了一段时间，如果受害人只是遭受了偶尔的精神痛苦或者心理情绪上的不愉悦，则不属于应予赔偿的精神损害。

026. 旅游者行使单方解除合同的权利是否导致违约条款无效

问：最高人民法院《关于审理旅游纠纷案件适用法律若干问题的规定》（本文以下简称《规定》）第十二条规定，旅游行程开始前或者进行中，因旅游者单方解除合同，旅游者请求旅游经营者退还尚未实际发生的费用，或者旅游经营者请求旅游者支付合理费用的，人民法院应予支持。关于旅游合同中违约责任条款约定违约赔偿金，是否会因该条款内容认定违约责任条款无效？

答：旅游者享有的单方解除权不会导致旅游合同中违约金条款无效，只是在旅游者实际行使该权利时，违约金条款未必能够适用。首先，合同解除与违约责任是两个不同的问题。旅游者单方解除合同的权利，是由旅游合同的人身性质决定的，其与当事人在旅游合同中约定违约赔偿金条款并无冲突。旅游者享有这项单方解除权的事实，不会使违约责任条款无效。其次，即便旅游者实际上行使了单方解除权使合同解除，违约责任条款依然有效，只是未必能够适用。《民法典》第五百六十七条规定，“合同的权利义务终止，不影响合同中结算和清理条款的效力。”据此，违约金条款的效力独立于合同的其他条款，不因合同解除而失效。但是，有效并不等同于其能够得到适用，其可适用性与当事人是否存在违约行为有直接关联，具体可以分为两种情形：一是当事人均无违约行为，旅游者行使单方解除权解除合同。由于行使单方解除权的行为本身并不构成违约，故不产生违约责任，违约金条款无从适用，但这并不等于免除旅游者所有的民事责任。根据前述《规定》，旅游者和旅游经营者应当据实结算旅游费用，多退少补。二是当事人一方存在违约行为，旅游者依然行使单方解除权解除合同。此时，对合同解除前的违约行为，违约方仍应当依照违约责任条款向对方支付违约金。

027. 旅游者在旅游景点购买到假冒伪劣产品，旅行社是否承担责任

问:旅游者在参团旅游过程中,在旅游景点购买到假冒伪劣产品,与其签约的旅行社是否承担责任?

答:通常情况下,旅游者在参团旅游过程中购买到假冒伪劣产品,倘若仅为产品瑕疵，旅游者可以要求与其存在买卖合同的销售者承担违约责任；倘若为缺陷产品，并造成人身和其他财产损害，根据《产品质量法》第四十三条规定，因产品存在缺陷造成人身、他人财产损害的，受害人可以向产品的生产者要求赔偿，也可以向产品的销售者要求赔偿。属于产品的生产者的责任，产品的销售者赔偿的，产品的销售者有权向产品的生产者追偿。属于产品的销售者的责任，产品的生产者赔偿的，产品的生产者有权向产品的销售者追偿，以及《民法典》第一千二百零三条规定，“因产品存在缺陷造成他人损害的，被侵权人可以向产品的生产者请求赔偿，也可以向产品的销售者请求赔偿。产品缺陷由生产者造成的，销售者赔偿后，有权向生产者追偿。因销售者的过错使产品存在缺陷的，生产者赔偿后，有权向销售者追偿”，旅游者既可以要求产品的生产者承担侵权责任，也可以要求产品的销售者承担侵权责任。

对此，旅行社通常不承担责任，因为旅游者作为一个具有完全民事行为能力的人能够自主地作出选择与判断。但是，若旅行社就

该假冒伪劣产品对旅游者作了不实推荐，违反了依诚实信用原则提供旅游服务的义务，可能需要承担旅游合同项下的违约责任；在特定情况下，还可能承担侵权责任。

承揽合同

028. 定作人发现承揽人交付的工作成果有质量瑕疵，应当在多长时间内提出异议

问：某中介公司与某广告公司签订印刷品加工承揽合同，中介公司委托广告公司承印印刷品。双方对承印标的物、数量、质量、承揽方式、材料提供、履行期限作出约定，但未对质量标准及质量异议期限作出约定。在工作成果交付 1 年后，因中介公司欠付部分加工费，广告公司诉至法院；中介公司反诉认为印刷品存在错字、漏字等质量瑕疵，要求退还印刷品。请问，中介公司提出质量异议是否超过合理期限，其反诉请求能否得到支持？

答：法院审理中形成两种不同意见：一种意见认为，《民法典》对定作人提出质量异议的期限未作出明确规定。《民法典》第七百八十条规定，承揽人完成工作的，应当向定作人交付工作成果，并提交必要的技术资料和有关质量证明。定作人应当验收该工作成果。据此，比照《民法典》中对诉讼时效期间的规定，定作人有权在 3 年内就质量瑕疵提出异议，承揽人在 3 年内对定作物质量承担瑕疵担保责任。另一种意见认为，依《民法典》规定，定作人负有验收

工作成果的法定义务。如定作人在验收工作成果时，对于明显的质量瑕疵应及时提出异议；对于隐蔽瑕疵，在使用工作成果过程中发现的，也应及时提出异议。如未及时提出异议，应推定质量合格，定作人按约定支付拖欠的加工费。对于最长异议期间的限定，应当参照《民法典》有关买卖合同的规定。

我们认为，应当区分瑕疵的性质以决定定作人提出异议的期间。定作人在接收承揽人交付的工作成果时，主要是为了检验工作成果是否符合合同约定或者定作人要求，还包括查验有关技术资料和质量证明。经验收，符合要求的，定作人应当接受工作成果，并按合同约定或交易习惯支付报酬及其他费用。经检验，如存在质量瑕疵，定作人有权减少加工费用；如工作成果有严重的质量缺陷的，定作人有权拒收并通知承揽人。发现定作物质量瑕疵时，定作人应当在合理期限内通知承揽人。如双方对质量是否存在问题存在争议，可由国家法定检验机构鉴定。

一般来讲，质量瑕疵可以分为两种：一种质量瑕疵是显性的，指这种质量瑕疵在定作人接收承揽人交付的工作成果时，通过肉眼或现有技术手段以一定的国家或行业标准就能检验发现。另一种质量瑕疵是后续的或者说是隐性的，指在验收时不能或不易发现，在后续使用中才能发现；或随着时间推移才能显现。对这两种质量瑕疵，定作人提出质量异议期间应适用不同标准。对于显性瑕疵，定作人验收时应当发现并即时通知承揽人，原则上应当场提出；如承揽人不在场，定作人应立即通知承揽人。如没有通知，则视为工作成果符合要求。对于只能在使用中发现的质量瑕疵，定作人应在合理期限内及时通知承揽人。在承揽合同无特别约定的情况下，定作人提出质量异议的最长时限应参照《民法典》第六百二十一条就买卖合同项下规定的最长期限，确定在 2 年为宜。即 2 年内无论定作人是否发现定作物质量瑕疵，只要未向承揽人提出异议的，即视为认可质量合格。当然,行业标准或国家标准有特殊规定的,从其规定，但定作人无权就此提出违约之诉。

本案中，如中介公司委托广告公司加工的宣传品存在漏字、错字情形，则属于显性瑕疵，中介公司接收工作成果时应及时提出，而其已使用 1 年且未提出异议，应视为质量合格。中介公司应当支付欠付的定作费，其提出退货的反诉请求应予驳回。

民间借贷

029. 借款年利率达到合同成立时一年期贷款市场报价利率 4 倍后，当事人主张的借款合同约定的律师费用、诉讼费用等诉讼请求，还能否获得人民法院的支持

问：借款年利率达到超过合同成立时一年期贷款市场报价利率 4 倍后，当事人主张的借款合同约定的律师费用、诉讼费用等诉讼请求，还能否获得人民法院的支持？

答：司法实践中，民间借贷纠纷的一方当事人向人民法院提起诉讼时，除了要求对方当事人承担逾期利息、违约金等请求外，还可能一并主张借款合同约定的律师费用和诉讼费用等。尽管最高人民法院《关于审理民间借贷案件适用法律若干问题的规定（2020 第二次修正）》对民间借贷逾期利息、违约金、其他费用并存时如何处理进行了明确，也即该解释第二十九条规定："出借人与借款人既约定了逾期利率，又约定了违约金或者其他费用，出借人可以选择主

张逾期利息、违约金或者其他费用，也可以一并主张，但是总计超过合同成立时一年期贷款市场报价利率四倍的部分，人民法院不予支持。”但是，在借款年利率达到超过合同成立时一年期贷款市场报价利率4倍后，当事人主张借款合同约定的律师费用和诉讼费用等诉讼请求还是否能够获得支持？

由于缺乏具体明确的规定，在这一问题上存在认识分歧。一种观点认为，律师费用和诉讼费用不应包含在借款年利率上限计算的范围之内。相反，律师费用和诉讼费用属于实现债权的费用，应予以支持。另一种观点认为，律师费用和诉讼费用已经包含在上述司法解释条文中的“其他费用”之内，不应再支持律师费用和诉讼费用。

对此，我们倾向于同意上述第一种观点，理由如下：首先，根据最高人民法院《关于审理民间借贷案件适用法律若干问题的规定（2020第二次修正）》第二十九条的立法本意，此条为逾期利息、违约金、其他费用并存的处理的规定，主要的目的在于，当借贷双方对逾期利率、违约金以及其他费用一并约定时，平衡保护当事人之间的权益。根据前述司法解释的规定，在借款人逾期还款时，出借人有权要求借款人一并支付逾期利息、违约金和其他费用。从实践的情况看，“其他费用”主要涉及的是出借人和借款人所约定的服务费、咨询费、管理费等。上述费用从性质上看，仍属于借款人为获得借款而支付的必要成本。当事人同时约定的逾期利息、违约金、此类费用，性质上均与利率无异，分开约定仅是为了规避利率的上限。正是为了防止当事人通过变相的方式提高借款利率，司法解释才将包括服务费、咨询费、管理费等发生的其他费用的保护标准限定在超过合同成立时一年期贷款市场报价利率4倍之内。其次，律师费用、诉讼费用等权利人为保护自己合法权益而发生的费用，与借款人为获得借款而支付的成本之性质截然不同，不应将律师费用、诉讼保全费用等归入“其他费用”之范畴。最后，诉讼费用并非必然由主张还款的出借人负担。在纠纷由人民法院裁判时，根据诉讼费用由败诉方承担的原则，若因借款人的原因导致纠纷的发生，由借款人承担此部分费用较为公平、合理。在此情况下，诉讼费用不包含在“其他费用”之内具有合理性。

030. 民间借贷逾期利息的计算基数

问：最高人民法院《关于审理民间借贷案件适用法律若干问题的规定（2020 第二次修正）》第二十七条规定有条件保护借贷双方将利息计入本金的约定，在合同未予约定的情形下，能否将利息计入借款本金并计算逾期利息？

答：答案是否定的，逾期利息的计算基数仍然是借款本金，而不能将利息计入本金中计算逾期利息。一方面，《民法典》第六百七十六条（原为《合同法》第二百零七条，已废止）规定：“借款人未按照约定的期限返还借款的，应当按照约定或者国家有关规定支付逾期利息。”但是该条并未规定在支付逾期利息时，需要将原有的利息计算到本金中计算利息。另一方面，如果将借款本息作为逾期利息的计算基数，无异于在当事人没有约定的情况下，由法院审判为当事人计算了复利。

当然，需要注意的是，上述处理方式的背景是当事人没有作出相关约定。如果当事人明确约定，逾期利息的计算基数包括了本息之和，则当事人的约定在最高人民法院《关于审理民间借贷案件适用法律若干问题的规定（2020 第二次修正）》第二十七条规定的范围内有效。该条具体规定："借贷双方对前期借款本息结算后将利息计入后期借款本金并重新出具债权凭证，如果前期利率没有超过合同成立时一年期贷款市场报价利率四倍，重新出具的债权凭证载明的金额可认定为后期借款本金。超过部分的利息，不应认定为后期借款本金。按前款计算，借款人在借款期间届满后应当支付的本息之和，超过以最初借款本金与以最初借款本金为基数、以合同成立时一年期贷款市场报价利率四倍计算的整个借款期间的利息之和的,人民法院不予支持。"这意味着,一方面,当事人约定的原始利息，仅能在不超过原始本金以合同成立时一年期贷款市场报价利率 4 倍计算的范围内，被纳入逾期利息计算的本金基数；另一方面，借款人在借款期间届满后应当支付的本息之和，不能超过最初借款本金与以最初借款本金为基数，以合同成立时一年期贷款市场报价利率 4 倍计算的整个借款期间的利息之和，对超过部分，人民法院不予支持。

031. 非金融性质的法人或其他组织在本单位内部通过借款形式向职工筹集资金，用于本单位生产、经营，是否受法律保护

问：非金融性质的法人或其他组织在本单位内部通过借款形式向职工筹集资金，用于本单位生产、经营，是否受法律保护？

答：这种单位内部向职工集资的方式属于民间借贷的一种形式。最高人民法院《关于审理民间借贷案件适用法律若干问题的规定

（2020第二次修正）》第一条规定，本规定所称的民间借贷，是指自然人、法人和非法人组织之间进行资金融通的行为。经金融监管部门批准设立的从事贷款业务的金融机构及其分支机构，因发放贷款等相关金融业务引发的纠纷，不适用本规定。第十一条规定："法人或者非法人组织在本单位内部通过借款形式向职工筹集资金，用于本单位生产、经营，且不存在民法典第一百四十四条、第一百四十六条、第一百五十三条、第一百五十四条以及本规定第十三条规定的情形，当事人主张民间借贷合同有效的，人民法院应予支持。"这充分表明，非金融性质的法人或其他组织此种融资行为并不为法律所禁止，但具体融资的行为是否有效、是否受法律保护，应当进行两层审查。第一，应审查是否存在《民法典》第一百四十四条、第一百四十六条、第一百五十三条、第一百五十四条规定的合同无效的情形。《民法典》第一百四十四条规定："无民事行为能力人实施的民事法律行为无效。"第一百四十六条规定："行为人与相对人以虚假的意思表示实施的民事法律行为无效。以虚假的意思表示隐藏的民事法律行为的效力，依照有关法律规定处理。"第一百五十三条规定："违反法律、行政法规的强制性规定的民事法律行为无效。但是，该强制性规定不导致该民事法律行为无效的除外。违背公序良俗的民事法律行为无效。"第一百五十四条规定："行为人与相对人恶意串通，损害他人合法权益的民事法律行为无效。"第二，还应审查是否存在前述司法解释第十三条规定的情形："具有下列情形之一，人民法院应当认定民间借贷合同无效：（一）套取金融机构贷款转贷的；（二）以向其他营利法人借贷、向本单位职工集资，或者以向公众非法吸收存款等方式取得的资金转贷的；（三）未依法取得放贷资格的出借人，以营利为目的向社会不特定对象提供借款的；（四）出借人事先知道或者应当知道借款人借款用于违法犯罪活动仍然提供借款的；（五）违反法律、行政法规强制性规定的；（六）违背公序良俗的。”若上述两个条文中的情形均不存在，则合同有效，受法律保护。

032. 民间借贷合同中没有约定利息，借款人自愿支付，但借款人又以不当得利为由要求出借人返还已支付的利息，人民法院是否支持

问：民间借贷合同中没有约定利息，借款人自愿支付，但借款人又以不当得利为由要求出借人返还已支付的利息，人民法院是否支持？

答：对于这种情况，人民法院一般不予支持。《民法典》第一百二十二条规定：“因他人没有法律根据，取得不当利益，受损失的人有权请求其返还不当利益。”根据这一规则，不当得利有4个构成要件：一方获有利益；他方受到损失；获利与受损之间存在因果关系；获利没有合法根据，即无“法律上的原因”，这是不当得利的关键。本问题中，借款人自愿支付利息的行为是基于借款合同的成立和有效履行，并非没有“法律上的原因”。具体而言，借款合同未约定利息，存在两种情况：一种是双方可能有过口头的约定，这种情况在实践中并不少见，借款人是依据约定支付利息，系正常履行借款合同的行为，不得再要求返还；另一种是双方确实没有以书面或口头约定过利息，此种情况下，借款人主动支付利息的行为可视为改订借款合同、为其增加利息支付的相关内容的新要约，出借人无异议并接

受，则为对该要约进行承诺的意思表示，双方由此完成借款合同的改订，而该新合同也已因借款人完成利息（和本金）的支付而履行完毕，借款人要求返还利息的请求自不应得到支持。

033. 当事人约定以物来支付结算利息的，如果偿还借款时该物折算的金钱数额超过合同成立时一年期贷款市场报价利率4倍的，对于出借人就超出部分的请求，人民法院是否支持

问：在许多民间借贷的实践中，出借人为了保证所出借款项得以偿还，约定还款时以一定的物进行偿还；而到还款时，由于这些物的价格上涨，导致按照约定所偿还的物折算为金钱数额，其年利率已经超过合同成立时一年期贷款市场报价利率4倍，这种情况下如何处理？

答：对于借款合同来说，提供合同约定的款项是出借人的义务，而依约偿还借款及相应的利息则是贷款人的义务。对于民间借贷的利率，最高人民法院《关于审理民间借贷案件适用法律若干问题的规定（2020第二次修正）》第二十五条规定了上限："出借人请求借款人按照合同约定利率支付利息的，人民法院应予支持，但是双方约定的利率超过合同成立时一年期贷款市场报价利率四倍的除外。前款所称'一年期贷款市场报价利率'，是指中国人民银行授权全国银行间同业拆借中心自2019年8月20日起每月发布的一年期贷款

市场报价利率。”对于当事人之间在实践中约定的以一定的物来偿还相应的借款，其实质上是以物所体现的价值来代替贷款人所应支付的本金和利息，故在偿还借款时，该物所体现的价值扣除本金后年利率超过合同成立时一年期贷款市场报价利率4倍的，根据前述规定，人民法院对出借人就超出部分的利息的请求不予支持。因此，当事人约定以物偿还债务的，如果偿还借款时所折算的金钱数额，其年利率超过合同成立时一年期贷款市场报价利率4倍的，对于出借人对超出部分利息的诉讼请求，人民法院不予支持。

建设工程

工程价款结算及优先受偿权

034. 发包人未在约定时间对承包人报送的竣工结算文件提出异议，但是双方对部分工程造价进行了确认，能否按照竣工结算文件结算工程价款

问：甲公司（发包人）与乙公司（承包人）签订的《施工合同》约定："发包人收到承包人递交的竣工结算报告及完整的结算资料后，应在60日内进行核实，给予确认或者提出修改意见。如发包人在上述期限内对结算报告及资料没有提出意见，则视同认可。"工程完工后，乙公司向甲公司提交《工程结算书》。甲公司未能提交证据证明在60日内提出异议，但是此后甲公司委托第三方对部分工程进行审核，双方确认该部分工程造价，对其余工程造价虽经协商，却不能达成一致意见。乙公司诉至法院请求按照报送的《工程结算书》确定工程造价，乙公司的请求应否支持？

答：乙公司的请求不应予以支持。最高人民法院《关于审理建

设工程施工合同纠纷案件适用法律问题的解释（一）》第二十一条规定：“当事人约定，发包人收到竣工结算文件后，在约定期限内不予答复，视为认可竣工结算文件的，按照约定处理。承包人请求按照竣工结算文件结算工程价款的，人民法院应予支持。”该条款的适用有严格条件：一是合同通用条款或者专用条款明确约定“发包人收到竣工结算文件后，在约定期限内不予答复，视为认可竣工结算文件”；二是发包人确实没有答复，如果发包人有回复，亦不能适用该规定。该条规定的目的在于，督促发包人积极答复承包人提供的竣工结算文件；在发包人就结算事宜态度消极、置之不理，双方缺乏与结算有关的实质性沟通时，依照竣工结算文件尽快确定承包人的债权数额。

案涉事实说明，甲公司与乙公司间就工程结算问题，先后经历了施工企业通过《工程结算书》报价、业主方委托第三方对部分工程进行审价、会商后双方对部分已完工程结算款达成共识、对未结算工程部分进行继续协商等步骤。首先，虽然甲公司未能举证证明其在《施工合同》约定时间内对乙公司报送的《工程结算书》予以答复，但是一方面，乙公司报送后并未及时主张按照竣工结算报告计算工程价款；另一方面，双方进行了实质性的审价并确认了部分工程价款，不符合《施工合同》约定的“如发包人在上述期限内对结算报告及资料没有提出意见，则视同认可”的合同适用条件，也不符合最高人民法院《关于审理建设工程施工合同纠纷案件适用法律问题的解释（一）》第二十一条规定的适用条件。其次，即便认为甲公司未能按照《施工合同》约定在60日内提出异议，两公司共同就部分工程结算款协商并达成共识的行为也可以视作对《施工合同》中“视同认可”约定的变更，即双方同意按照最新的协商结果确定工程造价。

035. 建设工程债权转让后，受让人是否享有优先受偿权

问：建设工程债权转让后，受让人是否享有优先受偿权？

答：对建设工程债权转让后，受让人是否享有优先受偿权这一问题，存在两种不同的观点。第一种观点认为，建设工程债权转让后，受让人也应享有优先受偿权。建设工程承包人转让其在施工中形成的债权，受让人基于债权的转让而取得工程款债权，因而其应当享有该工程款的优先受偿权。法定优先权属于担保物权，具有一定的追及效力，其功能是担保工程款优先支付，该权利依附所担保的工程而存在，即使被担保的工程发生转让，也不影响承包人优先受偿权的行使。第二种观点认为，建设工程债权转让后，受让人不应享有优先受偿权。结合《民法典》第八百零七条（原为《合同法》第二百八十六条，已废止）的立法背景和目的来看，其主要是为了切实解决发包人拖欠工程款，导致承包人无法及时进行各项费用和工资的结算，最终损及作为劳动者的建筑工人利益的问题。最高人民法院《关于审理建设工程施工合同纠纷案件适用法律问题的解释（一）》第四十二条更是明确了建筑工人利益保护在优先受偿权制度中的重要地位："发包人与承包人约定放弃或者限制建设工程价款优先受偿权，损害建筑工人利益，发包人根据该约定主张承包人不享有建设工程价款优先受偿权的，人民法院不予支持。"建设工程债权转让后依然肯定受让人享有优先受偿权，无涉建筑工人等的利益，对该制度本欲实现的目的并无促进作用。因此，不应一概肯定受让人享有优先受偿权。

我们倾向认为，前述第一种观点更合理。肯定受让人享有优先

受偿权，也有利于建设工程债权的流转。虽然债权受让人享有优先受偿权与承包人和建筑工人的利益看似无直接关系，但承包人在债权转让中获得的对价亦可用于结算建筑工人的工资，建设工程债权的流转能够间接促进承包人和建筑工人加速获偿。

036. 建设工程优先受偿权的行使范围是否包括装饰装修工程

问：建设工程优先受偿权的行使范围是否包括装饰装修工程？

答：建设工程优先受偿权的行使范围包括装饰装修工程。首先，国务院《建设工程质量管理条例》第二条第二款和《建设工程安全生产管理条例》第二条第二款均规定，本条例所称建设工程，是指土木工程、建筑工程、线路管道和设备安装工程及装修工程。即装饰装修工程属于建设工程的范畴。其次，最高人民法院给福建省高级人民法院《关于装修装饰工程款是否享有合同法第二百八十六条规定的优先受偿权的函复》也指出，“装修装饰工程属于建设工程，可以适用《中华人民共和国合同法》第二百八十六条关于优先受偿权的规定，但装修装饰工程的发包人不是该建筑的所有权人或者承包人与该建筑物的所有权人之间没有合同关系的除外。享有优先权的承包人只能在建筑物因装修装饰而增加价值的范围内优先受偿”。此外，最高人民法院《关于审理建设工程施工合同纠纷案件适用法律问题的解释（一）》第三十七条也明确规定：“装饰装修工程具备折价或者拍卖条件，装饰装修工程的承包人请求工程价款就该装饰装修工程折价或者拍卖的价款优先受偿的，人民法院应予支持。”

037. 建设工程施工合同无效后，发包人与承包人之间签订的以房抵顶工程款的协议是否也应无效

问：建设工程施工过程中，发包人与承包人就已欠工程款签订以房抵顶协议。后因建设工程施工合同未经法定招标投标程序而无效，由此，发包人与承包人签订的以房抵顶工程款的协议是否因而也应无效？

答：实务中，发包人与承包人就已欠工程款签订以房抵顶工程款（以房抵债）协议的情形较为常见。协议签订后，发包人又以建设工程施工合同未经法定招标投标程序，违反了法律、行政法规的强制性规定为由，主张双方所签订的以房抵债协议亦应无效。对该以房抵债协议的效力如何认定，存在两种不同的观点：第一种观点认为，以房抵债，属于施工合同的一部分，施工合同无效，以房抵债协议也无效；第二种观点认为，以房抵债，属双方意思表示一致，应承认其效力。我们倾向第二种观点是正确的。以房抵债协议的效力是否受施工合同无效的影响，应根据该协议的内容进行综合分析判定。首先，从以房抵顶工程款的协议看，当事人约定的是用房屋（通常是在建房屋）抵顶已欠的工程款。《民法典》第七百九十三条第一款规定："建设工程施工合同无效，但是建设工程经验收合格的，可以参照合同关于工程价款的约定折价补偿承包人。"最高人民法院《关于审理建设工程施工合同纠纷案件适用法律问题的解释（一）》第三十八条也规定："建设工程质量合格，承包人请求其承建工程的价款就工程折价或者拍卖的价款优先受偿的，人民法院应予支持。"据此，即便施工合同因为未经法定招标程序无效，但只要工程合格，发包人都

负有支付工程价款的义务。既然被抵顶的债务不因合同无效而受影响，则以房抵债协议也不应在效力上遭受负面评价。其次，该以房抵顶工程款协议为当事人对欠付的工程款进行结算的约定，性质上属于发包人与承包人对既存债权债务关系的清理。相较于施工合同，以房抵顶工程款的协议具有相对的独立性，根据《民法典》第五百六十七条（原为《合同法》第九十八条，已废止）“合同的权利义务终止，不影响合同中结算和清理条款的效力”之规定背后的立法精神，应肯定其效力。

038. 没有资质的实际施工人借用有资质的建筑施工企业的名义进行投标

问：没有资质的实际施工人为达到承揽工程的目的，借用有资质的建筑施工企业的名义进行招投标，中标后再交由实际施工人具体施工的，发包人与承包人以及承包人与实际施工人之间签订的协议是否无效？被借用资质的建筑施工企业主张其为案涉工程的施工主体，由于被借用资质的承包人未进行实际施工，其主张是案涉工程的施工主体向发包人索要工程款的诉讼请求，法院应如何认定？

答：关于发包人与承包人之间协议的效力，最高人民法院《关于审理建设工程施工合同纠纷案件适用法律问题的解释（一）》第一条第一款规定：“建设工程施工合同具有下列情形之一的，应当依据民法典第一百五十三条第一款的规定，认定无效：（一）承包人未取得建筑业企业资质或者超越资质等级的；（二）没有资质的实际施工人借用有资质的建筑施工企业名义的；（三）建设工程必须进行招标而未招标或者中标无效的。”前述规定第二项表明，没有资质的实际施工人借用有资质的建筑施工企业名义进行招投标，发包人与出借资质的承包人所签订的建设工程施工合同因违反法律、行政法规的强制性规定而无效。

关于承包人与实际施工人之间协议的效力，最高人民法院《关于审理建设工程施工合同纠纷案件适用法律问题的解释（一）》第一条第二款规定：“承包人因转包、违法分包建设工程与他人签订的建设工程施工合同，应当依据民法典第一百五十三条第一款及第七百九十一条第二款、第三款的规定，认定无效。”《民法典》第七百九十一条第二款、第三款规定：“……承包人不得将其承包的全部建设工程转包给第三人……禁止承包人将工程分包给不具备相应资质条件的单位……建设工程主体结构的施工必须由承包人自行完成。”《建筑法》第二十九条第一款亦规定：“……施工总承包的，建筑工程主体结构的施工必须由总承包单位自行完成……”由此可知，建设工程主体结构的施工必须由总承包单位自行完成，出借资质的承包人中标后将工程交由没有资质的实际施工人具体施工，一方面违反了“承包人不得将其承包的全部建设工程转包给第三人”的规定，另一方面也违反了“禁止承包人将工程分包给不具备相应资质条件的单位”的规定。承包人与实际施工人之间的协议因违反法律、行政法规的强制性规定而无效。

关于法院对承包人主张其为施工主体、向索要发包人索要工程款的认定问题，最高人民法院有判例如下：

实际施工人欲承包案涉工程，因资质问题，2011 年 3 月 4 日与承包人进行协商，形成洽谈纪要，约定借用承包人资质投标并实际施工，其向承包人上缴 1% 管理费。之后承包人中标案涉工程，并与发包人签订建设工程施工合同。2011 年 6 月 7 日，承包人又与金程公司（法定代表人为实际施工人之子）签订协议书，将该工程转包给无相关施工资质的金程公司进行具体施工，实际施工人代表金程公司在协议书上签字。上述协议签订后，实际施工人投入资金、组织施工，并与发包人签订工程量确认单、工程款确认清单。后因发包人拖欠工程款，承包人诉至法院。

最高人民法院认为，本案系没有资质的实际施工人为达到承揽工程的目的，借用有资质的建筑施工企业的名义进行招投标，中标后再交由实际施工人具体施工的情形，发包人与承包人签订的建设工程施工合同及承包人与金程公司签订的协议均属无效。由于被借用资质的承包人未实际施工，其主张是案涉工程的施工主体，主张由发包人支付工程款及利息、支付窝工损失，并享有建设工程价款优先受偿权的诉讼请求，证据不足，与事实和法律不符，理由不能成立，不予支持。

039. 未经诉讼直接向执行机构主张建设工程优先权的，执行机构应当如何处理

问：未经诉讼直接向执行机构主张建设工程优先权的，执行机构应当如何处理？

答：最高人民法院《关于审理建设工程施工合同纠纷案件适用法律问题的解释（一）》第三十五条规定：“与发包人订立建设工程施工合同的承包人，依据民法典第八百零七条的规定请求其承建工程的价款就工程折价或者拍卖的价款优先受偿的，人民法院应予支持。”该司法解释第三十六条进一步规定：“承包人根据民法典第八百零七条规定享有的建设工程价款优先受偿权优于抵押权和其他债权。”因此，法院在执行程序中收到承包人要求行使未经生效法律

文书确认的建设工程优先权申请的，可分两种情况予以处理：一是如果被执行人对其申请的工程款金额无异议，且经法院审查承包人提供的建设工程合同及相关材料合法有效，亦未发现承包人和被执行人恶意串通损害国家、集体和第三人利益的，应准许其优先受偿；二是如果被执行人对其申请的工程款金额有异议，法院应当告知承包人另行诉讼，但法院对工程变价款的分配程序须待诉讼有结果后方可继续进行。建设工程优先权覆盖的工程款具体金额应由审判机构或仲裁机构确定。这是因为，根据审执分立的原则，除非法律或司法解释特别授权，执行机构一般不得对实体问题进行裁判。从法律性质来看，承包人是否享有建设工程优先权以及优先权部分的具体金额属于实体问题，本质上应由审判机构通过诉讼程序或者由仲裁机构通过仲裁程序予以确认。

值得一提的是，在司法实践中，更常见的情况并非当事人之间就建设工程价款未经诉讼即申请执行，而是当事人经过了纠纷解决程序并获得了有关工程款的执行名义（法院的判决、仲裁机构的裁决等），但这些执行名义或者根本不确认承包人是否享有建设工程优先权，或者不对工程款中优先受偿权部分的具体金额加以明确。面对此种执行名义，执行机构往往陷入窘境。一方面，由执行机构在执行程序中确认承包人享有建设工程优先权及其具体金额，有“以执代审”“自审自执”之嫌，不符合审执分立的基本原则，也不能给当事人的权利提供充分的救济。另一方面，如果由执行机构确认优先权部分的具体金额，必然需要另行委托审计机构或者鉴定机构，对工程造价及其中的优先权部分进行审计或鉴定，这将导致如下问题：一是增加当事人诉累；二是影响执行效率；三是容易出现审计结果相互矛盾的情形。事实上，审判机构在关于工程款纠纷的裁判文书中，应当根据当事人的诉请，确认承包人是否享有建设工程优先权；如果享有，则应确认其具体金额。因此，当前在执行对建设工程优先权未予明确的执行名义时，执行机构可首先告知承包人申请再审或另行诉讼，经审判机构对有建设工程优先权的债权数额进行确认后，依确定的金额执行。

040. 建设工程优先受偿权的行使是否受合同效力的影响

问：建设工程优先受偿权的行使是否受合同效力的影响？

答：建设工程的优先受偿权的行使是否受合同效力的影响，这一问题理论界存在很大争议。一种观点认为，建设工程优先受偿权的行使受到合同效力的影响。这是因为，若建筑施工合同无效，发包方应当支付工程款的约定也应无效。虽然承包人付出了相应的劳动，应当获得相应的报酬，否则有违民法的公平观念；但施工合同无效后，承包人获得报酬的权利性质发生了改变，不再是依据合同享有的约定之债，而成为依法享有的获得损失赔偿的权利，该项权利是法定的权利。一方面，从担保物权的权利特性来看，建筑工程款优先受偿权作为担保物权的一种，具有对主债权——建设工程款的依附性，约定的建筑工程款债权随着合同无效而自始不发生，优先受偿权也不应当继续存在；另一方面，从建筑工程款优先受偿权制度的立法目的来看，其是希望通过设置担保物权，保障承包人约定债权的实现，施工合同无效后，承包人约定债权亦不存在，对约定债权担保的优先受偿权同样不应当继续存在。另一种观点则认为，建设工程施工合同无效，但工程质量合格的，承包人可以依照《民法典》第七百九十三条“建设工程施工合同无效，但是建设工程经验收合格的，可以参照合同关于工程价款的约定折价补偿承包人”主张工程款，故其当然享有工程价款优先受偿权。

我们倾向认为，建设工程施工合同无效，不应影响优先受偿权的行使。建筑工程款优先受偿权的立法目的是保护劳动者的利益。因为在发包人拖欠承包人的工程款中，有相当部分是承包人应当支付给工人的工资和其他劳务费用。在无效建筑工程合同中，上述有关费用也已实际支出，应当由发包人予以支付。即便合同无效，认定承包人就该笔费用享有优先受偿权，依然有利于促进劳动者利益的保护，符合建设工程优先权制度的立法目的。最高人民法院《关于审理建设工程施工合同纠纷案件适用法律问题的解释（一）》第三十八条规定：“建设工程质量合格，承包人请求其承建工程的价款就工程折价或者拍卖的价款优先受偿的，人民法院应予支持。”该条明确规定承包人的工程价款优先受偿权与建设工程质量是否合格相关，不与合同效力直接相关。

041. 建设工程优先受偿权的行使是否以工程竣工为条件

问：*建设工程优先受偿权的行使是否以工程竣工为条件？*

答：建设工程优先受偿权的行使不以建设工程是否竣工为限。《民法典》第八百零七条规定，发包人未按照约定支付价款的，承包人可以催告发包人在合理期限内支付价款。发包人逾期不支付的，除根据建设工程的性质不宜折价、拍卖外，承包人可以与发包人协议将该工程折价，也可以请求人民法院将该工程依法拍卖。建设工程的价款就该工程折价或者拍卖的价款优先受偿。据此规定可知，建设工程价款的优先受偿权是以发包人欠付工程款为前提的，所以即使工程未竣工，只要发包人有欠付工程款的事实，承包人就可以依照法律规定的程序主张工程价款优先受偿权。与之相符，最高人民法院《关于审理建设工程施工合同纠纷案件适用法律问题的解释（一）》第三十九条也规定："未竣工的建设工程质量合格，承包人请求其承建工程的价款就其承建工程部分折价或者拍卖的价款优先受偿的，人民法院应予支持。"这样理解，有利于保护工人的利益，也符合立法本意。

042. 建设用地使用权是否为建设工程优先受偿权的客体

问：建设用地使用权是否为建设工程优先受偿权的客体？

答：建设用地使用权不是建设工程优先受偿权的客体。由于在我国实行"房地一体主义"，如果承包人行使工程款的优先受偿权，对某个建设工程进行拍卖，则建设工程及占用范围内的建设用地使用权是一体拍卖的，那么拍卖的全部款项是不是都可以作为承包人工程价款的补偿，保证其受偿的范围？这是在司法实践中比较常见的问题。要对这一问题作出准确的回答，我们必须结合《民法典》第八百零七条的立法目的以及建设工程优先受偿权的性质来进行考察。《民法典》第八百零七条规定："发包人未按照约定支付价款的，承包人可以催告发包人在合理期限内支付价款。发包人逾期不支付的，除根据建设工程的性质不宜折价、拍卖外，承包人可以与发包人协议将该工程折价，也可以请求人民法院将该工程依法拍卖。建设工程的价款就该工程折价或者拍卖的价款优先受偿。”由此可知，建设工程优先受偿权是法定优先权，原因在于，承包方在整个建设的过程当中，承包人的建筑材料和劳动力已经被物化在建设工程当中,它的所有投入已经转化为建设工程,与建设工程不可分离。因此，根据添附制度的原理，承包人对建设工程的价款享有优先受偿的权利。建设用地是建设工程的一个载体，但是承包人对建设用地本身没有任何的投入，或者说承包人的建筑材料与劳动力并没有被物化在建设用地上。从这个角度来讲，建设用地使用权不应该作为建设工程优先受偿权的客体。

043. 施工人在建设工程施工合同无效的情况下是否还享有工程价款优先受偿权？工程无法如期竣工的情况下，工程价款优先受偿权的法定期间如何认定

问：建设工程施工合同被认定无效，承包人还能不能依据《民法典》第八百零七条之规定，主张工程款的优先权？在工程因多次停工而无法如期竣工的情况下，发包人有关承包人行使优先权超过18个月的法定期限的抗辩理由能否得到支持？

答：建设工程施工合同被认定无效，并非排除适用《民法典》第八百零七条的条件。理由是：工程款优先权是《民法典》第八百零七条赋予建设工程承包人的一项法定优先权，其立法目的是保障承包人能够及时取得工程款。在无效建设工程施工合同中，上述有关费用也已实际发生，应当由发包人予以支付。因此，只要建设工

程质量合格而且工程款数额能够确定且不违反法律规定，施工人的优先权即受法律保护。发包人以建设工程施工合同无效为由，主张施工人对工程款不享有优先权的观点不能成立。

关于工程价款优先受偿权的法定期间，依据最高人民法院《关于审理建设工程施工合同纠纷案件适用法律问题的解释（一）》第四十一条的规定“承包人应当在合理期限内行使建设工程价款优先受偿权，但最长不得超过十八个月，自发包人应当给付建设工程价款之日起算”，承包人行使优先权期限的起算时点为“发包人应当给付建设工程价款之日”，工程是否如期竣工不影响该法定期限的计算。

044. 实际竣工日期能否作为建设工程承包人行使工程价款优先受偿权除斥期间的起算点

问：实际竣工日期能否作为建设工程承包人行使工程价款优先受偿权除斥期间的起算点？

答：答案是否定的。在建设工程合同的实际履行过程中，工程通常要经过竣工、验收、结算之后才能付款。但实践中，建设工程结算周期长，流程复杂，最高人民法院《关于建设工程价款优先受偿权问题的批复》（已废止）中所规定的 6 个月期限内双方难以达成结算。若以建设工程竣工之日或者建设工程合同约定的竣工之日作为优先权行使期限的起算时间，此时承包人尚不知道发包人是否会拖欠工程款，甚至可能出现优先权行使期限已经届满，而发包方的付款期限尚未届至的情形。这显然不利于对承包人权益的保护。

因此，最高人民法院《关于审理建设工程施工合同纠纷案件适用法律问题的解释（一）》（本文以下简称《解释（一）》）第四十一条的规定："承包人应当在合理期限内行使建设工程价款优先受偿权，但最长不得超过十八个月，自发包人应当给付建设工程价款之日起算。"该规定将优先权行使期限的起算时间规定为"发包人应当给付建设工程价款之日"。实践中，对于"发包人应当给付建设工程价款之日"的认定需要根据具体实际案件作客观判断，现仅提出以下观点以供参考：

首先，合同对工程款的支付时间有约定的，应当遵从当事人约定。其次，在合同无效，但建设工程经竣工验收合格的情况下，可参照合同约定确定应付工程款的时间。理由是，《民法典》第七百九十三条第一款规定："建设工程施工合同无效，但是建设工程经验收合格的，可以参照合同关于工程价款的约定折价补偿承包人。"据此，承包人可参照合同约定请求支付工程价款，亦可参照合同约定的支付工程价款的方式和日期请求发包人支付工程价款。再次，合同解除或者终止履行，应区分具体情况认定应付工程款日。合同解除后，根据《民法典》第八百零六条第三款的规定，已经完成的建设工程质量合格的，优先受偿权行使的起算时间也应当遵从合同约定，已经完成的建设工程质量不合格的，参照《民法典》第七百九十三条的规定处理。实践中，大多数合同解除或者终止履行时，工程尚未完工，合同约定的工程价款结算条件尚未成就。若发包人与承包人就合同解除后的工程价款的支付另行达成合意，则应当尊重当事人的意思自治，以该协议约定确定工程款的支付时间作为优先受偿权的起算时间。若双方对工程款的数额有争议，可能需要进行鉴定，如当事人向司法机关或仲裁机构正式主张权利，人民法院及仲裁机构确认发包人欠付承包人工程款，应付款之日应为当事人提起诉讼之日起。最后，当事人对付款时间没有约定或者约定不明的，可借鉴《解释（一）》第二十七条关于发包人向承包人支付工程价款利息起算时间的规定。具体来说：第一，建设工程实际交付的，以建设工程交付之日为应付款时间。第二，建设工程没有交付，但承包人已经在建设工程竣工验收合格后按照合同约定的时间提交了竣工结算文件，应当认定提交竣工结算文件之日为应付款时间。第三，建设工程价款未结算，建设工程也未交付，大多数为工程未完工或者完工后未经验收的情形。此时，合同约定的工程价款结算条件尚未成就，应当规定一个拟制的应付款时间，以一审原告起诉时间作为应付款时间是适当的。

045. 享有优先权保护的建筑工程价款范围如何界定

问：实践中，对于享有优先权保护的建筑工程价款不包括承包人因发包人违约造成的损失一项没有争议，但对于是否包括承包人的应得利润存有争议，请问，享有优先权保护的建筑工程价款范围应如何界定，是否包括承包人的应得利润？

答：关于享有优先权保护的建筑工程价款范围的界定，应结合《民法典》第八百零七条和最高人民法院《关于审理建设工程施工合同纠纷案件适用法律问题的解释（一）》第四十条加以确定。

最高人民法院《关于审理建设工程施工合同纠纷案件适用法律问题的解释（一）》第四十条第一款规定：“承包人建设工程价款优先受偿的范围依照国务院有关行政主管部门关于建设工程价款范围

的规定确定。”本条规定了承包人建设工程价款优先受偿权的保护范围，但没有列举优先受偿的范围的组成，而是对工程价款范围采用援引式的规定，即依照国务院有关行政主管部门对建设工程价款范围的规定。

依据《建设工程施工发包与承包价格管理暂行规定》第五条规定，建设工程价款由直接成本、间接成本、利润（酬金）和税金构成。根据该条规定，一般来说，工程价款可分为四个部分：一是直接成本，又称直接费，包括定额直接费、其他直接费、现场管理费和材料价差。其中，定额直接费又包括人工费、材料费和施工机构使用费三部分。二是间接成本，或称企业管理费，包括管理人员工资、劳动保护费等十多项。三是利润（酬金），由发包人按工程造价的差别利率计付给承包人。四是税金，包括营业税、城市建设税、教育费附加税三种。这四部分构成工程价款的整体，缺一不可。在实践中，建设工程价款的表现形式有工程估算价、设计概算价、施工图预算价、施工预算（概算）价和竣工结算价五种。《民法典》第八百零七条中所称工程价款，如指已竣工工程，应指竣工结算价；如指未竣工工程，则应以施工预算价为基础进行评估确定工程价款。《民法典》第八百零七条的立法精神是保护建筑施工企业被拖欠的工程款，主要是工人的工资、承包人的管理费和正常的利润。因此，承包人利润是工程价款的重要组成部分，显然应享有优先受偿权。

综上所述，享有优先保护的建筑工程价款的范围可以界定为：如指已竣工工程，应指竣工结算价，如指未竣工工程，则应以施工预算价为基础进行评估确定工程价款；包含承包人的正常利润，但不包括承包人因发包人违约造成的损失。

建设工程施工合同争议解决

046. 建设工程施工合同与承揽合同的区别

问：建设工程施工合同与承揽合同的区别是什么？

答：《民法典》第七百七十条第一款规定："承揽合同是承揽人按照定作人的要求完成工作，交付工作成果，定作人支付报酬的合同。"第七百八十八条第一款规定："建设工程合同是承包人进行工程建设，发包人支付价款的合同。"建设工程合同实际上是承揽合同的一种特殊类型。因此，《民法典》第八百零八条规定："本章没有规定的，适用承揽合同的有关规定。"建设工程施工合同在性质上虽然属于特殊的承揽合同，但二者仍然存在明显的区别：（1）主体要求不同。依据最高人民法院《关于审理建设工程施工合同纠纷案件适用法律问题的解释（一）》第一条的规定，建设工程施工合同具有下列情形之一的，应当根据《民法典》第一百五十三条第一款的规定，认定无效：承包人未取得建筑业企业资质或者超越资质等级的；没有资质的实际施工人借用有资质的建筑施工企业名义的；建设工程必须进行招标而未招标或者中标无效的。由该规定可知，建设工程项目经过可行性研究、立项规划审批等，发包人应具备发包资格；施工主体实行市场准入制度，承包人是必须具备相应资质的法人。而承揽合同的标的小，对定作人一般没有发包要求；承揽人可以是具有资质的法人，也可以是其他单位或者个人。（2）受行政制约不同。建设工程是涉及公共利益和安全的特殊产品，国家实行严格的管理和控制，当事人意思自治受公权力的制约。例如，最高人民法院《关于审理建设工程施工合同纠纷案件适用法律问题的解释（一）》第三条第一款规定：“当事人以发包人未取得建设工程规划许可证等规划审批手续为由，请求确认建设工程施工合同无效的，人民法院应予支持，但发包人在起诉前取得建设工程规划许可证等规划审批手续的除外。”而承揽合同以当事人合意为主，行政一般不予干预。（3）合同要式不同。《民法典》第七百八十九条明确规定，“建设工程合同应当采用书面形式”，而并未对承揽合同的形式进行规定，因此承揽合同既可以是口头形式，也可以是书面形式。（4）部分工作交由第三人完成的程序不同。根据《民法典》第七百九十一条第二款的规定，建设工程总包人将其中部分工作交与第三人完成时，须取得发包人同意。而根据《民法典》第七百七十三条的规定，承揽人有权将部分辅助工作交与第三人完成，无须征得定作人同意。但第七百七十二条第二款规定，“承揽人将其承揽的主要工作交由第三人完成的，应当就该第三人完成的工作成果向定作人负责；未经定作人同意的，定作人也可以解除合同”。此外，分包关系中的责任承担也不同。依据《民法典》第七百七十二条、第七百七十三条，承揽合同分包后，次承揽人就完成的工作向承揽人负责；而《民法典》第七百九十一条第二款规定，“……第三人就其完成的工作成果与总承包人或者勘察、设计、施工承包人向发包人承担连带责任……”即建设工程分包后，分包人就工作成果与总包人共同向发包人承担连带责任。

047. 工程转包与专业承包有何区别

问：工程转包与专业承包有何区别？

答：两者存在以下区别：一是承包合同的主体不同。工程转包后，转让人即转包人退出承包关系，受让人即转承包人成为承包合同的另一方当事人，转让人对受让人的履行行为不承担责任。转包在理论上称为合同的转让，是合同权利义务的概括转移。依据《民法典》第七百九十一条第二款规定，“总承包人或者勘察、设计、施工承包人经发包人同意，可以将自己承包的部分工作交由第三人完成。第三人就其完成的工作成果与总承包人或者勘察、设计、施工承包人向发包人承担连带责任……”由此可知，专业承包合同是指发包人或承包人和第三人订立协议，原承包人并不脱离合同关系，由第三人加入合同关系，与承包人连带承担合同义务的债务承担方式。建设工程合同的主体没有改变，仍是发包人与承包人，专业承包合同依附于总包合同。二是法律限制程度不同。工程转包是违法行为，《民法典》第七百九十一条第二款第三句明确规定，“承包人不得将其承包的全部建设工程转包给第三人或者将其承包的全部建设工程支解以后以分包的名义分别转包给第三人”。依法成立的专业承包合同则具有法律效力。依据《民法典》第七百九十一条第二款的规定，经发包人同意，承包人可将部分工作交由第三人完成；同时第三款规定“……建设工程主体结构的施工必须由承包人自行完成”。与之相符，《招标投标法》第四十八条第二款规定，中标人按照合同约定或者经招标人同意，可以将中标项目的部分非主体、非关键性工作分包给他人完成。《建筑法》第二十九条规定：“……施工总承包的，建筑工程主体结构的施工必须由总承包单位自行完成……”因此，专业承包是依法有效的行为，有相应的条件限制：（1）承包人分包工程必须按照工程施工合同约定或经过发包人同意；（2）分包人应具有相应的资质条件；（3）分包工程限于非主体、非关键性部分；（4）分包单位不得将其承包的工程再分包。符合其中一条即构成违法分包。三是工程项目中承包人（转包人）所处地位不同。专业承包中，总承包人独立完成主体工程，并对分包工程进行管理。关于转包，通常转包人只收取管理费，对工程建设不提供任何技术和管理。

048. 劳务分包和专业承包有何区别

问：劳务分包和专业承包有何区别？

答：两者存在以下区别：一是合同标的不同。依照《建筑业企业资质等级标准》（失效）规定，专业承包的种类包括地基与基础设施、土石方工程、建筑装修装饰工程、消防设施工程、建筑防水工程等 60 种。《建筑业企业资质等级标准》（失效）对劳务作业分包的种类作了规定，包括木工、砌筑、抹灰、石制作、油漆、钢筋、混凝土、脚手架、模板、焊接、水暖电、钣金、架线作业等 13 种。从上述具体的项目罗列可以看出，专业承包合同的标的是建设工程中非主体、非关键性部分的工程。劳务分包合同的标的是劳务作业，技术含量低，与工程成果无关。二是施工内容不同。专业承包中，第三人以自己的设备、材料、劳动力、技术等独立完成工程。劳务分包中第三人提供的仅是劳动力，由分包人提供技术和管理，两者结合才能完成建设工程。例如，甲施工单位承揽工程后，自己买材料，然后另外请乙劳务单位负责找工人进行施工，但还是由甲单位组织施工管理。三是责任承担不同。依据《民法典》第七百九十一条第二款，专业承包中的第三人就完成的工作成果与分包人向发包人承担连带责任。劳务分包中的第三人对工程承担合格责任，一般以监理工程师验收为准。四是程序要件不同。依据《民法典》第七百九十一条第二款，承包人分包工程必须按照约定或经发包人同意。而劳务法律关系限于劳务分包合同双方当事人，无须经发包人或总包人的同意。五是结算性质不同。专业承包的对象是部分工程，第三人向分包人结算的是工程款，由直接费、间接费、税金和利润组成。劳务分包对象是劳务作业，第三人向分包人结算的是直接费中的人工费以及相应的管理费。

049. 建设工程施工合同纠纷案件中，在需要通过鉴定确定工程造价的情形下，若一方提出了具体的工程造价数额，另一方对此数额不予认可但又不申请鉴定的，人民法院应该如何认定工程造价

问：建设工程施工合同纠纷案件中，在需要通过鉴定确定工程造价的情形下，若一方提出了具体的工程造价数额，另一方对此数额不予认可但又不申请鉴定的，人民法院应该如何认定工程造价？

答：《民事诉讼法》第六十七条第一款规定，“当事人对自己提出的主张，有责任提供证据”。建设工程施工合同纠纷案件中，如果合同对于工程价款约定了固定价格，则按照合同约定确定工程价款即可。这体现为最高人民法院《关于审理建设工程施工合同纠纷

案件适用法律问题的解释（一）》第二十九条的规定：“当事人在诉讼前已经对建设工程价款结算达成协议，诉讼中一方当事人申请对工程造价进行鉴定的，人民法院不予准许。”如果合同约定的不是固定价格，则可能需要通过鉴定确定工程造价。实践中会出现的情形：一方提出了具体的工程造价数额，另一方对此数额不予认可但又不申请鉴定，此种情形下，如何确定工程价款？我们认为，如果是承包人提出了具体的工程造价数额，发包人不予认可但又不申请鉴定的，可按照承包人提出的数额确定工程造价；如果是发包人提出了具体的工程造价数额，承包人不予认可但又不申请鉴定的，可按照发包人认可的金额确定工程造价，要避免出现简单驳回承包人全部诉讼请求的情形。依据最高人民法院《关于审理建设工程施工合同纠纷案件适用法律问题的解释（一）》第三十二条第一款的规定：“当事人对工程造价、质量、修复费用等专门性问题有争议，人民法院认为需要鉴定的，应当向负有举证责任的当事人释明。当事人经释明未申请鉴定，虽申请鉴定但未支付鉴定费用或者拒不提供相关材料的，应当承担举证不能的法律后果。”换言之，如果双方都提出了不同的具体的工程造价数额又都不申请鉴定的，则要根据“谁主张，谁举证”的原则，根据各自的诉讼地位、诉讼请求等因素确定由哪一方承担举证不力的后果。

050. 未取得建设工程规划许可审批手续等签订建设工程施工合同的，建设工程施工合同的效力如何认定

问：未取得建设工程规划许可审批手续等签订建设工程施工合

同的，建设工程施工合同的效力如何认定？

答:《城乡规划法》第四十条第一款规定，“在城市、镇规划区内进行建筑物、构筑物、道路、管线和其他工程建设的，建设单位或者个人应当向城市、县人民政府城乡规划主管部门或者省、自治区、直辖市人民政府确定的镇人民政府申请办理建设工程规划许可证。”该法第六十四条规定，“未取得建设工程规划许可证或者未按照建设工程规划许可证的规定进行建设的，由县级以上地方人民政府城乡规划主管部门责令停止建设……”根据上述两条规定可知，取得建设工程规划许可证是进行合法建设的前提。未取得建设工程规划许可证即进行建设或者未按照建设工程规划许可证的规定进行建设是法律明确禁止的行为，故根据《民法典》第一百五十三条第一款的规定，以该建设行为为主要合同内容的建设工程施工合同应当认定无效。与之相符，最高人民法院《关于审理建设工程施工合同纠纷案件适用法律问题的解释（一）》第三条规定:“当事人以发包人未取得建设工程规划许可证等规划审批手续为由，请求确认建设工程施工合同无效的，人民法院应予支持，但发包人在起诉前取得建设工程规划许可证等规划审批手续的除外。发包人能够办理审批手续而未办理，并以未办理审批手续为由请求确认建设工程施工合同无效的，人民法院不予支持。”该条规定认可，发包人未取得建设工程规划许可证等规划审批手续，建设工程施工合同无效。但该条额外规定了无效合同的效力补正，即发包人在起诉前取得建设工程规划许可证等规划审批手续，应认为合同有效。

051. 承发包双方签订的建设工程施工合同因违反招标投标法规定而无效，合同履行过程中双方达成的结算工程价款补充协议是否必然无效

问：承发包双方签订的建设工程施工合同因违反招标投标法规定而无效，合同履行过程中双方达成的结算工程价款补充协议是否必然无效？

答：甲乙双方未经法定招标投标程序签订《建设工程施工合同》，约定乙公司承建涉案工程，甲公司未按约支付进度款，合同履行过程中，双方签订《补充协议》，载明乙公司完成工程量价款 2000 万元，甲公司应于 3 个月内支付价款并支付利息至实际支付价款之日。后甲公司未支付款项导致本案诉讼。甲公司抗辩因主合同无效，补充协议也应无效。

有一种观点认为，依据最高人民法院《关于审理建设工程施工合同纠纷案件适用法律问题的解释（一）》第一条，建设工程施工合同具有下列情形之一的，应当依据《民法典》第一百五十三条第一款的规定，认定无效：（1）承包人未取得建筑业企业资质或者超越资质等级的；（2）没有资质的实际施工人借用有资质的建筑施工企业名义的；（3）建设工程必须进行招标而未招标或者中标无效的。因为承发包双方签订的《建设工程施工合同》因违反招标投标法律的强制性规定而无效，当事人在施工合同履行过程中作为主合同的补充协议当然无效。

我们认为，应该综合分析协议内容所反映出来的当事人之间权利义务关系性质及与施工合同之间的法律关系，并不应以是否冠以

“补充协议”称谓而简单认定二者主从关系。如果协议内容属于承发包双方对既存债权债务关系清理，则具有独立性，根据为《民法典》第五百六十七条的规定“合同的权利义务终止，不影响合同中结算和清理条款的效力”。且从诚实信用原则出发，不当扩大合同无效后果边界亦易导致当事人利益失衡。因此，《补充协议》不因《建设工程施工合同》无效而必然无效。

052. 建设施工合同的发包方能否以承包方未开具发票作为拒绝支付工程款的先履行抗辩的事由

问：建设施工合同的发包方能否以承包方未开具发票作为拒绝支付工程款的先履行抗辩的事由？

答：我国《民法典》第五百二十六条对先履行抗辩权的规定为：“当事人互负债务，有先后履行顺序，应当先履行债务一方未履行的，后履行一方有权拒绝其履行请求。先履行一方履行债务不符合约定的，后履行一方有权拒绝其相应的履行请求。”先履行抗辩权，是指依照合同约定或法律规定负有先履行义务的一方当事人，届期未履行义务或者履行义务严重不符合约定条件时，相对方为保护自己的期限利益或为保证自己履行合同的条件而中止履行合同的权利。先履行抗辩权本质上是对违约的抗辩，在这个意义上，先履行抗辩权可以成为违约救济权。审判实务中，发包方通常以承包方未开具发票作为拒付工程款的抗辩事由。

建设施工合同作为一种双务合同，依据其合同的本质，合同抗辩的范围仅限于对价义务，也就是说，一方不履行对价义务的，相对方才享有抗辩权。支付工程款义务与开具发票义务是两种不同性质的义务，前者是合同的主要义务，后者并非合同的主要义务，二者不具有对等关系。只有对等关系的义务才存在先履行抗辩权的适用条件。如果不是对等关系的义务，就不能适用先履行抗辩权。

《民法典》第四百九十条第二款规定，法律、行政法规规定或者当事人约定采用书面形式订立合同，当事人未采用书面形式，但一方已经履行主要义务，对方接受的，该合同成立。第五百六十三条第一款第三项还规定，“当事人一方迟延履行主要债务，经催告后在合理期限内仍未履行”，当事人可以解除合同。《民法典》这些规定中都提及了“主要义务”“主要债务”的概念，所谓主要义务，一般是指根据合同性质而决定的直接影响合同的成立及当事人订约目的的义务。例如，在买卖合同中，主要义务是一方交付标的物，另一方支付价款。合同中主要义务的特点在于，主要义务与合同的成立或当事人的缔约目的紧密相连，对主要义务的不履行将会导致债权人订立合同目的的无法实现，债务人的违约行为会构成根本违约，债权人有权解除合同；在双务合同中如果一方不履行其依据合同所负有的主要义务，另一方有权行使抗辩权。《民法典》第七百八十八条第一款规定：“建设工程合同是承包人进行工程建设，发包人支付价款的合同。”由此可知，建设工程施工合同中的主要义务就是一方完成合同项下的建设工程，另一方依约支付工程款项。而开具发票的义务显然不属于建设工程施工合同中的主要义务，一方当事人违反该义务并不构成根本违约，另一方当事人不能仅仅因为未及时出具相应发票而主张解除合同，也不能仅因此行使先履行抗辩权。

综上所述，在一方违反约定没有开具发票的情况下，另一方不能以此为由拒绝履行合同主要义务即支付工程价款。除非当事人明确约定：一方不及时开具发票，另一方有权拒绝支付工程价款。这种情况就意味着双方将开具发票视为与支付工程价款同等的义务。

053. 工程变更导致工程量发生重大变化，当事人对该部分工程款结算达不成一致的，是否应当参照签订原合同时建设行政主管部门发布的工程定额标准或工程量清单计价方法结算工程款

问：建设工程施工过程中，发包人进行了工程的重大变更，导致工程量发生了重大变化，当事人对该部分工程款结算达不成一致的，是否应当参照签订原合同时建设行政主管部门发布的工程定额标准或工程量清单计价方法结算工程款？

答：实践中，因设计变更、进度计划变更、施工条件变更或者发包方提出“新增工程”等工程变更导致建设工程的工程量或者质量标准发生变化的情况非常普遍。此时，如果发包人和承包人就如何结算工程价款达不成一致，根据最高人民法院《关于审理建设工程施工合同纠纷案件适用法律问题的解释（一）》（本文以下简称《解释（一）》）第十九条第二款的规定，“因设计变更导致建设工程的工程量或者质量标准发生变化，当事人对该部分工程价款不能协商一

致的，可以参照签订建设工程施工合同时当地建设行政主管部门发布的计价方法或者计价标准结算工程价款”。注意此处的用词是“可以”而非“应当”。依据《解释（一）》第十九条第一款的规定，“当事人对建设工程的计价标准或者计价方法有约定的，按照约定结算工程价款”。由此可知，建设工程结算工程款的基本原则是尊重当事人之间的约定，只要合同对工程增加如何结算的约定是明确的、具体的，根据增减工程的性质、标准可以适用原合同约定的计价方法和计价标准结算工程款，并不会因此而导致当事人之间利益的显失公平，那么，原则上仍应参照合同约定结算工程价款。而在因增减工程的性质、标准不宜适用原合同约定的计价方法和计价标准结算工程款，或者原合同约定不明无法适用的情况下，则可根据《解释（一）》第十九条第二款的规定，参照签订建设工程施工合同时当地建设行政主管部门发布的计价方法或者计价标准结算工程价款。

054. 工程造价鉴定取费标准变化时，是否仍按原约定下浮率对工程造价鉴定结果进行下浮

问：天娱公司（甲方）与飞翔公司（乙方）签订《建设工程合同》，约定由飞翔公司垫资承建天娱公司所开发的房地产项目；同时约定，案涉工程取费标准为按二类工程取费，按不含税总造价（安装主材除外）对商铺、住宅分别下浮 2.29% 和 1.44%。后因工程款给付问题，

飞翔公司将天娱公司诉至法院。经查，鉴定机构对案涉工程进行鉴定时并未采用合同约定的二类工程取费标准，而是采用当地最新实施的建筑工程综合定额标准。庭审中，双方对工程造价鉴定结果是否下浮问题发生争议。飞翔公司认为鉴定机构鉴定时的取费标准已与原合同的约定不符，故不应对鉴定结果再按约定下浮，该观点能否得到支持?

答：关于案涉工程款是否计算下浮率的问题。根据双方签订的《建筑工程合同》约定，案涉工程取费标准为按二类工程取费，按不含税总造价（安装主材除外）下浮 2.29%（商铺）和 1.44%（住宅）。一般而言，工程取费标准越高，工程款结算金额就越多，施工方最终可得利益也就越大。因此，在建设工程施工合同法律关系中，施工方往往倾向约定较高的取费标准。对此，建设方则通过与施工方约定一个工程价款的下浮率来降低应付工程款的数额。可见，在同一份建设工程施工合同中，下浮率多少与取费标准高低直接相关。一般来说，取费标准越高，下浮率就越高。而案涉工程造价鉴定是按新施行的建筑工程综合定额取费，而没有按合同约定的二类工程取费。从本案情况来看，与二类工程取费相比，按照建筑工程综合定额取费，工程造价已经大幅下降，故不存在让利的问题。由于下浮率与工程取费标准直接相关，如果改变二类工程取费的标准，则之前约定的下浮率就失去了计价基础。进而，原合同中关于下浮率的约定已不再适用。

另外，建设工程造价下浮率的确定，需要施工方明确表示同意。对建设方而言，下浮率意味着施工方在工程造价基础上少收建设方一定比例的工程款。既然按下浮率计算工程款将使施工方可得收入减少，那么工程款是否下浮以及下浮多少比例都因与施工方切身利益相关而必须经施工方明确同意。此外，依据最高人民法院《关于审理建设工程施工合同纠纷案件适用法律问题的解释（一）》第二条第一款，当事人对于工程范围、建设工期、工程质量、工程价款的约定属于建设工程施工合同的实质性内容，而工程造价下浮率关系到工程价款的结算，也属于合同的实质性内容。在案涉工程造价鉴定不按照二类工程标准取费后，原合同中约定的下浮率已失去计价基础。此时，如果还要对工程造价进行下浮，则应由当事人另行约定下浮率标准且该标准须取得各方一致同意。

055. 经建设单位聘用的监理工程师签认的工程量月报表，能否直接作为工程结算依据

问：经建设单位聘用的监理工程师签认的工程量月报表，能否直接作为工程结算依据？

答：委托监理合同是指发包人将工程建设的一部分管理权限授予监理单位，监理单位根据发包人的授权开展工作。《民法典》第七百九十六条规定："建设工程实行监理的，发包人应当与监理人采用书面形式订立委托监理合同。发包人与监理人的权利和义务以及法律责任，应当依照本编委托合同以及其他有关法律、行政法规的规定。"监理的法律特征与委托代理相似，但还具有区别于委托代理的法律特征。具体地讲，监理人与发包人之间是平等关系，是特殊的委托合同。其"特殊"在于监理，不仅要为发包人提供监理服务，维护发包人的合法权益，而且还有责任维护承包人的合法权益。关于监理单位的法律性质和定位，《建设工程监理合同（示范文

本)》第二部分“通用条件”第2.4.1条规定：“在监理与相关服务范围内，委托人和承包人提出的意见和要求，监理人应及时提出处置意见。当委托人与承包人之间发生合同争议时，监理人应协助委托人、承包人协商解决。”《建筑法》第三十四条第二款、第三款规定：“工程监理单位应当根据建设单位的委托，客观、公正地执行监理任务。工程监理单位与被监理工程的承包单位以及建筑材料、建筑构配件和设备供应单位不得有隶属关系或者其他利害关系。”由此可见，监理单位在发包人与承包人之间起到了维系公平交易、等价交换的制衡作用，不能将其单纯视为发包人的利益代表。监理工程师签认工程量月报表的行为，可否推定为建设单位认可？就一般情况而言，监理工程师签认的工程量月报表属于书证，具备民事诉讼法意义上的证据效力，但不发生签证效力。首先，按照《建筑法》第三十二条，《建设工程质量管理条例》第三十六条、第三十七条、第三十八条，《建设工程安全生产管理条例》第十四条等规定，监理工程师不具备签认工程决算月报表的法定职责。其次，须审核监理合同约定内容。如监理合同约定监理工程师具备签署工程月报表职责，此约定对承包人并不发生效力；只有施工合同中有此约定，才对承包人发生签证效力。建筑市场上，在施工合同中签有此约定的情况基本不存在。最后，看交易惯例。施工过程中，监理工程师具有签认施工月报表的工作惯例。对签认的结果，各方当事人未提出异议，唯独对一份或几份签认结果不认可，则肯定此签认行为构成了表见代理行为，肯定监理工程师对施工月报表的签证效力。除上述情况外，监理工程师对施工月报表的签认行为，不发生签证效力。

建设工程施工合同的效力

056. 同一建设工程存在“黑白合同”的情形下，在判断工程价款结算根据时，是否需要考虑“白合同”的效力

问：同一建设工程存在“黑白合同”的情形下，在判断工程价款结算根据时，是否需要考虑“白合同”的效力？

答：最高人民法院《关于审理建设工程施工合同纠纷案件适用法律问题的解释（一）》（以下简称《解释（一）》）第二条第一款规定：“招标人和中标人另行签订的建设工程施工合同约定的工程范围、建设工期、工程质量、工程价款等实质性内容，与中标合同不一致，一方当事人请求按照中标合同确定权利义务的，人民法院应予支持。”此条通常被称为有关“黑白合同”的规定，其中，中标合同被称为“白合同”，另行签订的合同被称为“黑合同”。依据该条规定，“黑合同”与“白合同”实质性内容不一致的，应当以“白合同”作为结算工程价款的根据，这是因为《招标投标法》第四十六条规定“……招标人和中标人不得再行订立背离合同实质性内容的其他协议……”，第五十九条规定“……招标人、中标人订立背离合同实质性内容的协议的，责令改正……”，“黑合同”的签订违反上述法律规定，自然不能作为结算根据。与之相符，《解释（一）》第二条第二款列举了可能构成背离合同实质内容的情形，并规定在这些情形下“黑合同”可被确认无效：“招标人和中标人在中标合同之外就明显高于市场价格购买承建房产、无偿建设住房配套设施、让利、向建设单位捐赠财物等另行签订合同，变相降低工程价款，一方当

事人以该合同背离中标合同实质性内容为由请求确认无效的，人民法院应予支持。”第二十三条规定：“发包人将依法不属于必须招标的建设工程进行招标后，与承包人另行订立的建设工程施工合同背离中标合同的实质性内容，当事人请求以中标合同作为结算建设工程价款依据的，人民法院应予支持，但发包人与承包人因客观情况发生了在招标投标时难以预见的变化而另行订立建设工程施工合同的除外。”值得注意的是，该条但书对于依法不属于必须招标的建设工程，规定了可以以另行签订的合同作为结算依据的特殊情形。总体来看，上述规定均体现相同的立法思路。

应当注意的是，以“白合同”作为结算工程价款的根据，隐含的前提是“白合同”即中标合同应当有效，因为只有有效合同才能直接作为结算根据。在“白合同”无效的情形下，如何认定结算根据？根据最高人民法院《解释（一）》第二十四条规定：“当事人就同一建设工程订立的数份建设工程施工合同均无效，但建设工程质量合格，一方当事人请求参照实际履行的合同关于工程价款的约定折价补偿承包人的，人民法院应予支持。实际履行的合同难以确定，当事人请求参照最后签订的合同关于工程价款的约定折价补偿承包人的，人民法院应予支持。”此时应当参照实际履行的合同的约定进行折价补偿。

057. 当事人另行签订的建设工程施工合同补充合同中关于纠纷解决方式的变更约定是否有效

问：当事人另行签订的建设工程施工合同补充合同中关于纠纷

解决方式的变更约定是否有效?

答：实务中，当事人通过补充合同以变更建设工程施工合同中纠纷解决方式的现象较为常见。我们认为，通过补充合同变更主合同的纠纷解决方式的约定是有效的。

在建设工程领域，当事人往往就同一建设工程项目签订“黑白合同”以达到逃避各级建设主管部门监管、不缴或者少缴税款、在建设工程招标投标中取得竞争优势等不正当目的。《招标投标法》第四十五条第二款规定：“中标通知书对招标人和中标人具有法律效力。中标通知书发出后，招标人改变中标结果的，或者中标人放弃中标项目的，应当依法承担法律责任。”因此，中标合同不应再进行实质性内容的变更。而何为“实质性变更”？最高人民法院《关于审理建设工程施工合同纠纷案件适用法律问题的解释（一）》第二条第一款规定：“招标人和中标人另行签订的建设工程施工合同约定的工程范围、建设工期、工程质量、工程价款等实质性内容，与中标合同不一致，一方当事人请求按照中标合同确定权利义务的，人民法院应予支持。”由此可知，建设工程的工程范围、建设工期、工程质量和工程价款等内容属于建设工程合同的实质性内容，而纠纷解决方式的变更并非内容的实质性变更。此外，《民法典》第五百四十三条规定：“当事人协商一致，可以变更合同。”因此可知，当事人另行签订补充合同以变更纠纷解决方式属于当事人意思自治的范畴，该变更约定有效。

058. 发包方与承包方另行约定如工程未拿到“鲁班奖”将不予退还履约保证金的条款是否有效

问：发包方与承包方在招标文件中约定的工程质量标准为合格，工程中标后发包方又同中标人另行约定，如工程未拿到“鲁班奖”将不予退还履约保证金，该约定是否有效？

答：该约定已经构成了对中标合同实质性内容的变更，应无效。依据《民法典》第七百八十八条第一款规定：“建设工程合同是承包人进行工程建设，发包人支付价款的合同。”承包人负有按期保质完成施工任务之义务，享有按合同约定受领工程价款之权利；发包人享有按合同约定接收符合约定质量标准的建设工程产品之权利，负有按合同约定支付工程价款之义务。由此可见，于建设工程合同而言，其合同实质性内容一般包括工程价款、工程质量、工程期限等。与之相符，最高人民法院《关于审理建设工程施工合同纠纷案件适用法律问题的解释（一）》第二条第一款规定：“招标人和中标人另行签订的建设工程施工合同约定的工程范围、建设工期、工程质量、工程价款等实质性内容，与中标合同不一致，一方当事人请求按照中标合同确定权利义务的，人民法院应予支持。”因此，有关于工程质量的约定属于中标合同的实质性内容。

“鲁班奖”是全国范围内的建筑行业最高质量奖，从法律性质上讲，这种奖励所依附的标准并不属于国家强制性标准，而是行业领域所鼓励的标准。在招标投标合同已经约定了工程合格标准的情况下，发包方与承包方又另行约定必须拿到“鲁班奖”，否则就扣除履约保证金，此种承诺所赋予承包方的义务已经明显高于招标投标合同约定的义务，实际上已经改变了招标投标文件所约定的工程质量标准，与中标合同实质性内容存在不一致。根据《招标投标法》第四十六条第一款“招标人和中标人应当自中标通知书发出之日起三十日内，按照招标文件和中标人的投标文件订立书面合同。投标人和中标人不得再行订立背离合同实质性内容的其他协议”的规定，上述约定应认定为无效。

059. 发包人同承包人仅就欠付工程款约定支付违约金，承包人是否还有权要求发包人在承担违约金责任之外支付欠付工程款的利息

问：*发包人同承包人仅就欠付工程款约定了违约金，承包人是否还可以要求发包人在承担支付违约金责任之外支付欠付工程款的利息？*

答：建设工程施工合同作为双务有偿合同，支付工程价款是发包人的主要义务。发包人违反合同约定欠付工程价款，则构成违约，应承担违约责任，而当事人之间对所欠付工程价款约定支付利息往往是承担违约责任的基本方式。最高人民法院《关于审理建设工程施工合同纠纷案件适用法律问题的解释（一）》第二十六条规定：“当事人对欠付工程价款利息计付标准有约定的，按照约定处理。没有约定的，按照同期同类贷款利率或者同期贷款市场报价利率计息。”该规定是针对建设工程施工合同当事人之间关于利息问题争议的处理，应为当事人对欠付工程价款并没有约定违约责任承担方式时适用。如果当事人在施工合同中已经约定逾期支付工程价款所应承担

的违约责任方式，则应优先适用该当事人之间的约定。因此，如果当事人在建设工程施工合同中明确约定了发包人在承担利息之外还应赔偿损失或者承担其他违约责任，则承包人在请求发包人承担约定之违约责任的同时还请求支付相应约定利息的，应当从其约定。《民法典》第五百七十七条规定："当事人一方不履行合同义务或者履行合同义务不符合约定的，应当承担继续履行、采取补救措施或者赔偿损失等违约责任。"赔偿损失为承担违约责任的方式之一。如果当事人仅就欠付工程价款约定支付违约金，而未额外约定支付欠付工程价款利息的，则此时发包人支付违约金即为承担了赔偿损失的违约责任，承包人无权请求发包人额外支付欠付工程价款利息。

当然，根据《民法典》第五百八十五条第二款规定："约定的违约金低于造成的损失的，人民法院或者仲裁机构可以根据当事人的请求予以增加；约定的违约金过分高于造成的损失的，人民法院或者仲裁机构可以根据当事人的请求予以适当减少。"如果双方约定的违约金不足以弥补承包人因发包人欠付工程价款的损失，承包人可以向人民法院或仲裁机构请求增加违约金数额，以填平其因发包人违约所遭受的损失。

060. 施工合同约定的仲裁条款是否适用于因偿付工程欠款签订《还款协议书》后发生的纠纷案件

问：工程结算后，发包人欠付承包人工程款，承发包双方就如何偿还工程欠款签订《还款协议书》。施工主合同约定的仲裁条款是否适用于因履行《还款协议书》发生的纠纷案件?

答:《民法典》第五百零七条规定:“合同不生效、无效、被撤销或者终止的,不影响合同中有关解决争议方法的条款的效力。”《仲裁法》第十九条第一款规定:“仲裁协议独立存在,合同的变更、解除、终止或者无效,不影响仲裁协议的效力。”上述法律规定均充分表明,仲裁条款在民事合同中具有独立性。工程结算后,施工合同双方对发包人欠付承包人的工程价款数额达成一致,即工程欠款数额已成为一个定数。《民法典》第五百一十条规定:“合同生效后,当事人就质量、价款或者报酬、履行地点等内容没有约定或者约定不明确的,可以协议补充;不能达成补充协议的,按照合同相关条款或者交易习惯确定。”《还款协议书》是为履行施工主合同签订的,体现了工程结算的结果,其性质为补充协议,是对施工主合同的补充、细化。同时,《还款协议书》是为从签约到结算的前期履约行为作一了断,对后期确认欠款数额、还款时间、还款方式等内容作出约定,《还款协议书》为主合同的补充协议,是整个合同不可分割的一部分,与主合同具有同等效力。既然因主合同发生纠纷适用约定的仲裁条款,施工主合同约定的仲裁条款也应适用于因履行《还款补充协议》发生的纠纷案件。

061. 在履行法定招标投标程序之前,招标人与投标人签订的建设工程施工合同是否有效

问:对依法必须进行招标的建设工程项目,如果在履行法定招

标投标程序之前，招标人即与投标人签订了建设工程施工合同，应当如何认定该合同的效力？

答:《招标投标法》第四十三条规定：“在确定中标人前，招标人不得与投标人就投标价格、投标方案等实质性内容进行谈判。”该规定对实现《招标投标法》的立法目的，即规范招标投标活动，保护国家利益、社会公共利益和招标投标活动当事人的合法权益，提高经济效益，保证项目质量具有重要意义。相比较“在确定中标人前，招标人不得与投标人就投标价格、投标方案等实质性内容进行谈判”，在进行招标投标之前就在实质上先行确定了工程承包人并与之签订建设工程施工合同，是对《招标投标法》更为严重的违反。与之相符，最高人民法院《关于审理建设工程施工合同纠纷案件适用法律问题的解释（一）》第一条第一款规定：“建设工程施工合同具有下列情形之一的，应当依据民法典第一百五十三条第一款的规定，认定无效:（一）承包人未取得建筑施工企业资质或者超越资质等级的;（二）没有资质的实际施工人借用有资质的建筑施工企业名义的;（三）建设工程必须进行招标而未招标或者中标无效的。”因此，在履行法定招标投标程序前招标人与投标人签订建设工程施工合同的，属于前款规定的第三项情形，违反了法律、行政法规的效力性强制性规定，法院应当认定该合同无效。

房地产

建设用地使用权合同

062. 如何认定划拨土地的使用人在土地改变性质之前与他人私下签订的《土地使用权转让合同》的性质

问：实践中经常有这样的情形，即一方为某划拨土地的使用人，政府欲收回此划拨土地并通过招拍挂方式进行出让。在政府收回土地之前，土地的使用人（本文以下简称转让方）已和他人（本文以下简称受让方）私下签订了《土地使用权转让合同》（本文以下简称《合同》），约定受让方以自己的名义参加此土地的招拍挂，转让方配合办理一切手续，土地转让价格通常视受让方是否成功取得土地而分为两种情形。此外双方往往还会就土地补偿费的归属以及此过程中费用的分担作出约定。此《合同》的性质该如何认定？

答:《城市房地产管理法》第四十条第一款规定:“以划拨方式取得土地使用权的，转让房地产时，应当按照国务院规定，报有批准权的人民政府审批。有批准权的人民政府准予转让的，应当由受让方办理土地使用权出让手续，并依照国家有关规定缴纳土地使用权出让金。”结合《城镇国有土地使用权出让和转让暂行条例》第四十四条、第四十五条规定，划拨土地使用权，应当经有批准权的人民政府批准才能转让。但政府收回划拨土地并按照招拍挂方式出让后，土地使用权性质就发生了改变，即由划拨土地变更为出让土地，在符合法律规定的条件下，土地使用权人可以转让。因而，若《合同》是在划拨土地改变性质之前双方协议签订的，转让方属于对土地使用权的无权处分。《合同》中若有土地使用权直接转让的内容，不能仅以无权处分为由否定合同本身的效力，但该合同属于《民法典》第五百八十条第一款第一项规定的“法律上或者事实上不能履行”的合同，若因此致使合同目的不能实现的，可以依据该条第二款主张解除合同;《合同》中若没有土地使用权直接转让的内容，则合同性质不宜认定为土地使用权转让合同。

《合同》中约定受让方通过招拍挂方式取得土地使用权，并以自己的名义与政府签订土地出让合同，这与法律法规的规定相符，对其效力可以认定。若受让方最终通过招拍挂方式取得出让土地使用权，与政府签订土地出让合同的，最高人民法院《关于审理涉及国有土地使用权合同纠纷案件适用法律问题的解释》第十条规定:“土地使用权人与受让方订立合同转让划拨土地使用权，起诉前经有批准权的人民政府同意转让，并由受让方办理土地使用权出让手续的，土地使用权人与受让方订立的合同可以按照补偿性质的合同处理。”即划拨土地的使用人在土地改变性质之前与他人私下签订的《合同》可以按照补偿性质的合同处理；若受让方最终没有取得出让土地使用权的，《合同》中关于费用、价款支付等的约定，可按照合同双方之间的债权债务关系处理。

063. 因土地补偿费分配方案侵害集体经济组织成员合法权益引发的纠纷，是否属于“就用于分配的土地补偿费数额”产生的争议

问：实践中，有观点认为，如何确定土地补偿费在农村集体经济组织内部的分配办法，是均等分配还是实行差别待遇，属于村民自治范畴内的事项，司法权无权干涉。最高人民法院《关于审理涉及农村土地承包纠纷案件适用法律问题的解释》（本文以下简称《农村土地承包司法解释》）第一条第三款规定：“农村集体经济组织成员就用于分配的土地补偿费数额提起民事诉讼的，人民法院不予受理。”该条规定正是体现了此种考虑，所以，按照该规定，农村集体经济组织成员因受到差别待遇提起的诉讼，人民法院应当不予受理。这种理解正确吗？

答：这种理解是不正确的。《农村土地承包司法解释》第一条第三款规定，是针对土地补偿费发放到农村集体经济组织后，该集体经济组织按照民主议定原则，确定拟在集体成员范围内进行分配的数额后，农村集体经济组织成员针对该数额提出异议的情形。比如，集体土地被征收后，集体经济组织获得土地补偿费 200 万元，经民主议定，该集体经济组织决定将其中的 150 万元用于分配，余留 50 万元用于村集体公益事业。如果特定农村集体经济组织成员认为应

当把全部的200万元都用于分配并提起诉讼，人民法院应当按照前述规定不予受理。司法解释作出这种规定的原因在于，该决定是集体经济组织综合考虑本组织的实际情况，经由民主议定而确定的，属于村民自治的事项，并未超出村民自治的合理界限。对此，司法权无须也无权进行评价乃至审查，否则即属于对村民自治的过度干预。从纠纷性质看，其与因土地补偿费分配方案实行差别待遇侵害特定人群合法权益而引发的纠纷全然不同。土地补偿费是对经由征收消灭的集体土地所有权的补偿，而集体土地所有权的权利主体是农民集体，据此，土地补偿费的受益主体也只能是农民集体。只要具有该集体经济组织的成员资格，就应具有相应的分配权。同时，一般来讲，集体土地所有权的替代物价值（土地补偿费的数额）大小与农村集体经济组织成员的劳动没有关系，也并非集体经济组织的经营收益，按照成员权理论，就土地补偿费分配而言，每个集体经济组织成员的分配权应当是均等的。因此，对特定人群实行差别待遇没有法律和法理依据。虽然该分配方案系经民主议定，但对权利受到侵害的特定人群来说，显然构成“多数人的暴政”。村民自治决议并不是绝对地不容任何司法审查和评价的，其效力应受法律保护的前提是，该决议不违反法律规定。如果该决议侵害了集体经济组织成员的合法权益，受侵害人当然有权提起民事诉讼寻求救济。对此，《民法典》第二百六十五条第二款明确规定：“农村集体经济组织、村民委员会或者其负责人作出的决定侵害集体成员合法权益的，受侵害的集体成员可以请求人民法院予以撤销。”

根据《农村土地承包司法解释》第一条第三款规定不予受理因土地补偿费分配方案侵害集体经济组织成员合法权益引发的纠纷，是对司法解释规定的错误适用。该类纠纷属于《农村土地承包司法解释》第一条第一款第六项规定的“承包地征收补偿费用分配纠纷”，人民法院应当依法受理。对其如何处理，《农村土地承包司法解释》第二十二条也作了明确规定：“农村集体经济组织或者村民委员会、村民小组，可以依照法律规定的民主议定程序，决定在本集体经济组织内部分配已经收到的土地补偿费。征地补偿安置方案确定时已经具有本集体经济组织成员资格的人，请求支付相应份额的，应予支持。但已报全国人大常委会、国务院备案的地方性法规、自治条例和单行条例、地方政府规章对土地补偿费在农村集体经济组织内部的分配办法另有规定的除外。”

房屋买卖合同

064. 房屋备案登记与预告登记有何区别

问：实践中，不动产登记的形式有房屋备案登记与预告登记两种，二者有何区别？

答：房屋备案登记与预告登记在法律上是有所不同的，两者的区别有以下五点：

一是法律效力不同。商品房预售合同备案登记制度是一种行政管理制度。商品房预售合同经过登记备案仅表明该买卖行为已纳入行政监管，在没有其他法定事由的情况下，该合同的效力优于出卖人一房多卖时时间顺序在后的同一标的物预售合同，在产权过户登记前商品房预售合同仍然没有物权效力。没有物权效力就意味着无论合同履行状况如何，出卖人仍然是标的物法律意义上的产权人。

而预告登记则是不动产登记制度。《民法典》第二百二十一条第一款规定："当事人签订买卖房屋的协议或者签订其他不动产物权的协议，为保障将来实现物权，按照约定可以向登记机构申请预告登记。预告登记后，未经预告登记的权利人同意，处分该不动产的，不发生物权效力。"依此规定，经预告登记的不动产买卖合同买受人的债权已经添附了预期物权，债权人可以享有产权已过户后的部分权利，包括可以对抗前手抵押权人行使抵押权，司法机关也不能将已预告登记的不动产当作出卖方的财产施以强制执行。

二是登记程序不同。《城市房地产管理法》第四十五条第二款规定："商品房预售人应当按照国家有关规定将预售合同报县级以上人民政府房产管理部门和土地管理部门登记备案。"由此可见，商品房预售合同的登记备案是政府主管部门行使监管职权，房地产经营企业满足预售条件、履行报备义务、接受资格审查的一项行政管理行为。而预告登记则是双方达成合意方能申请，也可以不申请预告登记。

三是适用范围不同。备案登记其登记的标的仅限于商品房预售合同，商品房的现房买卖、二手房买卖、旧房买卖合同都被排除在备案登记的范围之外。预告登记则适用于所有不动产交易，不仅包括商品房买卖和私房交易，还包括国有土地使用权的有偿转让、房地产开发项目的整体受让等。

四是启动主体不同。备案登记的启动主体是房地产开发商，而预告登记的启动主体则是签订了物权协议的当事人。

五是登记机关不同。备案登记的登记机关为建设主管部门或房地产管理部门（土地管理部门），而预告登记的登记机关则是房屋的登记机构。

065. 网签与备案有何区别

问：网签与备案有何区别？

答：区分网签与备案主要应从以下四个方面进行把握：

一是含义不同。网签是房地产管理部门为规范房地产企业的销售行为，防止开发企业“捂盘”以及一房多卖而建立的一个网络化管理系统。交易双方签订合同后，到房地产相关部门进行备案，并在互联网上公示，而且网签后还会得到一个网签号，可以在互联网上查询网签信息。需要注意的是，已经网签过的商品房无法进行第二次网签。而备案包括开发商备案和购房合同备案。开发商备案是指开发企业在取得预售证前向房产管理部门备案商品房出售价格，并面向社会出售。购房合同备案是指购房者和开发商签订合同之后，在房地产管理部门登记备案，以此实现法律效力的一种方式。

二是办理时间不同。网签时，开发商已经取得了预售证，且购房者也满足购房资格，完成选房。依据住房和城乡建设部《关于提升房屋网签备案服务效能的意见》（建房规〔2020〕4号）、住房和城乡建设部、最高人民法院、公安部等《关于加强房屋网签备案信息共享提升公共服务水平的通知》（建房〔2020〕61号）要求，要确保购房者在签订合同时即时于房地产开发企业、房地产经纪机构或者房屋管理部门完成网签，未取得预售证或其他证明的开发商与购房者签订的合同，无法进行网签。备案时间则是签约之日起30日内，交易双方持商品房预售合同向县级以上人民政府房地产管理部门和土地管理部门办理登记备案手续。由此可见，备案是以网签为前提的。

三是法律效力不同。网签是可以协商撤销的，而备案后房屋买卖合同正式生效。

四是流程不同。完成网签需要先选定网签时间，后准备网签资料，再确认网签条款。而备案流程则是先合同备案再审核，在取得备案号后打印合同文本，随后双方签字盖章即可完成备案。

066. 买受人从开发商处购买房屋，尚未办理产权登记，又将该房屋转卖给第三人，第三人能否直接请求开发商协助办理权属证书

问：*买受人与开发商订立房屋买卖合同后，在尚未依据《城市房地产管理法》等相关规定办理房屋产权登记时，又将该房屋转卖给第三人，该第三人能否直接请求开发商协助办理权属证书？*

答：对此实践中存在两种观点：第一种观点认为，基于合同相对性原则，第三人只能要求买受人协助办理房屋产权变更登记，不能直接向开发商主张。第二种观点认为，前后合同处于连续状态，第三人代替了买受人的位置，为交易便捷，可以在判决中省略登记，最终买受人可直接要求开发商协助办理产权变更登记。我们同意第一种观点，理由是：（1）符合合同相对性的法理。《民法典》第一百一十九条规定：“依法成立的合同，对当事人具有法律约束力。”合同在相对人之间发生效力，除法律明确规定外，一般不能约束合同以外的第三人。对于连环买卖，虽然针对同一标的物，且交易彼此连续，但仍属于不同的主体和不同的法律关系，故第三人不能突破合同相对性直接向出卖人主张权利，除非符合《民法典》第五百三

十五条关于代位权的规定。（2）防止国家税收流失。根据我国房地产税收有关法律规定，二手房交易需要缴纳营业税、个人所得税、契税等税种，如果允许第三人直接向出卖人即开发商主张过户，将使中间环节的税收被规避，导致国有资产流失，同时有民事审判阻碍国家征税行政权之嫌。（3）合理平衡债权人利益。如果允许第三人直接向出卖人即开发商请求过户，买受人的债权人利益可能会受损。特别在买受人恶意逃债时，其与第三人虚构房屋买卖合同，由第三人通过法院裁判获得房屋所有权，使买受人的债权人的利益落空。（4）物权法上对于不动产的登记，有“连续登记原则”，根据这一原则，不动产未办理所有权初始登记的，除另有规定外，不得办理其他权利登记；因处分不动产而申请相应的处分登记的，被处分的不动产权利应当已经登记。与之相符，《不动产登记暂行条例实施细则》第二十四条第二款规定：“未办理不动产首次登记的，不得办理不动产其他类型登记，但法律、行政法规另有规定的除外。”因此，必须先要求买受人与开发商完成房屋产权登记后，第三人才能进行登记。

067. 作为出卖人的房地产开发企业在其未取得商品房预售许可证明之前与买受人签订的《商品房认购书》是否有效

问：买受人与房地产开发企业签订《商品房认购书》，约定将来正式订立商品房买卖合同。在该房地产开发企业并未取得商品房预售许可证明时，该《商品房认购书》效力如何？

答：鉴于商品房预售的特殊性，我国法律、行政法规对商品房预售实行行政许可的监管制度。《城市房地产管理法》第四十五条第一款第四项、《城市房地产开发经营管理条例》第二十二条均明确规定，房地产开发企业预售商品房的，应当向县级以上人民政府房产管理部门办理预售登记，取得商品房预售许可证明。这就表明我国的商品房预售具有较强的国家干预性。最高人民法院《关于审理商品房买卖合同纠纷案件适用法律若干问题的解释》第二条也规定："出卖人未取得商品房预售许可证明，与买受人订立的商品房预售合同，应当认定无效，但是在起诉前取得商品房预售许可证明的，可以认定有效。"由上可见，无论是法律、行政法规，还是司法解释，预售许可证明均是针对商品房预售行为所作出的强制性规定。

《民法典》第四百九十五条第一款规定："当事人约定在将来一定期限内订立合同的认购书、订购书、预订书等，构成预约合同。"《商品房认购书》作为一个独立的合同形式，从其订立的目的、约定的内容来看，通常是为将来双方当事人订立确定性的、正式的商品房买卖合同达成的书面允诺，其目的就是通过订立合同来约束双方当事人承担在将来订立正式商品房买卖合同的义务。与作为本约合同的商品房买卖合同相对应，《商品房认购书》即为预约合同。预约合同只是双方当事人承诺在约定的期限内订立确定性合同即本约的预备性协议，不得因此认定本约已正式订立。依据《民法典》第四百九十五条第二款规定，"当事人一方不履行预约合同约定的订立合同义务的，对方可以请求其承担预约合同的违约责任"，预约合同一方当事人仅可以请求对方当事人履行订立本约的义务，不能请求履行本约的内容。预约合同一般表现为认购书、订购书、预订书、意向书、允诺书、备忘录、谈判纪要、定金收据等多种形式。

既然作为预约合同的《商品房认购书》是出卖人和买受人双方为将来订立作为本约合同的《商品房买卖合同》所作的承诺，而非正式的商品房预售行为，作为法定的商品房预售行为强制性前提条件的商品房预售许可证明就不应认定为出卖人订立预约合同的前提条件，即房地产开发企业在取得商品房预售许可证前与买受人签订的《商品房认购书》等预约合同均为有效。

068. 购房人因卖房人违约而遭遇限购政策，还能否请求合同继续履行

问：2010年，张某通过房屋中介，与产权人李某签订二手房买卖合同并依约支付了全部购房款。由于当地二手房市场价格不断上涨，李某意欲反悔，便多次找借口拖延时间，一直未协助张某办理产权过户手续。后当地房地产调控政策实施细则出台，按限购政策张某丧失了购房资格。现在张某起诉至人民法院，请求判令李某继续履行合同或者赔偿其损失，该案应当如何处理?

答：为遏制当前一、二线城市及部分三、四线城市房地产市场价格上涨过快，国家出台了一系列调控政策。由于相关政策不断升级且陆续出台，实务中因合同订立、履行等遇到阻碍而产生的纠纷不在少数，有的还诉至法院。人民法院需要根据不同情况，作出妥善处理。本案中，由于张某被认定为限购对象，不具备购房的主体资格。依据《民法典》第五百八十条第二款规定，“有前款规定的除外情形之一，致使不能实现合同目的的，人民法院或者仲裁机构可以根据当事人的请求终止合同权利义务关系，但是不影响违约责任的承担”，人民法院不宜判令合同继续履行，应判决解除房屋买卖合同。不过，结合双方履约情况分析，张某作为守约一方，已经履行

合同义务，如果李某也依约履行，双方完全可以在政策出台前完成房屋过户手续，合同目的就能够实现。因此，对张某请求合同继续履行的主张虽不能支持，但是张某主张追究李某的违约责任并赔偿其所受损失的合理诉求，人民法院还是应当在查明事实基础上予以保护。

069. 出卖人因自身原因，未能在合同约定期限内为买受人办理房屋权属证书的，人民法院如何认定出卖人应承担的违约责任

问：甲（房地产开发企业，以下简称为出卖人）和乙（买受人）签订《商品房买卖合同》，合同约定甲在房屋交付后3个月内为乙办理完毕房屋权属证书。现甲因自身原因，未能在约定期限内履行该义务，乙诉至法院，要求甲承担相应违约责任，赔偿因此给其造成的损失，人民法院应如何认定甲应承担的违约责任呢？

答：最高人民法院《关于审理商品房买卖合同纠纷案件适用法律若干问题的解释》（本文以下简称《商品房买卖解释》）第十四条第一款规定："由于出卖人的原因，买受人在下列期限届满未能取得房屋权属证书的，除当事人有特殊约定外，出卖人应当承担违约责任：（一）商品房买卖合同约定的办理不动产登记的期限；（二）商品房买卖合同的标的物为尚未建成房屋的，自房屋交付使用之日起90日；（三）商品房买卖合同的标的物为已竣工房屋的，自合同订立之日起90日。"结合合同自治原则，商品房买卖合同当事人之间对买受人办理房屋产权证书期限有明确约定的，人民法院应当直接依据当事人的约定确定出卖人应承担的违约责任。

如当事人之间就此没有约定或者约定不明而又不能通过协商加以明确的，人民法院则应根据《商品房买卖解释》第十四条第二款规定，即“合同没有约定违约金或者损失数额难以确定的，可以按照已付购房款总额，参照中国人民银行规定的金融机构计收逾期贷款利息的标准计算”来确定出卖人应承担的违约责任。但根据中国人民银行《关于人民币贷款利率有关问题的通知》（银发〔2003〕251 号）第三条规定，逾期贷款罚息利率由原来的按日 2.1 ‱计收利息，改为在借款合同载明的贷款利率水平上加收 30% ~ 50%。而由于商品房买卖合同并非借款合同，其也不会约定贷款利率，故依此确定违约金存在一定的障碍。在《商品房买卖解释》未对此作进一步明确规定的情况下，《民法典》第六百四十六条规定：“法律对其他有偿合同有规定的，依照其规定；没有规定的，参照适用买卖合同的有关规定。”鉴于买卖双方合同义务的对等性，人民法院可参照最高人民法院《关于审理买卖合同纠纷案件适用法律问题的解释》（本文以下简称《买卖合同解释》）第十八条第四款“买卖合同没有约定逾期付款违约金或者该违约金的计算方法，出卖人以买受人违约为由主张赔偿逾期付款损失，违约行为发生在 2019 年 8 月 19 日之前的，人民法院可以中国人民银行同期同类人民币贷款基准利率为基础，参照逾期罚息利率标准计算；违约行为发生在 2019 年 8 月 20 日之后的，人民法院可以违约行为发生时中国人民银行授权全国银行间同业拆借中心公布的一年期贷款市场报价利率（LPR）标准为基础，加计 30%~50% 计算逾期付款损失”的规定，来确定出卖人应当承担的违约责任。

需要注意的是，这一违约责任的计算标准并不是绝对的。如果买受人认为根据这一标准对方需要承担的违约责任低于实际损失，或者出卖人认为过分高于实际损失的，人民法院应根据双方对损失的举证证明情况，结合《民法典》第五百八十五条、《商品房买卖解释》第十二条，并参照《商品房买卖解释》第十四条、《买卖合同解释》第十八条中确定的违约金计算标准来最终确定出卖人应承担的违约责任。

070. 开发商逾期交房应承担的违约责任，能否依据业主支付的银行按揭贷款利息来判决

问：根据最高人民法院《关于审理商品房买卖合同纠纷案件适用法律若干问题的解释》（本文以下简称《商品房买卖解释》）第十三条规定，商品房买卖合同没有约定违约金数额或者损失赔偿额计算方法时，逾期交付使用房屋的，按照逾期交付使用房屋期间有关主管部门公布或者有资格的房地产评估机构评定的同地段同类房屋租金标准确定。而在实践中，对于开发商逾期交房的情况，业主支付的银行按揭贷款利息往往高于同地段同类房屋租金。因此，在开发商逾期交房的情况下，能否判决开发商承担银行按揭贷款利息的违约责任？

答：商品房买卖合同作为典型的双务合同，交付房屋及支付房屋价款是开发商和业主所负的对待给付义务。业主迟延付款违反了其应依约按期支付价款的义务，开发商迟延交房则违反了其应按期交付房屋的义务，均应承担相应的违约责任。对于违约责任，《民法典》第五百八十四条规定："当事人一方不履行合同义务或者履行合同义务不符合约定，造成对方损失的，损失赔偿额应当相当于因违约所造成的损失，包括合同履行后可以获得的利益；但是，不得超

过违反合同一方订立合同时预见到或者应当预见到的因违约可能造成的损失。”因此，我国法律确定的违约损害赔偿责任以填补损失为基本原则。而在商品房买卖合同履行合同过程中，对业主迟延付款给开发商带来的损失是开发商失去支配利用所迟延付款部分的使用利益。对于该部分利益，根据《商品房买卖解释》第十三条规定，在商品房买卖合同当事人对于违约责任没有约定的情况下，为金融机构收取该笔贷款的逾期贷款利息，相当于开发商从银行取得相应贷款的代价，这符合业主迟延支付价款造成开发商利用资金成本的损失实际。而对于开发商延期交房，其导致业主不能按期居住致该房屋的使用利益受损，《商品房买卖解释》第十三条将业主居住房屋的利益损失规定为业主需要租赁房屋居住的替代利益损害，以同地段同类房屋租金标准确定损失，这也符合业主实际损失的现实情况。

至于业主所需要负担的同期银行贷款利息高于租金的问题，同《商品房买卖解释》所规定的处理原则并无逻辑关系。假定开发商依约按期交房，业主将该房出租，则其所得的租金也可能会比其应支付的银行按揭贷款利息低，对此利息同租金的差额，业主也需自行承担。

综上所述，《商品房买卖解释》所确定的开发商与业主需依据不同标准承担不同违约责任的区分是建立在违约责任以填补损失之基础上的，二者并不矛盾。故在开发商逾期交房时，业主请求依据其应支付的银行按揭贷款利息来承担违约责任，在当事人并无约定时，该种请求并无依据，人民法院不应予以支持。当然，如果业主能够举证证明其因开发商违约行为所遭受的损失高于租金标准，则可以请求人民法院按照实际损失判决开发商承担相应违约责任。

071. 房屋差价能否作为非违约方的损失，由违约方予以赔偿

问：买受人与出卖人通过中介公司签订《房屋买卖合同》，合同约定了出卖人违约时需要支付给买受人 30 万元违约金。但是，签约后，由于房屋升值巨大，出卖人不愿履行合同。现因房屋升值造成的差价远远大于合同约定的违约金数额 30 万元。买受人在请求解除合同的情况下，能否请求将房屋差价作为买受人的损失，由违约方出卖人予以赔偿？

答：这个问题在审判实践中比较普遍。《民法典》第五百八十四条规定："当事人一方不履行合同义务或者履行合同义务不符合约定，造成对方损失的，损失赔偿额应当相当于因违约所造成的损失，包括合同履行后可以获得的利益；但是，不得超过违约一方订立合同时预见到或者应当预见到的因违约可能造成的损失。"在有效的《房屋买卖合同》履行过程中，由于出卖人拒绝履行合同，导致买受人需要另行购买相类似的房屋，则其需要支付的另行购房成本就同其之前签约的购房成本之间存在明显的价值之差，此种房屋差价是由于违约方的违约行为造成的，可以作为守约方所遭受的损失。

人民法院在当事人已经约定了固定违约金的情况下，能否判决违约方承担房屋差价的违约责任，则涉及《民法典》第五百八十五条第二款规定的适用问题，该款规定："约定的违约金低于造成的损失的，人民法院或者仲裁机构可以根据当事人的请求予以增加；约定的违约金过分高于造成的损失的，人民法院或者仲裁机构可以根据当事人的请求予以适当减少。"但约定的违约金是否低于造成的损失，则属于事实认定问题，应由人民法院根据案件具体情况加以处理。当然，如

果人民法院能够认定约定的违约金低于造成的损失，则可以适用《民法典》第五百八十五条第二款及相关司法解释的规定，对违约金予以调整。至于能否以房屋差价作为非违约方的损失，由违约方予以赔偿，还需要考虑违约方订立合同时能否预见这一损失、买受人是否已经采取必要措施防止损失进一步扩大等其他对损害赔偿范围进行限制的规则。

房屋租赁合同

072. 当事人约定租赁合同租赁期限 20 年，到期后自动续租 20 年，该自动续期约定是否有效

问：当事人约定租赁合同租赁期限 20 年，到期后自动续租 20 年，该自动续期约定是否有效？

答：租赁期间即租赁合同的存续期间。《民法典》第七百零五条规定："租赁期限不得超过二十年。超过二十年的，超过部分无效。租赁期间届满，当事人可以续订租赁合同；但是，约定的租赁期限自续订之日起不得超过二十年。"由此可见，除法律有特别规定之外，定期租赁合同的最长期间不得超过 20 年。

对于实践中当事人签订租赁合同约定租赁期限 20 年，到期后自动续租 20 年，对于"到期后自动续租 20 年"的约定应认定无效。其理由是：

首先，租赁合同中出租人向承租人所移转者仅为债权性质的使用收益权，在租赁关系消灭时，承租人应向出租人返还租赁物，如允许租赁合同存续期限过长，一般的租赁物均会损耗殆尽，势将影响租赁物的返还，与租赁交易的初衷相悖。其次，租赁合同当事人的权利和义务有赖于当事人之间的约定，但当事人的预见能力终究有限，而合同严守原则又使租赁合同的变更异常艰难，限制定期租赁合同的最长存续期间，有助于租赁合同的当事人适时调整交易的条件。最后，当事人租赁合同约定租赁期限 20 年，意图使租赁合同继续存续的，可于定期租赁合同期限届满之前或之时续订租赁合同，但新的定期租赁仍须受 20 年的最长期限限制。如果当事人在订立租赁合同时，在合同中约定到期后自动续期 20 年，这样的约定因意图规避《民法典》对租赁合同最长租赁期间的限制而无效。

073. 出租方未按约定开发土地，又与承租人签订《租赁合同》，将部分土地出租用于建造仓库，该《租赁合同》的效力应如何认定

问：乙公司通过出让方式取得某地块的土地使用权，《出让合同》约定土地用于房地产开发。后乙公司一直未进行开发投入，还就其中部分土地与甲公司签订《租赁合同》，约定甲公司租用乙公司的土地用于建仓库存放货物。现两公司因租金给付问题发生纠纷诉讼至法院，因乙公司未按照法律规定和出让合同约定进行土地开发投入，故对《租赁合同》效力如何认定问题存在不同看法。该租赁合同的

效力应如何认定？

答：《城市房地产管理法》第二十六条规定："以出让方式取得土地使用权进行房地产开发的，必须按照土地使用权出让合同约定的土地用途、动工开发期限开发土地。超过出让合同约定的动工开发日期满一年未动工开发的，可以征收相当于土地使用权出让金百分之二十以下的土地闲置费；满二年未动工开发的，可以无偿收回土地使用权；但是，因不可抗力或者政府、政府有关部门的行为或者动工开发必需的前期工作造成动工开发迟延的除外。"乙公司以出让方式取得土地使用权用于房地产开发的，应当按照规定的期限、用途进行开发和资金等的投入，否则其在就土地进行转让时将会受到限制，甚至在满 2 年未动工开发且无正当理由的情形下，政府可以作出无偿收回土地等处理决定。我们认为，针对上述种种现象，法律更多是从政府行政管理角度作出规范，相关规定并不应理解为系对当事人民事行为的效力作出认定的效力型规范。特别是像本案所述未按约定用途使用土地并用于出租的，对租赁合同效力如何认定，法律并无明确条文直接规定。如果租赁合同系双方当事人在自愿前提下的真实意思表示，符合其他合同成立和生效的要件，就不应仅以乙公司未按约定用途使用土地否认租赁合同的效力。至于对乙公司未按照约定用途使用土地的行为如何处理，则应另当别论。

074. 租赁合同中押金条款的适用

问：在房屋租赁合同中，经常出现押金条款，其性质如何判断？实践中，当事人约定押金在期满后退还的同时，往往还约定在承租人出现违约行为时出租人有权没收押金。例如，"如果承租人迟交租

金超出 × 月 / 天后则作为违约处理，出租人有权收回厂房并没收押金”。对于此类押金条款，能否适用定金规则？

答：在房屋租赁合同中经常出现押金条款，有人认为，这种押金实际上是定金。尽管当事人没有明确约定，但是由于合同约定承租人迟交租金达一定期限出租人即有权没收押金，故该款项与定金的功能相同。同时，虽然合同没有约定出租人违约承租人有权要求双倍返还，但根据公平原则，在出租人违约的情况下也应当如此认定，可以判决出租人双倍返还。上述观点难以成立，理由在于：第一，租赁合同押金的功能在于：一是担保承租人在承租期间妥善保管租赁物，如果造成损害，出租人能够及时获得赔偿；二是由于租赁房屋在租赁期间所产生的水电费、卫生费、物业费等费用在合同中一般约定由承租人承担，故这里的押金也是为了担保承租人未拖欠上述费用。这与定金的功能显然不同。第二，根据当事人的约定，该押金的另外一项功能显然是促使承租人及时履行租金给付义务，因此，在出现约定的迟延履行或不履行的情形时，出租人有权没收押金。在此意义上，该押金又具有担保和违约金的双重功能，但不能因此说它就是定金。第三，最高人民法院《关于适用〈中华人民共和国担保法〉若干问题的解释》（已废止）第一百一十八条规定：“当事人交付留置金、担保金、保证金、订约金、押金或者订金等，但没有约定定金性质的，当事人主张定金权利的，人民法院不予支持。”因现行有效的法律法规和司法解释尚未对该问题作出明确规定，故可参考该条内容。我们认为，该条的解释结论应当是，当事人没有采取“定金”字眼的，但条款中约定了定金罚则的适用情形，从而能够判断该定金的性质的（违约定金、解约定金或成约定金），应当认定为定金，不能仅仅因未出现“定金”字样就予以否定；如果当事人没有采取“定金”字眼，也没有约定定金的适用情形，从而难以判断其性质的,不能认定为定金;如果当事人采纳了“定金”字样,但是没有约定适用情形的,从而也难以判断定金性质的,应当推定为违约定金,适用《民法典》第五百八十六条“当事人可以约定一方向对方给付定金作为债权的担保。定金合同自实际交付定金时成立。定金的数额由当事人约定;但是,不得超过主合同标的额的百分之二十,超过部分不产生定金的效力。实际交付的定金数额多于或者少于约定数额的,视为变更约定的定金数额”;如果当事人采取了“定金”字样,又约定了适用情形,则根据约定判断定金性质。以上述结论为基础,“如果承租人迟交租金超出 × 月/天后则作为违约处理,出租人有权收回厂房并没收押金”这样的约定既没有采取“定金”字样,也没有约定定金罚则(双倍返还),又明确针对承租人而非双方,所以,难以认定为违约定金。

至于能否适用公平原则将该约定解释为定金,因为此种约定仅针对承租人而对出租人不适用,所以构成权利义务不对等,应当按照定金规则解释为对双方都适用。我们认为,即使不认定为定金,出租人违约时,承租人仍然可以请求损害赔偿。其一,我国理论和实践都认为除非当事人明确约定该违约金为惩罚性质,否则即认定为补偿性违约金,违约定金也应当作同样的处理。所以,承租人的损失仍然能得到保护,不会出现不公平的结果。其二,法律适用基本的思考顺序是,先适用具体的法律规则,在具体的法律规范难以解决系争问题时才能求助基本原则,而不是直接求助于民法的基本原则。其三,就公平原则而言,并非权利义务相同才称为公平。当事人之所以签订这样的条款,可能基于多方面的因素,例如,市场的供求关系、租金市场的前景等商业判断,而这恰恰是法官难以把握的。

综上所述,押金条款应当解释为具有担保的性质,同时也是针对承租人迟延给付租金这个特定违约行为的违约金。当然,根据《民法典》第五百八十五条第二款之规定,“约定的违约金低于造成的损失的,人民法院或者仲裁机构可以根据当事人的请求予以增加;约定的违约金过分高于造成的损失的,人民法院或者仲裁机构可以根据当事人的请求予以适当减少”,承租人认为该违约金过高的,可以请求适当减少。

土地承包

075. 二轮土地承包期内，农户家庭成员中有考入国家公务员或“农转非”的，发包方能否收回其承包地

问:二轮土地承包期内,农户家庭成员中有考入国家公务员或“农转非”的，发包方能否收回其承包地?

答:《农村土地承包法》第二十七条规定:“承包期内，发包方不得收回承包地。国家保护进城农户的土地承包经营权。不得以退出土地承包经营权作为农户进城落户的条件。承包期内，承包农户进城落户的，引导支持其按照自愿有偿原则依法在本集体经济组织内转让土地承包经营权或者将承包地交回发包方，也可以鼓励其流转土地经营权。承包期内，承包方交回承包地或者发包方依法收回承包地时，承包方对其在承包地上投入而提高土地生产能力的，有权获得相应的补偿。”并且,《农村土地承包法》在 2018 年修正之后，删除了 2009 年《农村土地承包法》第二十六条第三款规定的:“承包期内，承包方全家迁入设区的市，转为非农业户口的，应当将承

包的耕地和草地交回发包方。承包方不交回的，发包方可以收回承包的耕地和草地。”可见，即使承包农户全家迁入城镇落户，纳入城镇住房和社会保障体系，丧失农村集体经济组织成员身份，发包方也不得据此直接收回承包地，而必须引导承包农户依照自愿有偿的原则对土地承包经营权进行处理。因此，如果只是农户家庭成员中有考入国家公务员或“农转非”的，发包方就更加不能直接收回承包地。此外，家庭承包经营的主体是农户，家庭成员个人不与土地承包经营权挂钩。只要农户还在，农户内部的人员流动不应影响土地承包经营权的内容和范围。

076. 同一块承包地，承包合同和土地承包经营权证分别发给不同的农户，该承包地被征收后，土地补偿费给谁

问：同一块承包地，承包合同和土地承包经营权证分别发给不同的农户，该承包地被征收后，土地补偿费给谁？

答：《民法典》第三百三十三条规定：“土地承包经营权自土地承包经营权合同生效时设立。登记机构应当向土地承包经营权人发放土地承包经营权证、林权证等证书，并登记造册，确认土地承包经营权。”可见，《民法典》对土地承包经营权的物权变动模式采用了意思主义物权变动模式，农户取得土地承包经营权的途径是与发包方签订承包合同，而不是领取土地承包经营权证。颁发土地承包经营权证，是对已有土地承包经营权的确认，而确认的前提是土地承包经营权已经客观存在。因此，在承包合同与土地承包经营权证

发生冲突时，应以承包合同作为确定农户取得土地承包经营权的依据。《民法典》第三百三十八条规定：“承包地被征收的，土地承包经营权人有权依据本法第二百四十三条的规定获得相应补偿。”因此，就同一块承包地，签订承包合同的农户依法取得土地承包经营权，该承包地被征收后，有权获得相应的土地补偿费。

077. 二轮土地承包后，新出生人口和户口迁入人员要求解决承包地，如何处理

问：二轮土地承包后，新出生人口和户口迁入人员要求解决承包地，如何处理？

答：《农村土地承包法》第二十八条规定：“承包期内，发包方不得调整承包地。承包期内，因自然灾害严重毁损承包地等特殊情形对个别农户之间承包的耕地和草地需要适当调整的，必须经本集体经济组织成员的村民会议三分之二以上成员或者三分之二以上村民代表的同意，并报乡（镇）人民政府和县级人民政府农业农村、林业和草原等主管部门批准。承包合同中约定不得调整的，按照其约定。”第二十九条规定：“下列土地应当用于调整承包土地或者承包给新增人口：（一）集体经济组织依法预留的机动地；（二）通过依法开垦等方式增加的；（三）发包方依法收回和承包方依法、自愿交回的。”中共中央、国务院《关于保持土地承包关系稳定并长久不变的意见》中也明确，继续提倡“增人不增地、减人不减地”。为避免承包地的频繁变动，防止耕地经营规模不断细分，进入新的承包期后，因承包方家庭人口增加、缺地少地导致生活困难的，要帮

助其提高就业技能，提供就业服务，做好社会保障工作。国务院办公厅《关于妥善解决当前农村土地承包纠纷的紧急通知》规定，对外出农户中少数没有参加二轮延包、现在返乡要求承包土地的，要区别不同情况，通过民主协商，妥善处理。如果该农户的户口仍在农村，原则上应同意继续参加土地承包，有条件的应在机动地中调剂解决，没有机动地的可通过土地流转等办法解决。根据上述规定，以家庭承包方式经营的，在承包期内，实行“增人不增地，减人不减地”政策，新出生人口和户口迁入人员的生活原则上由所在户的原有承包地负责保障。但是,在二轮承包期内,发包方可以将机动地、新开垦土地和依法收回的土地等优先用于解决新增成员的承包地问题；发包方如果无机动地和无新增土地的，可通过土地流转等办法解决新增人口的耕地问题。

078. 发包方在二轮承包中将农户在一轮承包中的承包土地另行发包给本集体的其他农户，丧失承包土地的农户请求返还的，是否属于土地承包经营权取得纠纷

问：实践中，有些农户在一轮承包时已经分得承包土地，但在二轮承包时，该承包土地被发包给本集体经济组织的其他农户，原享有承包土地的农户要求返还该承包土地。这一类争议是否属于土地承包经营权取得纠纷？对不同观点应当如何把握？

答：虽然二轮承包是依据当时的政策在一轮承包基础上的延包，但作为一项用益物权，土地承包经营权的创设应当具备法定的形式。农户在一轮承包中享有了承包经营土地的权利，但这项权利并不必然延伸至二轮承包。《民法典》第三百三十三条规定："土地承包经营权自土地承包经营权合同生效时设立。登记机构应当向土地承包经营权人发放土地承包经营权证、林权证等证书，并登记造册，确认土地承包经营权。"《农村土地承包法》亦有相同规定。现该承包土地在二轮承包时已经被发包给该农村集体经济组织内部的其他农户，则应由该农户取得该土地上的土地承包经营权，而原农户并未依法取得相应承包土地的土地承包经营权。因其要求返还原承包土地所产生的纠纷，仍然属于土地承包经营权取得纠纷。最高人民法院《关于审理涉及农村土地承包纠纷案件适用法律问题的解释》第一条第二款规定："农村集体经济组织成员因未实际取得土地承包经营权提起民事诉讼的，人民法院应当告知其向有关行政主管部门申请解决。"根据该规定，土地承包经营权取得纠纷不属于民事诉讼的受案范围，法院应当告知农户向有关行政主管部门申请解决。

婚姻家庭

079. 事实婚姻关系如何处理

问：对认定为事实婚姻关系的双方当事人，如果在一起共同生活多年，一方坚决要求“离婚”，人民法院在调解无效的情形下，可否判决不准离婚?

答：未按《民法典》第一千零四十九条规定办理结婚登记而以夫妻名义共同生活的男女，起诉到人民法院要求“离婚”的，根据最高人民法院《关于适用〈中华人民共和国民法典〉婚姻家庭编的解释（一）》第七条规定，“未依据民法典第一千零四十九条规定办理结婚登记而以夫妻名义共同生活的男女，提起诉讼要求离婚的，应当区别对待：（一）1994 年 2 月 1 日民政部《婚姻登记管理条例》公布实施以前，男女双方已经符合结婚实质要件的，按事实婚姻处理。（二）1994 年 2 月 1 日民政部《婚姻登记管理条例》公布实施以后，男女双方符合结婚实质要件的，人民法院应当告知其补办结婚登记。未补办结婚登记的，依据本解释第三条规定处理”。也就是说，未办理结婚登记而以夫妻名义共同生活者，是否被认定为事实婚姻，是以 1994 年 2 月 1 日为界的，在该日之前，男女双方已经符合结婚实质要件的，按照事实婚姻处理，之后的一概认定为同居关系。根据最高人民法院《关于适用〈中华人民共和国民法典〉婚姻家庭编的解释（一）》第二条规定，“民法典第一千零四十二条、第一千零七十九条、第一千零九十一条规定的与他人同居的情形，是指有配偶者与婚外异性，不以夫妻名义，持续、稳定地共同居住。”

对事实婚姻在一定条件下予以保护，并不意味着其效力完全等同于登记婚姻，在具体处理上要与登记婚姻有所区别。最高人民法院《关于人民法院审理未办结婚登记而以夫妻名义同居生活案件的若干意见》（已废止）第六条规定，审理事实婚姻关系的离婚案件，应当先进行调解，经调解和好或撤诉的，确认婚姻关系有效，发给调解书或裁定书，经调解不能和好的，应调解或判决准予离婚。而合法登记结婚的当事人提出离婚时，人民法院经调解不能和好的，如果认为夫妻感情没有彻底破裂，也可以判决不准离婚。也就是说，如果人民法院认为夫妻感情没有彻底破裂，可以在调解和好无果的情况下，依法判决登记婚姻的当事人不准离婚，再给双方当事人一次挽救婚姻关系的机会，而对事实婚姻关系的当事人就只能调解或判决准予离婚。毕竟事实婚姻不是登记婚姻，本来双方就没有依法进行结婚登记，在一方坚决要求解除这种事实婚姻关系时，不能强行要求双方仍然以夫妻名义继续同居，即事实婚姻与登记婚姻的“待遇”不能完全等同。

因上述司法解释第六条的规定与《民法典》的规定没有抵触，在审理此类“离婚”案件时仍然可以作为参考。

080. 夫妻在婚前或婚姻关系存续期间约定将一方个人所有的房产与另一方共有，但没有办理房产加名登记，赠与一方请求法院撤销应如何处理

问：夫妻在婚前或婚姻关系存续期间约定将一方个人所有的房产与另一方共有，但没有办理房产加名登记，赠与一方请求法院撤销应如何处理?

答：目前审判实践中有两种意见，一种认为应当按照最高人民法院《关于适用〈中华人民共和国民法典〉婚姻家庭编的解释（一）》（本文以下简称《婚姻家庭编司法解释一》）第三十二条的规定处理；另一种认为应当按照《民法典》第一千零六十五条的规定处理，夫妻之间的约定对双方有拘束力，不必非要去办理房产加名登记，否则会架空《民法典》第一千零六十五条的规定。

对于夫妻一方将个人房产全部赠与另一方的问题，《婚姻家庭编司法解释一》第三十二条已经给出答案："婚前或者婚姻关系存续期间，当事人约定将一方所有的房产赠与另一方或者共有，赠与方在赠与房产变更登记之前撤销赠与，另一方请求判令继续履行的，人民法院可以按照民法典第六百五十八条的规定处理。"但将个人房产约定为共同共有或按份共有的情形，赠与人在产权变更登记之前能否撤销的问题，目前仍然存在争议。《民法典》第一千零六十五条第二款规定："夫妻对婚姻关系存续期间所得的财产以及婚前财产的约定，对双方具有法律约束力。"有的观点认为，既然夫妻之间的约定对双方有法律上的约束力，夫妻之间关于赠与房产的约定不涉及第三人，只要意思表示真实，没有欺诈、胁

迫的情形，就应该认定为有效，履行房屋变更登记手续不是必要条件，赠与一方请求撤销赠与的，人民法院不应予以支持。在审判实践中，夫妻将一方所有的房产约定为共同共有或按份共有时，按照《民法典》第一千零六十五条的规定，有的法院就认为这种约定对夫妻双方有约束力，判令继续履行有关的赠与协议；如果夫妻约定将一方所有的房产全部赠与另一方，因未办理房屋变更登记手续，依照《民法典》物权编的规定，房屋所有权尚未转移，而依照《民法典》关于赠与一章的规定，赠与房产的一方可以撤销赠与。

其实这个问题的关键点在于：对夫妻之间的房产赠与行为，究竟是按《民法典》合同编的赠与处理，还是按照《民法典》第一千零六十五条的约定处理？无论夫妻双方约定将一方所有的房产赠与对方的比例是多少，都属于夫妻之间的有效约定，实质上都是一种赠与行为。问题是这种有效的赠与约定是否可以撤销？夫妻之间赠与的标的包括动产和不动产，《民法典》赠与合同一章对赠与问题进行了比较详尽的规定，如“赠与人在赠与财产的权利转移之前可以撤销赠与”“赠与的财产依法需要办理登记或者其他手续的，应当办理有关手续”“经过公证的赠与合同或者依法不得撤销的具有救灾、扶贫、助残等公益、道德义务性质的赠与合同，不适用前款规定”。婚姻家庭领域的协议常常涉及财产权属的条款，此类协议的订立、生效、撤销、变更等并不排斥《民法典》合同编的适用。在实际生活中，赠与往往发生在具有亲密关系或者血缘关系的人之间，《民法典》合同编对赠与问题的规定也没有指明夫妻关系除外。一方赠与另一方不动产或约定夫妻共有，在没有办理变更登记之前，依照《民法典》第六百五十八条的规定，是完全可以撤销的，这与《民法典》第一千零六十五条的规定并不矛盾。

因此，夫妻一方将个人房产约定为共同共有或按份共有，赠与人在产权变更登记之前可以行使任意撤销权。

081. 在国内结婚并定居在国外的华侨夫妻起诉离婚，是否必须提供其定居国法院以离婚诉讼必须由婚姻缔结地法院管辖为由不予受理的证据，人民法院才予以受理

问：*在国内结婚并定居在国外的华侨夫妻起诉离婚，是否必须提供其定居国法院以离婚诉讼必须由婚姻缔结地法院管辖为由不予受理的证据，人民法院才予以受理？*

答：这一理解是错误的。国际司法的长臂管辖原则是指依托国内法律法规，将本国的司法管辖范围延伸到境外，以达到管辖境外实体法律关系的目的。根据这一原则，绝大多数国家都是在努力扩大自己的司法管辖范围，而不是寻找理由拒绝管辖。从当事人的角度看，双方当事人均为中国公民，依中国法律在中国缔结婚姻关系。民事诉讼主要解决平等权利主体之间的纠纷，双方当事人对向居住国法院还是向中国法院起诉具有一定的选择余地，其向中国法院起诉离婚体现出其对适用中国法律的认可。现在原告向中国法院提起离婚诉讼，被告对此不提出异议，说明双方当事人均接受中国法院的管辖。而且，从方便本国公民诉讼的角度考虑，根据《民事诉讼法》第一百二十六条的规定："人民法院应当保障当事人依照法律规

定享有的起诉权利。对符合本法第一百二十二条的起诉，必须受理。符合起诉条件的，应当在七日内立案，并通知当事人；不符合起诉条件的，应当在七日内作出裁定书，不予受理；原告对裁定不服的，可以提起上诉。”既然法律并没有明确排除在国内结婚并定居在国外的华侨夫妻向中国法院起诉离婚的权利，那么人民法院就不应当拒绝受理案件，也不应当将当事人提供定居国法院不受理其离婚案件的证据作为人民法院受理此类案件的前提条件。

082. 一方婚前贷款购房，离婚诉讼中需要提供什么样的证据，才能证明婚后共同还贷

问：一方婚前贷款购房，离婚诉讼中需要提供什么样的证据，才能证明婚后共同还贷？

答：只要证明还贷的时间发生在婚姻关系存续期间即可，无须提供特别的证明。否认为共同还贷的一方须承担举证责任。

最高人民法院《关于适用〈中华人民共和国民法典〉婚姻家庭编的解释（一）》（本文以下简称《婚姻家庭编司法解释一》）第七十八条规定：“夫妻一方婚前签订不动产买卖合同，以个人财产支付首付款并在银行贷款，婚后用夫妻共同财产还贷，不动产登记于首付款支付方名下的，离婚时该不动产由双方协议处理。依前款规定不能达成协议的，人民法院可以判决该不动产归登记一方，尚未归还的贷款为不动产登记一方的个人债务。双方婚后共同还贷支付的款项及其相对应财产增值部分，离婚时应根据民法典第一千零八十七条第一款规定的原则，由不动产登记一方对另一方进行补偿。”因此，

如何证明婚后共同还贷，是一个比较重要的问题。

对于婚后共同还贷的证明问题，一般需要提供银行还贷的记录单以证明还贷的时间，还要提供结婚证以证明婚姻关系存续的期间。这需要从两个方面掌握。一是从偿还银行贷款的时间看，还贷的时间只要处于婚姻关系存续期间，一般即可认定是双方用夫妻共同财产还贷，而不必刻意区分还贷的资金源于夫妻中哪一方的收入。《民法典》第一千零六十二条规定，“夫妻在婚姻关系存续期间所得的下列财产，为夫妻的共同财产，归夫妻共同所有：（一）工资、奖金、劳务报酬；（二）生产、经营、投资的收益；（三）知识产权的收益；（四）继承或者受赠的财产，但是本法第一千零六十三条第三项规定的除外；（五）其他应当归共同所有的财产。夫妻对共同财产，有平等的处理权”。根据《民法典》的规定，共同财产制是夫妻财产制的法定财产制，即在婚姻关系存续期间，除个人特有财产和夫妻另有约定外，夫妻双方或一方所得的财产，均为夫妻共同所有。因此，如果没有反证推翻，一方无须提供特别的证据来证明是用夫妻共同财产偿还的贷款。实践中有些错误认识，即认为夫妻一方还贷时应当保留银行的转账记录。其实这并无实质意义，无论是以哪一方的名字偿还的贷款，只要还贷时间是在夫妻关系存续期间，均属于共同还贷。因为夫妻双方的分工协作不同，即使女方为全职主妇，但在子女教育、老人赡养、家务的操持上付出了更多的时间与精力，如果恪守以谁的名义偿还的贷款，以银行转账记录为证明依据的话，无疑对于女方是不公平的。二是看夫妻之间是否约定实行分别财产制或者对涉案房屋的还贷问题有特别的约定。如果双方当事人认可或者一方当事人能够举证证明夫妻已经约定实行分别财产制或者对涉案房屋的还贷问题有特别约定，则分割上述不动产时，否定《婚姻家庭编司法解释一》第七十八条的适用。

换句话说，只要是夫妻关系存续期间偿还的贷款，即视为夫妻共同还款，无须提供特别的证据加以证明，否认是夫妻双方共同还贷的一方须承担举证责任。比如，认为贷款是一方父母偿还的，应当提供父母的还款记录。

083. 一方婚前购买的股票婚后增值，另一方可否请求分割增值部分

问：一方婚前购买的股票婚后增值，另一方可否请求分割增值部分？

答：关于婚前财产的归属问题，《民法典》与最高人民法院《关于适用〈中华人民共和国民法典〉婚姻家庭编的解释（一）》（本文以下简称《婚姻家庭编司法解释一》）均作出了规定。《民法典》第一千零六十二条规定："夫妻在婚姻关系存续期间所得的下列财产，为夫妻的共同财产，归夫妻共同所有：（一）工资、奖金、劳务报酬；（二）生产、经营、投资的收益；（三）知识产权的收益；（四）继承或者受赠的财产，但是本法第一千零六十三条第三项规定的除外；（五）其他应当归共同所有的财产。夫妻对共同财产，有平等的处理权。"《婚姻家庭编司法解释一》第二十六条规定："夫妻一方个人财产在婚后产生的收益，除孳息和自然增值外，应认定为夫妻共同财产。"回答本问题的关键是如何理解股票的增值。如果股票账户一直没动过，则为一方的婚前财产，另一方无权请求分割增值部分；如果股票账户一方在婚后进行过操作与管理，则其增值应当作为夫妻共同财产，另一方可以请求分割增值部分。

增值，就是物或权利在价格上的提升。根据增值发生的原因，可分为自然增值和主动增值两种。自然增值是指该增值的发生是因通货膨胀或市场行情的变化而致，与夫妻一方或双方是否为该财产投入物质、劳动、努力、管理等无关。比如，夫妻一方婚前所有的房屋、古董、字画、珠宝、黄金等，在婚姻关系存续期间因市场价格上涨而产生的增值。主动增值是指该增值的发生原因与通货膨胀或市场行情的变化无关，而是与夫妻一方或双方对该财产所付出的劳务、投资、管理等相关。如夫妻一方的婚前房屋因在婚姻关系存续期间装修而产生的增值部分。具体到股票的增值问题，应当分析股票增值产生的原因。如果在婚前就持有股票，一直就没有操作过，则股票的增值完全是市场行情变化导致的，应当将这种增值理解为自然增值，适用《婚姻家庭编司法解释一》第二十六条的规定，将其认定为婚前个人财产较为妥当。如果股票在婚后进行过多次的买入与卖出，则将股票的增值理解为投资行为较为妥当。因为此种情况下，股票的增值往往需要夫妻一方投入大量的时间与精力，其收益往往取决于炒股人的管理，这需要夫妻中的另一方在其他方面更多的付出，比如子女的养育、家庭日常开支的赚取，如果将其片面地理解为自然增值恐怕有失公允。而且在现实生活中存在职业炒股人，其专门以炒股为业，或单纯靠炒股收入存活，如果将股票的增值收益不区分情况，全部视为夫妻一方的财产，将不利于保护另一方的权益。因此，将股票的收益理解为投资经营的收益较为妥当。投资分为直接投资与间接投资。直接投资是指将货币或实物直接投资于企业生产经营活动，其投资收益通常与投资者的经营行为相伴相随，这种投资方式获得的收益通常为人们所了解与接受为夫妻共同财产。而间接投资表现得比较隐蔽，其并不直接投资于企业，其收益通常与企业的经营活动并不直接关联，主要表现为购买股票、债券、投资基金等有价证券获得的红利、股息、基金投资收益及转让上述证券所得与扣除本金的差额。此种情况下股票的增值为间接投资行为的收益应当属于夫妻共同财产，另一方当然可以请求分割。

084. 一方起诉离婚时，要求法院将其父母在自己婚后部分出资所购买房屋判令归自己所有时，能否得到法院支持

问：一方起诉离婚时，要求法院将其父母在自己婚后部分出资所购买房屋判令归自己所有时，能否得到法院支持？

答：最高人民法院《关于适用〈中华人民共和国民法典〉婚姻家庭编的解释（一）》第二十九条规定："当事人结婚前，父母为双方购置房屋出资的，该出资应当认定为对自己子女个人的赠与，但父母明确表示赠与双方的除外。当事人结婚后，父母为双方购置房屋出资的，依照约定处理；没有约定或者约定不明确的，按照民法典第一千零六十二条第一款第四项规定的原则处理。"司法实践中经常发生的情形是，父母为子女婚后购买房屋支付了部分价款（往往是首付款），以子女名义签订房屋买卖合同并将房屋所有权登记在一方子女或双方子女名下。这种情况下，根据上述规定，若双方没有约定或约定不明确，应按照《民法典》第一千零六十二条第一款第四项规定的原则将该出资的首付款认定为对夫妻双方的赠与。相应地，婚后以子女一方或双方名义签订的不动产买卖合同并以该出资作为首付款所购买的不动产，不管登记在子女一方还是双方名下，

都应视为夫妻共同财产。通常情况下，在当事人双方婚姻关系存续期间，一方或者双方父母为当事人双方购置房屋的出资，除父母明确表示该出资是赠与自己子女购置房屋款项的情况之外，根据法定夫妻共同财产制的原则规定，都应认定为夫妻共有财产。人民法院在对当事人结婚后的财产所有权归属认定处理时，首先要适用法定的夫妻婚后所得共同制原则，即婚姻关系存续期间夫或妻一方或双方所得财产均属于夫妻共同财产；其次再依照除外情形来认定是否为夫或妻一方所有。这也是对婚姻关系存续期间夫妻所得财产的一般处理原则。

085. 双方协议离婚后，一方不愿按离婚协议约定将自己名下房屋赠与子女或他人时，另一方请求法院判令一方按协议约定办理房屋过户手续，是否支持另一方的请求

问：双方协议离婚后，一方不愿按离婚协议约定将自己名下房屋赠与子女或他人时，另一方请求法院判令一方按协议约定办理房屋过户手续，是否支持另一方的请求？

答：实践中，经常出现协议离婚后，一方反悔，拒绝交付离婚协议中约定的赠与房屋的情形。对此,赠与方的理由往往是根据《民法典》第六百五十八条第一款“赠与人在赠与财产的权利转移之前可以撤销赠与”之规定，主张可以无条件撤销赠与。赠与方的观点是不对的。其理由在于，离婚协议中关于房屋赠与的约定并不构

成一般意义上的赠与合同。根据《民法典》第六百五十七条“赠与合同是赠与人将自己的财产无偿给予受赠人，受赠人表示接受赠与的合同”之规定，构成赠与合同的前提是赠与人将自己的财产无偿给予受赠人而不要求受赠人为此付出代价或承担任何义务。具体到离婚协议中的赠与而言，实务中很少出现受赠人在离婚协议上确认接受赠与的情形。也就是说，离婚协议中的所谓赠与并未在赠与人与受赠人之间达成一致，不构成赠与合同。既然不构成赠与合同，那么一般也就不存在赠与人依据《民法典》加以撤销的可能。那么从法律角度，赠与人在离婚协议中的赠与表示应如何评价呢?

我们认为，这是赠与人为换取另一方同意协议离婚而承诺履行的义务。该义务的特殊之处在于，赠与人的给付房屋义务不是向离婚协议相对方履行,而是按约定向合同外第三人履行。根据《民法典》第一千零七十六条的规定，“夫妻双方自愿离婚的，应当签订书面离婚协议，并亲自到婚姻登记机关申请离婚登记。离婚协议应当载明双方自愿离婚的意思表示和对子女抚养、财产以及债务处理等事项协商一致的意见”。由于婚姻登记机关办理离婚登记的前提条件是双方对子女抚养和财产分割问题达成一致意见，所以急于离婚的一方可能会在离婚协议中对财产分割作出一定的让步。这类离婚协议中双方主要义务表现为，受赠人配合赠与人办理协议离婚，受赠人向第三人交付房屋。在相对方已经按约定与赠与人协议解除婚姻关系的情形下，赠与人也应按约定履行给付房屋的义务。如果赠与人不履行该义务，则构成违约，离婚协议相对方有权请求法院判令其履行房屋交付义务。最高人民法院《关于适用〈中华人民共和国民法典〉婚姻家庭编的解释（一）》第六十九条第二款“当事人依照民法典第一千零七十六条签订的离婚协议中关于财产以及债务处理的条款，对男女双方具有法律约束力”的规定可以理解为上述精神的体现。我国正在走向法治化，离婚协议的签订和履行应当贯彻诚实信用原则。对那种签订协议时就没有打算履行，特别是对那些将签订在财产分割问题上大幅度让步作为换取对方迅速同意离婚的权宜之计，却动辄反悔，根本没打算认真履行协议的当事人，绝不能予以支持。

086. 离婚诉讼的当事人只有一套性质为夫妻共同财产的房屋居住，又均无能力补偿对方，法院能否判令双方离婚后对该房屋各占 1/2 产权

问：如果离婚诉讼的当事人只有一套性质为夫妻共同财产的房屋居住，又均无能力补偿对方，法院能否判令双方离婚后对该房屋各占 1/2 产权？

答：这样判决是不对的。因为一物一权是物权法的基本原则，一个特定物上只能存在一个所有权是一物一权的应有之义。在不具备分别登记产权的条件下，在一个物上判决两个所有权存在，明显违反法律规定，对物权归属的确定性和交易秩序的稳定性造成损害。既然该套房屋的性质为夫妻共同财产，那么，如果在离婚诉讼中不作分割，实际上双方仍然处于共同共有状态。夫妻共有是共同共有的一种典型状态。一般情况下，分割夫妻共同财产是一人一半，因此，如果判决一人一半，实际上只是判决确定从夫妻共同共有到按份共

有，并不能解决这对夫妻离婚后实际面临的居住问题，因为对于按份共有人来说，仍然存在由谁实际控制、使用该房屋的问题，如果当事人自己能够协商解决这一问题，就没有必要由人民法院作出判决；发生了离婚事实，意味着共同共有的基础已经丧失，如果不能协商解决问题，在当事人明显失去共有基础的条件下，人民法院强行判决按份共有，有可能造成新的矛盾。所以我们认为，在上述情况下，判决当事人离婚后对夫妻共同所有的房屋产权按份共有不是离婚案件中分割夫妻共同财产的好办法，一般不宜采用。

087. 在夫妻一方因犯罪需要于附带民事诉讼中支付赔偿的情况下，其配偶以保留更多财产为目的诉请分割夫妻共同财产能否得到支持

问：在夫妻一方因犯罪需要于附带民事诉讼中支付赔偿的情况下，其配偶以保留更多财产为目的诉请分割夫妻共同财产能否得到支持？

答：依据我国《民法典》第一千零六十二条之规定，“夫妻在婚姻关系存续期间所得的下列财产，为夫妻的共同财产，归夫妻共同所有：（一）工资、奖金、劳务报酬；（二）生产、经营、投资的收益；（三）知识产权的收益；（四）继承或者受赠的财产，但是本法第一千零六十三条第三项规定的除外；（五）其他应当归共同所有的财产。夫妻对共同财产，有平等的处理权”。即夫妻之间如果没有实

行约定财产制，则实行婚后所得共同制。共同共有最典型的形式就是夫妻共有。《民法典》第三百零三条规定，“共有人约定不得分割共有的不动产或者动产，以维持共有关系的，应当按照约定，但是共有人有重大理由需要分割的，可以请求分割；没有约定或者约定不明确的，按份共有人可以随时请求分割，共同共有人在共有的基础丧失或者有重大理由需要分割时可以请求分割。因分割造成其他共有人损害的，应当给予赔偿”。问题中所述的夫妻应当是未实行约定财产制且对于分割夫妻共同财产没有约定，因此，请求分割夫妻共同财产应当是“共同共有的基础丧失或者有重大理由”。对于夫妻来说，共同共有的基础丧失应当是发生了离婚的法律事实，而在不离婚的条件下需要分割夫妻共同财产的重大理由则已经由《民法典》第一千零六十六条明确规定为“一方有隐藏、转移、变卖、毁损、挥霍夫妻共同财产或者伪造夫妻共同债务等严重损害夫妻共同财产利益行为”和“一方负有法定抚养义务的人患重大疾病需要医治，另一方不同意支付相关医疗费用”两种情况。从“立法”技术层面看，该司法解释在列举了上述两项“重大理由”后，没有兜底性条款或者采用“等”字，以给适用者根据案件具体情况灵活掌握的余地。之所以这样规定，主要是考虑夫妻共同财产是维系婚姻当事人家庭生活的主要经济基础，轻易动摇这个基础，会对婚姻当事人的家庭生活以及夫妻感情产生负面影响。因此，在不离婚的情况下，通过诉讼分割夫妻共同财产是一种极为特殊的情况，人民法院在司法实践中应当严格掌握适用条件，不得擅自扩大适用范围。故在夫妻一方故意犯罪，且需在刑事附带民事诉讼中支付巨额赔偿金的情况下，其配偶出于为自己包括未成年子女保留更多的财产的目的，诉请分割夫妻共同财产，人民法院不应予以支持。另外，根据最高人民法院《关于刑事裁判涉财产部分执行的若干规定》第九条规定，“判处没收财产的，应当执行刑事裁判生效时被执行人合法所有的财产。执行没收财产或罚金刑，应当参照被扶养人住所地政府公布的上年度当地居民最低生活费标准，保留被执行人及其所扶养家属的生活必需费用”。因此，人民法院在执行附带民事诉讼判决时，不会将被执行人的其他家庭成员的个人财产作为执行标的；如果执行夫妻共同财产，也会给被执行人的家庭成员留下满足其基本生活必需的财产。

088.《民法典》规定的诉讼时效是 3 年，离婚 3 年以后发现有离婚时尚未分割的夫妻共同财产，为什么仍然可以诉请分割

问:《民法典》规定的诉讼时效是 3 年，离婚 3 年以后发现有离婚时尚未分割的夫妻共同财产，为什么仍然可以诉请分割?

答:如果一对夫妻没有实行约定财产制,那么按照我国《民法典》第一千零六十二条的规定，夫妻于婚姻关系存续期间所取得的工资、奖金，生产、经营的收益，知识产权的收益，继承或赠与所得的未被确定只归夫妻一方的财产等均为夫妻共同所有。离婚时，夫妻应当协商分割共同财产；协商不成时，可以通过民事诉讼由人民法院判决分割。

对于离婚时未分割的夫妻共同财产，任何一方都有权诉请进行分割,而不受 3 年的诉讼时效的限制。最高人民法院《关于适用〈中华人民共和国民法典〉婚姻家庭编的解释(一)》第八十三条规定:“离婚后，一方以尚有夫妻共同财产未处理为由向人民法院起诉请求分

割的，经审查该财产确属离婚时未涉及的夫妻共同财产，人民法院应当依法予以分割。”主要理由可以从以下三个方面来看：

首先，夫妻共有财产制是典型的共同共有。我国《民法典》第三百零三条规定，共有人约定不得分割不动产或者动产，以维持共有关系的，应当按照约定，但是共有人有重大理由需要分割的，可以请求分割；没有约定或者约定不明确的，按份共有人可以随时请求分割，共同共有人在共有的基础丧失或者有重大理由需要分割时可以请求分割。因分割造成其他共有人损害的,应当给予赔偿。可见，共有人分割请求权虽然名为请求权，但并非请求他人同意分割的权利，而实质是使他人负有与其协议分割的具体方法之义务。分割共有物，早已是法律赋予共有人的权利，其得以一人之意志行使该项权利。因此，分割共有物之请求权，实质是形成权，不应受诉讼时效的限制。

其次，我国《民法典》物权编中没有规定时效取得制度，因此，根据物权法定的原则，所有权归属不会单纯因为时间的经过而发生改变。也就是说，夫妻共同财产，如果在离婚时没有进行分割，不会因为时间的经过而改变性质，双方身份关系的解除，也不能使原本属于两人共有的财产变更为一人所有。双方共有关系仍是稳定的，满足再进行分割的条件。

最后，如果司法解释规定，离婚时未经分割的夫妻共同财产经过 3 年的诉讼时效就不能再进行分割，无疑会鼓励转移、隐藏夫妻共同财产的不诚信行为，实际占有或者控制夫妻共同财产的一方，只要能够藏过 3 年的诉讼时效期间，就可以取得该财产。这种结果与我国的主流价值观念是相悖的。

089. 男方不愿意生育，女方坚持生育，男方是否应当承担抚养义务

问：怀孕期间，女方起诉离婚并明确表示不要孩子，双方协议约定女方终止妊娠，男方给女方一笔补偿，女方已经拿到补偿款，但事后反悔，又生下孩子。此时，男方是否要承担抚养义务？

答：此种情况下，男方要承担抚养义务。

一方面，司法实践中，男女双方有时会因为生育问题签订协议，但生育权属于人身权，人身权与人身不可分离。因此，限制生育权的协议，应归于无效。

另一方面，抚养义务不受父母是否离异的影响，不能因为父母的过错而免除其对子女的应尽义务。我国《民法典》第二十六条第一款规定："父母对未成年子女负有抚养、教育和保护的义务。"第一千零八十四条第二款规定："离婚后，父母对于子女仍有抚养、教育、保护的权利和义务。"这主要是基于对未成年子女的利益的保护而设的规定。

因此，虽然双方已经签订终止妊娠的协议，但女方执意生育不能免除男方作为父亲的任何义务，男方在此种情况下仍要承担抚养义务。

090. 夫妻一方在婚姻关系存续期间所负债务的偿还责任主体如何认定

问：夫妻一方在婚姻关系存续期间以个人名义对外负债，所

借款项没有用于夫妻共同生活的，债权人能否要求夫妻双方连带偿还？

答：夫妻双方需要共同偿还的债务范围是夫妻共同债务。《民法典》第一千零六十四条第一款规定："夫妻双方共同签名或者夫妻一方事后追认等共同意思表示所负的债务，以及夫妻一方在婚姻关系存续期间以个人名义为家庭日常生活需要所负的债务，属于夫妻共同债务。"第二款规定："夫妻一方在婚姻关系存续期间以个人名义超出家庭日常生活需要所负的债务，不属于夫妻共同债务；但是，债权人能够证明该债务用于夫妻共同生活、共同生产经营或者基于夫妻双方共同意思表示的除外。"

夫妻共同债务的范围还受到约定财产制的影响。《民法典》第一千零六十五条第三款规定："夫妻对婚姻关系存续期间所得的财产约定归各自所有，夫或者妻一方对外所负的债务，相对人知道该约定的，以夫或者妻一方的个人财产清偿。"

所以，若夫妻一方在婚姻关系存续期间以个人名义对外举债，且所借款项没有用于夫妻共同生活，首先，应当考察该对夫妻是否适用约定财产制，如果夫妻约定婚姻存续期间所得的财产归各自所有，该约定符合法律规定的条件，且债权人知道该约定，则债权人不能要求另一方连带偿还；若债权人不知情，则债务人及其配偶不能以该约定对抗善意债权人。其次，应当判断该债务是否超出家庭日常生活需要，如果虽然以个人名义承担，但确为家庭日常生活需要的，仍应认定为夫妻共同债务，由夫妻双方连带偿还；如果该债务超出家庭日常生活需要，原则上不属于夫妻共同债务，除非存在除外情形，即该债务用于夫妻共同生产经营或者基于夫妻双方共同意思表示，此种情况下夫妻双方仍应连带偿还。债权人主张存在除外情形的，要承担举证责任。

值得注意的是，最高人民法院《关于适用〈中华人民共和国婚姻法〉若干问题的解释（二）》（已失效）第二十四条第一款规定："债权人就婚姻关系存续期间夫妻一方以个人名义所负债务主张权利的，应当按夫妻共同债务处理。但夫妻一方能够证明债权人与债务人明确约定为个人债务，或者能够证明属于婚姻法第十九条第三款规定情形的除外。"该条规定因与《民法典》第一千零六十四条第二款存在冲突，不应再得到适用。

091. 以配偶与他人缔结虚拟婚姻为由请求离婚损害赔偿能否得到支持

问：赵女士拟向人民法院提起离婚诉讼，理由是其丈夫张先生一年前与另一秦姓女子在网上注册结婚，并"生育"了子女。张先生为此将大部分时间、精力均花费在网络上，放弃了生意，与网上的"妻子"情话绵绵，对自己的配偶和子女漠不关心，在子女生病时也不闻不问，与重婚无异。因此，赵女士想在诉请判决离婚的同时，请求法院判令张先生向其赔偿损失。赵女士的这一请求能否得到支持？

答：赵女士关于要求张先生支付离婚损害赔偿的诉讼请求不会得到人民法院的支持。因为，虽然我国《民法典》第一千零九十一条规定："有下列情形之一，导致离婚的，无过错方有权请求损害赔偿：（一）重婚……"但这里的重婚是指法律上或事实上的重婚，其内涵是有配偶者又与其配偶之外的异性登记结婚，或者虽未登记结婚但构成事实上的重婚，即有配偶者与其配偶之外的其他异性以夫妻名义共同生活。这种法律上或事实上的重婚违反我国实行的一夫一妻制，可能需要承担刑事责任。在网络上登记结婚，虽然亦可能因沉溺其中而影响夫妻感情，最终导致离婚，但毕竟虚拟空间的所谓婚姻既不为法律所认可，也不是一种现实存在，其所谓登记结婚对象的性别、年龄等基本特征均不一定真实，所谓生育子女更是子虚乌有。因此，这种情形不属于《民法典》第一千零九十一条规定的重婚，即使法院判决准许赵女士与张先生离婚，也不会依据《民法典》第一千零九十一条之规定，支持赵女士提出的离婚损害赔偿请求。

092. 人民法院判决分割一方于婚前以个人名义签订合同支付首付款并按揭贷款所购房屋时，如果将房屋判归婚前购房者所有，对于夫妻共同还贷所形成的财产权益，应当如何分割

问：我与妻子均是再婚，再婚前双方均有自己的住房。我于婚前按揭贷款购买了一套两居室楼房供双方婚后共同居住，至今贷款尚未还清。离婚诉讼中，我主张此套住房归我所有，对方亦表示同意，但要求从3年来房屋价格上涨带来的收益中分一半给她，我现在又不想卖房，房价上涨我也没有实际得到收益。请问法院会支持她的要求吗?

答：她的要求是合理的。你婚前以个人名义签订购房合同，支付首付款，按揭贷款购房并将房屋登记在个人名下，但婚后夫妻双

方共同偿还贷款，因此，上述房屋中有一部分属于你的个人财产（首付部分以及尚未还清贷款部分），但也有一部分具有夫妻共同财产的属性（夫妻于婚姻关系存续期间共同还贷部分）。最高人民法院《关于适用〈中华人民共和国民法典〉婚姻家庭编的解释（一）》第七十八条第一款规定："夫妻一方婚前签订不动产买卖合同，以个人财产支付首付款并在银行贷款，婚后用夫妻共同财产还贷，不动产登记于首付款支付方名下的，离婚时该不动产由双方协议处理。"第二款规定："依前款规定不能达成协议的，人民法院可以判决该不动产归登记一方，尚未归还的贷款为不动产登记一方的个人债务。双方婚后共同还贷支付的款项及其相对应财产增值部分，离婚时应根据民法典第一千零八十七条第一款规定的原则，由不动产登记一方对另一方进行补偿。"

既然对方已经同意房屋归你所有，因此，你们之间争议的只是你如何就婚姻关系存续期间双方偿还银行贷款所形成的财产权益向对方支付补偿的问题。如果你们不能通过协商解决争议，人民法院在判决时，必然要判令你就婚姻关系存续期间双方共同还贷支付的款项及其相对应财产的增值部分，给对方予以补偿。

尽管你现在不出售房屋，但房屋的增值是客观存在的，既然离婚后房屋所有权归你，则此增值必然由你享有。而这一增值是与配偶一方参与共同还贷的贡献分不开的，对方还因此丧失了购买属于自己的房屋的机会。所以，由一方独享因房屋升值所带来的利益，对另一方来说是不公平的。因此，建议你主动就婚姻关系存续期间双方共同还贷支付的款项及其相对应财产的增值部分向对方支付补偿，或者与对方协商解决争议。

093. 离婚后不与子女共同生活的父或母是否仍是子女的监护人

问：我离婚已经3年，按照人民法院的离婚判决，当时刚上小学的儿子由其父亲直接抚养，我一直未与儿子共同生活，无法行使教育他的权利。日前，因儿子在学校与他人打架被受害人家长提起人身损害赔偿之诉，法院通知我与前夫一起作为儿子的法定监护人参加诉讼有依据吗？

答：我国《民法典》第一千零八十四条第一款规定："父母与子女间的关系，不因父母离婚而消除。离婚后，子女无论由父或者母直接抚养，仍是父母双方的子女。"第二款规定："离婚后，父母对于子女仍有抚养、教育、保护的权利和义务。"生父母与子女的权利义务关系基于血缘关系产生，是一种天然的亲权关系。这种关系的存在不取决于你与前夫的婚姻关系或是否直接抚养、教育孩子。因此，你离婚后虽然不直接抚养儿子，但与儿子之间的母子关系并未改变，法律上的权利义务关系也未改变。

我国《民法典》第二十七条第一款规定："父母是未成年子女的监护人。"你与儿子是母子关系，是未成年的儿子的监护人。人民法院受理以你儿子为被告的人身损害赔偿纠纷案后，将你列为法定监护人之一，通知你参加诉讼是有充分法律依据的。

094. 夫妻共同出资购买的房屋，产权登记在未成年子女名下，离婚时应如何处理

问：婚姻关系存续期间，双方用夫妻共同财产购买房屋，产权登记在未成年子女名下，离婚时应如何处理？审判实践中存在两种不同的观点：一种观点认为，根据《民法典》物权编第二百一十七条的规定，不动产权属证书是权利人享有该不动产物权的证明。如果夫妻将购买的房屋登记在未成年子女名下，那就意味着将购买的房屋赠与未成年人，离婚时应作为未成年人的财产处理，夫妻双方无权予以分割；另一种观点认为，不能仅仅按照产权登记的情况将房屋一概认定为未成年人的财产，还应审查夫妻双方的真实意思表示。请问哪种观点比较适当？

答：我们倾向于第二种观点。双方婚后用夫妻共同财产购买房屋，子女尚未成年，如果产权登记在该子女名下，夫妻离婚时不能简单地完全按照登记情况将房屋认定为未成年子女的财产。因为，不动产物权登记产生的是将登记记载的权利人推定为真正权利人的效力，分为对外效力和对内效力。对外效力是指根据物权公示公信原则，不动产物权经过登记后，善意第三人基于对登记的信赖而与登记权利人发生的不动产交易行为应受到法律保护；对内效力是指在权利人与利害关系人之间，应根据当事人的真实意思表示来确定真正的权利人。

实际生活中，夫妻双方共同出资购买房屋后，可能基于各种因素的考虑而将房屋产权登记在未成年子女名下，但这并不意味着夫妻的真实意思是使未成年子女成为该房屋产权的权利人，因此，该房屋的真实产权人未必是未成年子女。人民法院应注意审查夫妻双

方在购买房屋时的真实意思表示，如果真实意思确实是将购买的房屋赠与未成年子女，离婚时应将该房屋认定为未成年子女的财产，由直接抚养未成年子女的一方暂时管理；如果真实意思并不是将房屋赠与未成年子女，离婚时将该房屋作为夫妻共同财产处理比较适宜。

095. 夫妻一方起诉离婚的，如果离婚案件涉及不动产财产分割，是否应由被告住所地人民法院管辖

问：文某与沙某系夫妻，于 2005 年在 A 市登记结婚，二人户籍所在地均为 A 市。二人婚后一直居住在 A 市文某父母的家中。2006 年至 2008 年，文某与沙某以夫妻名义在其省会城市 B 市购得房产三处。2009 年 1 月，沙某向 B 市法院起诉离婚，并涉及位于 B 市三处房产的财产分割，则该三处不动产所在地法院是否有权管辖？

答：我国《民事诉讼法》第二十二条第一款规定："对公民提起的民事诉讼，由被告住所地人民法院管辖；被告住所地与经常居住地不一致的，由经常居住地人民法院管辖。"最高人民法院《关于适用〈中华人民共和国民事诉讼法〉的解释》第三条第一款规定："公民的住所地是指公民的户籍所在地，法人或者其他组织的住所地是指法人或者其他组织的主要办事机构所在地。"因此，在被告文某户籍在 A 市的情况下，则 A 市应是文某的住所地。对于本案的管辖，依据民事属地管辖"原告就被告"的一般原则，在被告住所地即其

经常居住地的情况下，则应由被告的住所地人民法院管辖，因此本案应由 A 市法院行使管辖权。

《民事诉讼法》第三十四条第一项规定：“因不动产纠纷提起的诉讼，由不动产所在地人民法院管辖。”其中“因不动产纠纷提起的诉讼”应理解为以不动产作为讼争标的而发生的纠纷。对于夫妻一方起诉离婚涉及不动产分割的案件，则应该依照《民事诉讼法》第二十二条第一款确定的原则确定案件管辖。

在本案中，虽然离婚案件涉及不动产财产分割，但由于本案是以离婚为前提而包含不动产分割的，所以应根据“原告就被告”的原则确定管辖，即由被告文某的住所地法院管辖。当然，如果夫妻双方已经根据法院判决离婚或者协议离婚，而仅仅以涉案房地产分割为诉讼内容，则应适用不动产所在地法院的专属管辖原则。

综上所述，即使本离婚案件涉及不动产财产分割，也应该由文某住所地 A 市法院管辖。

096. 父母一方对未成年子女的监护权是否优先于因委托而行使的监护权

问：因男方系现役军人，其在服役期间委托父母照顾孩子。女方曾向法院起诉离婚被驳回，男方的父母不准女方看望孩子，也不让女方接走孩子，女方遂起诉到法院，请求判令孩子由其监护。男方父母辩称：目前儿子与女方尚未离婚，两人均是孩子的监护人。自两人闹离婚以来，女方一直未履行监护职责，自己作为孩子的祖父母，只是受儿子委托照顾孩子，请求法院判决驳回女方的诉讼请求。

对此案的处理存在两种不同观点：一种观点认为，未成年人的父母是未成年人的法定监护人，现双方尚未离婚，对孩子均有监护的职责。男方委托其父母监护孩子并不违反法律的规定，祖父母基于委托而实施对孙子的监护不构成对女方监护权的侵犯，故对女方要求排除父方行使监护权而由其单方行使监护权的请求不予支持。另一种观点认为，父母是未成年人子女的监护人，因男方现在在部队服役，难以履行监护职责，而女方具有监护能力，虽然男方父母受委托照顾孙子，但不能因此排除女方作为母亲对孩子监护的权利。当基于委托而行使的监护权与女方固有的监护权产生冲突时，监护权应由女方行使。本案应如何处理更符合法律规定？

答：本案的争议焦点是：他人受夫妻一方委托对未成年人行使监护权而与夫妻另一方的监护权发生冲突时，监护权应由谁来行使？

我国《民法典》婚姻家庭编中没有明确规定亲权的概念，对未成年子女的监护权本质上讲就是国外许多国家规定的亲权，是指父母对未成年子女在人身和财产方面的监督、保护权利，这是基于父母与未成年子女的身份关系而产生的权利，父母对未成年子女的权利义务是一种天然的和法定的亲权关系。《民法典》第二十七条第一款规定，“父母是未成年子女的监护人”，这是法定监护关系；根据第二十七条第二款的规定，只有在父母已经死亡或者没有监护能力的情况下，才可由其他人担任监护人。因此，父母对未成年子女的监护权是第一位的，除非父母死亡、没有监护能力或者侵害未成年人的合法权益被人民法院取消监护权，其他任何人无权限制或剥夺父母对未成年人的监护权。虽然监护人可以将监护职责部分或者全部委托给他人，但当这种基于委托而行使的监护权与未成年子女父母所享有的法定监护权发生冲突时，法律首先应该保护的是未成年人父母的监护权。

本案中因男方在部队服役，不具备履行日常监护职责的客观条件，其有权委托第三人来履行监护职责。但女方作为孩子的母亲，是法定监护人，其具有监护能力，又有亲自监护孩子的要求，监护权应由女方来行使。

097. 夫妻一方将户籍迁入他市，另一方起诉离婚的，是否应由被告户籍所在地人民法院管辖

问：李某与张某系夫妻，于2000年在A市登记结婚，当时二人户籍所在地均为A市。2003年李某离开原户籍所在地A市到B市攻读博士研究生，并将户籍迁至B市。2006年李某博士研究生毕业后即到B市某高校工作，户籍亦随同落到B市。2009年10月，张某向A市法院起诉离婚，A市法院立案受理了张某的起诉。李某在接到应诉通知书后，向A市法院提出管辖权异议。A市法院是否有权根据最高人民法院《关于适用〈中华人民共和国民事诉讼法〉的解释》（本文以下简称《民诉解释》）第十二条第一款的规定，“夫妻一方离开住所地超过一年，另一方起诉离婚的案件，可以由原告住所地人民法院管辖”，行使对本案的管辖权？

答：我国《民事诉讼法》第二十二条第一款规定：“对公民提起的民事诉讼，由被告住所地人民法院管辖；被告住所地与经常居住

地不一致的，由经常居住地人民法院管辖。”《民诉解释》第三条第一款规定：“公民的住所地是指公民的户籍所在地，法人或者其他组织的住所地是指法人或者其他组织的主要办事机构所在地。”因此，在被告李某的户籍已经由A市迁入到B市的情况下，则B市是李某的住所地。《民诉解释》第四条规定：“公民的经常居住地是指公民离开住所地至起诉时已连续居住一年以上的地方，但公民住院就医的地方除外。”本案被告李某在B市高校工作，没有与住所地不一致的经常居住地。对于本案的管辖，依据民事属地管辖“原告就被告”的一般原则，在被告住所地即其经常居住地的情况下，则应由被告的住所地人民法院管辖，因此本案应由B市法院管辖。

《民诉解释》第十二条第一款规定：“夫妻一方离开住所地超过一年，另一方起诉离婚的案件，可以由原告住所地人民法院管辖。”对于本条款所规定的“离开住所地”，应理解为以没有变更住所地为前提，即在户籍所在地没有变更的情况下，才可以适用；如果被告已经将户籍迁出并已落户，那么就属于变更住所地，在变更后的住所地亦为其经常居住地的情况下，则应该由变更后的住所地管辖，而不能适用《民诉解释》第十二条的规定。对此，《民诉解释》第七条规定：“当事人的户籍迁出后尚未落户，有经常居住地的，由该地人民法院管辖；没有经常居住地的，由其原户籍所在地人民法院管辖。”对于该条文义的反面解释则为，如果户籍迁出并已经落户，且该户籍所在地即为经常居住地的，则应该由落户的户籍所在地管辖。因此，本案不能适用《民诉解释》第十二条的规定。所以，本离婚案件应该由李某的户籍所在地B市法院而非张某的户籍所在地A市法院管辖。

098. 祖父母主张探望孙子女的诉讼请求能否得到法院支持

问：王某的父亲因病去世后，因遗产问题与其祖父母产生纠纷，其母亲遂拒绝祖父母前来看望孙子。王某的祖父母到法院起诉，请求法院判令每月两次探望孙子。对此存在两种不同的观点，一种观点认为，祖父母探望孙子女天经地义，按照中国的传统，祖孙之间关系非常亲密，保障祖父母对孙子女的探望权，有利于未成年子女的身心健康，同时也符合我国的家庭伦理；另一种观点认为，从婚姻法的规定来看，只有离婚后不直接抚养子女的父亲或母亲才享有探望子女的权利，对此不能做扩大解释。请问祖父母请求探望孙子的诉讼请求能否得到法院的支持？

答：《民法典》第一千零八十六条第一款规定："离婚后，不直接抚养子女的父或者母，有探望子女的权利，另一方有协助的义务。"由此可以看出，享有探望权的主体是"不直接抚养子女的父或母"，探望权的产生以父母双方婚姻关系的解除为前提条件，以不直接抚养子女为必要条件。

祖父母探望孙子应当是合情合理的，但祖父母的探望权尚不是法律调整的范围，就像夫妻关系中的同居权不是《民法典》婚姻家庭编的调整范围一样。婚姻家庭编只是规定人们在婚姻家庭领域中所必须遵守的基本准则，还有诸多问题有赖于通过道德规范、风俗习惯来加以调整。法律是神圣的，但不是万能的，尤其是婚姻家庭问题中涉及当事人感情、隐私、风俗习惯等方方面面，公权力介入太多未必有利于婚姻家庭关系的稳定。

鉴于祖父母、外祖父母到法院起诉请求保护其探望孙子女、外孙子女的权利缺乏相应的法律依据，故法院应当裁定驳回起诉，除非将来《民法典》修订后将探望权的主体扩大到祖父母和外祖父母。

099. 重婚与“有配偶者与他人同居”的主要区别是什么

问：重婚是构成婚姻无效的情形之一，“有配偶者与他人同居”是离婚损害赔偿的情形之一，事实上的重婚与“有配偶者与他人同居”的主要区别是什么？

答：重婚分为法律上的重婚和事实上的重婚，有配偶者又与他人登记结婚的，是法律上的重婚；虽未登记但确与他人以夫妻名义同居生活的，为事实上的重婚。我国《刑法》第二百五十八条规定：“有配偶而重婚的，或者明知他人有配偶而与之结婚的，处二年以下有期徒刑或者拘役。”司法实践普遍认为，法律上的重婚和事实上的重婚都会对合法的婚姻关系造成严重损害，都是重婚罪处罚的范围。可见，构成重婚可能需要承担刑事责任。但在现实生活中，不少人采取了规避法律的方式，在与他人婚外同居时，既不去登记结婚，也不以夫妻名义同居生活。针对这种情况，《民法典》第一千零四十二条第二款特别规定：“……禁止有配偶者与他人同居”。

事实上的重婚和“有配偶者与他人同居”之间最大的区别就在于是否以夫妻名义同居生活，如果双方以夫妻名义同居生活，则构成事实上的重婚；如果双方没有以夫妻名义同居生活，则不属于《刑法》予以处罚的范围，而属于《民法典》婚姻家庭编禁止的行为。当然，重婚的含义与“有配偶者与他人同居”有交叉重合之处，事实上的重婚也是有配偶者与他人同居，但这种同居是有名分的，即以夫妻名义相称，而不是以所谓的秘书、亲戚、朋友相称。

最高人民法院《关于适用〈中华人民共和国民法典〉婚姻家庭编的解释（一）》第二条规定得很明确："民法典第一千零四十二条、第一千零七十九条、第一千零九十一条规定的'与他人同居'的情形，是指有配偶者与婚外异性，不以夫妻名义，持续、稳定地共同居住。"有配偶者与他人婚外同居，其直接构成离婚的法定理由，同时无过错的配偶一方有权提起离婚损害赔偿请求。

100. 一方将夫妻共同财产擅自赠与他人的行为是否无效

问：夫妻一方将大额的夫妻共同财产擅自赠与他人，显然侵害了另一方的财产权益。但有种观点认为，该赠与行为应认定部分无效，而非全部无效。理由是夫妻共同财产中既包含丈夫的份额也包含妻子的份额，他人所获赠财产中有一半为夫妻一方的份额，一方处分自身份额的意思表示应为真实，他人可取得一半的财产权利。对此在审判实践中应如何掌握？

答：在婚姻关系存续期间，夫妻双方对共同财产具有平等的权利，因日常生活需要而处理共同财产的，任何一方均有权决定，非因日常生活需要对夫妻共同财产做重要处理决定的，夫妻双方应当平等协商，取得一致意见。《民法典》第一千零六十二条第二款规定："夫妻对共同财产，有平等的处理权。"夫妻一方非因日常生活需要而将共同财产无偿赠与他人，严重损害了另一方的财产权益，有违民法上的公平原则，这种赠与行为应属无效。

夫妻共同财产是基于法律的规定，因夫妻关系的存在而产生的。在夫妻双方未选择其他财产制的情形下，夫妻对共同财产形成共同共有，而非按份共有。《民法典》第二百九十九条规定：“共同共有人对共有的不动产或者动产共同享有所有权。”根据共同共有的一般原理，在婚姻关系存续期间，夫妻共同财产应作为一个不可分割的整体，夫妻对全部共同财产不分份额地共同享有所有权，双方无法对共同财产划分个人份额。夫妻对共同财产享有平等的处理权，并不意味着夫妻各自对共同财产享有半数的份额。只有在共同共有关系终止时，才可对共同财产进行分割，确定各自份额。因此，“他人所获赠财产中有一半为夫妻一方的份额”的观点是不能成立的。《民法典》第三百零一条规定：“处分共有的不动产或者动产以及对共有的不动产或者动产作重大修缮、变更性质或者用途的，应当经占份额三分之二以上的按份共有人或者全体共同共有人同意，但是共有人之间另有约定的除外。”可见，在共同共有关系之下，未经全体共同共有人同意而处分共有财产，应属无效。因此，夫妻一方擅自将共同财产赠与他人的赠与行为应为全部无效，而非部分无效。

101. 结婚登记时一方未亲自到场，能否以此为由主张婚姻无效

问：结婚登记时男方未到场却通过熟人关系领取了结婚证，双方在当地举行了婚礼且共同生活生育子女，后男方意外死亡，其母亲到法院申请宣告婚姻无效能否得到支持？

答:《民法典》第一千零五十一条规定:“有下列情形之一的,婚姻无效:(一)重婚;(二)有禁止结婚的亲属关系;(三)未到法定婚龄。”最高人民法院《关于适用〈中华人民共和国民法典〉婚姻家庭编的解释(一)》第十七条第一款规定:“当事人以民法典第一千零五十一条规定的三种无效婚姻以外的情形请求确认婚姻无效的,人民法院应当判决驳回当事人的诉讼请求。”可见,婚姻无效的事由仅限于《民法典》第一千零五十一条规定的三种,以结婚登记时一方未亲自到场为由主张婚姻无效不能得到支持。

结婚登记时一方未亲自到场虽然影响婚姻登记机关对双方结婚是否属于自愿的审查,但要求双方亲自到婚姻登记机关只能说是结婚登记的程序条件之一。如果双方当事人在结婚登记时不违反婚姻的实质要件,仅是一方未到场,随后双方还举行了结婚仪式,且共同生活生育子女,就不能认定男方系非自愿结婚。

虽然《民法典》第一千零四十九条规定“要求结婚的男女双方应当亲自到婚姻登记机关进行结婚登记”,但由于婚姻登记机关管理不严,当事人未亲自到场也办理了结婚登记手续的并不少见。对一方未到场究竟应如何处理,并没有明文规定。要求双方亲自到场只能说是结婚登记的程序条件之一,对不符合结婚实质要件的当事人,即便双方亲自到场,也不能进行结婚登记;如果登记结婚时只有一方当事人到场,而当事人双方完全符合结婚的实质要件,且在一起实际共同生活,就不能以违反法定程序为由轻易否定婚姻的效力,否则将不利于婚姻家庭生活的稳定。作为一种既存的社会关系,“婚姻”已形成事实,并以此为基础向社会辐射出各种关系,简单地否认这种身份关系的存在,必然会对家庭及社会产生一系列的负面影响。当事人未亲自到场却办理了结婚登记手续,问题首先出在婚姻登记人员身上,故加强登记人员的管理,强化登记人员的责任,尽量避免此类问题的再次发生，比单纯的宣告婚姻无效来惩罚当事人更为有益。

因此，在处理此类纠纷时，应首先审查双方是否具有婚姻法所规定的无效婚姻的几种情形，如果没有法定的无效婚姻情形，仅是婚姻登记时一方没有到场，实际上双方已在一起共同生活，法院应当驳回当事人申请宣告婚姻无效的请求。此外，最高人民法院《关于适用〈中华人民共和国民法典〉婚姻家庭编的解释（一）》第十七条第二款规定："当事人以结婚登记程序存在瑕疵为由提起民事诉讼，主张撤销结婚登记的，告知其可以依法申请行政复议或者提起行政诉讼。"

102. 离婚是否属于子女主张抚养费的前置条件

问：*夫妻双方因关系恶化而分居，一方抚养未成年子女，另一方对子女不管不问，子女可否请求另一方给付抚养费？*

答：抚养未成年子女是父母的法定义务，法律并没有规定离婚是主张子女抚养费的前置条件，尽管夫妻双方没有离婚，子女也可以追索抚养费。如果双方最终离婚，既可以要求法院对离婚后的子女抚养问题做出处理，也可以要求另一方一并支付婚姻关系存续期间应当给付的子女抚养费。《民法典》第一千零六十七条第一款规定："父母不履行抚养义务的，未成年子女或者不能独立生活的成年子女，有要求父母给付抚养费的权利。"最高人民法院《关于适用〈中华人民共和国民法典〉婚姻家庭编的解释（一）》第四十三条规定，婚姻关系存续期间，父母双方或者一方拒不履行抚养子女义务，未成年子女或者不能独立生活的成年子女请求支付抚养费的，人民法院应予支持。

夫妻在婚姻关系存续期间采取分别财产制的，由于财产的个人所有性质，夫妻须以各自的财产履行自己抚养子女的义务。而在没有约定实行分别财产制的夫妻之间，双方在婚姻关系存续期间的所得一般为夫妻共同财产，一方以自己的收入抚养子女可以视为另一方的共同抚养，这在夫妻关系正常的情况下的确如此。因此，有种观点认为，夫妻关系存续期间所得的收益为夫妻共同财产，一方以自己的工资收入抚养子女，而工资收入属于夫妻共同财产，由此可以认定另一方也履行了抚养义务，子女没有理由起诉要求另一方支付抚养费。但是，在夫妻分居期间，夫妻财产实际上是处于分割状态，夫妻各自控制和支配自己使用的那部分财产，其财产状态与夫妻分别财产制或离婚后各自的财产关系相似。如果机械地理解法律，势必使一些当事人借此逃避自己应尽的法定抚养义务。父母对未成年子女的抚养义务是无条件的、强制性的，解除婚姻关系并不是父母给付子女抚养费的前提。故法院应从未成年子女利益最大化的原则出发，可以判决支持子女要求另一方支付抚养费的诉讼请求。

103. 继父母与继子女之间形成的扶养关系能否自然终止

问：对于继父或继母与继子女形成扶养关系后，有扶养关系的继父母子女关系能否解除的问题，审判实践中存在较大争议。一种观点认为，继父母与继子女之间形成扶养关系后，相互之间的权利义务关系与生父母完全相同，无论在什么情况下都不能解除，即使生母与继父或生父与继母婚姻关系解除了，继父母与继子女已经形成的权利义务关系也不能消除；另一种观点认为，继父母与继子女关系的基础首先是姻亲关系，在形成扶养关系后才转化成法律上的拟制血亲关系，如果生母与继父或生父与继母离婚，继父母子女之间的权利义务关系也随之消除。应如何掌握？

答：我们认为，继子女与继父母之间的关系是以生父母与继父母之间的婚姻关系为前提，在继父母与继子女形成扶养关系后，虽然这种扶养关系可以在一定的条件下解除，但它是一种独立的民事法律关系。扶养关系产生于继父母与继子女足够长的共同生活时间、继父母对继子女实际承担的扶养义务和教育责任等，并不当然依附于生父母与继父母之间的婚姻关系。因此，不能认为生父与继母、生母与继父之间的婚姻关系一旦解除，继子女与继父母的权利义务关系也自然终止。

审判实践中应注意把握的是：第一，生父与继母或生母与继父离婚时，继父或继母对曾受其抚养教育的继子女，不同意继续抚养的，仍应由生父母抚养。因为生父母与子女的权利义务关系是基于血缘关系而产生的一种法律关系，这种基础决定了生父母对子女是第一位的亲权关系，而继父母与继子女是基于姻亲关系而发生的一种事实上的扶养关系。离婚时继父母不愿继续抚养继子女的，不能勉强，本着血缘关系第一位的原则，仍应由生父母承担抚养义务。第二，在通常情况下，受继父母抚育成人并独立生活的继子女应当承担赡养继父母的义务，双方关系原则上不能自然终止。如果双方关系恶化，经当事人的请求，人民法院可以解除他们之间的权利义务关系，但成年继子女须承担丧失劳动能力、生活困难的继父母晚年的生活费用。

104. 妻子单方终止妊娠是否构成对丈夫生育权的侵害

问：在审理案件中遇到这样的情况，女方怀孕后因为种种原因瞒着男方私自去做人工流产，而男方及其家人都非常希望有个孩子。男方认为女方的行为侵犯了自己的生育权，故到法院请求损害赔偿。对男方的诉讼请求能否支持争议比较大，第一种意见认为应该支持，因为夫妻双方都有平等的生育权，女方私自流产的行为致使男方的生育权无法实现；第二种意见认为对男方的诉讼请求应予驳回，因为夫妻双方生育权的实现需要协商一致，男方不得强迫女方违背意愿进行生育。究竟应该如何处理？

答：这类纠纷的关键点是，在夫妻之间生育利益发生冲突时，谁享有生育决定权的问题。倾向性观点认为：生育权是法律赋予公民的一项基本权利，夫妻双方各自都享有生育权，只有夫妻双方协商一致，共同行使这一权利，生育权才能得以实现。《妇女权益保障法》赋予已婚妇女不生育的自由，是为了强调妇女在生育问题上享有的独立权利，不受丈夫意志的左右。由于自然生育过程是由妇女承担和完成，妇女应当享有生育的最后支配权。如果妻子不愿意生育，丈夫不得以其享有生育权为由强迫妻子生育。妻子未经丈夫同意终止妊娠，虽可能对夫妻感情造成伤害，甚至危及婚姻的稳定，但丈夫并不能以本人享有的生育权对抗妻子享有的生育决定权，故妻子单方终止妊娠不构成对丈夫生育权的侵犯。如果夫妻在生育问题上的意见分歧最终无法协调，致使婚姻关系难以维系的，离婚是解决双方争议的合理途径。基于以上原因，最高人民法院《关于适用〈中华人民共和国民法典〉婚姻家庭编的解释（一）》第二十三条规定："夫以妻擅自中止妊娠侵犯其生育权为由请求损害赔偿的，人民法院不予支持；夫妻双方因是否生育发生纠纷，致使感情确已破裂，一方请求离婚的，人民法院经调解无效，应依照民法典第一千零七十九条第三款第五项的规定处理。"

从国外的规定来看，英国、澳大利亚、加拿大的有关法律和判例都明确肯定，丈夫没有阻止妻子堕胎的权利。在澳大利亚1983年的凯诉特案件中，昆士兰州最高法院的威廉斯法官同意丈夫无权阻止妻子堕胎的观点。美国联邦最高法院在答复州法律是否可以规定妻子进行人工流产须征得丈夫同意问题时，明确持否定立场："我们不是没有意识到丈夫对于妻子的怀孕和妻子孕育中的胎儿的成长和发展所持有深切的和适当的关注和利益。联邦最高法院迄今也没有忽视婚姻关系在社会生活中的重要性。而且，我们认识到，是否进行人工流产，可能会影响部分婚姻关系的发展，包括物质和精神的影响，而且这种影响可能是不利的。尽管如此，我们不认为各州享有宪法所赋予的权利——可以准许男方单方面行使权利阻止妻子终止妊娠。"因此，我们认为，第二种意见是比较适当的。

继承

105. 受遗赠人在遗产分割前死亡的，受遗赠人的继承人是否享有接受遗赠财产的权利

问：受遗赠人在遗产分割前死亡的，受遗赠人的继承人是否享有接受遗赠财产的权利？

答：受遗赠人在遗产分割前死亡的，其继承人是否享有接受遗赠财产的权利取决于受遗赠人生前对于遗赠的表示。

《民法典》第一千一百二十四条第二款规定："受遗赠人应当在知道受遗赠后六十日内，作出接受或者放弃受遗赠的表示；到期没有表示的，视为放弃受遗赠。"因此，只有受遗赠人对于遗赠明确表示接受才能享有接受遗赠的权利，放弃受遗赠的不再享有权利，没有表示的视为放弃受遗赠，亦不享有权利。最高人民法院《关于适用〈中华人民共和国民法典〉继承编的解释（一）》第三十八条规定："继承开始后，受遗赠人表示接受遗赠，并于遗产分割前死亡的，其接受遗赠的权利转移给他的继承人。"因此，在受遗赠人对于遗赠财

产表示接受的情况下，其继承人享有接受遗赠财产的权利；而如果受遗赠人生前放弃受遗赠或者对于遗赠没有表示的，则因受遗赠人不享有权利，受遗赠人的继承人也不享有接受遗赠财产的权利。

106. 遗嘱中的房屋在立遗嘱人死亡前被拆迁的，遗嘱中确定的原房屋继承人能否主张继承所得补偿房屋或补偿款

问：立遗嘱人在遗嘱中约定给继承人的房屋在立遗嘱人死亡前已被拆除，但立遗嘱人并未因此修改遗嘱。立遗嘱人死亡后，遗嘱中确定的原房屋继承人能否以原房屋被拆迁后所得补偿房屋或补偿款为原房屋的变更物主张继承？

答：遗嘱是遗嘱人生前在法律允许的范围内，按照法律规定的方式对其遗产或其他事务所作的个人处分，并于遗嘱人死亡时发生效力的法律行为。遗嘱人在遗嘱中对财产的处分，本质上是遗嘱人基于其对该财产的所有权，在法律允许范围内自由处分其财产的一种表现形式。遗嘱中对财产的处分方式体现了遗嘱人立遗嘱这一时点的内心真意，但并不能对遗嘱人随后改变其财产处分方式产生约束。因此，遗嘱人在立遗嘱后，还可通过各种法律允许的方式撤销其在原遗嘱中的财产处分行为。对此，《民法典》第一千一百四十二条第一款规定："遗嘱人可以撤回、变更自己所立的遗嘱。"

根据《国有土地上房屋征收与补偿条例》第二十五条第一款"房屋征收部门与被征收人依照本条例的规定，就补偿方式、补偿金额和支付期限、用于产权调换房屋的地点和面积、搬迁费、临时安置

费或者周转用房、停产停业损失、搬迁期限、过渡方式和过渡期限等事项，订立补偿协议”之规定，标的物被拆迁后的对价是由房屋征收部门与被征收人在补偿协议中约定的补偿金或产权调换房屋。也就是说，标的物被拆迁一般是因标的物所有权人同意拆迁并与房屋征收部门达成补偿协议引起。因此，标的物所有权人同意标的物被拆迁的行为是导致标的物灭失的重要因素。标的物所有权人在遗嘱中将标的物处分给他人后，又以补偿协议形式同意将标的物拆迁，这应被视为其在立遗嘱后又以行为作出了与立遗嘱时相反的意思表示，并导致了标的物的灭失。根据《民法典》第一千一百四十二条第二款“立遗嘱后，遗嘱人实施与遗嘱内容相反的民事法律行为的，视为对遗嘱相关内容的撤回”之规定，遗嘱人对该遗嘱涉及标的物被拆迁部分的处分行为应被视为撤销。

遗嘱人遗嘱中所涉标的物被拆迁后所获得的补偿金或产权调换房屋与原标的物为不同的物。对遗嘱人而言，该补偿金或产权调换房屋属于立遗嘱后新获得的财产。由于遗嘱人并未明确表示标的物被拆迁后的对价——补偿金或产权调换房屋的处分方式以作为遗嘱的组成部分，故不能将补偿金或产权调换房屋作为遗嘱中标的物的变更物。

107. 如何认定受遗赠人“知道受遗赠后六十日内”的起算点

问:《民法典》第一千一百二十四条规定:“继承开始后，继承人放弃继承的，应当在遗产处理前，以书面形式作出放弃继承的表示；没有表示的，视为接受继承。受遗赠人应当在知道受遗赠后六十日内，作出接受或者放弃受遗赠的表示；到期没有表示的，视为放弃受遗赠。”如何理解后一款“知道受遗赠后六十日内”的起算点？

答：遗赠是指自然人以遗嘱的方式，将其个人的财产赠与国家、集体或者法定继承人以外的人，并于其死后发生法律效力的民事行为。《民法典》第一千一百二十四条第二款规定：“受遗赠人应当在知道受遗赠后六十日内，作出接受或者放弃受遗赠的表示；到期没有表示的，视为放弃受遗赠。”这里规定的60日为接受遗赠的除斥期间，应当从受遗赠人知道遗赠之日起开始计算。

遗赠应属遗赠人死后生效的法律行为，虽然将财产赠与他人的意思表示是在生前作出的，但只有于遗赠人死亡后该遗赠才发生法律效力，即遗赠人死亡前不发生财产所有权的转移。因此，关于如何认定受遗赠人“知道受遗赠后六十日内”的起算点问题，我们认为，应把《民法典》第一千一百二十四条第一款和第二款联系起来理解，继承从被继承人死亡时开始，被继承人活着时，即便作了遗赠公证，受遗赠人也不宜在其生存时就表示接受遗赠，只能等被继承人死亡后再表达自己愿意接受遗赠的意愿，故60日的最早起算点应是从被继承人死亡之日起算。即如果受遗赠人在被继承人死亡前得知遗赠之事，应当在被继承人死亡之日起60日内作出表示；如果受遗赠人在被继承人死亡后才得知遗赠之事，则应当在知道受遗赠后60日内作出接受或者放弃受遗赠的表示。

108. 遗产被转让后，继承人是否有权追回

问：张某之母死亡后，其遗产（房屋）未作分割，由张父继续居住。

2年以后，张父再婚，与其妻赵某仍在此共同生活。张某留学在外，闻知其父病逝的消息后回国，却发现赵某已经将张父名下的房产转让给齐某。张某是否可以起诉赵某和齐某，追回原属于其父母的房产？

答：涉案房屋登记在张父的名下，本为张某父母的夫妻共同财产。张某之母死亡后，其配偶、子女均为法定第一顺序继承人。但由于当时张某尚在校就读，未婚，故没有单独的住房要求，亦没有对属于张某之母的遗产进行分割。后张某出国留学。张父死亡后，其再婚妻子赵某利用掌握在手的张父的名章和未交回公安机关的张父的身份证，将张父名下的房屋出售给齐某。依照我国《民法典》之规定，张父死亡后，其第一顺序继承人有其妻赵某和儿子张某。但涉案房屋并非全部为张父的遗产，其中应该将张某之母死亡后由张父和张某继承的遗产析出，即整个房屋的1/2为张某之母的遗产，另外1/2为张父的财产。张母遗产中1/2的1/2为张父继承，另外1/2为张某所有。张父死亡后，其遗产范围是整个房屋的1/2加上其从张某之母的遗产中继承的1/2。赵某虽然与张父结婚，但该房屋系张父的婚前财产，因此属于张父的夫妻个人财产，赵某并非共有人。在张父死亡后，其作为张父的配偶有权作为法定第一顺序继承人继承张父遗产的1/2。赵某擅自处分张父名下的全部房屋，侵犯了张某的财产权和继承权，张某无疑有权以赵某和齐某为被告诉请追回自己从父母遗产中应继承份额的房产。

至于张某是否能够通过诉讼最终从齐某处追回房产，则取决于齐某在购买赵某所售张父名下房产时是否属于《民法典》第三百一十一条规定的善意取得，即其购房手续是否完备、合法；是否已经进行了房屋产权转移登记；是否支付了对价；是否不了解赵某售房时张父已经死亡，不可能出具委托手续，赵某亦没有涉案房屋的全部产权的情况。如果齐某属于善意取得，则为了保护交易安全，人民法院不会判决齐某向张某返还涉案房屋，张某获得救济的途径只能是请求赵某返还其应继承份额的房价款并要求赵某赔偿其财产权受到侵害所遭受的损失。如果齐某不属于善意取得，则张某的诉讼请求会得到人民法院的支持。

109. 同居关系一方当事人对对方遗产是否享有继承权

问：我和某房地产公司的老总张某没有进行结婚登记，但我和张某自1997年起到其去世前一直以夫妻名义共同生活在一起，并且我为其生了两个儿子。按照《民法典》的规定，我的两个儿子对张某的遗产有继承权。请问，我作为孩子的母亲，对张某的遗产有继承权吗？

答：最高人民法院《关于适用〈中华人民共和国民法典〉婚姻家庭编的解释（一）》第七条规定："未依据民法典第一千零四十九条规定办理结婚登记而以夫妻名义共同生活的男女，提起诉讼要求离婚的，应当区别对待：（一）1994年2月1日民政部《婚姻登记管理条例》公布实施以前，男女双方已经符合结婚实质要件的，按事实婚姻处理。（二）1994年2月1日民政部《婚姻登记管理条例》公布实施以后，男女双方符合结婚实质要件的，人民法院应当告知其补办结婚登记。未补办结婚登记的，依据本解释第三条规定处理。"

根据上述规定精神，自1994年2月1日起，即使你和张某以夫妻名义生活在一起，并且具备结婚的实质要件，但未补办结婚登记的，仍然不能认定为存在婚姻关系，而应认定为同居关系。

《民法典》第一千零七十一条第一款规定："非婚生子女享有与婚生子女同等的权利，任何组织或者个人不得加以危害和歧视。"你和张某所生的非婚生子女享有同婚生子女同等的权利，法律规定的目的在于保护非婚生子女的利益，而不能由此反推出你和张某存在婚姻关系。我国《民法典》继承编规定的法定继承人不包括与被继承人同居的人，因此，基于你同张某自1997年之后只具有同居关系，而不具有婚姻关系，故你对张某的遗产不享有继承权。

110. 诉请继承意外事故中下落不明满2年的人的"遗产"能否得到支持

问：在一次台风中，李某与其所有的渔船一并失踪。3年后，李某的母亲与妻子就李某的财产发生争议，李妻诉至法院，要求继承李某的遗产。对李妻的诉讼请求是否应当支持？

答：对李妻的诉讼请求不应予以支持。我国《民法典》继承编第一千一百二十一条第一款规定："继承从被继承人死亡时开始。"最高人民法院《关于适用〈中华人民共和国民法典〉继承编的解释（一）》第一条第一款规定："继承从被继承人生理死亡或者被宣告死亡时开始。"李妻起诉，要求继承李某的财产，却没有证据证明李某已经死亡。首先，虽然李妻提出李某在3年前一次出海捕鱼的过程中遭遇台风后至今未归，但却不能提出证据证明李某确已死亡，因此，对于其提出的李某已经生理死亡的观点，人民法院不能采信。其次，《民法典》第四十六条规定："自然人有下列情形之一的，利害关系人可以向人民法院申请宣告该自然人死亡：（一）下落不明满四年；（二）因意外事件，下落不明满二年。因意外事件下落不明，经有关机关证明该自然人不可能生存的，申请宣告死亡不受二年时间的限制。”下落不明者被法院宣告死亡后，继承程序开始。在李某遇台风后3年未回家的情况下，李妻并未依照《民法典》第四十六条第一款第二项之规定，以李某“因意外事件，下落不明满二年”为由，向人民法院申请宣告李某死亡，故李某也不属于被人民法院宣告死亡的情形。在李某既未被证明生理死亡，又未被人民法院依法宣告死亡的情况下，李妻以李某之母为被告提起诉讼，要求继承李某遗产的诉讼请求，是不能得到支持的。人民法院驳回李妻起诉的理由是不存在被继承人死亡的事实，继承并未开始，故应当驳回李妻的起诉。

111. 保险金作为遗产继承时的死亡时间推定是否应适用《保险法》的特别规定

问：被保险人与受益人在同一事件中死亡且不能确定死亡先后时间的，如两者相互之间本身就有继承关系，是否按照《民法典》继承编的规定确定死亡先后顺序？

答：《民法典》继承编第一千一百二十一条第二款规定：“相互有继承关系的数人在同一事件中死亡，难以确定死亡时间的，推定没有其他继承人的人先死亡。都有其他继承人，辈份不同的，推定长辈先死亡；辈份相同的，推定同时死亡，相互不发生继承。”

由以上规定可知，我国继承法律关系中的死亡时间推定有三种情形：一是为尽量避免出现遗产无人继承的情况，推定没有其他继承人的人先死亡。这里的“没有继承人”指既没有法定继承人又没有遗嘱继承人。二是从意外事件发生后，自然人年龄越大，存活率越低这一基本生活经验出发，规定几个各有继承人的死亡人如辈分不同，推定长辈先死亡。三是几个死亡人辈分相同，推定同时死亡，彼此不发生继承，由他们各自的继承人分别继承。而《保险法》第四十二条第二款则规定，“受益人与被保险人在同一事件中死亡，且不能确定死亡先后顺序的，推定受益人死亡在先”。

比较上述不同规定可知，当被保险人与受益人之间存在继承关系时，就两者死亡时间的推定问题，《民法典》第一千一百二十一条与《保险法》第四十二条第二款规定之间可能存在法条适用上的重合现象。根据最高人民法院《关于适用〈中华人民共和国保险法〉若干问题的解释（三）》第十五条规定：“受益人与被保险人存在继承关系，在同一事件中死亡且不能确定死亡先后顺序的，人民法院应依据保险法第四十二条第二款的规定推定受益人死亡在先，并按照保险法及本解释的相关规定确定保险金归属。”因此，有关保险金继承中可能涉及的死亡时间推定应适用《保险法》第四十二条第二款的规定。其理由主要有：首先，根据特别法优先于一般法的原则，保险金作为与被保险人相关的一种特殊性质财产，其继承问题应优先适用《保险法》的规定。其次，《保险法》第四十二条第一款已经明确保险金作为遗产继承的几种情形，而其第二款则单独就被保险人和受益人的死亡时间推定问题作出不同于《民法典》第一千一百二十一条的特别规定。由此可知，《保险法》第四十二条第二款有关死亡时间的规定仅针对保险金作为遗产继承的情况。这里还应注意的是，限于《保险法》本身规范对象的特定性，不能将《保险法》第四十二条第二款有关死亡时间的推定扩张至保险金以外其他财产继承的死亡时间推定中。否则，在继承问题上，将有以特别法取代一般法之嫌。

综上所述，在保险金作为遗产继承时，相互有继承关系的被保险人和受益人的死亡时间推定应适用《保险法》的特别规定，除此之外，其他财产的继承仍应以《民法典》继承编为依据。

112. 死亡赔偿金能否视为遗产

问：在一起交通事故中，某甲因某乙驾驶机动车肇事身亡。某甲的妻子某丙，未成年子女某丁、某戊向法院起诉某乙请求赔偿损失，其中包括死亡赔偿金 25 万元人民币。诉讼进行中，某己向人民法院申请以有独立请求权第三人的身份参加诉讼，请求将死亡赔偿金作为某甲的遗产直接判归某己，以清偿某甲生前所欠某己 30 万元人民币的债务。那么，死亡赔偿金能否视为遗产？

答：民法理论上对死亡赔偿金的性质，历来有两种解释。一种是根据“扶养丧失说”，将其解释为精神损害抚慰金；另一种是根据“继承丧失说”，将其解释为财产损害赔偿金。最高人民法院《关于审理人身损害赔偿案件适用法律若干问题的解释》（法释〔2020〕17 号）实质上是摒弃了最高人民法院《关于确定民事侵权精神损害赔偿责任若干问题的解释》（已修改，法释〔2001〕7 号）所采取的“扶养丧失说”的立场，将死亡赔偿金解释为财产损害赔偿金，可以认为在理论上接受了“继承丧失说”；实务中的争议也由此而起。一种意见认为，既然采纳了“继承丧失说”，死亡赔偿金理所当然就是死亡被害人的遗产，应当按照《民法典》继承编的规定按法定继承顺序分配，债权人也可以主张继承人应当在继承范围内以死亡赔偿金清偿被继承人生前债务。最高人民法院《关于空难死亡赔偿金能否作为遗产处理的复函》(〔2004〕民一他字第26号)中答复：空难死亡赔偿金是基于死者死亡对死者近亲属所支付的赔偿。获得空难死亡赔偿金的权利人是死者近亲属，而非死者。故空难死亡赔偿金不宜认定为遗产。我们认为，“继承丧失说”只是相对于“扶养丧失说”的一种借喻或类比的说法，旨在强调“逸失利益”的范围不同。“逸失利益”是受害人应增加而未增加的财产，属于可期待利益，而非现实利益的减损。“扶养丧失说”将应当赔偿的“逸失利益”范围限制在被扶养人生活费，而“继承丧失说”界定的“逸失利益”范围则是受害人家庭作为“经济性同一体”的未来可预期的收入损失。显然，“逸失利益”的范围与“遗产”的范围是不同的。按照《民法典》第一千一百二十二条第一款的规定，“遗产是自然人死亡时遗留的个人合法财产”；“死亡时遗留”，意味着“遗产”应当是死者生前已经取得或者约定取得的财产，包括财产权利。遗产虽然不一定是现实权利,但它却是被继承人依法享有的固有利益。而“逸失利益”既非现实权利，也非固有利益，而是向后发生的未来可预期的收入损失。因此，仅仅从字面上将民法理论上的“继承丧失说”作望文生义的理解，将“死亡赔偿金”解释为“遗产”，是不正确的。从赔偿请求权的角度分析,“死亡赔偿金”既然是对具有“经济性同一体”性质的受害人家庭未来收入损失的赔偿，其前提当然是受害人因侵权事件而死亡。从时间顺序来看，应当是死亡事件发生在先，对由此产生的各项财产损失的损害赔偿请求权发生在后。按照《民法典》第十三条的规定和民法理论，自然人的权利能力始于出生，终于死亡。受害人一旦死亡，其权利能力即行终止，不再享有民事权利、承担民事义务，当然也不能以主体资格行使损害赔偿请求权。通俗地说，“死亡赔偿金”并非“赔命钱”，也不是赔给死者的，死者在法律上和事实上都不能享有或者行使此项损害赔偿请求权。尽管人类基于感性直观，会将“死亡赔偿金”与死亡事实联系起来，在感情上把它理解为“赔命钱”，但这与“死亡赔偿金”的法律性质及其赔偿请求权的行使毕竟是两回事。“死亡赔偿金”在内容上是对构成“经济性同一体”的受害人近亲属未来收入损失的赔偿，其法律性质为财产损害赔偿，其赔偿请求权人为具有“钱袋共同”关系的近亲属，是受害人近亲属具有人身专属性质的法定赔偿金。因此，“死亡赔偿金”不是遗产，不能作为遗产被继承，死亡受害人的债权人也不能主张受害人近亲属在获赔死亡赔偿金的范围内清偿受害人生前所欠债务。

侵权责任

113. 如何理解和判断《食品安全法》第一百四十八条第二款中经营者的“明知”

问：在审理食品纠纷案件过程中，消费者经常请求经营者承担10倍价款赔偿责任，经营者常常以其不存在“明知”而请求减轻赔偿责任，请问应如何理解和判断《食品安全法》第一百四十八条中经营者的“明知”？

答：《食品安全法》第一百四十八条第二款规定了销售者对消费者的10倍惩罚性赔偿：“生产不符合食品安全标准的食品或者经营明知是不符合食品安全标准的食品，消费者除要求赔偿损失外，还可以向生产者或者经营者要求支付价款十倍或者损失三倍的赔偿金；增加赔偿的金额不足一千元的，为一千元。但是，食品的标签、说明书存在不影响食品安全且不会对消费者造成误导的瑕疵的除外。”对于经营的“明知”，人民法院确实存在不同理解，造成裁判尺度不统一，因此，有必要对本条中经营者的“明知”确定客观标准。

一方面，根据司法实践，有下列情形之一的，通常认定为经营者“明知”：（1）销售法律法规明令禁止的食品；（2）更改食品生产日期的；（3）同一批食品经有关部门检测确定为不符合食品安全标准并被责令停止经营仍然销售的；（4）从未依法取得食品生产许可的食品生产者处进货的；（5）未按食品安全法的规定履行进货查验记录义务的；（6）未按照食品安全法的要求运输、储存食品的。另一方面，为了保护消费者的权益、促进食品安全管理规范化，“明知”宜扩大解释为包括“推定或应当知道”。例如，超市出售过期食品，有时确实属于管理上的疏漏造成的，也应当认定为“明知”。虽然这种疏漏的情形与经营者在主观上故意把食品标签过了保质期改为不过保质期有区别，但实践中法官很难判别销售者的主观状态。总体来看，为保护消费者权益，只要经营者销售过了保质期的食品，通常就应当适用10倍价款赔偿的规定。

114. 侵权人承担的人身损害赔偿金额中应否扣减保险机构赔付的款项

问：公民甲因医院乙的治疗失误受到人身损害，花费医疗费8万元，其中由社会保险机构报销3万元，由商业保险机构赔付2.5万元。甲诉至法院主张乙赔付医疗费8万元；乙辩称甲负担的医疗费为2.5万元，其损失为2.5万元，故乙仅对2.5万元医疗费承担赔偿责任。经查，在该医疗事故中乙应承担全部责任，请问乙应向甲赔付多少钱？

答：乙应向甲赔付 8 万元。社会保险与商业保险合同关系和侵权民事关系是不同的法律关系。甲提起的是侵权损害赔偿之诉，乙对其侵权行为给甲造成的医疗费损失应承担全部赔偿责任。甲获得保险赔付不应成为减轻乙的责任的理由。乙赔偿后，甲与保险机构的关系可以另行处理。

《保险法》第四十六条规定："被保险人因第三者的行为而发生死亡、伤残或者疾病等保险事故的，保险人向被保险人或者受益人给付保险金后，不享有向第三者追偿的权利，但被保险人或者受益人仍有权向第三者请求赔偿。"根据该规定，甲自商业保险机构获得赔付 2.5 万元保险金，虽然商业保险机构无法向乙追偿，但甲仍然有权向乙请求赔偿。《第八次全国法院民事商事审判工作会议（民事部分）纪要》第九条明确："被侵权人有权获得工伤保险待遇或者其他社会保险待遇的，侵权人的侵权责任不因受害人获得社会保险而减轻或者免除……"《社会保险法》第三十条第二款规定："医疗费用依法应当由第三人负担，第三人不支付或者无法确定第三人的，由基本医疗保险基金先行支付。基本医疗保险基金先行支付后，有权向第三人追偿。"根据上述规定，侵权人不因社会保险机构支付了医疗费而免除赔偿责任，社会保险机构有权向侵权人追偿。在甲已经起诉乙的情况下，可以在案件中确定乙应该赔偿的金额。若乙实际履行了赔偿责任，甲报销的医疗费用是否退还社会医疗保险机构，应依据有关社会医疗保险法律规定另行处理。具体而言，《社会保险基金先行支付暂行办法》第十一条规定："个人已经从第三人或者用人单位处获得医疗费用、工伤医疗费用或者工伤保险待遇的，应当主动将先行支付金额中应当由第三人承担的部分或者工伤保险基金先行支付的工伤保险待遇退还给基本医疗保险基金或者工伤保险基金，社会保险经办机构不再向第三人或者用人单位追偿。个人拒不退还的，社会保险经办机构可以从以后支付的相关待遇中扣减其应当退还的数额，或者向人民法院提起诉讼。”

115. 当事人一方以具有人格象征意义的物品受损而主张精神损害赔偿，是否应获支持

问：一方当事人将最高人民法院《关于确定民事侵权精神损害赔偿责任若干问题的解释》第一条作为依据，以具有人身意义的特定物品受损而主张精神损害赔偿，另一方仅以《民法典》第一千一百八十三条第一款规定为由，主张财产损害不能主张精神损害赔偿的，此时当事人的精神损害赔偿能否获赔？

答：可以认定为精神损害，能否获赔须结合具体情形判断。实践中，经常出现一方以具有人格纪念意义的物品（如相片、手镯、信件等）被另一方损害为由，主张精神损害赔偿。对此，主张方的依据往往是2020年修正的最高人民法院《关于确定民事侵权精神损害赔偿责任若干问题的解释》第一条“因人身权益或者具有人身意义的特定物受到侵害，自然人或者其他近亲属向人民法院提起诉讼请求精神损害赔偿的，人民法院应当依法予以受理”的规定，而另一方则以《民法典》第一千一百八十三条第一款“侵害自然人人身权益造成严重精神损害的，被侵权人有权请求精神损害赔偿”之规定作为根据，认为财产损害不能主张精神损害赔偿。对方这一抗辩不能成立。《民法典》第一千一百八十三条在原有的《侵权责任法》（已废止）第二十二条的基础上，增加了第二款，即“因故意或者重

大过失侵害自然人具有人身意义的特定物造成严重精神损害的，被侵权人有权请求精神损害赔偿。”我们认为，《民法典》第一千一百八十三条第二款与2020年修正后的最高人民法院《关于确定民事侵权精神损害赔偿责任若干问题的解释》第一条明确具有人身意义的特定物受到侵害时的财产损害可以主张精神损害赔偿，并明晰了其适用情形。此时，当事人可以以其具有人身意义的特定物遭受损害为由要求侵害人承担精神损害赔偿责任。至于能否成功获赔，当事人还须证明侵害人主观上具有“故意或重大过失”，并且当事人遭受了“严重精神损害”等要件。

116. 患有精神病的无劳动能力人在交通事故发生前一直未参加工作，现因交通事故致残，侵权人应否赔偿残疾赔偿金

问：患有精神病的无劳动能力人在交通事故发生前一直未参加工作，现因交通事故致残，侵权人应否赔偿残疾赔偿金？

答：对于该问题，目前审判实践中主要有两种处理意见：第一种意见认为，残疾赔偿金是对因残疾而导致的收入减少或者生活来源丧失给予的财产损害性质的赔偿，还包括对赔偿权利人遭受精神损害给予的精神抚慰性质的赔偿。因患有精神疾病的无劳动能力人在交通事故发生前并无收入，亦无所谓精神损害，故侵权人无须给付残疾赔偿金。

第二种意见认为，受害人因交通事故受伤害已经遭受了严重的肢体痛苦，且人的生命价值并无本质上的区别。《民法典》第一千

一百七十九条规定："侵害他人造成人身损害的，应当赔偿医疗费、护理费、交通费、营养费、住院伙食补助费等为治疗和康复支出的合理费用，以及因误工减少的收入。造成残疾的，还应当赔偿辅助器具费和残疾赔偿金；造成死亡的，还应当赔偿丧葬费和死亡赔偿金。"该规定对残疾赔偿金的赔偿并没有规定例外的情形。因此，残疾赔偿金的计算与受害人在交通事故前是否具有劳动能力并无必然联系，如受害人因交通事故受伤构成伤残等级的，对残疾赔偿金部分仍应予以支持。

我们认为，第二种意见是正确的。

117. 如何确定道路交通事故中因伤持续治疗费用承担问题

问：在道路交通事故案件的审理中，原告一直未作伤残等级鉴定，并且每年都有新发生的治疗费用，此种情况应如何处理？

答：就因伤持续治疗费用在审判实践中应当如何认定的问题，我们认为，首先需要确定因伤治疗是否终结。是否治疗终结属客观性评定标准，双方当事人对治疗终结意见不一致时，任何一方都可以提起鉴定申请。如果相对方不进行必要的配合，则可以适用最高人民法院《关于民事诉讼证据的若干规定》第九十五条关于"一方当事人控制证据无正当理由拒不提交，对待证事实负有举证责任的当事人主张该证据的内容不利于控制人的，人民法院可以认定该主张成立"的规定，认定治疗终结，进入伤残鉴定。对已经进行伤残等级鉴定后的持续治疗，其治疗必要性以及与交通事故之间关联性的举证责任在于伤者。换言之，对于交通事故发生后一直未作伤残鉴定的，伤者可以申请鉴定伤残等级，就已经支出的治疗费用和经鉴定评估后将来需要支出的治疗费用请求侵权人赔偿。若在此赔偿范围之外，伤者在此后有新产生的治疗费用，此时可以根据最高人民法院《关于适用〈中华人民共和国民事诉讼法〉的解释》第二百四十八条“裁判发生法律效力后，发生新的事实，当事人再次提起诉讼的，人民法院应当依法受理”的规定，另行提起损害赔偿之诉。此处新的事实为伤者发生了新的损害事实，即伤者新产生的治疗费用。在新的诉讼中，伤者作为主张存在侵权法律关系的当事人，应当对存在新的损害事实及其与交通事故的因果关系承担证明责任。至于伤者的证明活动如何达到证明标准，最恰当的方式依然是鉴定。

118. 未与未成年子女形成抚养关系的继父母是否承担因未成年子女致人损害时的赔偿责任

问：我结婚时与丈夫约定，不收养其与前妻生育的儿子，以后要生育自己的子女。因孩子的生母在国外工作，故孩子上寄宿学校，每个周末回家。但婚后不到半年，丈夫10岁的儿子玩弹弓将同学的眼睛打伤，伤者家长向法院起诉，要求巨额赔偿并将我夫妻二人列为被告。我是否也要因此承担赔偿责任？

答：你无须承担赔偿责任。虽然《民法典》第一千零六十八条规定：“父母有教育、保护未成年子女的权利和义务。未成年子女造成他人损害的，父母应当依法承担民事责任。”但该法第一千零七十二条第二款规定：“继父或者继母和受其抚养教育的继子女间的权利义务关系，适用本法关于父母子女关系的规定。”根据这一规定，你在结婚时与丈夫达成了不收养其与前妻生育的儿子的婚前协议，你与丈夫之子并未形成抚养教育关系。因此，只要你向受诉法院说明这一情况，基于尊重当事人意思自治原则，且你们的这一约定不具备法定无效事由，法院不会判决你承担民事赔偿责任。

119. 患者提出的病历异议成立，是否能够依此认定医疗机构承担侵权责任

问：我们在审理一起医疗损害赔偿纠纷案件时，患者对医院提交的病历提出了两点异议，经审查异议成立，患者以此为依据，要求判决医院承担侵权责任，是否应当支持？

答：《民法典》第一千二百二十五条第一款规定：“医疗机构及其医务人员应当按照规定填写并妥善保管住院志、医嘱单、检验报告、手术及麻醉记录、病理资料、护理记录等病历资料。”据此，医疗机构及其医务人员应当按照规定填写并保管相关病历资料。医疗机构及其医务人员书写病历，应当符合《病历书写规范》的相关规定。但是，根据《民法典》第一千二百一十八条的规定，“患者在诊疗活动中受到损害，医疗机构或者其医务人员有过错的，由医疗机构承担赔偿责任”。因此医疗侵权责任的构成，必须符合医疗行为、过错、因果关系和损害后果的构成要件。病历书写或保管存在过错，不能满足侵权责任的全部构成要件，因而不能仅仅因患者提出的病历异

议成立而认定医疗机构承担侵权责任。

2017 年，最高人民法院公布《关于审理医疗损害责任纠纷案件适用法律若干问题的解释》(已修改)，该司法解释第四条前两款规定："患者依据侵权责任法第五十四条[①]规定主张医疗机构承担赔偿责任的，应当提交到该医疗机构就诊、受到损害的证据。患者无法提交医疗机构及其医务人员有过错、诊疗行为与损害之间具有因果关系的证据，依法提出医疗损害鉴定申请的，人民法院应予准许。"这一规定改变了长期以来医疗责任纠纷中的因果关系举证责任倒置的局面，并为《民法典》出台后新修正的司法解释完整承继。根据2019 年修改前的最高人民法院《关于民事诉讼证据的若干规定》(已修改)第四条第一款第八项的规定，医疗机构应当就医疗行为与损害结果之间不存在因果关系及不存在医疗过错承担举证责任。在最高人民法院《关于审理医疗损害责任纠纷案件适用法律若干问题的解释》发布后，在医疗责任纠纷中，患者主张医疗机构承担侵权责任的，应当对医疗机构具有过错以及医疗机构的过错行为与患者的损害具有因果关系承担证明责任。如果患者对此举证有困难的，可以依法提出医疗损害鉴定申请。在本案中，如果患者意图通过存在异议的病历而主张医疗机构承担侵权责任，则患者还需要证明医疗机构对该病历的出具具有过错、患者遭受了损害、损害与异议病历存在因果关系等构成要件。若患者仅能证明病历有误，此时不满足医疗机构承担侵权责任的构成要件，患者据此要求医院承担责任的请求不能获得支持。

---

① 现为《民法典》第一千二百一十八条："患者在诊疗活动中受到损害，医疗机构或者其医务人员有过错的，由医疗机构承担赔偿责任。"2020 年修正的司法解释中已将"侵权责任法第五十四条"修改为"民法典第一千二百一十八条"。

120. 如何认定未投保交强险的车辆与行人发生交通事故后的赔偿责任

问：孙某的车辆没有投保交强险，孙某某日驾驶汽车与行人赵某发生了交通事故。由于孙某未投保交强险，此时对该事故造成的损害是否应由孙某和赵某根据其各自的责任大小承担损害赔偿责任？

答：不是。孙某仍应当对交强险赔偿限额内的损失承担全部赔偿责任；对于交强险赔付额之外的损失，孙某和赵某才需根据其各自的责任程度来承担赔偿责任。《道路交通安全法》第十七条规定："国家实行机动车第三者责任强制保险制度，设立道路交通事故社会救助基金。具体办法由国务院规定。"这一规定表明，机动车的所有人具有投保交强险的法定义务，目的在于发生交通事故后，承办交强险的保险公司能够依据保险合同的约定，及时赔付受害人所受到的人身、财产损失，保护受害第三者的权益。该法第七十六条规定："机动车发生交通事故造成人身伤亡、财产损失的，由保险公司在机动车第三者责任强制保险责任限额范围内予以赔偿；不足的部分，按照下列规定承担赔偿责任：……"该规定明确了机动车在已投保交强险的情形下的责任负担方式，即发生交通事故后，首先由承保交强险的保险公司在责任限额内承担赔偿责任，限额之外的损失按照交通事故双方当事人的责任程度负担相应的赔偿责任。如果车辆所有人未投保交强险，即是违反了法定义务，要承担相应的法律责任。这种法律责任就是《道路交通安全法》规定的交强险限额内的赔偿责任。这种责任的承担与机动车是否具有过错无关，只要事故发生就要赔偿。对于限额之外的部分，则按照事故责任的认定确定赔偿数额。简言之，就是在题述的情形下，先由肇事机动车一方承担本应由保险公司赔偿的限额，其余的损失再按交通事故双方当事人的责任程度分担赔偿数额。

121.在一起交通事故中，受害人能否基于不同的法律关系向不同的相对人分别提起诉讼要求赔偿

问：出租车在运营中，与一货车相撞，致使乘客受伤，货车负全责。乘客起诉货车，要求其承担损害赔偿责任，法院判决货车方赔偿10万元。但在执行时，货车方无力支付全部赔偿款，只支付了2万元，在此情况下，乘客能否以出租车方违约为由，要求出租车方承担赔偿责任？

答：在这起交通事故之中，涉及了两个法律关系，即人身损害赔偿关系和运输合同关系。这两个法律关系涉及的当事人不同，人身损害赔偿关系发生在乘客与货车方之间，而运输合同关系发生在乘客与出租车方之间；法律关系的性质不同，乘客与货车方之间是侵权法律关系，乘客与出租车方之间是运输合同关系；诉讼标的不同，乘客与货车方的诉讼标的是要求损害赔偿，乘客与出租车之间的诉讼标的是要求承担违约责任。《民事诉讼法》第一百二十七条第（五）项规定："对判决、裁定、调解书已经发生法律效力的案件，当事人又起诉的，告知原告申请再审，但人民法院准许撤诉的裁定除外。"这是《民事诉讼法》中对"一事不再理"原则的规定。"一事不再理"原则的适用对象是当事人同一、法律关系性质同一、诉讼标的同一，且已经由法院作出了发生法律效力的判决、裁定、调

解书的诉讼。故基于上述不同，这起交通事故中的三当事人之间可以形成两个独立的诉讼，不能产生“一事不再理”的法律后果。如果乘客分别提起两个诉讼，不违反《民事诉讼法》的规定，但应注意，《民法典》第一千一百八十二条规定：“侵害他人人身权益造成财产损失的，按照被侵权人因此受到的损失或者侵权人因此获得的利益赔偿；被侵权人因此受到的损失以及侵权人因此获得的利益难以确定，被侵权人和侵权人就赔偿数额协商不一致，向人民法院提起诉讼的，由人民法院根据实际情况确定赔偿数额。”可见《民法典》所确立的损害赔偿原则是填补原则，即受害人有损害或加害人有获益才有赔偿，且损害或获益实际发生多少，赔偿就赔付多少。这起交通事故给乘客造成的损失是 10 万元，并且生效民事判决已经对该损失的赔偿义务主体和数额作出了判决，在法律意义上，乘客的损害已经得到了赔偿。如果乘客再提起违约诉讼，其诉讼请求的赔偿额不应包括其侵权诉讼中已经判赔的数额，否则，其诉讼请求可能不会被支持。

122. 赔偿权利人在依据最高人民法院《关于审理人身损害赔偿案件适用法律若干问题的解释》第十二条确定的残疾赔偿金计算年限届满后仍然生存，能否继续请求赔偿义务人支付残疾赔偿金

问：赔偿权利人在人民法院依据最高人民法院《关于审理人身损害赔偿案件适用法律若干问题的解释》（本文以下简称《人身损害赔偿司法解释》）第十二条规定判决赔偿义务人给付残疾赔偿金计算

年限届满后仍然生存，并向人民法院起诉请求赔偿义务人继续支付残疾赔偿金的，人民法院应否受理及支持？

答：《人身损害赔偿司法解释》第十二条第一款规定："残疾赔偿金根据受害人丧失劳动能力程度或者伤残等级，按照受诉法院所在地上一年度城镇居民人均可支配收入或者农村居民人均纯收入标准，自定残之日起按二十年计算。但六十周岁以上的，年龄每增加一岁减少一年；七十五周岁以上的，按五年计算。"实践中，人民法院根据该规定确定的赔偿义务期间届满后，赔偿权利人仍然可能继续生存。如果赔偿权利人没有劳动能力和生活来源，参照《人身损害赔偿司法解释》第十九条规定精神，超过确定的护理期限、辅助器具费给付年限或者残疾赔偿金给付年限，赔偿权利人向人民法院起诉请求继续给付护理费、辅助器具费或者残疾赔偿金的，人民法院应予受理。这是因为残疾赔偿金属于继续性发生的费用，在人民法院确定的赔偿期限届满后，如果赔偿权利人仍然生存，且没有劳动能力和生活来源，则将继续产生赔偿费用，只要损害事实仍然存在，赔偿权利人向人民法院请求保护的诉权不应受到诉讼次数的限制。

在此情况下，人民法院如何确定赔偿期限，法律、司法解释没有明确规定。一种观点认为，应当综合考虑受害人的年龄、身体状况等相关因素后，以1年期为单位确定赔偿期限。但是这种做法就需要赔偿权利人在生存年限内，每年都到人民法院起诉，无疑增加了赔偿权利人的诉讼成本，造成司法资源的浪费，且没有直接的法律依据。另一种观点认为，应当继续参照《人身损害赔偿司法解释》第十九条的规定，"……赔偿权利人确需继续护理、配制辅助器具，或者没有劳动能力和生活来源的，人民法院应当判令赔偿义务人继续给付相关费用五至十年"，即在5~10年的期限内确定赔偿期限。

一方面，这样操作有司法解释规定作为依据；另一方面，在5~10年确定赔偿年限可以减轻赔偿权利人的诉讼负担，同时也符合《人身损害赔偿司法解释》确立的定型化赔偿原则。比较而言，后一种观点更加符合侵权法确定的保护民事主体合法权益的立法目的。

123. 因婚内私生他人子女引发的精神损害赔偿纠纷应如何处理

问：王某与董某结婚并生育一子，双方离婚后，王某进行亲子鉴定，发现自己并非孩子的亲生父亲，遂起诉要求女方返还抚养费，并赔偿精神损失25万元。对此类精神损害赔偿之诉是否应当支持，审判实践中存在不同意见。一种意见认为，女方确有过错，且对男方构成精神伤害，故应当支持；另一种意见认为，女方的行为并不符合法定的离婚损害赔偿构成要件，抚养非亲生子女能否视为一种精神伤害有待商榷，故不宜支持。请问哪种意见比较妥当？

答：抚养未成年子女是父母的法定义务。《民法典》第一千零七十一条第二款规定，不直接抚养非婚生子女的生父或生母，应当负担子女的生活费和教育费，直至子女能独立生活为止。可见，非婚生子女的生活费和教育费等经济上的法定抚养义务仍然归属非婚生子女的生父或生母负担，而实际抚养者在法律上并无该抚养义务。题述中男方受欺骗抚养了非亲生子女，代替孩子的亲生父亲履行了法定的抚养义务，孩子的生父和生母无法律上的原因而获利，依据《民法典》第一百二十二条的规定，“因他人没有法律根据，取得不当利益，受损失的人有权请求其返还不当利益”，构成不当得利。男方得知事实真相后，当然有权利追索以前所支付的抚养费。从男方的角度来看，女方在婚姻关系存续期间与他人发生不正当关系生育子女，对其精神上造成了巨大伤害，故其同时有权要求侵权者赔偿精神损失。

需要指出的是，这里的赔偿精神损失与《民法典》第一千零九十一条规定的离婚损害赔偿是两件事。第一，《民法典》第一千零九十一条规定："有下列情形之一，导致离婚的，无过错方有权请求损害赔偿：（一）重婚；（二）与他人同居；（三）实施家庭暴力的；（四）虐待、遗弃家庭成员……"婚姻关系存续期间与他人发生不正当关系生育子女并不一定构成"与他人婚外同居"的赔偿要件，即发生不正当关系生育子女与"持续、稳定地共同居住"不能等同。第二，最高人民法院《关于适用〈中华人民共和国民法典〉婚姻家庭编的解释（一）》第八十八条第（一）项规定："符合民法典第一千零九十一条规定的无过错方作为原告基于该条规定向人民法院提起损害赔偿请求的，必须在离婚诉讼的同时提出。"所以离婚之后无过错方向过错方追索精神损害赔偿的诉讼，在程序上也不符合婚姻法上离婚损害赔偿请求权的行使条件。而判决女方赔偿精神损失的依据应是《民法典》人格权编、侵权责任编及最高人民法院《关于确定民事侵权精神损害赔偿责任若干问题的解释》中的有关规定。

124. 被扶养人生活费是否属于人身损害赔偿的范围

问：《民法典》第一千一百七十九条关于人身损害的范围中没有包括被扶养人生活费，那么，被扶养人的生活费究竟是否应当赔偿？

答: 2020年修正前的最高人民法院《关于审理人身损害赔偿案件适用法律若干问题的解释》(本文以下简称《人身损害赔偿司法解释》)第十七条第二款、第三款曾规定，受害人因伤致残的，其因增加生活上需要所支出的必要费用以及因丧失劳动能力导致的收入损失，包括残疾赔偿金、残疾辅助器具费、被扶养人生活费，以及因康复护理、继续治疗实际发生的必要的康复费、护理费、后续治疗费，赔偿义务人也应当予以赔偿。受害人死亡的，赔偿义务人除应当根据抢救治疗情况赔偿本条第一款规定的相关费用外，还应当赔偿丧葬费、被扶养人生活费、死亡补偿费以及受害人亲属办理丧葬事宜支出的交通费、住宿费和误工损失等其他合理费用。简言之，侵害生命健康权的，应支付残疾赔偿金、死亡赔偿金和被扶养人生活费。然而，《侵权责任法》(已废止)第十六条、《民法典》第一千一百七十九条都仅仅规定了残疾赔偿金和死亡赔偿金。这曾引起过广泛的疑问，即被扶养人生活费是否应当赔偿？从立法解释上来说，一般认为《民法典》第一千一百七十九条的规定承继了《侵权责任法》(已废止)第十六条的规定，改变了既有法律和司法解释关于死亡赔偿金、残疾赔偿金和被扶养人生活费的关系，原来司法解释规定的死亡赔偿金、残疾赔偿金并不包含被扶养人生活费，但是现在被扶养人生活费已经被《民法典》第一千一百七十九条的死亡赔偿金、残疾赔偿金吸收了。事实上，早在2010年，最高人民法院《关于适用〈中华人民共和国侵权责任法〉若干问题的通知》(法发〔2010〕23号)第四条第一款就已规定，“……如受害人有被扶养人的，应当依据《最高人民法院关于审理人身损害赔偿案件适用法律若干问题的解释》第二十八条的规定，将被扶养人生活费计入残疾赔偿金或死亡赔偿金”。将被扶养人生活费纳入受害人的残疾赔偿金和死亡赔偿金中计算，也是我们一直以来的做法。

然而，《人身损害赔偿司法解释》于2020年修正后删除了原第十七条，增加新的第十六条规定“被扶养人生活费计入残疾赔偿金或者死亡赔偿金”。这一新规定不仅明确了被扶养人生活费必须赔偿，而且彻底厘清了其与残疾、死亡赔偿金的关系，即被扶养人生活费并非与残疾赔偿金、死亡赔偿金并列，而是后两者的一部分。该新规定与《民法典》第一千一百七十九条形成了良好的解释回环。《民法典》第一千一百七十九条仅规定了残疾赔偿金和死亡赔偿金，没有单列被扶养人生活费一项，这恰恰是因为被扶养人生活费已被吸收在了残疾赔偿金、死亡赔偿金之中。

因此，总的来说，《民法典》规定的死亡赔偿金、残疾赔偿金等于司法解释规定的死亡赔偿金、残疾赔偿金和被扶养人生活费之和，被扶养人生活费仍是人身损害赔偿的范围。

125. 两次伤残鉴定，受害人的误工费应算至哪一次定残日前一天

问：一起交通事故人身损害赔偿案件中，受害人在起诉前由交警部门委托进行了伤残等级鉴定，起诉后加害人提出异议并要求重新鉴定。法院在征求双方当事人意见后，委托另一鉴定机构对受害人进行了第二次伤残鉴定，并采纳了该次鉴定结果。对该受害人的误工费计算时间应截至哪一天：一种意见认为，误工费应算至第一次定残日前一天，因为第一次伤残鉴定已经确定了伤残，可以算作

误工的截止时间。另一种意见认为，该受害人的误工费应算至第二次定残日前一天，理由是法院应当根据审理查明的事实作出裁判。本案法院采信了第二次伤残鉴定的结论，也就推翻了第一次评残的结论，第一次评残也就不具有法律效力。因此，法院应以第二次伤残鉴定的时间来确定误工费的数额。请问，哪种意见正确？

答：理论上，对受害人的赔偿采用完全赔偿原则，受害人受伤之日至定残日之前一日的误工损失与定残之后的残疾赔偿金之和正好是对其所受伤害的完全赔偿。最高人民法院《关于审理人身损害赔偿案件适用法律若干问题的解释》第七条第二款规定："误工时间根据受害人接受治疗的医疗机构出具的证明确定。受害人因伤致残持续误工的，误工时间可以计算至定残日前一天。"具体而言，误工的时间应当根据受害人接受治疗到康复所需的时间确定，其标准以相应医疗机构出具的证明为依据。受害人因伤致残或者死亡的，误工时间应当计算至定残日的前一日或者按照实际误工损失时间计算。据此，这里所指的定残日应是指被法院确认有法律效力的伤残鉴定结果作出之日。本案中第一次伤残鉴定结论是没有法律效力的，故应以第二次伤残鉴定结论作出的时间来确定误工费的数额。因此，笔者认为，第二种意见是正确的。

126. 残疾赔偿金、死亡赔偿金能否按照人身损害行为或者结果发生时的统计指标计算

问：一起交通事故发生在 2016 年，治疗终结后受害人起诉到法院。法院于 2021 年 1 月开庭审理。按照最高人民法院《关于审理人

身损害赔偿案件适用法律若干问题的解释》(本文以下简称《人身损害赔偿司法解释》)的规定，损害赔偿金应当以一审法庭辩论终结时的上一统计年度的相关统计指标计算，而非按照交通事故发生时的统计指标计算，这是否对赔偿义务人不公平？

答：该问题涉及侵权责任相关规定上关于损害赔偿金计算的一个重要问题，即损害赔偿计算的标准时问题。确定损害赔偿计算的标准时，是指依据有关赔偿参数计算损害赔偿金额的大小时，应当以哪一时间点为标准进行的计算。例如，残疾者生活补助费，其赔偿参数是“上一年度人均可支配收入”，该“上一年度”具体是指侵权行为发生时的“上一年度”或者侵权结果发生时的“上一年度”，抑或是指损害结果确定时的上一年度？这需要在审判实务中予以明确。理论上对此有两种不同的观点：其一，主张应以侵权行为时为损害赔偿计算的标准时，具体尚可区分为侵权行为发生时及侵权结果发生时。理由是侵权行为时通常就是损害发生时，而损害发生时也就是赔偿义务发生时，以此作为损害赔偿计算的标准时客观、公正，权利义务的发生与权利义务的内容相一致。其二，主张以事实审言词辩论终结时作为损害赔偿计算的标准时，理由是损害赔偿的相关事实和损害后果的大小须经事实审言词辩论阶段方能在司法上予以确定，并以之作为损害赔偿的事实基础。传统观点认为应当以侵权行为发生时作为损害赔偿计算的标准时。

《人身损害赔偿司法解释》第二十二条第二款明确了损害赔偿计算的标准时为一审法庭辩论终结时：“‘上一年度’，是指一审法庭辩论终结时的上一统计年度。”该规定主要基于以下考虑：第一，涉及损害赔偿计算标准时的主要是残疾赔偿和死亡赔偿，其对赔偿权利人利益损失的填补主要是指向未来，因此，确定以最接近实际填补时间的事实审言词辩论终结时作为损害赔偿计算的标准时符合赔偿未来财产损失的本质特征，对受害人利益的保护较为合理。第二，侵权行为发生时与诉讼行为发生时通常存在时间差，个别情形时间间隔还比较长，而物价指数的上涨因素等并未在计算中予以考虑。我国侵权责任相关规定应当以充分保障受害人的合法权益为价值基础，如果仍然按照侵权行为发生时的较低统计指标计算损害赔偿额，犹如“刻舟求剑”，受害人难免会因物价指数上涨而有蒙受赔偿“缩水”之虞；赔偿义务人则会因违反诚信原则故意拖延赔偿而获取不当的期限利益，故以侵权行为发生时为损害赔偿计算的标准时不利于对受害人的公正补偿。第三，赔偿以损害事实的确定为基础，而事实审言词辩论终结时即为损害事实确定时，以此作为损害赔偿计算的标准时亦有法理依据。综上所述，司法解释的规定充分考虑了损害填补的实际发生时间与损害填补的利益的未来指向，更好地平衡了赔偿权利人与赔偿义务人双方的利益，具有合理性，审判实践中应当遵照执行。

127. 残疾赔偿金、死亡赔偿金是不是精神损害抚慰金

问：最高人民法院《关于确定民事侵权精神损害赔偿责任若干问题的解释》（已修改，法释〔2001〕7号，本文以下简称法释〔2001〕7号《解释》）第九条规定：“精神损害抚慰金包括以下方式：（一）致人残疾的，为残疾赔偿金；（二）致人死亡的，为死亡赔偿金；（三）其他损害情形的精神抚慰金。”而最高人民法院《关于审理人身损害赔偿案件适用法律若干问题的解释》（已修改，法释〔2003〕

20号，本文以下简称法释〔2003〕20号《解释》）第三十一条规定："人民法院应当按照……规定，确定第十九条至第二十九条各项财产损失的实际赔偿金额。前款确定的物质损害赔偿金与按照第十八条第一款规定确定的精神损害抚慰金，原则上应当一次性给付"。两个司法解释对残疾赔偿金和死亡赔偿金的规定存在矛盾。残疾赔偿金、死亡赔偿金是不是精神损害抚慰金，对两个司法解释的矛盾应当如何理解？

答：残疾赔偿金、死亡赔偿金的性质的确存在一个发展变化过程。1987年1月1日起施行的《民法通则》（已废止），在第一百一十九条中对残疾赔偿和死亡赔偿只作了比较简略的规定："侵害公民身体造成伤害的，应当赔偿医疗费、因误工减少的收入、残废者生活补助费等费用；造成死亡的，并应当支付丧葬费，死者生前扶养的人必要的生活费等费用。"其中，没有关于残疾赔偿金和死亡赔偿金的规定。法释〔2001〕7号《解释》第九条确定残疾赔偿金、死亡赔偿金为精神损害抚慰金，主要依据的是1993年10月31日公布、1994年1月1日起施行的《消费者权益保护法》（已修订）。当时该法第四十一条规定，"经营者提供商品或者服务，造成消费者或者其他受害人人身损害的，应当支付医疗费、治疗期间的护理费、因误工减少的收入等费用，造成残疾的，还应当支付残疾者生活自助具费、生活补助费、残疾赔偿金以及由其扶养的人所必需的生活费等费用……"；第四十二条规定，"经营者提供商品或者服务，造成消费者或者其他受害人死亡的，应当支付丧葬费、死亡赔偿金以及由死者生前扶养的人所必需的生活费等费用……"。上述规定在残疾者生活补助费和被抚养人生活费之外规定了残疾赔偿金和死亡赔偿金，但未明确其性质和赔偿标准。理论上认为，按照《道路交通事故处理办法》（1992年1月1日起施行，现已废止）的规定，"残废者生活补助费：根据伤残等级，按照交通事故发生地平均生活费计算”，残疾受害人可获得物质赔偿；“被扶养人生活费：……按照交通事故发生地居民生活困难补助标准计算”，被扶养人（残疾受害人和死亡受害人的近亲属）也获得了物质赔偿。因此，残疾赔偿金、死亡赔偿金的性质属于精神损害抚慰金。最高人民法院经征求有关部门的意见，在2001年3月公布的法释〔2001〕7号《解释》第九条中也将残疾赔偿金、死亡赔偿金确定为精神损害抚慰金。

审判实践证明，将残疾赔偿金、死亡赔偿金的性质界定为精神损害抚慰金，会导致在附带民事诉讼等相关案件的审理中裁判结果失衡。而且，第八届全国人大常委会第七次会议于1994年5月12日通过的《国家赔偿法》（已修订），实际上明确了残疾金、死亡赔偿金的性质和赔偿标准。当时该法第二十七条第一款规定，“侵犯公民生命健康权的，赔偿金按照下列规定计算：……（二）造成部分或者全部丧失劳动能力的，应当支付医疗费，以及残疾赔偿金，残疾赔偿金根据丧失劳动能力的程度确定，部分丧失劳动能力的最高额为国家上年度职工年平均工资的十倍，全部丧失劳动能力的为国家上年度职工年平均工资的二十倍。……（三）造成死亡的，应当支付死亡赔偿金、丧葬费，总额为国家上年度职工年平均工资的二十倍……”。上述规定表明：

第一，残疾赔偿金、死亡赔偿金的性质是财产损害赔偿，而不是精神损害赔偿。

第二，赔偿的根据是劳动能力丧失程度导致相应的收入减少或损失以及生命丧失导致的收入损失，即财产损失。

第三，赔偿的标准按照上一统计年度的职工平均工资标准，即收入损失标准。

第四，在残疾赔偿金、死亡赔偿金之外仍应赔偿被扶养人生活费，即赔偿金与被扶养人生活费作为物质赔偿并列受偿，并无排斥关系。

根据以上分析，可以明确一个结论，即在全国人大制定的法律中，1994 年 1 月 1 日起施行的《消费者权益保护法》首次规定残疾和死亡赔偿应当包括残疾赔偿金、死亡赔偿金，但未明确其赔偿标准，因此，无法推定其性质。而 1994 年 5 月 12 日通过的《国家赔偿法》首次明确了残疾赔偿金的性质和赔偿标准，其立法时间在后，因此，法释〔2003〕20 号《解释》以《国家赔偿法》的规定为依据，确定残疾赔偿金、死亡赔偿金的内容是对赔偿权利人收入损失的赔偿，其性质为财产损害赔偿或者物质损害赔偿。值得注意的是，虽然 1994 年《国家赔偿法》出台时，并未认可精神损害赔偿，然而经过 2010 年、2012 年的两次修正，《国家赔偿法》在第三十五条将精神损害赔偿纳入了国家赔偿的范围："有本法第三条或者第十七条规定情形之一，致人精神损害的，应当在侵权行为影响的范围内，为受害人消除影响，恢复名誉，赔礼道歉；造成严重后果的，应当支付相应的精神损害抚慰金。"本条与修正后的《国家赔偿法》第三十四条第一款第二项和第三项，从体系上明确区分了财产损失补偿性质的残疾赔偿金、死亡赔偿金与精神损失补偿性质的精神损害赔偿。另外，为协调法释〔2001〕7 号《解释》与法释〔2003〕20 号《解释》的关系，法释〔2003〕20 号《解释》第三十六条第二款规定："在本解释公布施行之前已经生效施行的司法解释，其内容与本解释不一致的，以本解释为准。"据此，法释〔2001〕7 号《解释》第九条关于残疾赔偿金、死亡赔偿金的规定，实际上已被废止。

随着审判实践的发展和理论认识的进步，将残疾赔偿金、死亡赔偿金与精神损害赔偿的性质进行明确区分已经逐渐成为共识。于 2020 年 5 月 28 日发布，于 2021 年 1 月 1 日生效的《民法典》第一千一百七十九条规定："侵害他人造成人身损害的，应当赔偿医疗费、护理费、交通费、营养费、住院伙食补助费等为治疗和康复支出的合理费用，以及因误工减少的收入。造成残疾的，还应当赔偿辅助器具费和残疾赔偿金；造成死亡的，还应当赔偿丧葬费和死亡赔偿金。”第一千一百八十三条第一款规定：“侵害自然人人身权益造成严重精神损害的，被侵权人有权请求精神损害赔偿。”残疾赔偿金、死亡赔偿金与精神损害赔偿作为两种性质迥异的侵权损害赔偿类型，在民事基本法中得到了明确区分。

劳动争议

128. 过去历史条件下形成的"临时工"与用人单位之间是否成立劳动关系

问：过去历史条件下形成的"临时工"与用人单位之间是否成立劳动关系？

答："临时工"是形成于《劳动法》颁布实施之前相对于企业正式工的一个概念。《劳动法》颁布实施后，原劳动部办公厅《对〈关于临时工等问题的请示〉的复函》（劳办发〔1996〕238 号）明确,《劳动法》实施以后，所有用人单位与职工全面实行劳动合同制度，各类职工在用人单位享有的权利是平等的。因此，过去意义上相对于正式职工而言的临时工名称已经不复存在。用人单位如在临时岗位上用工，应当与劳动者签订劳动合同并依法为其缴纳各种社会保险，并享受有关保险福利待遇，但在劳动合同期限上可以有所区别。即专门以复函的形式对"临时工"这一历史用工概念及其在劳动法实施后的法律地位作出了解释。原劳动部办公厅《对〈关于实行劳动合同制度若干问题的请示〉的复函》（劳办发〔1997〕88 号）进一步明确，“对于在本企业连续工作已满10年的临时工，续订劳动合同时，也应当按照《劳动法》的规定，如果本人要求，应当订立无固定期限的劳动合同，并在劳动合同中明确其工资、保险福利待遇。用人单位及其本人应当按照国家规定缴纳社会保险费用，并享受有关保险福利待遇”。因此，“临时工”与“正式工”身份不是区分劳动关系与其他法律关系的标准。

是否成立劳动关系，应根据劳动法、劳动合同法等法律规定和国务院、劳动部门的法规、规章、政策认定。依据《劳动法》第十六条规定，劳动合同是劳动者与用人单位确立劳动关系、明确双方权利和义务的协议。建立劳动关系应当订立劳动合同。即使未订立书面劳动合同,依据原劳动和社会保障部《关于确立劳动关系有关事项的通知》（劳社部发〔2005〕12号）规定，用人单位招用劳动者未订立书面劳动合同，但同时具备下列情形的，劳动关系成立。（1）用人单位和劳动者符合法律、法规规定的主体资格；（2）用人单位依法制定的各项劳动规章制度适用于劳动者，劳动者受用人单位的劳动管理，从事用人单位安排的有报酬的劳动；（3）劳动者提供的劳动是用人单位业务的组成部分。实践中，一般以此作为判断劳动关系是否成立的实质要件。因此，“临时工”身份不再具有法律关系认定的意义，是否成立劳动关系需要根据劳动者与用人单位之间的具体情形进行判断。

129. 用人单位向劳动者支付的补助、补贴等是否应当计入职工工资总额

问：在审理劳动争议案件时，经常需要面临的问题就是确定劳动者的工资总额。在计算劳动者工资总额时，由于目前各用人单位

发放的工资项目繁杂，当事人之间对一些补助、补贴是否应当计入工资总额往往容易产生争议。这些补助、补贴究竟是否应当计入劳动者的工资总额中呢?

答：从理论上看，劳动者的工资应当是其基于向用人单位提供劳动所获得的相应报酬。对于劳动者工资的具体组成，由于实践中的情况较为复杂，《劳动法》、《劳动合同法》及司法解释等对此没有作出明确具体的规定。但在 1990 年 1 月 1 日国家统计局经国务院批准发布的《关于工资总额组成的规定》(中华人民共和国国家统计局令第 1 号)中，对劳动者工资总额的组成予以明确规定，即劳动者工资主要由六个部分组成：计时工资、计件工资、奖金、津贴和补贴、加班加点工资、特殊情况下支付的工资。该规定还对以上六种工资组成部分的具体内涵及外延进行了相应规定。依据该规定第八条，计入劳动者工资总额中的津贴和补贴，是指为了补偿职工特殊或额外的劳动消耗和因其他特殊原因支付给职工的津贴，以及为了保证职工工资水平不受物价影响支付给职工的物价补贴。一般包括补偿职工特殊或额外劳动消耗的津贴，如保健性津贴、技术性津贴、年功性津贴及其他津贴，以及为保证职工工资水平不受物价上涨或变动影响而支付的各种补贴。国家统计局于 1990 年 1 月 1 日发布的《〈关于工资总额组成的规定〉若干具体范围的解释》(统制字〔1990〕1 号)第四条，对于工资总额中不包括的项目和范围也进行了相应规定，根据这一解释规定，劳动保险和职工福利、劳动保护方面的各种收入待遇，均不应计入工资总额，比如生活困难补贴、集体福利费、上下班交通补贴、取暖补贴、洗理费等。上述工资范围的认定在原劳动部《关于贯彻执行〈中华人民共和国劳动法〉若干问题的意见》(劳部发〔1995〕309 号)第五十三条中再次得到确认，劳动法中的“工资”是指用人单位依据国家有关规定或劳动合同的约定，以货币形式直接支付给本单位劳动者的劳动报酬，一般包括计时工资、计件工资、奖金、津贴和补贴、延长工作时间的工资报酬以及特殊情况下支付的工资等。“工资”是劳动者劳动收入的主要组成部分。劳动者的以下劳动收入不属于工资范围：（1）单位支付给劳动者个人的社会保险福利费用，如丧葬抚恤救济费、生活困难补助费、计划生育补贴等；（2）劳动保护方面的费用，如用人单位支付给劳动者的工作服、解毒剂、清凉饮料费用等；（3）按规定未列入工资总额的各种劳动报酬及其他劳动收入，如根据国家规定发放的创造发明奖、国家星火奖、自然科学奖、科学技术进步奖、合理化建议和技术改进奖、中华技能大奖等，以及稿费、讲课费、翻译费等。财政部《关于企业加强职工福利费财务管理的通知》（财企〔2009〕242号）第二条对工资外延作出了进一步规定，企业为职工提供的交通、住房、通讯待遇，已经实行货币化改革的，按月按标准发放或支付的住房补贴、交通补贴或者车改补贴、通讯补贴，应当纳入职工工资总额，不再纳入职工福利费管理；尚未实行货币化改革的，企业发生的相关支出作为职工福利费管理，但根据国家有关企业住房制度改革政策的统一规定，不得再为职工购建住房。企业给职工发放的节日补助、未统一供餐而按月发放的午餐费补贴，应当纳入工资总额管理。

以上规定在我们审理劳动争议案件时，可以参照适用，从而较为合理地确定劳动者具体的工资组成和工资总额。结合劳动者工资的性质和上述规定精神可以看出，在审理劳动争议案件需要确定劳动者工资总额的时候，不能对用人单位发放给劳动者的补助、补贴等一概而论，认为均应或者均不应计入劳动者的工资总额，而是应当具体分析这些补助、补贴的性质。需要注意的是，由于各地的房改政策不尽相同，所以用人单位发放给劳动者的住房补贴是否应当计入工资总额，还应具体结合各地的实际情况予以区分，对于那些专款专用，劳动者不能自由支配的住房补贴，一般不应作为工资对待；而对于那些以现金形式发放给劳动者，并且劳动者可以自由支配的住房补贴，则可以考虑计入工资总额。

130. 用人单位对既有终局裁决事项，又有非终局裁决事项的仲裁裁决申请撤销，法院该如何处理

问：对既有终局裁决事项，又有非终局裁决事项的仲裁裁决，劳动人事争议仲裁机构区分终局裁决事项和非终局裁决事项向用人单位和劳动者分别交代了不同的救济方式。现用人单位向仲裁机构所在地中级人民法院申请撤销仲裁，法院该如何处理？

答：依据《劳动争议调解仲裁法》第四十七条、第四十八条、第四十九条规定，对于该法第四十七条规定的劳动争议类型，经过仲裁裁决后，劳动者和用人单位适用不同的救济途径。对用人单位而言，为终局裁决，用人单位只能自收到仲裁裁决书之日起 30 日内向劳动争议仲裁委员会所在地的中级人民法院申请撤销裁决；对劳动者而言，为非终局裁决，劳动者对仲裁裁决不服的，可以自收到仲裁裁决书之日起 15 日内向人民法院提起诉讼。

若同一仲裁裁决中同时包含终局裁决事项和非终局裁决事项的，依据最高人民法院《关于审理劳动争议案件适用法律问题的

解释（一）》（法释〔2020〕第26号）（本文以下简称《劳动争议案件解释（一）》）第二十条规定，劳动争议仲裁机构作出的同一仲裁裁决同时包含终局裁决事项和非终局裁决事项，当事人不服该仲裁裁决向人民法院提起诉讼的，应当按照非终局裁决处理。该条规定的“当事人”既包括劳动者，又包括用人单位。“按照非终局裁决处理”的具体含义为，劳动者或用人单位对该裁决不服，均应向法院起诉，而不能申请撤销该裁决。理由如下：就同一仲裁裁决，如果就终局裁决事项和非终局裁决事项分别赋予用人单位申请撤销和向法院起诉两种不同的救济途径，由于裁决的一体性，就会出现以下局面：若用人单位就非终局裁决事项向法院起诉，则依据《劳动争议案件解释（一）》第十六条规定，“劳动争议仲裁机构作出仲裁裁决后，当事人对裁决中的部分事项不服，依法提起诉讼的，劳动争议仲裁裁决不发生法律效力”，也就不存在申请撤销的问题；若用人单位只是就终局裁决事项申请撤销，法院如果裁定撤销，撤销的将是整个裁决，其中包括当事人认可的裁决事项。

所以，对既有终局裁决事项又有非终局裁决事项的仲裁裁决，劳动人事争议仲裁机构在作诉权指引时，应当告知当事人可就该裁决向法院提起诉讼。依据《劳动争议案件解释（一）》第二十一条第一款规定：“劳动者依据调解仲裁法第四十八条规定向基层人民法院提起诉讼，用人单位依据调解仲裁法第四十九条规定向劳动争议仲裁机构所在地的中级人民法院申请撤销仲裁裁决的，中级人民法院应当不予受理；已经受理的，应当裁定驳回申请。”同时，应告知用人单位可以依据《劳动争议调解仲裁法》的规定向基层人民法院提起诉讼。

131. 属于事业编制但未签订聘用合同的事业单位工作人员因被辞退产生的争议是否属于人民法院受理范围

问：甲是某事业单位员工，有事业单位编制，但未与原单位签订聘用合同。后甲被开除，甲由此和其原单位产生的争议是否属于法院受案范围？

答：我国事业单位工作人员的构成，大体分为两种情况：一是有事业单位编制的工作人员，其中又分为有聘用合同的和无聘用合同的两种；二是无正式编制，与单位签订劳动合同的工作人员。

对于无正式编制，与单位签订劳动合同的工作人员，属于与单位建立了劳动关系的劳动者，依据《劳动合同法》第二条第二款规定，其和单位之间订立、履行、变更、解除或者终止劳动合同，依照《劳动合同法》执行，由此产生的争议自然属于人民法院受案范围。

对于有正式编制的工作人员与单位产生的争议，则要区分争议的具体类型。依据最高人民法院《关于人民法院审理事业单位人事争议案件若干问题的规定》（法释〔2003〕13号，本文以下简称《事业单位人事争议规定》）第一条和第三条规定，事业单位与其工作人员之间因辞职、辞退及履行聘用合同所发生的争议属于“人事争议”，适用《劳动法》的规定处理。也就是说，并非事业单位与其工作人员的所有争议都属于该规定所指的“人事争议”，仅包括因辞职、辞退、履行聘用合同所发生的争议。其中，“辞职”、“辞退”与“履行聘用合同”为并列关系，即辞职、辞退并不以存在聘用合同为前提条件。所以，虽然甲没有和该事业单位签订聘用合同，但有事业单位编制，开除又可归为辞退情形，故其与该事业单位由此产生的争议应属于“人事争议”。

根据最高人民法院《关于事业单位人事争议案件适用法律等问题的答复》（法函〔2004〕30号）第一条，《事业单位人事争议规定》中规定的“事业单位与其工作人员之间因辞职、辞退及履行聘用合同所发生的争议，适用《中华人民共和国劳动法》的规定处理”是指人民法院审理事业单位人事争议案件的程序依据劳动法关于争议解决程序的规定。实体处理则应当适用人事方面的法律规定，但涉及事业单位工作人员劳动权利的内容在人事法律中没有规定的，适用劳动法相关规定。

因此，程序上依据《劳动法》关于争议解决程序的规定及《事业单位人事争议规定》第二条的规定，当事人对人事争议应先申请仲裁，对人事仲裁机构所作的人事争议仲裁裁决不服，自收到仲裁裁决之日起15日内向人民法院提起诉讼的，人民法院应当依法受理。在《民事案件案由规定》（2020年修正，法〔2020〕347号）中，人事争议也作为一个独立的案由，列于第十八条。所以，对于甲和该事业单位之间的人事争议，甲应先向人事争议仲裁机构申请仲裁，对仲裁不服的，再向人民法院提起诉讼，人民法院应当依法受理。

132. 如何认定用人单位与劳动者口头约定的试用期的效力问题

问：实践中，用人单位如果与劳动者口头约定了试用期，如何认定这种约定的效力？

答：《劳动合同法》第十条第一款规定：“建立劳动关系，应当订立书面劳动合同。”第十七条第二款规定：“劳动合同除前款规定的必备条款外，用人单位与劳动者可以约定试用期、培训、保守秘密、补充保险和福利待遇等其他事项。”因此，试用期应包含在书面劳动合同中。如果用人单位与劳动者签订的书面劳动合同中未写明试用期，仅仅口头约定试用期，该口头约定应当视为无效。

实践中，很多用人单位口头与劳动者约定试用期，但不签订书面劳动合同。口头约定的试用期满后，用人单位认为该劳动者试用合格，就签订正式劳动合同；如果认为不符合录用条件，就解除劳动关系。用人单位的这种做法违反法律规定。试用期存在的前提在于双方成立劳动合同关系。根据《劳动合同法》第十九条第四款规定：“试用期包含在劳动合同期限内。劳动合同仅约定试用期的，试用期不成立，该期限为劳动合同期限。”如果用人单位与劳动者未签订书面劳动合同，但口头约定试用期，试用期期满后解除劳动关系，应当将口头约定的试用期视为劳动合同期限。对于仅口头约定试用期而不签订劳动合同的用人单位，《劳动合同法》第八十二条第一款规定，“用人单位自用工之日起超过一个月不满一年未与劳动者订立书面劳动合同的，应当向劳动者每月支付二倍的工资”。第八十三条规定，“用人单位违反本法规定与劳动者约定试用期的，由劳动行政部门责令改正；违法约定的试用期已经履行的，由用人单位以劳动者试用期满月工资为标准，按已经履行的超过法定试用期的期间向劳动者支付赔偿金”。

133. 事实劳动关系当事人之间发生的劳动争议，劳动人事争议仲裁委员会是否应当受理

问：事实劳动关系当事人之间发生的劳动争议，劳动人事争议

仲裁委员会是否应当受理？

答：对事实劳动关系当事人之间发生的劳动争议是否受理问题，原劳动部《关于贯彻执行〈中华人民共和国劳动法〉若干问题的意见》（劳部发〔1995〕309号）第八十二条规定："用人单位与劳动者发生劳动争议不论是否订立劳动合同，只要存在事实劳动关系，并符合劳动法的适用范围和《中华人民共和国企业劳动争议处理条例》（中华人民共和国国务院令第117号，已废止）的受案范围，劳动争议仲裁委员会均应受理。"

《劳动合同法》第十条规定："建立劳动关系，应当订立书面劳动合同。已建立劳动关系，未同时订立书面劳动合同的，应当自用工之日起一个月内订立书面劳动合同。用人单位与劳动者在用工前订立劳动合同的,劳动关系自用工之日起建立。"从该条的规定来看，其并没有像《劳动法》第十九条那样，即规定劳动合同应当以书面形式订立，而是首先强调劳动合同应当以书面形式订立，但是没有以书面形式订立的，并不是宣告其无效，而是要求其应当在用工之日起1个月内订立书面形式的劳动合同。也就是说，书面形式并非劳动合同的成立要件或是生效要件。可见,《劳动合同法》对于事实劳动关系的态度十分明确，就是通过将劳动合同的订立形式拓宽，允许非书面形式订立劳动合同来避免"事实劳动关系"的提法。当然，没有订立书面劳动合同的，立法也明确了相应的法律责任。《劳动合同法》第八十二条规定："用人单位自用工之日起超过一个月不满一年未与劳动者订立书面劳动合同的，应当向劳动者每月支付二倍的工资。用人单位违反本法规定不与劳动者订立无固定期限劳动合同的，自应当订立无固定期限劳动合同之日起向劳动者每月支付二倍的工资。"这就解决了事实劳动关系存在的许多问题，能够更好地保护劳动者的合法权益，从而使"事实劳动关系当事人间发生的劳动争议”这个提法被“劳动关系当事人间发生的劳动争议”所取代。显然，按照《劳动争议调解仲裁法》第二条的规定，事实劳动关系当事人之间发生的劳动争议属于劳动人事争议调解仲裁法的受案范围，劳动人事争议仲裁委员会应予以受理。

134. 劳动争议案件涉及的部分事实有待刑事案件中查明的，可否就已经查明部分先行作出裁判

问：林某与某事务所因解除劳动关系等发生争议，林某在诉讼中要求该事务所按照双方的《约定书》支付其提成工资 10 万元，并支付工作期间无故克扣的部分工资及解除劳动关系经济补偿金等。该事务所提出林某提交的《约定书》系伪造，并且向公安机关报案，公安机关作出立案决定书，决定对林某涉嫌诈骗案立案侦查。在劳动争议案件审理中，对这种情况在程序上应当怎样处理？

答：长期以来，在审理刑民交叉案件的过程中，先刑后民一直被作为主要处理方式被运用。先刑后民，是指法院在审理民商事纠纷时，发现涉嫌刑事犯罪，应当由侦查机关对刑事犯罪事实进行处理，法院必须先对刑事部分进行审理，再就民事部分进行审理，或者由法院审理刑事部分时附带审理民事部分。但并非民事纠纷中一旦发现争议事实涉嫌刑事犯罪就要中止民事诉讼。

最高人民法院《关于在审理经济纠纷案件中涉及经济犯罪嫌疑若干问题的规定》第十一条规定：“人民法院作为经济纠纷受理的案件，经审理认为不属经济纠纷案件而有经济犯罪嫌疑的，应当裁定驳回起诉，将有关材料移送公安机关或检察机关。”第十二条规定：

“人民法院已立案审理的经济纠纷案件，公安机关或检察机关认为有经济犯罪嫌疑，并说明理由附有关材料函告受理该案的人民法院的，有关人民法院应当认真审查。经过审查，认为确有经济犯罪嫌疑的，应当将案件移送公安机关或检察机关，并书面通知当事人，退还案件受理费；如认为确属经济纠纷案件的，应当依法继续审理，并将结果函告有关公安机关或检察机关。”因此，首先需判断是否提起诉讼的民事纠纷本身涉嫌犯罪。

同时，还需进一步区分刑事纠纷与民事纠纷是否不可分离。2015 年《全国民事审判工作会议纪要》中总结，人民法院受理民事案件后，被告或者第三人以民事案件涉嫌犯罪为由请求移送公安、检察机关按照刑事案件处理的，人民法院应当充分听取对方当事人的意见。人民法院经审理认为民事案件与刑事案件应当分开审理的，应当告知当事人向有管辖权的公安、检察机关报案，并将涉嫌犯罪的线索、材料移送有管辖权的公安、检察机关。人民法院经审理认为民事案件不以刑事案件的办理结果为依据的，民事案件继续审理；民事案件必须以刑事案件的办理结果为依据的，应当裁定中止民事案件的审理。

由于劳动争议案件的特殊性，即其争议内容往往涉及劳动者的基本生活保障，当事人往往对权利实现的期待十分迫切，如对整个案件裁定中止诉讼，则可能会使劳动者赖以生存的经济来源或再次就业、领取失业救济等权益受到严重影响，不利于保障民生，维护社会稳定。加之劳动争议案件中双方争议的多个焦点往往相对独立，一项争议事实不能确认可能并不影响其他争议事实的认定。因此，应当首先区分争议事实，对不以另一案件的审理结果为依据即作出认定的部分，先行作出判决，而对需要以尚处在刑事侦查阶段的案件确定的事实为依据进行裁判的部分，待该刑事案件获得最终处理结果后，再行审理。

而在劳动仲裁中,《劳动争议调解仲裁法》第四十三条第二款已经有明确规定:“仲裁庭裁决劳动争议案件时,其中一部分事实已经清楚,可以就该部分先行裁决”,同样可供借鉴。

135. 用人单位拖欠的工资,劳动者是否可以将其作为普通债权直接向人民法院提起诉讼

问:用人单位拖欠的工资,劳动者是否可以将其作为普通债权直接向人民法院提起诉讼?

答:最高人民法院《关于审理劳动争议案件适用法律问题的解释(一)》(法释〔2020〕第26号)第十五条明确规定,劳动者以用人单位的工资欠条为证据直接提起诉讼,诉讼请求不涉及劳动关系其他争议的,视为拖欠劳动报酬争议,人民法院按照普通民事纠纷受理。这一规定简化了欠薪时争议解决的程序,取消其仲裁前置的门槛,使劳动者可以直接向人民法院起诉,减少维权的时间和成本。劳动者依据上述规定起诉需要注意以下问题:

首先,对于用人单位拖欠劳动报酬,劳动者直接按普通债务向法院起诉的条件是较为严格的,即诉讼请求的支持证据为用人单位出具的工资欠条,且诉讼请求不涉及劳动关系其他争议。也就是说,双方对于劳动报酬发生之事实、劳动报酬未按法律规定或约定支付的原因、劳动合同效力等用人单位和劳动者都没有争议。只有在同时满足上述两个条件的情况下,劳动者才可以以普通债务直接向法院起诉。

其次,《劳动合同法》第三十条第二款还规定,“用人单位拖欠或者未足额支付劳动报酬的,劳动者可以依法向当地人民法院申请

支付令，人民法院应当依法发出支付令”。因此，对于符合前述条件的劳动者，不仅可以直接向法院提起民事诉讼，而且还可以选择优先申请支付令。

另外，《劳动争议调解仲裁法》对于劳动报酬的问题也作了程序性规定。该法第十六条规定，因支付拖欠劳动报酬等事项达成调解协议，用人单位在协议约定期限内不履行的，劳动者可以持调解协议书依法向人民法院申请支付令。人民法院应当依法发出支付令。需要注意的是，这里的调解协议指的是在该法第十条列举的调解组织的主持下达成的调解协议。如果用人单位未按照调解协议的约定履行义务，劳动者可以向法院申请支付令。

136. 用人单位能否以劳动者未办理完毕工作交接为由，拒绝为其转移人事档案和社保关系

问：郜某与某公司的劳动合同到期后未再续签，便到另一家公司就职，但原公司一直未为其办理人事档案和社保关系的转移手续。郜某几次找原公司协商，公司都以郜某负责的合同尾款尚未收齐，工作未交接完毕为由予以拒绝。请问这种情况下，郜某能否要求该公司为其办理人事档案和社保关系的转移手续？

答：根据《劳动合同法》第五十条第一款的规定，“用人单位应当在解除或者终止劳动合同时出具解除或者终止劳动合同的证明，并在十五日内为劳动者办理档案和社会保险关系转移手续”。用人单位为劳动者办理档案和社会保险关系转移手续的条件，是劳动关

系的解除或者终止。换言之，用人单位的这一义务，是其与劳动者劳动合同解除后应履行的附随义务，用人单位不得为与其解除或终止劳动合同的劳动者移转人事档案和社会保险关系设定任何附加条件。虽然根据《劳动合同法》第五十条第二款的规定，劳动者在解除或终止劳动关系的时候，应当按照双方约定，办理工作交接，但用人单位办理移转档案和社会保险关系，并不要求以劳动者办理工作交接为前提条件。《劳动合同法》第五十条第一款、第二款分别规定了用人单位与劳动者在解除或终止劳动关系时的义务，但两款之间并不存在先后条件关系。如果用人单位没有按照法律规定及时为劳动者办理相关移转手续，例如，以劳动者未办理完毕工作交接为由，拒绝办理上述转移手续，给劳动者造成实际损失的，劳动者可以要求用人单位予以赔偿。当然，如果劳动者确实存在未按照劳动合同约定与用人单位办理工作交接手续给用人单位造成实际损失的，用人单位也可以另行向劳动者主张赔偿。

137. 保险代理人与用人单位之间的关系是否属于劳动关系

问：在我国劳动争议司法实践中，对于保险代理人的法律地位应当如何认定？各地经常会因此发生争议，分歧就在于保险代理人与保险公司之间究竟是劳动关系还是代理关系？

答：回答这一问题，必须结合我国有关法律、法规和部门规章的相关规定来探讨。根据 2015 年 4 月 24 日修正的《保险法》第一百一十七条第一款的规定，保险代理人是根据保险人的委托，向保险人收取佣金，并在保险人授权的范围内代为办理保险业务的机构或者个人。根据财政部、国家税务总局《关于个人所得税法修改后有关优惠政策衔接问题的通知》第三条“保险营销员、证券经纪人取得的佣金收入，属于劳务报酬所得”规定的内容也可以看出，保险代理人与保险公司之间的关系属于民事代理关系，而不是劳动关系，因而也就不属于《劳动法》和《劳动合同法》的调整范围。

虽然现实生活中，保险代理人与保险公司签订的聘用合同中经常含有必须遵守保险公司规章制度的内容，如不得无故缺勤、每天应参加公司的晨会等具有劳动关系属性，保险公司也通常采用“除名”的方式来处理保险代理人的“旷工”行为；但保险代理人是依据保险公司的委托，在保险公司的授权范围内代为办理保险业务，并向保险公司收取手续费的单位或个人。在报酬上，保险公司根据代理人所做的业务量支付一定的佣金而不是约定的工资数额，该佣金也不受国家规定的最低工资限制。保险公司不承担保险代理人的社会保险和社会福利责任。所以，保险代理人与保险公司的关系属平等主体之间的民事代理关系，而不是劳动关系。因此，保险代理人与用人单位之间发生的纠纷不属于劳动争议。

138. 劳动合同到期终止后，劳动者获得经济补偿金的工作年限是否包括 2008 年 1 月 1 日前的连续工作时间

问：2008 年 1 月 1 日前未签订书面的劳动合同但形成事实劳动关系，2008 年 1 月 1 日后签订了书面的劳动合同，该劳动合同到期终止后，劳动者获得经济补偿金的工作年限是否包括 2008 年 1 月 1

日前的连续工作时间？

答：《劳动合同法》第九十七条规定的是《劳动合同法》的溯及力问题。所谓法律的溯及力，就是一部新的法律施行后，对它生效前发生的行为是否适用。如果适用，就具有溯及力，如果不适用，就不具有溯及力。按照法律的溯及力理论，法律一般不具有溯及力。如果法律需要有溯及力，就应当在法律中明确。

《劳动合同法》第九十七条第三款规定："本法施行之日存续的劳动合同在本法施行后解除或者终止，依照本法第四十六条规定应当支付经济补偿的，经济补偿年限自本法施行之日起计算；本法施行前按照当时有关规定，用人单位应当向劳动者支付经济补偿的，按照当时有关规定执行。"该条规定的是当劳动关系跨越新旧法时补偿金的计算方法。因此，《劳动合同法》实际不具有溯及力。对于问题中的情形，应以 2008 年 1 月 1 日为分界线，2008 年 1 月 1 日之前的工作年限按照旧法规定计算经济补偿，这里主要是指原劳动部《违反和解除劳动合同的经济补偿办法》（已失效）的有关规定；2008 年 1 月 1 日之后按照《劳动合同法》的规定计算经济补偿。两项分别计算，再合并相加。也即，劳动者可以获得 2008 年 1 月 1 日之前的经济补偿金，但不能按照《劳动合同法》第七条和第八条的规定进行判断和计算，而应当按照原劳动部《违反和解除劳动合同的经济补偿办法》中规定的具体计算方法进行计算。经济补偿金从性质上看是劳动法上一项极具特色的制度，它体现的是《劳动法》对劳动者倾斜保护的原则和目的，带有一定的伦理色彩。分阶段计算经济补偿年限对劳动者更为有利，也符合经济补偿的制度性质。由于仅涉及劳动关系，只要劳动关系一直存续，不论是否得到书面的补正，都应当满足《劳动合同法》第九十七条第三款的适用条件，按照第九十七条第三款予以处理。

139. 劳动者以欺诈手段签订劳动合同，能否适用《民法典》关于欺诈合同撤销权行使期间的规定

问：根据我国《劳动合同法》第二十六条的规定，以欺诈手段，使对方在违背真实意思的情况下订立或者变更劳动合同的，劳动合同无效（或者部分无效）。因此，对于劳动合同争议来说，如果劳动者欺诈签订劳动合同，则用人单位随时可以要求确认劳动合同无效，并且这种确认无效的权利并没有规定一定的行使期限。与《劳动合同法》的规定相对，我国《民法典》第一百四十八条将相同的行为订立的合同规定为可撤销的合同，并在第一百五十二条中规定，撤销权因具有撤销权的当事人自知道或者应当知道撤销事由之日起1年内没有行使而归于消灭。因此，在劳动者基于欺诈签订劳动合同的情况下，为了更有力地保护劳动者利益，是否可以考虑借鉴《民法典》合同编的相关规定，准用用人单位请求确认合同无效的1年期限？

答：从调整的法律关系来看，《民法典》合同编调整的是平等主体之间的民事关系，而《劳动合同法》主要调整的是劳动者和用人单位之间的劳动关系，因此，在劳动者和用人单位之间产生争议时应优先适用《劳动合同法》而不是《民法典》。从瑕疵合同的效力来看，《劳动合同法》第二十六条规定："下列劳动合同无效或者部分无效：（一）以欺诈、胁迫的手段或者乘人之危，使对方在违背真实意思的情况下订立或者变更劳动合同的；（二）用人单位免除自己的法定责任、排除劳动者权利的；（三）违反法律、行政法规强制性规定的。对劳动合同的无效或者部分无效有争议的，由劳动争议仲

裁机构或者人民法院确认。”因此，在劳动者以欺诈的手段签订劳动合同的情况下，用人单位可以请求劳动争议仲裁机构或者人民法院确认合同无效。《劳动法》第十八条第二款规定：“无效的劳动合同，从订立的时候起，就没有法律约束力。确认劳动合同部分无效的，如果不影响其余部分的效力，其余部分仍然有效。”无效合同往往是自始确定无效，其确认无效合同并不受一定期限的限制。相较而言，我国《民法典》第一百四十八条规定：“一方以欺诈手段，使对方在违背真实意思的情况下实施的民事法律行为，受欺诈方有权请求人民法院或者仲裁机构予以撤销。”针对一方以欺诈的手段签订的合同，《民法典》赋予受欺诈方的是合同撤销权而非合同无效请求权,并受到一定期限的限制。因此,对于劳动者欺诈签订的劳动合同，在现行《劳动合同法》将其规定为无效合同，并且对于用人单位请求确认合同无效没有明确规定权利行使期限的情况下,不能准用《民法典》第一百五十二条关于撤销权行使期间的规定。

140. 如何理解《劳动合同法》有关“同一用人单位与同一劳动者只能约定一次试用期”的规定

问：如何理解《劳动合同法》有关“同一用人单位与同一劳动者只能约定一次试用期”的规定？

答：《劳动合同法》第十九条第二款规定：“同一用人单位与同一劳动者只能约定一次试用期。”一方面，在劳动合同中约定试用期可以维护用人单位的利益，为每个工作岗位找到合适的劳动者，从而供用人单位考察劳动者是否适合其工作岗位，给企业考察劳动者是否与录用要求相一致的时间，避免用人单位遭受不必要的损失；另一方面，试用期制度也可以维护新招收职工的利益，使被录用的职工有时间考察了解用人单位的工作内容、劳动条件、劳动报酬等是否符合劳动合同的规定。在劳动合同中规定试用期，既是订立劳动合同双方当事人的权利与义务，同时也为劳动合同其他条款的履行提供了保障。实践中，对于如何理解《劳动合同法》中有关“同一用人单位与同一劳动者只能约定一次试用期”的规定出现了分歧。有些劳动者在与单位解除或者终止劳动合同并间隔若干时间后再次被单位招用，有可能职位和岗位发生了变化，在这种情况下，若一概不能规定试用期，似乎显得有些不合理，故对这条规定应当从其立法原意入手理解。由于《劳动合同法》的立法意图就是为保护劳动者与用人单位之间建立稳定的劳动合同关系，如果不作上述规定，有可能出现有的单位有意在短期内多次与劳动者签订合同，适用多个试用期规定。故此，如果用人单位连续使用同一劳动者在同一岗位或者可替代性的岗位工作，不论是延续劳动合同期限还是劳动合同终止后隔时被用人单位再次招用等，均不应另行约定试用期。

141. 即将毕业的大中专院校学生与用人单位能否建立劳动合同关系

问：即将毕业的大中专院校学生一般会在毕业前就开始寻找就业岗位，他们在毕业前与用人单位签订劳动合同的，是否能够认定与用人单位之间成立劳动合同关系？

答：原劳动部《关于贯彻执行〈中华人民共和国劳动法〉若干问题的意见》（劳部发〔1995〕309号，本文以下简称《劳动法意见》）第十二条规定："在校生利用业余时间勤工助学，不视为就业，未建立劳动关系，可以不签订劳动合同。"因此，一般情况下，在校学生到用人单位勤工助学或实习的，不视为劳动关系。《劳动法》第十五条第一款规定："禁止用人单位招用未满十六周岁的未成年人。"除此之外，我国法律没有对在校生成为劳动关系主体进行其他禁止性规定。《劳动法意见》第十二条，也仅限于对在校生勤工助学行为进行规定，并未将在校生全部排除在劳动关系主体之外。因此，对于即将毕业的大中专院校学生，在一定条件下，可以与用人单位成立劳动关系。这些条件主要包括以下四项：

一是在校生与用人单位之间以建立长期、稳定的劳动关系为目的。劳动者遵守用人单位的规章制度，接受用人单位的管理，从事用人单位安排的工作，有明确的工作岗位，并接受用人单位支付的报酬。如果在校生是以学习为目的，为补充课堂知识、参与社会实践而进行的没有工资报酬的实习，或者是通过短期或不定期劳务获得一定报酬的勤工助学，则不应认定与用人单位成立劳动关系。二是劳动者在应聘时应如实陈述自己的情况，用人单位在明知对方系尚未毕业的学生的情况下，仍愿意与之建立劳动关系。如果用人单位并无招录在校生或应届毕业生的意愿，劳动者为获取就业机会，隐瞒了自己尚未毕业等真实情况的，则可能因构成欺诈而影响劳动合同的效力。根据《劳动合同法》第二十六条的规定，用人单位可以请求劳动争议仲裁机构或者人民法院确认合同无效。三是不存在附生效条件劳动合同条件未成就的情况。《民法典》第一百五十八条规定："民事法律行为可以附条件，但是根据其性质不得附条件的除外。附生效条件的民事法律行为，自条件成就时生效。附解除条件的民事法律行为，自条件成就时失效。”在劳动合同中，如果用人单位明确将获得某种学位作为招录条件，而劳动者在签订劳动合同时尚未取得该学位，双方明确约定待劳动者取得相应的学位时劳动合同生效的，则在劳动者未能如期取得该学位的情况下，劳动合同不生效。四是劳动者和用人单位符合《劳动法》及《劳动合同法》规定的劳动关系成立的其他条件。

在上述条件下，认定即将毕业的大中专院校在校生与用人单位之间的劳动关系，有利于保护劳动者的合法权益，同时也符合国家促进就业的政策需要。

142. 人民法院是否应当受理教师与事业编制学校之间的人事争议纠纷

问：一名高校教师多次参与评定副教授的职称都未获得通过。该教师认为，和其具有同样条件的同事都已经获得通过好几年了，其现在以单位为被告，向人民法院起诉要求解决此类人事争议，人民法院应该受理吗?

答：近年来，教师与学校之间的人事争议逐步增多，对于该类纠纷的受理问题，经历了不同的认识阶段。2009 年修正的《教师法》第三十九条规定：“教师对学校或者其他教育机构侵犯其合法权益的，或者对学校或者其他教育机构作出的处理不服的，可以向教育行政部门提出申诉，教育行政部门应当在接到申诉的三十日内，作出处理。教师认为当地人民政府有关行政部门侵犯其根据本法规定享有的权利的，可以向同级人民政府或者上一级人民政府有关部门提出申诉，同级人民政府或者上一级人民政府有关部门应当作出处理。”根据该规定，教师与事业编制学校之间的人事争议纠纷应当向教育行政部门、人民政府提出申诉。《行政诉讼法》第四十九条第四项规定，提起诉讼应当“属于人民法院受案范围和受诉人民法院管辖”。因此，上述争议不由人民法院行政诉讼救济解决，不属于行政诉讼受案范围，法院不宜受理此类纠纷。

2003年最高人民法院发布的《关于人民法院审理事业单位人事争议案件若干问题的规定》（法释〔2003〕13号）第一条规定：“事业单位与其工作人员之间因辞职、辞退及履行聘用合同所发生的争议，适用《中华人民共和国劳动法》的规定处理。”第二条规定：“当事人对依照国家有关规定设立的人事争议仲裁机构所作的人事争议仲裁裁决不服，自收到仲裁裁决之日起十五日内向人民法院提起诉讼的，人民法院应当依法受理。”第三条规定：“本规定所称人事争议是指事业单位与其工作人员之间因辞职、辞退及履行聘用合同所发生的争议。”据此，对于教师与事业编制学校之间的人事争议应严格按照最高人民法院的规定处理，人民法院仅受理教师与事业编制学校之间因辞职、辞退及履行聘用合同所发生的争议。对教师与事业编制学校之间因职级、职称、职务或者岗位调动等产生的争议，人民法院不应受理。

143. 如何认定劳动者通知义务的履行

问：在劳动者提前30日以书面形式通知用人单位解除劳动合同的情况下，如何具体证明劳动者已履行通知义务？

答:《劳动合同法》第三十七条规定:“劳动者提前三十日以书面形式通知用人单位,可以解除劳动合同。劳动者在试用期内提前三日通知用人单位,可以解除劳动合同。”该条是关于劳动者解除劳动合同的程序规定,但在实践中缺乏具体的认定标准。用人单位是一个组织,由法定代表人或者负责人代表单位行使职权,但是法定代表人或者负责人不可能亲力亲为所有的工作事项,那么这里通知用人单位应该需要通知到哪一级的管理人员方能认定通知了用人单位?有些单位组织架构比较复杂,有领班、主管、部门经理、副总、总经理、董事长等,应当通知哪一级主管才被认为是通知?当用人单位拒绝签收书面通知的情况下,劳动者如何证明已经通知了用人单位?

一般来说,《劳动合同法》关于劳动者以书面形式通知用人单位,解除劳动合同的规定,其所强调的书面形式,一般是书面通知用人单位的劳动人事部门、办公室或者董事长办公室。如果用人单位拒绝签收书面通知,劳动者证明已经通知了用人单位的最佳方式是用挂号信的形式邮寄给用人单位,并保留挂号信回执。另外,劳动者还可以采用证人证言的方式证明其已将书面解除劳动合同的通知送达给了用人单位。

144. 劳动者是否赔偿因其辞职造成的损失

问:劳动者因行使辞职权给用人单位造成损失的,是否应当赔偿?

答:《劳动合同法》第二十二条第二款规定:“劳动者违反服务期约定的,应当按照约定向用人单位支付违约金。违约金的数额不得超过用人单位提供的培训费用。用人单位要求劳动者支付的违约金不得超过服务期尚未履行部分所应分摊的培训费用。”第二十三条第二款规定：“对负有保密义务的劳动者，用人单位可以在劳动合同或者保密协议中与劳动者约定竞业限制条款，并约定在解除或者终止劳动合同后，在竞业限制期限内按月给予劳动者经济补偿。劳动者违反竞业限制约定的，应当按照约定向用人单位支付违约金。”第二十五条规定：“除本法第二十二条和第二十三条规定的情形外，用人单位不得与劳动者约定由劳动者承担违约金。”因此，除有服务期与竞业限制约定以外，用人单位不得与劳动者约定由劳动者承担违约金；并且在劳动者违反服务期约定的情况下，其所需承担的违约金最高也不得超过用人单位为其付出的培训成本。

这一规定虽然充分保障了劳动者的辞职权，但是对于用人单位的保护有些失衡，容易导致一些用人单位以恶性竞争为目的“挖墙脚”及劳动者的恶意“跳槽”。因此，有必要在《劳动合同法》的整体框架下对用人单位的利益给予适当的平衡，以实现既保障劳动者的辞职自由，又促进劳动力市场的公平竞争的立法目的。故尽管《劳动合同法》规定除法定的特殊情形外，用人单位不得与劳动者在劳动合同签订时约定违约金，但是并没有禁止用人单位向劳动者主张损失赔偿。《劳动合同法》第九十条规定：“劳动者违反本法规定解除劳动合同，或者违反劳动合同中约定的保密义务或者竞业限制，给用人单位造成损失的，应当承担赔偿责任。”因此，如果劳动者的辞职行为明显有违诚信原则，违反《劳动合同法》的规定，且给用人单位造成了损失，用人单位可依据《劳动合同法》第九十条的规定向劳动者主张赔偿损失。只是，此处的损失需要用人单位举证，而不能直接与劳动者事先约定违约金。

145. 未签订劳动合同如何确定试用期

问：用人单位与劳动者没有签订书面劳动合同而又无其他证据证明有试用期的情况下，司法实践中应当如何确定试用期？

答：试用期往往与书面劳动合同相联系，没有书面劳动合同，试用期往往会成为争议的问题。双方未签订劳动合同而又无其他证据证明有试用期的情况下，如何确定试用期？有观点认为，《劳动合同法》第十九条第一款规定："劳动合同期限三个月以上不满一年的，试用期不得超过一个月；劳动合同期限一年以上不满三年的，试用期不得超过二个月；三年以上固定期限和无固定期限的劳动合同，试用期不得超过六个月。"第十四条第三款规定："用人单位自用工之日起满一年不与劳动者订立书面劳动合同的，视为用人单位与劳动者已订立无固定期限劳动合同。"试用期的长短是与劳动合同的长短相结合的，由于未签订书面劳动合同满1年的视为已订立无固定期限劳动合同，据此可以考虑未签订劳动合同时的固定期限最多为1年，因此未签订劳动合同状态下可考虑按1年劳动合同确定相应的试用期，即可确定这种情况下试用期不得超过1个月。这种观点采取的是分段处理的方式，并且是按最低档确定试用期长短，看似有理，对劳动者也无明显的不利，但分段处理在逻辑上的依据显然不足。

试用期总体上是对用人单位有利的一种机制，旨在保护用人单位的经营自主权和相关利益，同时，在签订劳动合同方面，优势一般在用人单位一方。基于这种情况，考虑到更好地保护劳动者的合法权益，我们认为，在双方未签订劳动合同而又无其他证据证明有试用期的情况下，应当认定用人单位放弃了试用期，双方劳动关系中不存在试用期问题。这就要求用人单位通常必须在建立劳动关系时就要订立劳动合同，或至少就试用期达成约定，否则此后再订立劳动合同就可能无法约定试用期。这样处理显然有利于促使用人单位签订书面劳动合同，实现《劳动合同法》推进劳动合同签订、规范劳动秩序的目的。

至于用人单位能证明不签订劳动合同系因劳动者原因造成的，则可依照前述第一种意见参照《劳动合同法》第十九条确定试用期。并可以依照《劳动合同法》规定的条件、程序，与劳动者解除劳动合同。

146. 如何界定劳动者试用期的起算点

问：*实践中，对如何界定劳动者试用期的起算点存在不同观点，认定和处理的方法也不尽一致，请问应当如何确定？*

答：试用期是劳动关系的一个重要问题，试用期的长短直接关系用人单位和劳动者的利益。但就试用期的起算点，《劳动法》和《劳动合同法》并无明确规定，这容易造成实践困难。实际上，试用期的起算无非有两个方法，一是从订立劳动合同起算；二是从用工之日起算。在实践中，订立劳动合同的时间和实际用工的时间的关系有三种可能：一是实际用工的时间和订立劳动合同时间一致；二是实际用工时间晚于订立劳动合同的时间；三是实际用工的时间早于订立劳动合同的时间。

我们认为，无论实际用工的时间和订立劳动合同的时间是否一致，试用期的起算点应当是实际用工的时间。理由是：第一，从时间上看，试用期应与劳动关系建立时间相一致。《劳动合同法》第十条第三款规定："用人单位与劳动者在用工前订立劳动合同的，劳动关系自用工之日起建立。”劳动关系自用工之日起建立，按照这一逻辑关系，试用期也应当自用工之日起开始计算。第二，从实际用工之日起算试用期符合试用期的本意。试用期是用人单位考察而后决定是否聘用劳动者的一个时间段，既然是在使用中考察，试用期自然应当从使用之日起即用工之日起计算，而仅仅通过签订劳动合同，用人单位并不能对劳动者的工作能力进行实质的考察。第三，从实际用工的时间起算试用期能够实现用人单位和劳动者利益的合理平衡。如果以合同订立之日作为试用期起算点，若合同订立之日早于用工之日，由于此时劳动者还没有参加劳动，有可能会产生至实际用工之日时，试用期就已届满，这就与试用期的本意相违背，导致法律的天平过多偏向于劳动者，这对用人单位显然是不公平的，也不利于建立和谐的劳动秩序；若合同订立之日晚于用工之日，有可能会导致试用期届满，但仍未订立劳动合同，这对于劳动者权利的保护也是不利的。综上所述，应当以实际用工之日作为试用期的起算点。

147.《劳动合同法》施行后，50% 额外经济补偿金是否还适用

问：在司法实践中，用人单位解除劳动合同后未依法支付经济补偿金，劳动者在起诉时，不仅要求用人单位全额支付经济补偿金，而且还要求用人单位支付 50% 的额外经济补偿金，但实践中对 50% 的额外经济补偿金是否支持认识不一。一种观点认为,《劳动合同法》施行后，50% 的额外经济补偿金不再适用；另一种观点认为，法律并没有废止 50% 的额外经济补偿金的适用，故应当支持。哪种观点

正确？

答：《违反和解除劳动合同的经济补偿办法》（原劳动部1994年12月3日发布，已失效）第十条规定："用人单位解除劳动合同后，未按规定给予劳动者经济补偿的，除全额发给经济补偿金外，还须按该经济补偿金数额的百分之五十支付额外经济补偿金。"这是在《劳动合同法》施行前用人单位支付50%额外经济补偿金的法律依据，该办法现已失效。《劳动合同法》施行后，并没有继续采纳上述原劳动部的意见。《劳动合同法》第八十五条规定："用人单位有下列情形之一的，由劳动行政部门责令限期支付劳动报酬、加班费或者经济补偿；劳动报酬低于当地最低工资标准的，应当支付其差额部分；逾期不支付的，责令用人单位按应付金额百分之五十以上百分之一百以下的标准向劳动者加付赔偿金：（一）未按照劳动合同的约定或者国家规定及时足额支付劳动者劳动报酬的；（二）低于当地最低工资标准支付劳动者工资的；（三）安排加班不支付加班费的；（四）解除或者终止劳动合同，未依照本法规定向劳动者支付经济补偿的。"即《劳动合同法》用加付赔偿金取代了原劳动部规定的50%的额外经济补偿金。

但在适用加付赔偿金时应注意，其适用主体应为劳动行政部门，即责令用人单位按应付金额50%以上、100%以下的标准向劳动者加付赔偿金的前提是劳动行政部门责令用人单位限期支付而用人单位逾期不支付。劳动行政部门不能一接到投诉就直接责令用人单位按应付金额50%以上、100%以下的标准向劳动者加付赔偿金；劳动者也不能直接向仲裁机构或法院主张50%以上、100%以下标准的赔偿金，其应向劳动行政部门申请解决。

148. 当事人一方不履行劳动争议和解协议，对方可否再次申请仲裁

问：当事人在劳动争议仲裁程序中自行达成和解协议撤回仲裁申请后，由于一方未履行协议，或者一方反悔，对方当事人能否就同一纠纷再次申请仲裁？

答：对于这一问题，由于立法没有明确规定，实践中操作不一，有的劳动争议仲裁委员会不允许再次申请仲裁；向法院起诉的，有的人民法院也不予受理。我们认为，在这种情况下，应当允许就同一纠纷再次申请仲裁。主要理由是：

1. 在劳动争议仲裁程序中自行和解，既是当事人双方享有的法定程序性权利，也是当事人处分实体权利的直接表现。《劳动争议调解仲裁法》第四十一条明文规定："当事人申请劳动争议仲裁后，可以自行和解。达成和解协议的，可以撤回仲裁申请。"由此可见，立法通过赋予当事人一定的程序权利，来维护其按照自己的意思处分实体权利的自由。

2. 当事人自行达成和解协议不同于仲裁委员会作出的调解书，并没有获得完全的法律强制力。从某种意义上讲，自行达成的和解协议未经法定程序认可，不具有当然的法律执行力。为获得具有强制力的法律评价，应当允许当事人再次申请仲裁。

3. 撤回仲裁申请是当事人对已经进行的仲裁程序作出终结的肯定性反映，是当事人意思自治的具体体现。法律并没有明确禁止撤回仲裁申请后不能再次申请仲裁从而恢复仲裁程序，从"法无禁止即可行"的角度出发，赋予当事人再次申请仲裁的权利同样也是尊重当事人意思自治的应然性评价。从与仲裁程序相似的民事诉讼角

度来看，最高人民法院《关于适用〈中华人民共和国民事诉讼法〉的解释》第二百一十四条第一款规定："原告撤诉或者人民法院按撤诉处理后，原告以同一诉讼请求再次起诉的，人民法院应予受理。"即在民事诉讼中，当事人一方起诉后，双方达成和解协议撤诉的，任何一方都有权就同一纠纷再次提起诉讼。

4. 调解与和解贯穿了劳动争议调解仲裁程序的全过程。如在劳动争议的调解中，《劳动争议调解仲裁法》第十五条规定："达成调解协议后，一方当事人在协议约定期限内不履行调解协议的，另一方当事人可以依法申请仲裁。"实际是为调解协议未得履行提供了进一步的救济途径，保留了当事人提交仲裁以获取仲裁机构裁决的机会。而在仲裁程序中，当事人基于合意达成协议而撤回仲裁申请，如该协议未能履行，当事人也同样应当有就该争议获取仲裁裁决的机会。而且，双方权利义务在程序位移中并没有发生一方扩大、一方减少的情形，立法对此当然也就没有必要采取禁止性态度。

149."应当订立无固定期限劳动合同之日"的确定

问：如何理解《劳动合同法》第八十二条规定的"应当订立无固定期限劳动合同之日"？

答：《劳动合同法》第八十二条第二款规定："用人单位违反本法规定不与劳动者订立无固定期限劳动合同的，自应当订立无固定期限劳动合同之日起向劳动者每月支付二倍的工资。"这里的"应当订立无固定期限劳动合同之日"应当理解为《劳动合同法》第十四条第二款规定的三种情形到来之日。《劳动合同法》第十四条第二款规定:“用人单位与劳动者协商一致,可以订立无固定期限劳动合同。有下列情形之一，劳动者提出或者同意续订、订立劳动合同的，除劳动者提出订立固定期限劳动合同外，应当订立无固定期限劳动合同:（一）劳动者在该用人单位连续工作满十年的;（二）用人单位初次实行劳动合同制度或者国有企业改制重新订立劳动合同时，劳动者在该用人单位连续工作满十年且距法定退休年龄不足十年的;（三）连续订立二次固定期限劳动合同，且劳动者没有本法第三十九条和第四十条第一项、第二项规定的情形,续订劳动合同的。”即“应当订立无固定期限劳动合同之日”包括以下三种情形:

1. 劳动者在同一用人单位连续工作满10年后的次日。如某一劳动者1998年7月1日进入某一企业工作，到2008年7月1日已在该企业连续工作10年，如果该劳动者在2008年7月1日原固定期限劳动合同期满前或者期满当日提出续订劳动合同的，则2008年7月2日为“应当订立无固定期限劳动合同之日”。

2. 劳动者在同一用人单位连续工作满10年且距法定退休年龄不足10年的情况下，用人单位初次实行劳动合同制度或者国有企业改制重新订立劳动合同的日子。如某一男性职工已在某一企业连续工作10年，此时他已53岁，距60岁退休年龄不足10年，在此情况下，如果其所在的用人单位进行改制，确定于2008年8月3日重新与职工订立劳动合同，则这一天即为“应当订立无固定期限劳动合同之日”。

3. 劳动者与企业连续订立二次固定期限劳动合同，且该劳动者没有《劳动合同法》第三十九条和第四十条第一项、第二项规定的用人单位可以单方解除劳动合同的情形，在此情况下，第二次固定期限劳动合同期满的次日为“应当订立无固定期限劳动合同之日”。

公司、企业

150. 公司章程与公司设立协议有何区别

问：公司章程与公司设立协议之间有何区别？

答：公司章程与设立协议有以下区别：

1. 公司章程与设立协议的法定必要性不同。在我国，除采取有限责任公司形态的外商投资企业之外，我国公司法并没有将公司的设立协议规定为公司设立环节必备的法律文件。但对于有限责任公司、股份有限公司和其他企业法人等营利法人，《民法典》第七十九条规定："设立营利法人应当依法制定法人章程。"《公司法》第十一条亦规定："设立公司必须依法制定公司章程。公司章程对公司、股东、董事、监事、高级管理人员具有约束力。"因此，对于通常的有限责任公司，公司设立协议是任意性文件；而公司章程则是必备性文件，任何公司成立都必须以提交章程为法定要件。

2. 设立协议是不要式法律文件，作为当事人之间的合同，主要根据当事人的意思表示形成，其内容更多地体现了当事人的意志和要求，需要遵守《民法典》合同编的一般规则；而公司章程则是要式法律文件，公司章程自治是以不违反法律、行政法规为前提的。公司章程必须依据《公司法》制定，是公司登记必须报送的文件之一，要经过有关政府部门必要的形式审查甚至实质审查，因此，公司章程的自治性是相对的。

3. 公司设立协议与公司章程的效力不同。从效力的范围来看，由合同或协议的相对性决定，设立协议由全体发起人订立，调整的是发起人之间的关系，因而只在发起人之间具有法律约束力；而公司章程调整的则是所有股东之间、股东与公司之间、公司的管理机构与公司之间的法律关系，其中包括制定章程时的原始股东和章程制定后加入公司的新股东，都受章程的约束。从效力的期间来看，设立协议调整的是公司设立过程的法律关系和法律行为，因而它的效力期间是从设立行为开始到设立过程终止，公司的成立即意味着协议的终止；而公司章程的效力及于公司成立后整个的存续过程，直至公司终止。

4. 公司设立协议与公司章程的通过和修改条件不同。对于有限责任公司的章程，《公司法》第二十三条规定："设立有限责任公司，应当具备下列条件：……（三）股东共同制定公司章程……"第四十三条第二款规定："股东会会议作出修改公司章程、增加或者减少注册资本的决议，以及公司合并、分立、解散或者变更公司形式的决议，必须经代表三分之二以上表决权的股东通过。"对于股份有限公司的章程，《公司法》第七十六条规定："设立股份有限公司，应当具备下列条件：……（四）发起人制订公司章程，采用募集方式设立的经创立大会通过……"第一百零三条第二款规定："股东大会作出决议，必须经出席会议的股东所持表决权过半数通过。但是，股东大会作出修改公司章程、增加或者减少注册资本的决议，以及公司合并、分立、解散或者变更公司形式的决议，必须经出席会议的股东所持表决权的三分之二以上通过。"按照《公司法》的规定，公司章程的通过和修改，并不要求全体股东一致同意。有限责任公司的章程，即使在设立时的通过需要全体设立人同意，但公司成立后的修改只需要"三分之二"表决权的股东同意即可。至于股份有限公司的章程，公司设立时的通过和公司成立后的修改都不需要全体股东的同意。而按照《民法典》合同编的规定，合同无论是订立时的通过还是订立后的修改，都需要"协商一致"。如果任何一方当事人不同意，设立协议就不能成立或协议生效后就不能修改变更。在这个意义上，我们说章程是依"少数服从多数"的原则来订立和修改的，而设立协议是依“当事人意思表示一致”的原则来订立和修改的。章程规范和约束的股东中可能包括不赞成章程内容的股东，或者说即便是不赞成章程内容的股东仍然要受章程的约束；而在设立协议规范和约束的当事人中，均为同意设立协议内容的当事人。如果任何一方当事人不同意设立协议的内容，该设立协议就可能不会成立。

151. 撤销公司登记是否有溯及效力，能否以此为理由否定公司被撤销登记之前的民事行为的效力

问：原告某市国土资源局与被告银环有限责任公司（本文以下简称银环公司）因土地使用权出让合同纠纷诉至法院，在审理过程中，银环公司因虚假出资被市工商行政管理局撤销设立登记。人民法院就银环公司被工商部门撤销登记后的法律后果问题形成两种意见：第一种意见认为，撤销设立登记是指银环公司一开始就不具备设立的基本条件，其所产生的一切民事行为均应是无效的。据此应认定市国土资源局与银环公司签订的土地使用权出让合同无效。第二种意见认为，银环公司现被撤销登记，但在撤销登记前是具备法人资格的，产生的民事行为应为有效。因此，不应认定市国土资源局和银环公司签订的土地使用权出让合同无效。请问哪种意见是正确的？

答：本案所涉问题实际上是公司依法被撤销登记后，其此前的民事行为的效力应如何认定。我们认为，撤销公司登记是行政处罚的一种，行政处罚一般不应成为否定民事行为效力的依据，作为行政处罚撤销公司登记没有溯及力。《公司法》第一百八十条规定：“公

司因下列原因解散：（一）公司章程规定的营业期限届满或者公司章程规定的其他解散事由出现；（二）股东会或者股东大会决议解散；（三）因公司合并或者分立需要解散；（四）依法被吊销营业执照、责令关闭或者被撤销；（五）人民法院依照本法第一百八十二条的规定予以解散。”根据第四项的规定，撤销公司登记是公司解散的法定事由之一。《公司法》第一百八十三条规定：“公司因本法第一百八十条第（一）项、第（二）项、第（四）项、第（五）项规定而解散的，应当在解散事由出现之日起十五日内成立清算组，开始清算……”第一百八十八条规定：“公司清算结束后，清算组应当制作清算报告，报股东会、股东大会或者人民法院确认，并报送公司登记机关，申请注销公司登记，公告公司终止。”根据上述规定，公司被依法撤销登记后，应当进行清算，清算程序结束并办理工商注销登记后，该企业法人才归于消灭。因此，撤销公司登记无溯及效力，不能以此为理由否定公司被撤销登记之前的民事行为的效力。

152. 有限责任公司的股东死亡后，其合法继承人为多人时，如何继承股东资格，如何行使股东表决权

问：《公司法》第七十五条确认了股东资格可以继承。但是，对于股东资格继承的程序及具体问题并没有涉及。实践中，公司股东死亡后其同一顺序的继承人很可能为两人以上，他们是单独继承股东资格还是共同继承股东资格呢？在继承人对公司重大事项存在争议时，他们应当如何行使股东的表决权呢？

答:《公司法》第七十五条规定:“自然人股东死亡后,其合法继承人可以继承股东资格;但是,公司章程另有规定的除外。”对于股权的身份内容——股东资格,是否可以由多人分别继承?对此,《公司法》没有明确规定。我们认为,继承即是对遗产的分割,不仅是对财产份额的分别取得,而且包括了各继承人对股东资格的分别取得,否则,如果允许多个继承人共有一个股东资格,在股权行使上将产生许多不必要的麻烦。当继承人为多数时,公司应变更股东名册,按照继承人的继承份额析分各人的持股份额,将他们分别登记为股东。这样,每位继承人均可以依照《公司法》的规定,分别独立地行使自益权和共益权。由于有限责任公司实行的是资本多数决,基于继承而增加股东人数也不会对其他股东的权益造成实质性影响。

不过,《公司法》第二十四条规定:“有限责任公司由五十个以下股东出资设立。”由于有限责任公司股东人数最多不能超过 50 人,当多个继承人分别取得股东资格会突破有限责任公司人数上限时,应当由各继承人协商转让其继承份额,以使公司股东人数符合法定要求。

程序篇

CHENGXUPIAN

当事人

153. 对于追索扶养费的案件，若被告在案件审理过程中死亡的，案件应如何处理

问：对于追索扶养费的案件，若被告在案件审理过程中死亡的，案件应如何处理？

答：《民事诉讼法》第一百五十四条规定："有下列情形之一的，终结诉讼：（一）原告死亡，没有继承人，或者继承人放弃诉讼权利的；（二）被告死亡，没有遗产，也没有应当承担义务的人的；（三）离婚案件一方当事人死亡的；（四）追索赡养费、扶养费、抚养费以及解除收养关系案件的一方当事人死亡的。"该条第四项规定的"一方当事人死亡"，既包括原告死亡的情形，也包括被告死亡的情形；无论哪一方死亡的，案件均应终结诉讼。

《民事诉讼法》第一百五十四条第四项作如此规定，是因为追索赡养费、扶养费、抚养费案件的原告死亡的，提出给付要求的人不存在了；被告死亡，也不能再支付赡养费、扶养费和抚养费。因此，案件审理的实际意义消失，案件应当终结诉讼。同理，解除收养关

系案件的一方当事人死亡的，收养关系已经不复存在，诉讼也没有进行的必要，应当终结诉讼。总之，因上述案件均基于特定的身份关系，争议均发生在特定的当事人之间，案件涉及的权利义务关系在法律上也不存在通过继承而发生转移的可能性。因此，上述案件的任何一方当事人死亡，都会直接导致实体权利义务关系的自然消灭，故而没有必要继续进行诉讼，人民法院应裁定终结诉讼。

需要注意的是，终结诉讼裁定的法律效力仅仅体现为诉讼程序的终结，并不涉及案件实体权益的归属，不能依此裁定确定死亡一方当事人的财产归属。

154. 保险公司支公司有无诉讼主体资格

问：原告作为投保人为其丈夫在某保险公司县级营销服务部办理了人身保险业务，保险受益人为原告。保险公司提供了由该公司省分公司批准生效而加盖总公司（住所地在北京）印章的格式合同，而保险费则由该公司的市中心支公司收取并出具了发票。后原告丈夫病亡，为理赔事宜，原告以该保险公司的县级营销服务部及市中心支公司（均有营业执照）为共同被告诉至法院。该公司市中心支公司辩称，其不是适格被告，应以省分公司为被告。对于谁是适格被告，合议庭有三种意见：第一种意见认为该公司市中心支公司是适格主体；第二种意见认为应以该公司市中心支公司和省分公司为共同被告；第三种意见认为应以省分公司为被告。请问：哪种意见正确？

答：第一种意见是正确的。理由是：

第一，保险公司市中心支公司收取保险费行为，表明其是保险合同的实际履行者，属于适格被告。本案的保险合同虽然是经保险公司省分公司批准生效而加盖了总公司的印章，但与原告进行合同协商的是该保险公司县级营销服务部，即要约与承诺发生在原告与该保险公司县级营销服务部之间，市中心支公司收取保险费并出具发票的行为，表明其是保险合同的实际履行人。原告根据合同协商、签订和履行的实际情况，将该保险公司县级营销服务部与市中心支公司列为共同被告，符合诚实信用原则，不存在虚列被告争管辖等情形。《民事诉讼法》第五十一条第一款规定："公民、法人和其他组织可以作为民事诉讼的当事人"，最高人民法院《关于适用〈中华人民共和国民事诉讼法〉的解释》第五十二条规定："民事诉讼法第五十一条规定的其他组织是指合法成立、有一定的组织机构和财产，但又不具备法人资格的组织，包括：……（六）依法设立并领取营业执照的商业银行、政策性银行和非银行金融机构的分支机构……"因此，该公司市中心支公司作为该公司的分支机构，可以作为民事诉讼的当事人。与此相符，最高人民法院《关于适用〈中华人民共和国保险法〉若干问题的解释（二）》第二十条规定："保险公司依法设立并取得营业执照的分支机构属于《中华人民共和国民事诉讼法》第四十八条[①]规定的其他组织，可以作为保险合同纠纷案件的当事人参加诉讼。"综上所述，第一种意见认定保险公司市中心支公司为适格被告，是正确的。

第二，本案中的合同是格式合同，应当按照有利于原告一方进行解释。本案原告实际是在保险公司县级营销服务部办理的保险业务，市中心支公司收取保险费并出具发票，保险合同是经保险公司省分公司批准生效，加盖的是总公司的印章。保险公司的四级机构均参与了保险合同的签订和履行，对于如何确定保险合同主体，存

① 现为《民事诉讼法》第五十一条。

在两种以上的解释。根据《民法典》第四百九十八条规定："对格式条款的理解发生争议的，应当按照通常理解予以解释。对格式条款有两种以上解释的，应当作出不利于提供格式条款一方的解释。格式条款和非格式条款不一致的，应当采用非格式条款。"因此，应当作出不利于保险公司一方的解释，对市中心支公司主张其不是适格被告的请求不应予以支持。

155.A 公司的法定代表人能否同时作为B 公司的委托代理人

问：A 公司和 B 公司共同与 C 公司签订了一份买卖合同，共同购买 C 公司的产品，后因合同履行发生纠纷。A 公司和 B 公司作为共同被告，在诉讼中王某作为 A 公司的法定代表人，同时还持有B公司的授权委托书，申请以B公司的副总经理身份出庭，请问王某的代理人身份是否符合《民事诉讼法》的相关规定要求呢？

答：《民事诉讼法》第六十一条规定："当事人、法定代理人可以委托一至二人作为诉讼代理人。下列人员可以被委托为诉讼代理人：（一）律师、基层法律服务工作者；（二）当事人的近亲属或者工作人员；（三）当事人所在社区、单位以及有关社会团体推荐的公民。"据此，在民事诉讼中，人民法院应当严格按照该法律规定，认真审查诉讼代理人的资格。

首先，可以明确的是，根据《民事诉讼法》第五十一条第二款的规定，"法人由其法定代表人进行诉讼。其他组织由其主要负责人进行诉讼”，王某作为A公司的法定代表人参加诉讼，并非以诉讼代理人的身份，而是视为当事人参加诉讼。其次，关于王某能否作为B公司诉讼代理人的问题，根据《民事诉讼法》的上述规定与最高人民法院《关于适用〈中华人民共和国民事诉讼法〉的解释》第八十六条“根据民事诉讼法第六十一条第二款第二项规定，与当事人有合法劳动人事关系的职工，可以当事人工作人员的名义作为诉讼代理人”的规定，可以作为公司诉讼代理人的，只有律师、基层法律服务工作者和本公司员工这样几种情形。在王某不具备律师、基层法律服务工作者身份的前提下，问题的关键就转化为王某是否属于B公司的员工。对此，B公司出具了授权委托书，证明王某同时也是该公司的副总经理，并授权其代理B公司在本案中的诉讼，形式上符合《民事诉讼法》的相关规定要求。

进一步来看，从劳动法律规范和理论的角度，我国法律原则上并不承认和保护双重劳动关系。但是，公司的法定代表人、股东等，与公司之间通常并不具有劳动关系，而是具有投资关系。从公司法律规范和理论角度，同时成为多个公司的股东、法定代表人以及高级管理人员的情况，并不为法律所强制禁止，唯需注意的是可能涉及竞业禁止、关联交易等法律所规制的行为。另外，由于王某同时在一个案件中代表了A公司和B公司参加诉讼，必须考虑两个公司在诉讼中是否可能产生利益冲突，这与一般的诉讼代理原则并无二致。本问题所涉案件中，在A公司和B公司合同地位与诉讼地位均一致的情况下，通常两公司在诉讼中不会产生利益冲突，因而由王某一人分别代表和代理诉讼，当无问题。

156. 与公司没有劳动关系的“法律顾问”，是否只要有委托书即可代理该公司参加民事诉讼

问：民事诉讼中，一些没有律师资格的人是否可以以公司法律顾问的身份代理公司参加诉讼？

答：《民事诉讼法》第六十一条第二款规定：“下列人员可以被委托为诉讼代理人：（一）律师、基层法律服务工作者；（二）当事人的近亲属或者工作人员；（三）当事人所在社区、单位以及有关社会团体推荐的公民。”审判实践中，没有律师资格、也不持有基层法律工作者证书的自然人能否代理公司参加民事诉讼，关键是看其是否属于该公司的工作人员。

不少公司设有法律部（法务部）或者任命了专职的法务工作人员。根据《民事诉讼法》第六十一条第二款与最高人民法院《关于适用〈中华人民共和国民事诉讼法〉的解释》第八十六条“根据民事诉讼法第六十一条第二款第二项规定，与当事人有合法劳动人事关系的职工，可以当事人工作人员的名义作为诉讼代理人”的规定，只要公司出具了委托代理手续，这些与该公司建立了劳动关系的自然人即可以以该公司法律顾问的身份成为诉讼代理人，代理该公司参加诉讼。如果在诉讼中，对方当事人对以公司法律顾问名义代理公司参加民事诉讼的委托代理人的身份提出异议，则根据《第八次全国法院民事商事审判工作会议（民事部分）纪要》（法〔2016〕399号）第三十六条规定，“以当事人的工作人员身份参加诉讼活动，应当按照《最高人民法院关于适用〈中华人民共和国民事诉讼法〉的解释》第八十六条的规定，至少应当提交以下证据之一加以证明：（1）缴纳社保记录凭证；（2）领取工资凭证；

（3）其他能够证明其为当事人工作人员身份的证据”。作为被代理人的公司应当提供该法律顾问与公司签订的劳动合同及社保关系证明，以证实其属于该公司的工作人员。因此，与公司没有劳动关系的“法律顾问”，因不属于当事人的工作人员，仅持当事人的授权委托书作为委托代理人参加诉讼，不符合《民事诉讼法》的相关规定。

157. 受过刑事处罚的人能否担任民事诉讼案件的代理人

问：受过刑事处罚的人能否担任民事诉讼案件的代理人？

答：关于诉讼代理人的法定条件，《民事诉讼法》第六十一条第二款规定：“下列人员可以被委托为诉讼代理人：（一）律师、基层法律服务工作者；（二）当事人的近亲属或者工作人员；（三）当事人所在社区、单位以及有关社会团体推荐的公民。”最高人民法院《关于适用〈中华人民共和国民事诉讼法〉若干问题的意见》（已废止）第六十八条规定：“除律师、当事人的近亲属、有关的社会团体或者当事人所在单位推荐的人之外，当事人还可以委托其他公民为诉讼代理人。但无民事行为能力人、限制民事行为能力人或者可能损害被代理人利益的人以及人民法院认为不宜作诉讼代理人的人，不能作为诉讼代理人。”但是，后者已被最高人民法院《关于适用〈中华人民共和国民事诉讼法〉的解释》所废止，而最高人民法院《关于适用〈中华人民共和国民事诉讼法〉的解释》第八十四条规定：“无民事行为能力人、限制民事行为能力人以及其他依法不能作为诉讼代理人的，当事人不得委托其作为诉讼代理人。”该解释规定的“其他依法不能作为诉讼代理人”的情形，实践中包括代理人可能损害被代理人利益的、代理人在诉讼中同时代理双方当事人的以及法律规定不得作为代理人的其他情形。对于受过刑事处罚的人可否担任诉讼代理人，法律和司法解释并无禁止性规定，应当认为在满足《民事诉讼法》第六十一条第二款规定条件的基础上，受过刑事处罚的人可以担任诉讼代理人，除非其现在为无民事行为能力人或限制民事行为能力人，以及其可能有其他依法不能作为诉讼代理人的情形，如可能妨害民事诉讼，或者曾有伪证罪等妨害诉讼类型犯罪的前科。

158. 单位是否属于《消费者权益保护法》中规定的消费者

问：单位是否属于《消费者权益保护法》中规定的消费者？

答：单位不是消费者。《消费者权益保护法》第二条规定：“消费者为生活消费需要购买、使用商品或者接受服务，其权益受本法保护；本法未作规定的，受其他有关法律、法规保护。”单位虽然也可以订立买卖合同而接受一定的商品，或订立有关服务合同而接受一定的服务，但就生活消费而言，单位本身不能直接使用某种商品或直接接受某种服务，即不能从事某种生活消费。单位在购买某种商品或接受某种服务以后，还是需要将这些商品或服务转化为个人的消费。正是从这个意义上说，单位可以作为商品的买受人、服务合同的订立者，但不能作为最终的消费者。社会组织和单位的“人格”是法律拟制的，它们自身不能直接进行生活消费。这些组织、单位拥有的消费行为，总要以实物或服务的形式，有偿或无偿地转归个人消费，承受消费权益的主体仍然是个人。所以，消费者只是对自然人个人而言，不包括社会组织和单位。

作为法人或非法人团体，基本上不可能“为生活消费需要”而购买、使用商品。即便单位购买了公民通常用来消费的商品，其目的也往往是为了办公，或为职工发放福利等非生活需要。因此，单位不应当属于消费者。

《消费者权益保护法》的目的是保护现代消费社会中的弱者，平衡交易双方当事人的利益，因此，有必要对作为消费者的个人进行特别保护，但没有必要对单位进行特别保护。另外，将单位的概念排除于消费者之外，在法律上并不存在障碍。如果单位与经营者之间出现了纠纷，双方均可以通过合同主张权利，并受《民法典》的调整。

159. 外国破产企业的破产财产管理人能否作为当事人在中国参加诉讼

问：某日本律师以原告身份向中国某法院提起诉讼，代表某日本破产企业向中国一公司主张房屋买受人权益，其依据的是日本东京地方法院判决确认的破产财产管理人身份，请问该律师是否具有原告资格？

答：因该破产企业为日本企业，主体涉外，故而对该律师原告资格的认定涉及涉外民商事诉讼中外国人民事诉讼能力的确定。外国人民事诉讼能力包括民事诉讼权利能力和民事诉讼行为能力，从各国立法和实践看，大多数国家采用属人法原则（外国人的本国法或住所地法）确定外国人诉讼行为能力。我国《民事诉讼法》对外国人的诉讼行为能力没有明确规定，但《涉外民事关系法律适用法》第十四条对民事行为能力有规定，即“法人及其分支机构的民事权利能力、民事行为能力、组织机构、股东权利义务等事项，适用登记地法律。法人的主营业地与登记地不一致的，可以适用主营业地法律。法人的经常居所地，为其主营业地”。

此外，要结合我国的法律规定判断该律师的当事人资格。我国企业法人的破产清算应适用《企业破产法》，该法第十三条规定，“人民法院裁定受理破产申请的，应当同时指定管理人”；该法第二十五条规定，“管理人履行下列职责：……（七）代表债务人参加诉讼、仲裁或者其他法律程序……”此处的“代表”是以管理人自己的名义，但诉讼结果由债务人企业承担。在民事诉讼理论上，这种情形被称为诉讼担当，即本不是权利或民事法律关系主体的第三人，基于对他人的权利或法律关系有管理权，而以当事人的地位行使诉讼实施权，但判决的效力及于原民事法律关系的主体。综上所述，破产管理人作为当事人参与诉讼不违反我国的法律规定。所以，若可以查明日本的破产法律制度中有相关规定，在查明了该日本企业已被宣告破产、该律师是被合法程序选任的破产管理人等事实的前提下，可以认可该律师的原告资格。

应当注意的是，上述情形下对当事人资格的认可不代表对外国法院所作的破产裁判的承认和执行。对外国法院作出的发生法律效力的破产案件的判决、裁定，涉及债务人在中华人民共和国领域内的财产，申请或者请求人民法院承认和执行的，仍应依照《企业破产法》第五条规定进行审查。

160. 垄断民事纠纷案件的原告应当符合怎样的资格条件

问：根据《民事诉讼法》第一百二十二条规定，原告应与本案有直接利害关系，而垄断民事案件通常疑难复杂、牵涉较广，在垄断民事诉讼中，原告应当符合怎样的资格条件？

答：垄断民事纠纷案件原告资格的界定决定着当事人的范围与条件，同时也反映了一国基于基本国情而选择的反垄断司法政策导向。第一，在民事诉讼法上，原告首先要符合民事诉讼原告的一般条件。根据《民事诉讼法》第一百二十二条规定，“起诉必须符合下列条件：（一）原告是与本案有直接利害关系的公民、法人和其他组织……”因此，原告应与本案有直接利害关系。第二，在垄断民事诉讼中，根据案件类型的不同，原告资格条件存在差异。最高人民法院《关于审理因垄断行为引发的民事纠纷案件应用法律若干问题的规定》（本文以下简称《规定》）第一条规定：“本规定所称因垄断行为引发的民事纠纷案件（以下简称垄断民事纠纷案件），是指因垄断行为受到损失以及因合同内容、行业协会的章程等违反反垄断法而发生争议的自然人、法人或者非法人组织，向人民法院提起的民事诉讼案件。”垄断民事纠纷案件有两种类型：一是因垄断行为受到损失而引起的诉讼，此种诉讼主要是侵权之诉；二是因合同内容、行业协会的章程等违反《反垄断法》而发生争议引起的诉讼，主要是非侵权之诉，其中确认之诉是常见的案件类型。在侵权之诉中，垄断民事纠纷案件的原告资格条件更加严格，原告与本案具有利害关系具体体现在其因垄断行为受到损失。这里的损失需具备三个条件：一是这种损失应该是实际损失；二是损失与垄断行为之间存在因果关系；三是这种损失必须是由垄断行为的违法性所导致的损失。在非侵权之诉中，垄断民事纠纷案件的原告资格条件相对宽松，原告通常不需要证明其因垄断行为受到实际损失。

另外，《反垄断法》第五十条规定：“经营者实施垄断行为，给他人造成损失的，依法承担民事责任。”该规定并未对原告主体资格作出其他限制，只要因垄断行为受到损失的人，均可以要求垄断行为人承担责任；而《规定》第一条也未对垄断行为受害人的身份类型作出限制。因此，只要能够证明其因垄断行为受到实际损失，直接受害人和间接受害人都具有原告资格。

161. 对于未经反垄断执法机构查处的行为，原告能否直接向人民法院提起民事诉讼

问：《反垄断法》第五十条规定，“经营者实施垄断行为，给他人造成损失的，依法承担民事责任”，这确立了行政执法与民事诉讼双轨并行的执法体制。对于未经反垄断执法机构查处的行为，原告能否直接向人民法院提起民事诉讼？

答：垄断民事纠纷案件中，原告往往面临取证困难、缺乏必要专业知识等难题。如果涉嫌垄断行为已经被反垄断执法机构查处，并认定构成垄断行为，那么允许原告在该处理决定发生法律效力后起诉，更有利于原告维护自身的正当权益并获得赔偿救济。从国际上看，这种后继诉讼是原告提起反垄断民事诉讼的基本方式之一。

对于未经反垄断执法机构查处的行为，原告能否直接向人民法院提起民事诉讼，涉及反垄断民事诉讼是否需要以行政执法程序前置为条件的问题。对此，最高人民法院《关于审理因垄断行为引发

的民事纠纷案件应用法律若干问题的规定》第二条明确规定："原告直接向人民法院提起民事诉讼，或者在反垄断执法机构认定构成垄断行为的处理决定发生法律效力后向人民法院提起民事诉讼，并符合法律规定的其他受理条件的，人民法院应当受理。"这样规定的理由在于：首先，《反垄断法》第五十条并没有对反垄断民事诉讼规定行政执法前置的条件。如果在反垄断民事诉讼中实施行政执法程序前置，不仅于法无据，更会妨碍当事人诉权的正常行使。其次，要求行政执法程序前置将影响垄断行为受害人获得救济。受财政预算和人力资源的限制，反垄断执法机构不可能对所有的垄断行为进行调查，对于被调查的涉嫌垄断行为并非都会作出处理决定。如果坚持以行政执法程序前置为民事诉讼的条件，受害人实际上就被剥夺了获得救济的权利和机会。再次，从反垄断民事诉讼的国际发展趋势来看，接受当事人直接向人民法院提起诉讼已经成为国际潮流。最后，司法实践中已采取由当事人直接向人民法院起诉的做法。最高人民法院《关于认真学习和贯彻〈中华人民共和国反垄断法〉的通知》明确规定，"当事人因垄断行为提起民事诉讼的，只要符合民事诉讼法第一百零八条[①]和反垄断法规定的受理条件，人民法院应当依法受理，并依法审判"，这肯定了当事人直接向人民法院起诉的做法。

162. 如何理解道路交通事故损害赔偿案件中交强险保险公司诉讼地位

问：最高人民法院《关于审理道路交通事故损害赔偿案件适用

① 现为《民事诉讼法》第一百二十二条。

法律若干问题的解释》第二十二条第一款规定："人民法院审理道路交通事故损害赔偿案件，应当将承保交强险的保险公司列为共同被告。但该保险公司已经在交强险责任限额范围内予以赔偿且当事人无异议的除外。"对于道路交通事故损害赔偿案件中交强险保险公司的诉讼地位，应当如何理解呢？

答：尽管依照大陆法系国家民事诉讼理论，我国道路交通事故中机动车交强险的保险公司、侵权人与被侵权人之间的诉讼关系难以构成必要共同诉讼，尤其是难以成立固有必要共同诉讼。但是，正如大陆法系国家或地区对必要共同诉讼的解释是在其实定法的规定下展开的那样，在我国，也应当在民事诉讼法和实体法的框架之下安排道路交通事故损害赔偿案件的诉讼程序。换言之，在保护私权、保障程序权利的前提下，应当尽可能地为当事人提供富有效率的一次性解决纠纷的机制，这是诉讼程序的基本价值追求。以此理念为指导，交强险保险公司应当作为必须追加的共同被告参加诉讼，主要理由在于：第一，《道路交通安全法》第七十六条规定："机动车发生交通事故造成人身伤亡、财产损失的，由保险公司在机动车第三者责任强制保险责任限额范围内予以赔偿……"这赋予第三人（受害人）对保险公司的直接请求权,决定了保险公司可以作为被告。第二，道路交通事故损害赔偿案件的实体法律关系决定了应当将交强险保险公司作为共同被告。虽然从实体法律关系的角度来看，第三人（受害人）对保险公司或侵权人（被保险人）的请求权可分别行使，但是考虑到在诉讼这一特定的情景之下，机动车是交通事故发生的参与方或者原因之一，这一要件事实既是保险公司承担赔偿责任的要件事实，也是侵权人承担侵权责任的要件事实，法院就该要件事实的认定，存在合一确定之必要。而若不追加保险公司作为共同被告，侵权人侵权责任的范围无法准确认定。此外，若不追加保险公司，在侵权人另行起诉保险公司的后诉中，被保险机动车是否为交通事故的参与方或原因之一仍然是重要的争点之一，由于保险公司未参加前诉的诉讼程序，其诉讼权利也难以得到保障。第三，在现在的技术条件下，将交强险公司作为共同被告不会造成诉讼过分迟延，反倒可以在一定程度上降低侵权人的抵触情绪、因赔偿数额较大的畏难情绪，有利于诉讼的推进。

综上所述，基于在依法保障各方当事人实体权利和诉讼权利的前提下，为当事人提供具有实效性的一次性纠纷解决机制的价值目标，最高人民法院《关于审理道路交通事故损害赔偿案件适用法律若干问题的解释》第二十二条第一款明确规定，人民法院审理道路交通事故损害赔偿案件，应当将承保交强险的保险公司列为共同被告。

163. 在道路交通事故损害赔偿案件中，当事人能否将商业三者险保险公司列为共同被告

问：在道路交通事故损害赔偿案件中，当事人请求将承保商业三者险的保险公司列为共同被告的，法院应否予以支持？

答：最高人民法院《关于审理道路交通事故损害赔偿案件适用法律若干问题的解释》第二十二条第二款规定："人民法院审理道路交通事故损害赔偿案件，当事人请求将承保商业三者险的保险公司列为共同被告的，人民法院应予准许。"据此，道路交通事故损害赔偿案件的当事人可以将商业三者险保险公司列为共同被告。

这样规定的主要理由在于：第一，一次性解决纠纷、减少当事人诉累的需要。第二，商业险保险合同是以交强险赔偿范围之外的

赔偿责任为保险标的，交强险保险公司的赔付责任与商业三者险保险公司的赔付责任具有较为紧密的关联性。在实践中，多数机动车的交强险和商业三者险是在一个保险公司投保的。并且，在案件审理过程中遵循“交强险先赔偿，再根据侵权责任和商业三者险合同确定保险公司的赔偿责任，最后确定侵权人自己承担的赔偿责任”这一顺序，并不会出现法律关系过于复杂、案件难以处理、诉讼过分迟延的情况。第三，根据《保险法》第六十五条第二款第二句的规定，“被保险人怠于请求的，第三者有权就其应获赔偿部分直接向保险人请求赔偿保险金”。在受害人已经起诉赔偿而被保险人尚未请求商业三者险保险公司赔偿的情况下，被保险人即处于懈怠状态。因此，将商业三者险合并审理符合《保险法》的规定。第四，合并审理有利于避免就相同争点重复审理，提高诉讼效率，也有利于商业三者险的保险公司进入同一诉讼，行使合同上的抗辩权。

综上所述，在道路交通事故损害赔偿案件中，当事人可以将商业三者险保险公司列为共同被告。

164. 在继承遗产诉讼中，如何理解“其他继承人”的范围

问：最高人民法院《关于适用〈中华人民共和国民事诉讼法〉的解释》第七十条规定：“在继承遗产的诉讼中，部分继承人起诉的，人民法院应通知其他继承人作为共同原告参加诉讼；被通知的继承人不愿意参加诉讼又未明确表示放弃实体权利的，人民法院仍应将其列为共同原告。”此处“其他继承人”的范围如何理解？

答:“其他继承人”应当是指同一顺序的未起诉的其他继承人。《民法典》第一千一百二十七条第二款规定：“继承开始后，由第一顺序继承人继承，第二顺序继承人不继承；没有第一顺序继承人继承的，由第二顺序继承人继承。”继承开始后，就同一顺序的继承人而言，除有特殊情形之外，每个人均享有同等的继承权，当然也包括程序意义的诉权。对于遗产，同一顺序继承人具有共同的权利义务，在遗产被他人侵占，或者继承涉及遗嘱继承、遗赠时，同一顺序的继承人也具有同样的利害关系。也就是说，当同一顺序的继承人之一或部分继承人提起诉讼时，基于同一顺序继承人享有的同等继承权这一前提，其他未起诉的同一顺序的继承人实际上属于同一原告的主体地位，属于必须共同进行诉讼的当事人。

因此，应当认为最高人民法院《关于适用〈中华人民共和国民事诉讼法〉的解释》第七十条中规定的“其他继承人”指的是同一顺序的未起诉的其他继承人，即继承开始后，先由第一顺序的配偶、子女、父母继承，第二顺序的继承人不得继承；没有第一顺序继承人继承的，才可以由第二顺序继承人继承。在同一顺序中，部分继承人起诉的，才发生该条规定的追加未起诉的其他继承人作为共同原告的情形。不是同一顺序的，即使该继承人未起诉，也不得追加其为共同原告。

165. 当事人追加申请被人民法院裁定驳回后，当事人救济权问题

问：关于必要共同诉讼的当事人追加，最高人民法院《关于适

用〈中华人民共和国民事诉讼法〉的解释》第七十三条第二句规定："人民法院对当事人提出的申请，应当进行审查，申请理由不成立的，裁定驳回；申请理由成立的，书面通知被追加的当事人参加诉讼。"若当事人追加申请被人民法院裁定驳回，当事人是否有权上诉？

答：对此问题，少数观点认为，既然是裁定驳回，当事人应当有权上诉，以赋予其救济权利。多数观点认为，当事人对于人民法院驳回追加申请的裁定无上诉权。理由是《民事诉讼法》第一百五十七条第一款、第二款规定："裁定适用于下列范围：（一）不予受理；（二）对管辖权有异议的；（三）驳回起诉；（四）保全和先予执行；（五）准许或者不准许撤诉；（六）中止或者终结诉讼；（七）补正判决书中的笔误；（八）中止或者终结执行；（九）撤销或者不予执行仲裁裁决；（十）不予执行公证机关赋予强制执行效力的债权文书；（十一）其他需要裁定解决的事项。对前款第一项至第三项裁定，可以上诉。"据此规定可知，当事人可以上诉的裁定限于不予受理裁定、管辖权异议裁定以及驳回起诉裁定，而驳回当事人追加申请的裁定，显然不在此列，因此，当事人无上诉权。再者，拟被追加的主体是否属于必须共同进行诉讼的当事人，属于人民法院审查判断的范畴，假如人民法院审查处理后驳回当事人追加申请有误，由此导致本该参加诉讼的主体（必须共同进行诉讼的当事人）未能参加诉讼的，该主体还可以根据《民事诉讼法》第二百一十一条第八项规定，"无诉讼行为能力人未经法定代理人代为诉讼或者应当参加诉讼的当事人，因不能归责于本人或者其诉讼代理人的事由，未参加诉讼的"，对生效裁判进行申请再审，其救济途径是畅通的。综上所述，应当认为当事人对于人民法院驳回追加申请的裁定无上诉权。若人民法院驳回当事人追加申请的裁定有误，则本该参加诉讼的主体（必须共同进行诉讼的当事人）可对生效裁判申请再审。

166. 公司解散或注销是否意味着该公司法人的诉讼主体资格消灭

问：公司解散或注销是否意味着该公司法人的诉讼主体资格消灭？

答：长期以来，受《民法通则》（已废止）在法人总则部分对法人终止制度规定较为简单、对市场退出机制的研究不够重视等多种因素影响，理论界和实务界对公司解散、公司终止、公司注销等概念时常在认识上出现混同。《民法总则》（已废止）为解决上述认识问题，在法人总则部分明确法人终止的法定事由和法定程序，使上述概念的界限更加明晰。第一，解散仅是法人终止的原因行为，而不是法人终止的必经程序，不能与清算程序相提并论。法人基于自愿作出解散决议或者因行政强制被解散的，都是法人解散事由的情形之一。对于法人解散，至多也只能看作一个行为，而不应认为是法人终止中存在解散程序。因此，在法人终止的语境下，法人解散作为法人退出市场的原因行为，其概念的名词属性更为强烈。故而，法人解散并不意味着法人终止，未经清算和注销登记，该法人仍具有民事主体资格。第二，法人终止是在法人解散等事由出现，经清算和注销登记程序后所形成的法人资格消灭的法律效果。因此，法人终止相较于法人解散、法人清算和法人注销，是一个上位和整体概念，四者不在一个层次。需要特别注意的是，法人注销虽然是法人终止效果的完成标志，但法人注销与法人终止也不能简单等同。根据《民法典》第七十二条第三款的规定，依法不需要办理法人登记的，清算结束时，法人即终止，无须办理注销登记。在此情形下，法人终止并不需要以法人注销为前提。

对于以上概念的界限，简言之，解散指引起法人终止的原因，是法人终止的开始，之后法人进入清算程序，一般情况下完成清算并经注销登记，法人民事主体资格才归于消灭，法人终止这一整体效果才最终达成。基于以上认识，我们可以得出这样的结论：在法人出现终止事由时，只要其未依法清算完毕并办理注销登记手续，其民事主体资格就仍然存续，仍应作为民事诉讼主体参加诉讼活动，并按照法人制度独立承担民事责任；但在特殊情况下，依法不需要办理法人登记的，清算结束时，法人即终止，无须办理注销登记，清算结束民事主体资格即告消灭，在清算结束之前仍应作为民事诉讼主体参加诉讼活动，并按照法人制度独立承担民事责任。

167. 法人分支机构是否具备诉讼主体资格

问：A证券公司向最高人民法院提起上诉称，A证券公司深圳营业部属于非法人单位，对外无独立承担民事责任的能力，而且不具备委托理财的业务资格，从而不应作为本合同纠纷案被告，广东省高级人民法院对本案没有管辖权，请求最高人民法院裁定本案移送适格被告A证券公司所在地山东省高级人民法院审理。此案应如何处理？

答：与法人内设机构不同，分支机构是具有一定独立性的机构，通常有自己的名称、场所、管理机构和负责人，以及从事业务活动所需要的资金和从业人员；此外，分支机构会建立符合规定的财务制度，营利法人分支机构还会领取独立的营业执照。为便于分支机构开展业务活动，应允许分支机构以自己的名义从事民事活动，包括以诉讼主体地位参与诉讼。《民事诉讼法》第五十一条第一款规定："公民、法人和其他组织可以作为民事诉讼的当事人。"对于该条的理解与适用问题，最高人民法院《关于适用〈中华人民共和国民事诉讼法〉的解释》第五十二条规定："民事诉讼法第五十一条规定的其他组织是指合法成立、有一定的组织机构和财产，但又不具备法人资格的组织，包括：（一）依法登记领取营业执照的个人独资企业；（二）依法登记领取营业执照的合伙企业；（三）依法登记领取我国营业执照的中外合作经营企业、外资企业；（四）依法成立的社会团体的分支机构、代表机构；（五）依法设立并领取营业执照的法人的分支机构；（六）依法设立并领取营业执照的商业银行、政策性银行和非银行金融机构的分支机构；（七）经依法登记领取营业执照的乡镇企业、街道企业；（八）其他符合本条规定条件的组织。"根据该规定，依法设立并领取营业执照的法人的分支机构具有诉讼主体资格，可以作为民事诉讼的当事人。

因此，本案中A证券公司深圳营业部系A证券公司的分支机构，虽不是法人，但其依法设立并领有工商营业执照，具有一定的运营资金和在核准的经营范围内开展证券交易等业务的行为能力，属于《民事诉讼法》规定的其他组织，可以作为民事诉讼的当事人。A证券公司深圳营业部作为本案合同纠纷的合同一方当事人，是本案原告起诉承担直接民事责任的被告，且其工商登记住所地为广东省深圳市，广东省高级人民法院对本案依法享有管辖权。

168. 既是法定代理人又是侵权责任的替代责任人的，在民事诉讼中如何列当事人

问:《民法典》侵权责任编第一千一百八十八条规定了监护人的侵权责任。若在诉讼中，无民事行为能力人或者限制民事行为能力人的监护人（在身份上也是法定代理人）在程序上既是法定代理人，在实体法上又是侵权责任的替代责任人，对于这类情形如何列当事人?

答：本问题存在争议。不少法院采取列该监护人为法定代理人，并在实体法上确认其承担侵权责任的做法。这种做法违反代理行为的后果归属于被代理人的规则，受到诟病。针对这一问题，最高人民法院《关于适用〈中华人民共和国民事诉讼法〉的解释》第六十七条明确规定："无民事行为能力人、限制民事行为能力人造成他人损害的，无民事行为能力人、限制民事行为能力人和其监护人为共同被告。"由此，明确了监护人的实体责任，至于其法定代理人的身份，则可以在无民事行为能力人、限制民事行为能力人的当事人后面单列该监护人为法定代理人。

169. 在诉讼中，争议的民事权利义务转移的，原当事人申请由受让人替代其承担诉讼的，人民法院是否可以准许

问：在诉讼中，争议的民事权利义务转移的，原当事人申请由受让人替代其承担诉讼的，人民法院是否可以准许?

答：一般认为，在诉讼进行过程中，因发生了法定事由，一方当事人将其诉讼权利转移给案外人，由该案外人续行原当事人已经开始的诉讼为诉讼承继原则。德国民事诉讼法虽采用了诉讼承继的概念，却以当事人恒定主义为基本原则，仅“转让人和对方当事人都同意受让承继时，受让人可以继承诉讼。如果是对不动产物权或登记或在建的船舶的诉讼，受让人则有权继受诉讼”。我国台湾地区和美国也采用当事人恒定主义，例外承认诉讼承继主义。而日本民事诉讼法采用诉讼承继主义，允许受让人以当事人参加的方式继受诉讼，原当事人脱离诉讼。继受人主动参加诉讼而原当事人脱离诉讼的为参加继受；依据原当事人的承担申请，法院允许继受人参加诉讼，原当事人得到“两造”同意后脱离诉讼的为承担继受。最高人民法院《关于适用〈中华人民共和国民事诉讼法〉的解释》第二百四十九条第二款规定：“受让人申请以无独立请求权的第三人身份参加诉讼的，人民法院可予准许。受让人申请替代当事人承担诉讼的，人民法院可以根据案件的具体情况决定是否准许；不予准许的，可以追加其为无独立请求权的第三人。”该条规定的诉讼承继的原因，仅限于“受让人申请替代当事人承担诉讼”的情形，并不包括原当事人的承担申请。也就是说，人民法院作出变更当事人的裁定，针对的是受让人提出的替代当事人承担诉讼的申请，在人民法院和对方当事人对权利义务的转移不知情，且受让人（特定继受人）未提出替代当事人承担诉讼的申请时，仍应由原当事人（让与人）进行诉讼并终结。即使原当事人提出了诉讼权利义务转移的声明，但受让人不申请续行诉讼的，人民法院不得裁定变更当事人，但人民法院作出的发生法律效力的判决、裁定对受让人具有拘束力。

管辖与受理

170. 被告提出级别管辖异议，认为原告故意虚高诉讼标的额、抬高案件级别管辖的，人民法院是否应当在立案阶段对当事人是否虚高诉讼标的额、抬高案件级别管辖问题进行实质审查

问：被告提出级别管辖异议，认为原告故意虚高诉讼标的额、抬高案件级别管辖的，人民法院是否应当在立案阶段对当事人是否虚高诉讼标的额、抬高案件级别管辖问题进行实质审查？

答：人民法院不应当在立案阶段对当事人的诉讼标的额是否虚高、抬高案件级别管辖问题进行实质审查，理由如下：第一，立案阶段原则上应仅就原告诉请的标的额进行形式审查，其诉请的标的额是否有依据、是否应予支持，均属实体审理的范畴，不应在还未进入实体审理的立案阶段进行，这是立审分离原则的基本要求。在立案阶段对当事人是否虚高标的额、抬高案件级别管辖问题进行实

质审查，实质上是对当事人诉讼请求是否成立、法院应支持的标的额大小进行实体审查，显然违反了立审分离原则，导致立案与审判职能的同质化，不仅损害了当事人的诉讼权利，而且打乱了立案与审理机构的明确分工，扰乱了法院内部合理的诉讼运行机制。第二，虚高诉讼标的本质上是滥用诉权行为，而《民事诉讼法》等法律法规针对此类行为已规定了专门的规制办法，不应通过立案阶段对原告诉讼请求进行实质审查来规制。首先，诉讼收费制度具有防止当事人任意提高诉讼标的额的作用。国务院《诉讼费用交纳办法》第十三条第一款第一项规定，财产案件的案件受理费，根据诉讼请求的金额或者价额，按照特定比例分段累计交纳；第二十九条规定，诉讼费用原则上由败诉方承担。由此可知，当事人起诉时须预先交纳的案件受理费与其所诉的标的额成直接的正相关关系，而其终局负担的案件受理费等诉讼费用的数额，与其诉求得到支持的程度紧密相连。因此，诉讼收费制度将促使当事人在提出诉讼请求时，权衡通过诉讼所能获得保护的利益和诉讼成本，结合自己对事实的掌握和法律的理解提出自己认为合理的诉讼标的额，这在一定程度上阻遏了虚高诉讼标的额的滥诉行为。正因诉请标的额的确定包含了当事人复杂的考量过程，对诉讼请求未获支持或未获全部支持的情形，不宜仅据此认定为是滥用诉权或者“虚高诉讼标的额，提高案件级别管辖”。其次，如果当事人确实滥用诉权，存在《民事诉讼法》第十章规定的妨害民事诉讼的行为，人民法院可以根据情节轻重采取罚款、拘留等强制措施。最后，如果当事人以捏造的事实提起民事诉讼，妨害司法秩序或者严重侵害他人合法权益，涉嫌虚假诉讼罪的，则应当依据《刑法》第三百零七条之一的规定，追究行为人的刑事责任。

171. 对于一审判决书中已经作出认定的问题，当事人上诉时没有作为上诉理由提出，申请再审时又作为理由之一申请再审的，能否成立

问：对于一审判决书中已经作出认定的问题，当事人上诉时没有作为上诉理由提出，申请再审时又作为理由之一申请再审的，能否成立？

答：《民事诉讼法》第二百零九条第一款规定："各级人民法院院长对本院已经发生法律效力的判决、裁定、调解书，发现确有错误，认为需要再审的，应当提交审判委员会讨论决定。"该法第二百一十条规定："当事人对已经发生法律效力的判决、裁定，认为有错误的，可以向上一级人民法院申请再审；当事人一方人数众多或者当事人双方为公民的案件，也可以向原审人民法院申请再审。当事人申请再审的，不停止判决、裁定的执行。"由此可知，审判监督程序应为纠错程序，即已经生效的判决、裁定、调解书确有错误的，才可进入再审。同时，根据《民事诉讼法》第十三条第二款的规定，"当事人有权在法律规定的范围内处分自己的民事权利和诉讼权利"，一审判决作出后是否上诉、针对哪些问题上诉、提出哪些上诉理由，一审或二审判决生效后是否申请再审、针对哪些问题申请再审、理由如何，均在当事人对自己民事权利和诉讼权利的处分范畴之内。而根据《民事诉讼法》第十三条第一款的规定，"民事诉讼应当遵循诚信原则"，当事人对自身权利的处分应当符合诚信原则的要求。

一方面，对于一审判决中已经作出认定的问题，如果当事人在上诉时没有提出异议，应视为对一审判决相关认定的认可。在二审

判决作出后，当事人对二审判决申请再审时再对此问题提出异议，其对自身诉讼权利的行使和处分行为，有违《民事诉讼法》第十三条第一款规定的诚信原则。另一方面，根据《民事诉讼法》第一百七十五条规定，“第二审人民法院应当对上诉请求的有关事实和适用法律进行审查”，二审程序中，若当事人对此问题未提起上诉，双方未形成争议，二审法院即不必对此问题进行审查，更谈不上错误与否的问题。因此，当事人再以此为由主张二审判决错误并申请再审，显然不能成立。

172. 作出保全裁定的法院又将案件移送其他法院审理，受移送法院审理后作出了生效判决的情况下，保全损害责任纠纷案件应当由哪个法院管辖

问：作出保全裁定的法院又将案件移送其他法院审理，受移送法院审理后作出了生效判决的情况下，保全损害责任纠纷案件应当由哪个法院管辖？

答：最高人民法院《关于因申请诉中财产保全损害责任纠纷管辖问题的批复》（法释〔2017〕14 号，本文以下简称《批复》）规定，“为便于当事人诉讼，诉讼中财产保全的被申请人、利害关系人依照《中华人民共和国民事诉讼法》第一百零五条[①] 规定提起的因申请诉中财产保全损害责任纠纷之诉，由作出诉中财产保全裁定的人民法院管辖”。但如果作出诉中保全裁定的法院又将案件移送其他法院审

① 现为《民事诉讼法》第一百零八条。

理，受移送法院审理后作出了生效判决，保全损害责任纠纷之诉应由何法院管辖？对这一问题，存在两种不同的观点。第一种观点认为，最高人民法院《关于适用〈中华人民共和国民事诉讼法〉的解释》第一百六十条规定："当事人向采取诉前保全措施以外的其他有管辖权的人民法院起诉的，采取诉前保全措施的人民法院应当将保全手续移送受理案件的人民法院。诉前保全的裁定视为受移送人民法院作出的裁定。"参照这一规定的立法精神，进行过财产保全的案件管辖权发生转移的，保全裁定应当视为受移送法院作出的裁定，因此，受移送法院对保全损害责任纠纷有管辖权。第二种观点则认为，《批复》中仅规定此类案件由作出保全裁定的法院管辖，类似于专门管辖的规定，并未规定例外情形，故实践中不应作扩大解释，只能由作出保全裁定的法院管辖。

我们认为，应当由受移送的法院来管辖。《批复》之所以规定由作出保全裁定的法院来管辖，是为了有利于案件的审理。作出保全裁定的法院通常更便于判断申请人当时的申请是否符合保全的条件。但在案件移送后，相关的案件材料均由移送后的法院统一保管，由移送后的法院管辖保全责任纠纷比较便于当事人诉讼，便于案件查明事实，更符合"两便原则"。

173. 对经检察院抗诉，法院指令再审后形成的重审生效民事判决，当事人申请再审的，法院应否受理

问：经检察院抗诉，法院指令再审后，原二审法院将案件发回

一审法院重审，重新形成一审、二审判决，当事人针对该判决申请再审的应当如何处理？

答：首先，最高人民法院《关于适用〈中华人民共和国民事诉讼法〉的解释》第三百八十一条规定："当事人申请再审，有下列情形之一的，人民法院不予受理：……（二）对再审判决、裁定提出申请的……"再审发回重审后形成的重审生效判决，因其系在再审程序中形成的判决，故在性质上属于上述规定中的"再审判决"，根据该规定，人民法院应当不予受理。其次，如果人民法院对当事人提出的此项再审申请予以受理，将实质上违反2012年修订后的《民事诉讼法》所确立的"一审、二审、再审及检察院抗诉"的"3+1"模式。因此，对此类重审判决申请再审的，人民法院不应予以受理；如果已经受理的，则应当依据最高人民法院《关于适用〈中华人民共和国民事诉讼法〉的解释》第四百条"再审申请审查期间，有下列情形之一的，裁定终结审查：……（六）有本解释第三百八十一条第一款规定情形的"的规定，裁定终结审查当事人的再审申请。

174. 无民事行为能力人能否提起离婚之诉

问：无民事行为能力人能否提起离婚之诉，具体如何操作？

答：可以，但需满足一定的条件。无民事行为能力人由于欠缺民事行为能力，其诉讼只能由法定代理人代理。但是，正如《民法典》第一百六十一条第二款所规定，"依照法律规定、当事人约定或者民事法律行为的性质，应当由本人亲自实施的民事法律行为，不得代理"，具有人身性质的法律行为不得代理，是代理制度的重要原则之一。离婚行为具有较强的身份属性，原则上属于不能代理的事项范畴。但实践中不能排除无民事行为能力人有较多的财产，其配偶既不提出离婚，也不照顾对方，而是利用财产管理人的身份挥霍对方财产的情况。如果一概不允许其离婚，可能会出现配偶一方在合法婚姻的幌子下肆意侵害无民事行为能力人权益的情况。为了应对这些特殊情况，最高人民法院《关于适用〈中华人民共和国民法典〉婚姻家庭编的解释（一）》（本文以下简称《民法典婚姻家庭编解释（一）》）确认了在特殊情形（严重损害无民事行为能力人合法权益的情形）下，变更后的监护人可以代理无民事行为能力人进行离婚诉讼。

具体而言，《民法典婚姻家庭编解释（一）》第六十二条明确规定："无民事行为能力人的配偶有民法典第三十六条第一款规定行为，其他有监护资格的人可以要求撤销其监护资格，并依法指定新的监护人；变更后的监护人代理无民事行为能力一方提起离婚诉讼的，人民法院应予受理。"根据这一规定，只有在符合限定条件"实施严重侵害被监护人合法权益行为"，典型如配偶一方实施严重损害无民事行为能力的一方身心健康的行为，怠于履行监护职责，或者无法履行监护职责且拒绝将监护职责部分或者全部委托给他人，导致无行为能力的一方处于危困状态，并坚持不离婚、利用婚姻的名义通过夫妻共同财产牟利等情形时，无民事行为能力人可以作为离婚诉讼的原告。

但是，无民事行为能力人不具备辨认能力和控制能力，不能自己诉讼，必须由法定代理人代理其提起诉讼。最高人民法院《关于适用〈中华人民共和国民事诉讼法〉的解释》第八十三条规定："在诉讼中，无民事行为能力人、限制民事行为能力人的监护人是他的法定代理人……"换言之，无民事行为能力人的监护人即为其在诉讼中的法定代理人。然而，根据《民法典》第二十八条的规定，"无民事行为能力或者限制民事行为能力的成年人，由下列有监护能力的人按顺序担任监护人：（一）配偶……”，配偶一方就是无民事行为能力人的第一顺序监护人，如果不变更监护关系，会出现法庭上原告席与被告席上是同一人的情况。因此，无民事行为能力人作为原告提出离婚诉讼，首先要解决程序上的问题，变更无民事行为能力人之配偶的监护权，待其他有监护资格的人依照特别程序取得监护权后，才能代无民事行为能力人进行诉讼。

175. 同一争议事实，当事人以不同法律关系起诉，是否违反一事不再理原则

问：原告以某一法律关系起诉后诉讼请求被法院驳回，针对同一争议事实，原告以不同法律关系为由再次起诉，是否违反一事不再理原则？

答：在我国，一般认为，一事不再理原则的基本法律依据为《民事诉讼法》第一百二十七条第五项的规定，该条的内容为，“对判决、裁定、调解书已经发生法律效力的案件，当事人又起诉的，告知原告申请再审，但人民法院准许撤诉的裁定除外”。与此同时，最高人民法院《关于适用〈中华人民共和国民事诉讼法〉的解释》第二百四十七条围绕“重复起诉”的判断，将这一原则具体化为：“当事人就已经提起诉讼的事项在诉讼过程中或者裁判生效后再次起诉，同时符合下列条件的，构成重复起诉：（一）后诉与前诉的当事人相同；（二）后诉与前诉的诉讼标的相同；（三）后诉与前诉的诉讼请求相同，或者后诉的诉讼请求实质上否定前诉裁判结果。当事人重复起

诉的，裁定不予受理；已经受理的，裁定驳回起诉，但法律、司法解释另有规定的除外。”根据该条规定，一事不再理原则的把握核心是诉讼主体、诉讼标的、诉讼请求三个方面，即前诉与后诉在诉讼主体、诉讼标的、诉讼请求三方面存在一致，则构成重复起诉；若人民法院依然受理后诉，将违反一事不再理原则。

原告以某一法律关系起诉后诉讼请求被法院驳回，针对同一争议事实，以不同法律关系为由再次起诉的，前诉与后诉虽在诉讼主体和诉讼请求方面存在一致性，但所涉诉讼标的不同，后诉不违反一事不再理原则。

176. 税务机关就破产企业欠缴税款产生的滞纳金提起的债权确认之诉，法院应否受理

问：*税务机关就破产企业欠缴税款产生的滞纳金提起的债权确认之诉，法院应否受理？*

答：对税务机关就破产企业欠缴税款产生的滞纳金提起的债权确认之诉应否受理的问题有两种意见。第一种意见认为，欠缴税款产生的滞纳金，可以视为公债权，依照《企业破产法》第五十八条第三款规定，“债务人、债权人对债权表记载的债权有异议的，可以向受理破产申请的人民法院提起诉讼”，税务机关对此滞纳金所提起的债权确认之诉，人民法院应当受理。第二种意见则认为，欠缴税款产生的滞纳金不属于公债权，应对发生在破产案件受理之前与受理之后的滞纳金做区分处理。具体而言，根据最高人民法院《关于税务机关就破产企业欠缴税款产生的滞纳金提起的债权确认之诉应

否受理问题的批复》（法释〔2012〕9号），破产企业在破产案件受理前因欠缴税款产生的滞纳金属于普通破产债权，税务机关就破产企业欠缴税款产生的滞纳金提起的债权确认之诉，人民法院应当受理；对于破产案件受理后因欠缴税款产生的滞纳金，依据最高人民法院《关于审理企业破产案件若干问题的规定》第六十一条，不属于破产债权，但应对当事人的申报进行登记。

第一，从税款滞纳金的性质看，破产企业欠缴税款产生的滞纳金作为纳税主体未按照税收法律法规规定的期限缴纳税款，征税机关依法对该占用国家资金、影响国家财政收支的行为所附加征收一定数量的金钱给付，具有督促、强制、制裁甚至惩罚的功能，但其在本质上不同于罚款，应属对欠缴税款给国家利益造成损失的一种补偿，与税款本身密切相连，属于国家税收利益的重要组成部分。第二，从破产程序的定位来看，破产程序是一项需要统筹兼顾、综合考量的系统工程，其最终目的是清理破产企业的所有财产及负债，实现纠纷的“一揽子”解决。因此，破产程序中对债权债务范围的界定要比普通债权债务的范围更宽泛。与此相符，《企业破产法》第一百一十三条第一款规定：“破产财产在优先清偿破产费用和共益债务后，依照下列顺序清偿：……（二）破产人欠缴的除前项规定以外的社会保险费用和破产人所欠税款……”将有关社会保险费用及税款请求权作为一种破产债权来进行规范。在税款请求权已被作为破产债权的前提下，与税款本身密切相连的滞纳金，也应被列入破产债权。第三，最高人民法院《关于审理企业破产案件若干问题的规定》第六十一条规定：“下列债权不属于破产债权：……（二）人民法院受理破产案件后债务人未支付应付款项的滞纳金，包括债务人未执行生效法律文书应当加倍支付的迟延利息和劳动保险金的滞纳金……上述不属于破产债权的权利，人民法院或者清算组也应当对当事人的申报进行登记。”此规定仅将人民法院受理破产案件后债务人未支付应付款项的滞纳金排除在破产债权之外，而在破产案件受理之前，已经发生的欠缴税款的滞纳金作为破产企业对外负有的债务，应与其他债务同等对待，依法列入破产债权。在将税款滞纳金作为破产债权进行定性的前提下，根据《企业破产法》第二十一条“人民法院受理破产申请后，有关债务人的民事诉讼，只能向受理破产申请的人民法院提起”的规定与该法第五十八条第三款的规定，对于税务机关就破产企业欠缴税款产生的滞纳金应否纳入破产债权的争议依法向受理该破产案件的人民法院提起诉讼的，人民法院应当依法受理。

此外，关于破产企业在破产案件受理前欠缴税款产生的滞纳金作为破产债权的清偿顺序问题，为实现滞纳金对国家税收缴纳的保障功能与对国家税收损失的补偿功能，同时考虑到对该滞纳金予以优先受偿并无法律依据，并且税款滞纳金的性质与功能并不同于税款本身，以及通过破产程序推动破产企业摆脱困境与合理保护其债权人利益的需要，应当将此税款滞纳金作为普通债权接受清偿。对于破产案件受理后因欠缴税款产生的滞纳金，人民法院应当按照最高人民法院《关于审理企业破产案件若干问题的规定》第六十一条的规定处理，对当事人的申报进行登记，但不应列入破产债权。

177. 法人的分支机构之间的纠纷是否属于法院受案范围

问：法人的分支机构之间的纠纷是否属于法院受案范围？

答：分支机构虽然具有一定的独立性，但属于法人的组成部分，不具有独立的法人资格，不能独立承担民事责任。分支机构虽然有自己的名称，但其名称应反映其与法人的隶属关系；分支机构虽可以从事经营及其他业务活动，但没有独立的章程，其经营权限来自法人的授权；分支机构虽有自己的组织机构和工作人员，但其人员管理由法人决定，自身没有自主权；分支机构虽有自己的财产，但所有资产隶属于法人并列入法人的资产负债表。基于此，《民法典》第七十四条第二款前半句明确规定，“分支机构以自己的名义从事民事活动，产生的民事责任由法人承担”。需要注意的是，此处的民事责任不限于合同责任，包括侵权责任。

因此，法人可以依法设立多个分支机构，多个分支机构在各自区域内开展业务活动，但均不具有法人资格，从事民事活动产生的民事责任均由法人承担，故分支机构与法人之间的纠纷以及同一法人下设的不同分支机构之间产生的纠纷，属于法人内部的纠纷，不属于法院受案范围。对法人的分支机构以自己为原告、以法人或者同一法人的其他分支机构为被告的诉讼，应裁定驳回起诉。

178. 货运代理企业在办理海上货运业务过程中，从事了仓储、陆路运输等经营活动，由此引发的纠纷如何管辖

问：货运代理企业在办理海上货运业务过程中，从事了仓储、陆路运输等经营活动，由此引发的纠纷如何管辖？

答：最高人民法院《关于海事法院受理案件范围的规定》明确规定，海上、通海可航水域货运代理合同纠纷案件属海商合同纠纷案件，由海事法院受理。但是货运代理企业在办理海上货运业务过程中，从事了仓储、陆路运输等经营活动，由此引发的纠纷在实践中如何管辖比较混乱，有地方法院管辖的情况，也有海事法院管辖的情况。

我们认为，就与海上货运代理事务无关的内陆运输纠纷或者在港区外仓库发生的仓储纠纷而言，不应作为海上货运代理纠纷案件处理，不属于海事法院管辖的范围。但是，对比最高人民法院《关于海事法院受理案件范围的规定》所使用的“海上、通海可航水域货运代理合同纠纷”与最高人民法院《关于审理海上货运代理纠纷案件若干问题的规定》（本文以下简称《规定》）所使用的“海上货运代理纠纷”，后者去掉了“合同”二字。这一变化实际反映了当前货运代理企业提供的服务已经远远超出了传统货运代理业务范围，使“海上货运代理合同纠纷”已不能够准确反映货运代理业务中所发生纠纷的性质。与此相符，《规定》第一条规定：“本规定适用于货运代理企业接受委托人委托处理与海上货物运输有关的货运代理事务时发生的下列纠纷：……（四）因提供仓储、陆路运输服务所发生的纠纷……”换言之，如因从事仓储、陆路运输等经营活动引发的纠纷是在货运代理企业办理海上货运业务过程中发生的，就属于“海上货运代理纠纷”，应由海事法院管辖。为避免司法实践中出现此类管辖权争议，《规定》第十三条明确规定：“因本规定第一条所列纠纷提起的诉讼，由海事法院管辖。”

179. 垄断民事纠纷案件应当由哪个法院管辖

问：垄断民事纠纷案件有其特殊性，主要体现在其高度的专业性、复杂性和较大的影响力。考虑到垄断民事纠纷案件的这些特点，这类案件应当由哪个法院管辖呢？

答：由于反垄断民事诉讼刚刚起步，人民法院对于反垄断民事诉讼的规律和特点认识还不够深刻。考虑到垄断民事纠纷案件的特殊性，应当由审判力量相对充足、审判经验相对较多的法院集中管辖。因此，最高人民法院《关于审理因垄断行为引发的民事纠纷案件应用法律若干问题的规定》（本文以下简称《规定》）第三条明确规定："第一审垄断民事纠纷案件，由知识产权法院，省、自治区、直辖市人民政府所在地的市、计划单列市中级人民法院以及最高人民法院指定的中级人民法院管辖。"考虑到未来垄断民事纠纷案件可能会有增加的趋势，人民法院对垄断纠纷案件的审判经验和审判水平也将进一步提高，为以后合理规划管辖布局留下空间。

垄断民事纠纷案件既包括侵权纠纷，也包括合同纠纷等其他纠纷。在确定地域管辖时，应根据案件具体情况，依照《民事诉讼法》及相关司法解释有关侵权纠纷、合同纠纷等的管辖规定确定。如果属于侵权纠纷，根据《民事诉讼法》第二十九条规定，"因侵权行为提起的诉讼，由侵权行为地或者被告住所地人民法院管辖"，如果属于合同纠纷，根据《民事诉讼法》第二十四条规定，"因合同纠纷提起的诉讼，由被告住所地或者合同履行地人民法院管辖"。

如果案件并非以垄断纠纷立案，但在审理过程中，当事人可能依据《反垄断法》提出抗辩或者反诉，或者人民法院依职权认为案件需要依照《反垄断法》作出裁判，则该案件属于垄断民事纠纷，需要适用垄断民事纠纷案件的管辖制度。如果审理该案的法院本身不具备垄断民事纠纷案件的管辖权，就可能发生移送管辖问题。在决定是否符合移送管辖的条件时，一方面要维护垄断民事纠纷案件的集中管辖制度，另一方面也要防止当事人滥用垄断抗辩或者反诉拖延诉讼。因此，受诉人民法院应该首先对当事人提出的垄断抗辩或者反诉进行审查，看其是否确有证据支持。如果确有证据支持，则应将案件移送有管辖权的人民法院；如果明显缺乏证据支持，则不应移送管辖。

180. 如何处理军事法院与地方人民法院之间的管辖权争议

问：最高人民法院《关于军事法院管辖民事案件若干问题的规定》（本文以下简称《军事法院管辖规定》）第一条规定："下列民事案件，由军事法院管辖：（一）双方当事人均为军人或者军队单位的案件，但法律另有规定的除外；（二）涉及机密级以上军事秘密的案件；（三）军队设立选举委员会的选民资格案件；（四）认定营区内无主财产案件。"若军事法院与地方人民法院发生管辖权争议，应当如何处理？

答：《民事诉讼法》第三十七条规定："人民法院发现受理的案件不属于本院管辖的，应当移送有管辖权的人民法院，受移送的人民法院应当受理。受移送的人民法院认为受移送的案件依照规定不属于本院管辖的，应当报请上级人民法院指定管辖，不得再自行移送。"本条规定为解决管辖争议问题提供了法律依据。据此，《军事法院管辖规定》第五条对军事法院与地方人民法院之间相互移送管辖作出规定："军事法院发现受理的民事案件属于地方人民法院管辖的，应当移送有管辖权的地方人民法院，受移送的地方人民法院应当受理。地方人民法院认为受移送的案件不属于本院管辖的，应当报请上级地方人民法院处理，不得再自行移送。地方人民法院发现受理的民事案件属于军事法院管辖的，参照前款规定办理。"与一般案件移送管辖不同的是，当受移送的地方人民法院认为受移送案件不属于地方人民法院管辖的，应当报请上级地方人民法院协调处理，而不是由上级地方人民法院指定管辖。这是由于军事法院与地方人民法院分属两个系统，上级地方人民法院无权指定军事法院管辖。同理，地方人民法院发现受理的民事案件属于军事法院管辖的，参照前述规定办理。

此外，虽然军事法院与地方人民法院建制不同，但都分为三级，且最高人民法院是其共同的上级法院。因此，《军事法院管辖规定》第六条规定："军事法院与地方人民法院之间因管辖权发生争议，由争议双方协商解决；协商不成的，报请各自的上级法院协商解决；仍然协商不成的，报请最高人民法院指定管辖。"

181. 如何处理侵害信息网络传播权民事案件的管辖问题

问：《民事诉讼法》第二十九条规定："因侵权行为提起的诉讼，由侵权行为地或者被告住所地人民法院管辖。"审判实践中，如何处理侵害信息网络传播权民事案件的管辖问题？

答：最高人民法院《关于适用〈中华人民共和国民事诉讼法〉的解释》第二十四条规定："民事诉讼法第二十九条规定的侵权行为地，包括侵权行为实施地、侵权结果发生地。"最高人民法院2006年发布的《关于审理涉及计算机网络著作权纠纷案件适用法律若干问题的解释》（已废止）第一条规定："网络著作权侵权纠纷案件由侵权行为地或者被告住所地人民法院管辖。侵权行为地包括实施被诉侵权行为的网络服务器、计算机终端等设备所在地。对难以确定侵权行为地和被告住所地的，原告发现侵权内容的计算机终端等设备所在地可以视为侵权行为地。"在最高人民法院《关于审理侵害信息网络传播权民事纠纷案件适用法律若干问题的规定》（本文以下简称《侵害信息网络传播权规定》）的制定过程中，考虑到司法实践中发生的很多涉外案件，被告住所地和侵权行为实施地均在国外，而侵权结果发生在国内，如果人民法院对此类案件无法行使管辖权，则不能保护权利人的合法权利。为此，《侵害信息网络传播权规定》第十五条规定："侵害信息网络传播权民事纠纷案件由侵权行为地或者被告住所地人民法院管辖。侵权行为地包括实施被诉侵权行为的网络服务器、计算机终端等设备所在地。侵权行为地和被告住所地均难以确定或者在境外的，原告发现侵权内容的计算机终端等设备所在地可以视为侵权行为地。"据此，对于侵权行为地和被告住所地均在国外的侵害信息网络传播权案件，如果原告发现侵权内容的计算机终端等设备所在地在我国境内的，人民法院享有管辖权，这有利于权利人在我国提起诉讼，切实保护权利人的合法权益。

182. 原告发现侵权信息地可否作为网络侵权行为地

问：原告发现侵权信息地可否作为网络侵权行为地，进而由侵权信息发现地法院管辖？

答：对该问题存在两种观点。

一种观点认为，原告发现地不宜作为侵权行为地。理由是：第一，由于网络互通性强，任何能够接入网络的地点，都可以成为侵权行为发现地，连结点过多，管辖法院随意性较大。第二，以发现地为侵权行为地则将管辖法院的决定权完全授予原告，甚至有些原告为争夺有利管辖法院而人为制造连结点，这对被告而言显然不公平。第三，民事案件的管辖要符合“两便原则”，而且连结点应当与纠纷有实际关联性，而以发现地为侵权行为地将导致管辖标准极不明确，极易引发管辖争议。第四，对于网络侵权案件有必要对侵权行为地进行限制，极难以确定侵权行为实施地的，以原告住所地作为侵权行为地中的侵权结果地，与被告住所地的人民法院共同有管辖权，这样既可以方便确定管辖法院，也有利于诉讼进行。

另一种观点认为，原告发现地可作为侵权行为地。主要理由是：第一，网络侵权的特殊性就在于任何发现侵权信息的地点，都属于侵权行为地，既可以解释为侵权行为实施地，也可以认定为侵权结果发生地。第二，最高人民法院《关于审理侵害信息网络传播权民事纠纷案件适用法律若干问题的规定》（本文以下简称《侵害信息网络传播权规定》）第十五条规定，侵害信息网络传播权民事纠纷案件由侵权行为地或者被告住所地人民法院管辖。侵权行为地包括实施被诉侵权行为的网络服务器、计算机终端等设备所在地。侵权行为地和被告住所地均难以确定或者在境外的，原告发现侵权内容的计算机终端等设备所在地可以视为侵权行为地。第三，如此规定，可以有效解决侵权人实施侵权行为地在国外等跨国侵权行为由国内法院管辖的问题。

我们采纳第一种观点。最高人民法院《关于适用〈中华人民共和国民事诉讼法〉的解释》（本文以下简称《民诉解释》）第二十五条规定："信息网络侵权行为实施地包括实施被诉侵权行为的计算机等信息设备所在地，侵权结果发生地包括被侵权人住所地。"在司法解释的起草过程中，也有观点认为，按照《侵害信息网络传播权规定》第十五条，可以随意界定被诉侵权行为的网络服务器、计算机终端等设备所在地，计算机有便捷移动的特征，在任何地方都可以视为侵权行为地，但这都是无法回避的问题，《民诉解释》第二十五条的规定也是为了便于确定管辖。将"被侵权人住所地"纳入侵权结果发生地，也是考虑到司法实践中发生的很多涉外案件，被告住所地和侵权行为实施地均在国外，而侵权结果发生在国内，如果人民法院对此类案件无法行使管辖权，则不能保护权利人的合法权利。

183. 当事人通过管辖协议确定管辖法院，但纠纷发生后超出该院级别管辖标准，管辖协议是否因此无效

问：当事人已约定某一具体基层法院管辖，纠纷发生后超出该院级别管辖标准，当事人之间的管辖协议是否一律以违反级别管辖而认定无效呢？

答：应当认为当事人双方选择的地域管辖是有效的。最高人民法院《关于适用〈中华人民共和国民事诉讼法〉的解释》第三十条第一款规定："根据管辖协议，起诉时能够确定管辖法院的，从其约定；不能确定的，依照民事诉讼法的相关规定确定管辖。"关于管辖法院的确定，首先考虑地域管辖，其次考虑级别管辖，在按照诉讼标的额和案件影响程度确定级别管辖法院时，当事人双方在纠纷发生前无法预见今后争执的标的额和是否具有重大影响，要求当事人在纠纷前约定的管辖法院明确、具体、唯一且不违反级别管辖的规定，在实践中是比较困难的。因此，应当充分尊重当事人双方的真实意思表示，扩大当事人达成管辖协议的自由，避免大面积认定管辖协议无效，也减少了因约定不明确造成法院间"推管辖"或"抢管辖"情况的发生。

就问题中所述的情形而言，应当认为，即使当事人约定管辖法院不够明确，但只要根据管辖协议约定的地域能够确定具体管辖法院的，管辖协议按照有效处理。问题中所述的约定表明，双方当事人愿意在该法院所在地进行诉讼，地域管辖是明确的。出于保护当事人的正当预期，应当认定双方选择的地域管辖是有效的，可以结合级别管辖标准确定具体的法院。

184. 管辖协议约定的当事人住所地发生变更，管辖法院如何确定

问：当事人在管辖协议中约定由当事人一方住所地人民法院管辖，原告向人民法院提起诉讼时，当时约定的住所地已经发生了变更，该如何确定管辖法院？

答：对该问题存在两种观点。

一种观点认为，仍应由协议签订时的住所地法院管辖。因为设计协议管辖制度的初衷是尊重当事人的意思表示，在协议选择管辖法院时，双方当事人对选择的法院管辖是明知的，这一管辖法院不能因住所地变动而变更，否则违背了当事人最初的约定，也将给当事人规避法律留下空间，一定程度上造成管辖秩序混乱。

另一种观点认为，“两便原则”是确定诉讼管辖的一个基本标准，法律把当事人的住所地确定为协议管辖的连结点，就是为了让住所地法院能够就近查明案情，当事人能够就近参加诉讼。因此，在管辖协议约定时的当事人住所地发生变更的情况下，应当以实际争议发生时的住所地确定管辖法院，以便纠纷的快速有效解决。

我们采纳第一种观点。管辖法院在双方签订协议时就是确定的，稳定了当事人的预期，更主要的是能杜绝当事人通过改变住所地选择有利于自己的管辖法院的现象发生。当然，如果当事人在协议中约定可以由变化了的住所地法院管辖，同样要尊重当事人的意思表示，按协议确定管辖法院。与之相符，最高人民法院《关于适用〈中华人民共和国民事诉讼法〉的解释》第三十二条规定，“管辖协议约定由一方当事人住所地人民法院管辖，协议签订后当事人住所地变更的，由签订管辖协议时的住所地人民法院管辖，但当事人另有约定的除外”，也体现了相同的内涵。

185. 关于证券虚假陈述纠纷共同管辖的案件移送

问：投资者王某向法院起诉，认为证券公司存在虚假陈述的行为，给其造成了损失。法院受理案件之后，被告申请追加发行人为共同被告的，法院在追加后发现其他有管辖权的人民法院已先行受理因同一虚假陈述引发的民事赔偿案件，此时法院是否应移送案件？如果应移送，法院应将案件移送到何地法院？

答：法院应将案件移送给先立案的法院。在证券纠纷中，除发行人、上市公司外，上市公司负有责任的董事、监事和经理等高级管理人员、证券承销商、证券上市推荐人以及会计师事务所、律师事务所等专业中介服务机构都可能成为虚假陈述民事责任主体，由此就可能出现多个法院基于投资者起诉的不同被告主体而对同一虚假陈述纠纷案件享有管辖权的问题。此前，最高人民法院《关于审理证券市场因虚假陈述引发的民事赔偿案件的若干规定》第十条第一款规定："人民法院受理以发行人或者上市公司以外的虚假陈述行为人为被告提起的诉讼后，经当事人申请或者征得所有原告同意后，可以追加发行人或者上市公司为共同被告。人民法院追加后，应当将案件移送发行人或者上市公司所在地有管辖权的中级人民法院管辖。"根据上述规定，在法院依申请追加了发行人作为被告后，此时证券虚假陈述赔偿之诉只能由发行人所在地的法院管辖。如此规定也具有一定合理性，因为发行人、上市公司是虚假陈述行为的实施人和第一责任人。但在其他法院已经受理了因同一虚假陈述引发的民事赔偿案件，比如，投资者对律师事务所提起诉讼时，就可能造成案件出现多个法院同时审理的局面，不利于案件裁判统一。我们认为，本案的情形应根据最高人民法院《关于适用〈中华人民共和国民事诉讼法〉的解释》第三十六条的规定，法院"立案后发现其他有管辖权的人民法院已先立案的，裁定将案件移送给先立案的人民法院"。因此，本案法院应将案件移送给先立案的法院，而非发行人所在地的中级法院。

186. 破产受理后有关债务人诉讼的处理

问：王某对甲公司享有400万元的债权，后因甲公司未按期清偿债务，王某对甲公司提起诉讼。在诉讼阶段，法院受理了甲公司的破产申请，甲公司进入了破产程序。对于此前王某提起的诉讼，法院应如何处理？王某是否还享有其他救济手段？

答：法院受理破产申请后，已经开始而尚未终结的有关债务人甲公司的民事诉讼，在破产管理人接管甲公司财产和诉讼事务后，相关诉讼继续进行，此时由管理人代表甲公司参加诉讼，法院对案件继续审理。如果受理破产申请的法院与原诉讼的管辖法院不一致的，前诉法院应将案件移送至受理破产申请的法院，由破产法院对破产程序期间的案件进行集中管辖。

在法院的生效裁判尚未作出前，债权人王某的债权尚未得到确认，此时王某仍然可以同时向破产管理人申报债权，但原则上不得行使表决权。裁判生效后，若王某的债权得以确定，此时就应依照《企业破产法》的有关规定在破产程序中依法统一受偿。

187. 重整计划执行期间的诉讼管辖及诉讼参加人

问：某公司经过重整程序进入了重整计划执行阶段。在重整计划执行期间，该公司在新交易中与他人产生了纠纷并进入了诉讼，此时由谁代表该公司参加诉讼？该案的管辖如何确定？

答：本案引发纠纷的事实发生在重整程序终止后，不再适用破产集中管辖。同时，对于该期间内新发生的诉讼，管理人不再代表债务人参加诉讼，而是由公司自行参加诉讼。《企业破产法》第二十一条规定："人民法院受理破产申请后，有关债务人的民事诉讼，只能向受理破产申请的人民法院提起。"该规定是对破产案件集中管辖的规定。但我们认为，"重整期间"和"重整计划执行期间"是两个不同的法律概念和期间。自人民法院裁定债务人重整之日起至重整程序终止为重整期间，在此期间，债务人由破产管理人接管，管理人代表债务人参加诉讼，有关民事诉讼也由受理破产申请的法院集中管辖。重整计划执行期间是重整企业从重整期间转向完全正常经营的过渡期，债务人企业可以逐步过渡到正常经营状态，有关债务人的民事诉讼也可以按照普通民事诉讼的规则确定管辖。即便存在破产重整计划不能执行而向清算程序转化，也仅仅是一种可能性，并不意味着必然转化，亦不会因重整计划执行阶段的民事诉讼未集中管辖而受到影响。因此，重整计划执行期间，因重整程序终止后新发生的事实或者事件引发的有关债务人的民事诉讼不适用《企业破产法》第二十一条有关集中管辖的规定。另外，除重整计划有明确约定外，上述纠纷引发的诉讼，也不再由管理人代表债务人进行。这也符合人民法院裁定批准重整计划后，已接管财产和营业事务的管理人应当向债务人移交财产和营业事务的实际。

证 据

188. 审判中询问专家辅助人的意见属于证据种类的哪一种

问：审判中询问专家辅助人的意见属于证据种类的哪一种？

答：《民事诉讼法》第六十六条第一款规定了八种证据种类，审判实践中对于专家辅助人发表的意见属于证据种类的哪一种存有争议。主要观点有两种：一种观点是认为属于当事人陈述，另一种观点是认为属于专家证人或准用鉴定意见规定。我们认为，专家辅助人意见应当属于证据种类中的当事人陈述。

《民事诉讼法》第八十二条规定："当事人可以申请人民法院通知有专门知识的人出庭，就鉴定人作出的鉴定意见或者专业问题提出意见。""有专门知识的人"司法实践中一般称为"专家"、"诉讼辅助人"或"专家辅助人"，是指在科学技术以及其他专业知识方面具有特殊的专门知识或者经验的人。最高人民法院《关于适用〈中华人民共和国民事诉讼法〉的解释》第一百二十二条第一款、第二款作出规定，"当事人可以依照民事诉讼法第八十二条的规定，在举证期限届满前申请一至二名具有专门知识的人出庭，代表当事人对鉴定意见进行质证，或者对案件事实所涉及的专业问题提出意见。具有专门知识的人在法庭上就专业问题提出的意见,视为当事人的陈述”。结合《民事诉讼法》及其司法解释的规定，我们可以得出以下结论：第一，专家辅助人只能由当事人向人民法院提出申请，法院不能依职权主动通知有专门知识的人出庭。人民法院认为当事人申请专家辅助人出庭没有必要的，可以驳回当事人申请。第二，专家辅助人不同于专家证人，其在诉讼中的功能是单一地协助当事人就有关专门性问题提出意见或者对鉴定意见进行质证，回答审判人员和当事人的询问，与对方当事人申请的专家辅助人对质等活动也是围绕对鉴定意见或者专业问题的意见展开的，其功能和目的只是辅助当事人充分有效地完成诉讼活动，并不具有法官的“专业助手”的功能。因此，专家辅助人出席法庭审理时不能视为证人陈述意见，其发表意见视为当事人陈述。而专家证人的功能则是双重的，在诉讼中，其既要在事实发现上为法庭提供帮助，也要辅助当事人进行诉讼，而辅助法庭事实发现的功能是最主要和优先的功能。第三，依据最高人民法院《关于适用〈中华人民共和国民事诉讼法〉的解释》第一百二十三条第二款的规定，“具有专门知识的人不得参与专业问题之外的法庭审理活动”，专家辅助人在法庭上的活动限于专门性问题相关范围，专门性问题之外的其他问题，专家辅助人不能参与。在法庭涉及专门性问题事实调查结束后，应当责令专家辅助人退出审判区。与之相符，最高人民法院《关于民事诉讼证据的若干规定》第八十四条也同样规定：“审判人员可以对有专门知识的人进行询问。经法庭准许，当事人可以对有专门知识的人进行询问，当事人各自申请的有专门知识的人可以就案件中的有关问题进行对质。有专门知识的人不得参与对鉴定意见质证或者就专业问题发表意见之外的法庭审理活动。”

189. 当事人一方以对方逾期提交证据为由而不予质证，人民法院能否采信该份证据

问：当事人一方以对方逾期提交证据为由而不予质证，人民法院能否采信该份证据？

答：该理由不能成立。最高人民法院《关于适用〈中华人民共和国民事诉讼法〉的解释》第一百零二条第一款、第二款规定：“当事人因故意或者重大过失逾期提供的证据，人民法院不予采纳。但该证据与案件基本事实有关的，人民法院应当采纳，并依照民事诉讼法第六十八条、第一百一十八条第一款的规定予以训诫、罚款。当事人非因故意或者重大过失逾期提供的证据，人民法院应当采纳，并对当事人予以训诫。”从上述规定可知，应当根据当事人逾期提供证据的主观过错程度，使用不同的责任和后果：对于当事人故意或者重大过失逾期举证提供的证据，人民法院可以根据其同案件基本事实是否有关联，决定是否采纳；对于当事人非因故意或者重大过失逾期举证提供的证据，人民法院应当采纳。而对于案件当事人而言，对于当事人逾期提供的案件证据，也应根据该证据同案件的基本事实是否有关加以质证，而不应仅以该举证逾期而放弃质证，否则其应承担不利的法律后果。“该证据与案件基本事实有关”，是指逾期提供的证据对于案件的基本事实有证明价值。本条所指的基本事实，与要件事实的含义相同。人民法院应当对逾期

提供的证据的证明价值进行审查，而不能仅以当事人的主张来确定。如果人民法院已经对一方当事人逾期提交的证据，要求对方当事人质证，这说明人民法院已组织当事人对该证据进行质证。至于对方当事人以该证据超过举证期限为由不予质证，亦系其对该证据的质证意见，而不能否定人民法院已经组织当事人对该逾期提交的证据予以质证的事实。

190. 一般保证人在借款期间届满后向出借人作出书面还款承诺的行为如何认定

问：民间借贷纠纷中，在借款到期后借款人未偿还借款，此时一般保证人向出借人出具《还款承诺函》，载明“现借款已到期，借款人没有归还借款本息。现本人同意承担担保责任，承诺于××××年××月××日前还清全部借款本息”，此行为的性质如何认定？出借人可否据此要求保证人承担保证责任？

答：依据我国《民法典》第六百八十六条第一款规定，保证的方式分为一般保证和连带责任保证。《民法典》第六百八十七条第一款规定，“当事人在保证合同中约定，债务人不能履行债务时，由保证人承担保证责任的，为一般保证”。此外，《民法典》第六百八十六条第二款规定：“当事人在保证合同中对保证方式没有约定或者约定不明确的，按照一般保证承担保证责任。”依据《民法典》第六百八十七条第二款的规定，一般保证的保证人在主合同纠纷未经审判或者仲裁，并就债务人财产依法强制执行仍不能履行债务前，有权拒绝向债权人承担保证责任。此被称为一般保证人的先诉抗辩权。

但是依据《民法典》第六百八十七条第二款第四项的规定，对于这种先诉抗辩权，保证人可以书面形式放弃；一经放弃，保证人不得再行主张先诉抗辩权。

在民间借贷纠纷中，若保证人对于债务人的借款承担一般保证责任，基于其先诉抗辩权，出借人不能越过借款人直接起诉保证人，要求其承担保证责任。但如果保证人出具了上述内容的《还款承诺函》，这意味着保证人在明知借款人没有归还借款本息的情形下，仍愿意承担保证责任，并且进一步承诺在限定的日期之前向出借人还清全部借款本息，这相当于排除了"在主合同纠纷未经审判或者仲裁，并就债务人财产依法强制执行仍不能履行债务前，有权拒绝向债权人承担担保责任"的适用，应视为其以书面形式放弃了一般保证的先诉抗辩权。因此，保证人的还款承诺一旦逾期，出借人据此向其主张权利的，其不能再以先诉抗辩权为由拒绝承担保证责任。

191. 必要共同诉讼中，共同诉讼人中部分人自认，其他人否认，对自认人是否发生自认效力

问：必要共同诉讼中，共同诉讼人中部分人自认，其他人否认，对自认人是否发生自认效力？

答：最高人民法院《关于民事诉讼证据的若干规定》第六条第二款第一句规定："必要共同诉讼中，共同诉讼人中一人或者数人作出自认而其他共同诉讼人予以否认的，不发生自认的效力。"基于必要共同诉讼中诉讼标的的不可分性，我国《民事诉讼法》采用承认原则认定各共同诉讼人的内部关系，必要共同诉讼的某一当事人所

为诉讼行为得到其他共同诉讼人的承认后，该行为即可对全体共同诉讼人产生相同的法律效力。自认发生在诉讼过程中，是诉讼当事人进行意思表示的一种方式，其法律性质应解释为当事人的诉讼行为。因此，对于共同诉讼中部分共同诉讼人自认的效力是否及于共同诉讼中的其他主体这一问题，应遵循共同诉讼人诉讼行为效力认定的一般规则。

特别需要注意的是，部分必要共同诉讼人自认行为，在其他共同诉讼人不予认可的情况下，不仅对其他人没有约束力，对自认者本人也不发生法律效力。实践中，若一人自认对全体共同诉讼人有效，则可能出现一人的诉讼行为处分全体共同诉讼人利益的结果，这一结果超越了自认人的处分权限；若一人自认仅对其本人有效，又可能出现同一法律关系中的共同诉讼人诉讼利益不一致的局面。这两种情形均可能使共同诉讼人陷入不利的诉讼境地，影响法官查明案件的客观真相。由于共同诉讼中一人自认的后果已逾越只与本人有关的范围，依据民事实体法，在未得到全体利害关系人的一致同意之前，共同诉讼人的部分人没有单独免除对方义务的权利，所以自认不发生一般的拘束力，而只能作为普通意义上的证据。

192. 电子数据作为证据时如何认定原件

问：电子数据作为证据时如何认定原件？

答：最高人民法院《关于民事诉讼证据的若干规定》（本文以下简称《证据规定》）第十五条第二款规定："当事人以电子数据作为证据的，应当提供原件。电子数据的制作者制作的与原件一致的副本，或者直接来源于电子数据的打印件或其他可以显示、识别的输出介质，视为电子数据的原件。”

所谓电子数据是指基于电子技术生成、以数字化形式存在于磁盘、磁带等载体，其内容可与载体分离，并可多次复制到其他载体的，能够证明案件事实的数据。诉讼中应当提交证据原件是各国普遍适用的一项规则，但由于电子数据是存储于电子介质中的电子数据信息，其在证明案件时，需要将数据编码转化为人们可以识别的形式，同时电子数据本质上是一种电子信息，可以实现精确复制，可以在虚拟空间里无限快速传播，因此，在认定原件时应当根据不同情况适用不同判断标准：在调查收集证据的场合，电子证据的原件指最初生成的电子数据及首先固定所在的各种存储介质；在举证、质证和审核认定证据时，应适当进行变通，因为上述环节中电子证据的原始载体本身对案件事实的证明并无决定性意义，发挥事实证明作用的是其转换形成的可识别形式。如果将转换形式视为复制件，会将相当数量的电子证据排除在案件事实证明之外，削弱其应有功能。因此，只要电子数据“功能上等同或基本等同”于原件的效果，即可视为合法有效的原件。《证据规定》第十五条第二款明确“电子数据的制作者制作的与原件一致的副本，或者直接来源于电子数据的打印件或其他可以显示、识别的输出介质”在功能上均等同或基本等同于原件，因此，视为电子数据的原件。

由于电子数据容易出现截取、修改、删除、伪造等情形，法官可以依据以下情形考察电子数据副本是否可视为原件：（1）可准确反映原始数据内容的输出物或显示物；（2）具有最终完整性和可供随时调取查用的电子副本；（3）双方当事人均未提出原始性异议的电子副本；（4）经公证机关有效公正，不利方当事人提供不出反证推翻的电子副本；（5）附加了可靠电子签名或其他安全程序保障的电子副本；（6）满足法律另行规定或当事人专门约定的其他标准的电子副本。

193. 当事人举证期限相关规定是否适用于申请人民法院调查取证

问：当事人举证期限相关规定是否适用于申请人民法院调查取证？

答：最高人民法院《关于民事诉讼证据的若干规定》第二十条第一款规定："当事人及其诉讼代理人申请人民法院调查收集证据，应当在举证期限届满前提交书面申请。"该条对申请人民法院调查取证与当事人提交证据的举证期限作出一致规定，即关于当事人举证期限的相关规定也应适用于申请调查取证。例如，最高人民法院《关于适用〈中华人民共和国民事诉讼法〉的解释》（本文以下简称《民诉解释》）第九十九条第三款规定："举证期限届满后，当事人对已经提供的证据，申请提供反驳证据或者对证据来源、形式等方面的瑕疵进行补正的，人民法院可以酌情再次确定举证期限，该期限不受前款规定的限制。"由此可见，在举证期限届满后，需要提供的反驳证据或对证据瑕疵进行补正的证据，当事人因客观原因无法自行收集的，也可以提出调查收集的申请，该申请期限亦不应受已经确定的举证期限的限制。再如，关于逾期提供证据的规定也应适用于申请调查取证情况。《民诉解释》第一百零一条规定："当事人逾期提供证据的，人民法院应当责令其说明理由，必要时可以要求其提供相应的证据。当事人因客观原因逾期提供证据，或者对方当事人对逾期提供证据未提出异议的，视为未逾期。"《民诉解释》第一百零二条第一款、第二款规定："当事人因故意或者重大过失逾期提供的证据，人民法院不予采纳。但该证据与案件基本事实有关的，人民法院应当采纳，并依照民事诉讼法第六十八条、第一百一十八条第一款的规定予以训诫、罚款。当事人非因故意或者重大过失逾期提供的证据，人民法院应当采纳，并对当事人予以训诫。”当事人及其诉讼代理人在举证期限届满后提出调查收集证据申请，如果该证据属于上述规定情形，人民法院亦应当予以准许。

194. 法院对当事人调查取证申请不予准许时，当事人是否可以申请复议

问：法院不予准许当事人调查取证申请时，当事人是否可以申请复议？

答：2008 年的最高人民法院《关于民事诉讼证据的若干规定》（已修改）第十九条第二款曾规定对当事人申请调查取证法院不予准许的，“当事人及其诉讼代理人可以在收到通知书的次日起三日内向受理申请的人民法院书面申请复议一次”。然而，2020 年实施的新修改的最高人民法院《关于民事诉讼证据的若干规定》删去了上述规定。理由在于，对于申请人民法院调查取证是否准许，属于人民法院依照职权审查的范畴，人民法院对此应当有决定权利；对于可以申请复议的事项,应当由《民事诉讼法》作出专门规定。由于《民事诉讼法》对该事项并未作出规定，对当事人调查取证申请是否予以准许，与其他可申请复议事项也有本质不同，因此，现行法下法院不予准许当事人调查取证申请时，当事人不可申请复议。

195. 当事人申请诉讼证据保全，应当符合哪些条件

问：当事人申请诉讼证据保全，应当符合哪些条件？

答：当事人申请诉讼证据保全，应当符合的条件如下：其一，申请保全的证据在形式上对于案件事实的证明有意义，即保全的证据与待证事实之间在形式上具有关联性。至于实质上是否相关联、证明价值大小，属于证据实质审查的问题，并不在人民法院审查证据保全申请考虑之列。其二，证据有灭失或者以后难以取得的可能，即如不立即采取保全措施，证据将不复存在，或者即使存在也难以调取。其三，申请应当在举证期限届满前以书面方式提出。当事人申请的行为，被视为当事人举证行为的一种特殊情况对待，因此，申请行为需要与举证行为一样遵守举证期限的要求。最高人民法院《关于适用〈中华人民共和国民事诉讼法〉的解释》第九十八条第一款规定，"当事人根据民事诉讼法第八十四条第一款规定申请证据保全的，可以在举证期限届满前书面提出"。与之相符，最高人民法院《关于民事诉讼证据的若干规定》第二十五条第二款也规定，"当事人根据民事诉讼法第八十一条[①]第一款的规定申请证据保全的，应当在举证期限届满前向人民法院提出"。此外，要求当事人以书面方式提出申请，主要考虑对证据的保全行为涉及诉讼的实体内容，对当事人的权利影响较大，故在程序上应较为正式。

① 现为《民事诉讼法》第八十四条。

196. 诉前证据保全是否必须提供担保

问：诉前证据保全是否必须提供担保？

答：最高人民法院《关于民事诉讼证据的若干规定》（本文以下简称《证据规定》）第二十六条第一款规定："当事人或者利害关系人申请采取查封、扣押等限制保全标的物使用、流通等保全措施，或者保全可能对证据持有人造成损失的，人民法院应当责令申请人提供相应的担保。"一般情况下，证据保全对保全对象的使用价值或交换价值的影响较小，不会损害证据持有人的财产利益，因此，证据保全不是必须提供担保。本条明确了需要提供担保的具体情形，诉前证据保全并非必须提供担保，而是在符合本条规定情形时才需要提供担保。

《民事诉讼法》第八十四条第三款规定："证据保全的其他程序，参照适用本法第九章保全的有关规定。"《民事诉讼法》第一百零四条第一款规定："利害关系人因情况紧急，不立即申请保全将会使其合法权益受到难以弥补的损害的，可以在提起诉讼或者申请仲裁前向被保全财产所在地、被申请人住所地或者对案件有管辖权的人民法院申请采取保全措施。申请人应当提供担保，不提供担保的，裁定驳回申请。"也就是说，诉前财产保全必须提供担保。最高人民法院《关于适用〈中华人民共和国民事诉讼法〉的解释》第一百五十二条第二款也规定，利害关系人申请诉前保全的，应当提供担保。但是，从担保的制度功能来看，它以保障权利的最终实现为根本目的，而证据保全以对特定证据材料进行固定、保存以备后用为目的，它保全的是证据的证明价值而非经济价值。从这点上说，担保并非证据保全所必需。因此，《证据规定》第二十六条并未区分诉前和诉中证据保全，可以理解为，诉前证据保全是否提供担保亦应按照《证据规定》第二十六条的规定判断，而不是依照《民事诉讼法》第一百零四条对诉前财产保全的规定，必须提供担保。

197. 人民法院应当如何审查证据保全以实现“持有人利益影响最小”之目的

问：人民法院应当如何审查证据保全以实现“持有人利益影响最小”之目的？

答：最高人民法院《关于民事诉讼证据的若干规定》第二十七条第三款规定：“在符合证据保全目的的情况下，人民法院应当选择对证据持有人利益影响最小的保全措施。”在证据保全中尽量采用对证据持有人利益影响最小的方式，是诉讼经济原则的应有之义，也与证据保全的目的相契合。与财产保全不同，证据保全更关注的是证据所载明的内容对证明案件事实的意义，而不关注证据载体本身，只要能够达到前述目的，不一定非要限制证据的使用和流通。本条规定的利益影响最小化原则并非只适用保全措施的具体选择，它应当作为法院在审查决定是否进行证据保全、采用何种方式实施证据保全时普遍适用的一项原则。实现利益影响最小化的目的，要求法院在决定是否实施证据保全、实施何种证据保全方法之前，即对当事人提起的证据保全申请的合法性和必要性进行审查。

其中，合法性审查包括申请人主体是否适格，受理证据保全申请的法院是否有管辖权，申请人是否提交了符合法定格式和内容要求的书面申请等。法院对证据保全申请进行审查时，还应当注意申请人是否符合起诉条件，即其首先要有能够将其诉讼请求和对方直接联系起来的基本证据。假如申请人欠缺基本证据，其之后的起诉很大可能不会成立，如法院受理了其证据保全申请。一方面，很可能导致证据持有人的财产损失；另一方面，法院的行为事实上形成了一种协同证据保全申请人共同寻找、固定证据的现象，造成实际上的证据偷袭，有违司法的公正和中立。证据保全的核心功能在于“保全”，而非“寻找”。但实践中法院对证据保全申请人进行合法性审查时，亦应当注意适度，不宜对申请人是否符合起诉条件科以过重的证明责任。

必要性审查包括被申请保全的证据是否可由当事人自行获取，是否可由公证机关进行保全，证据是否由对方当事人掌握，与案件是否存在关联性等。在证据保全的必要性审查中，尤其需要注意的是证据与案件关联性的审查。申请人意图保全的证据应当与诉具备关联性，包括证据能力和证明力两层次。丧失关联性的证据保全，一来其本身毫无意义，二来可能给证据持有人在证据上的利益遭受本来可以避免的不必要的损害，背离了利益最小化原则的要求。

198. 申请证据保全人诉讼请求未得到支持的，是否属于申请证据保全错误而须承担赔偿责任

问：申请证据保全人诉讼请求未得到支持的，是否属于申请证据保全错误而须承担赔偿责任？

答：最高人民法院《关于民事诉讼证据的若干规定》第二十八

条规定："申请证据保全错误造成财产损失，当事人请求申请人承担赔偿责任的，人民法院应予支持。"我们认为，申请保全人因其申请证据保全错误，给证据持有人造成损失的，二者之间形成的是侵权损害赔偿关系。所谓"申请证据保全错误"，是指申请人对证据保全错误结果的形成存在过错的情形，亦即在对因证据保全错误而引起的侵权责任的具体认定上，应当适用过错责任作为其归责原则。《民法典》第一千一百六十五条第一款规定："行为人因过错侵害他人民事权益造成损害的，应当承担侵权责任。"在过错责任原则下，只要行为人在实施行为时，尽到民事主体的一般注意义务，即使其行为实际上造成了损害后果，行为人也不必对损害结果承担民事责任。申请保全人在申请证据保全的过程中，如已经尽到一般注意义务，即使对方的合法民事权益确实遭受了损失，也不必为此承担责任。

需要说明的是，证据保全错误和当事人的后续诉讼结果不能画等号，即判断申请人申请证据保全是否存在过错，不能简单地以申请人的诉讼请求或抗辩主张是否得到支持作为判断标准。从民事诉讼的证据共通原则出发，一方当事人所举出的证据，亦可由对方当事人作为证据使用。在证据保全中，法院对申请保全的证据经过开示、质证，证据所能证明的案件事实可能为申请人一方所用，也可能为对方当事人所用，该被保全证据的证明价值在双方当事人的诉讼过程中均得以发挥。在此情形下，如申请证据保全的当事人在申请之时，已对证据与待证案件事实的关联性和其所申请的证据保全措施对证据价值的影响等尽到一般注意义务，即不能仅因申请证据保全的当事人是否获得了其在申请证据保全时想要的诉讼结果，判断其证据保全的申请是否错误。对证据保全错误的判断，要根据申请保全的对象、方式以及申请保全的证据是否能够证明其所主张的案件事实等，考察其申请证据保全是否适当，主观上是否存在过错。

申请保全人提出的诉请或抗辩主张合理且申请证据保全适当的，即使其诉讼请求或抗辩主张最终未被支持，也不存在过错，不必承担责任。

199. 当事人主动申请鉴定时，法院是否需要进行实质性审查以决定是否启动鉴定

问：当事人主动申请鉴定时，法院是否需要进行实质性审查以决定是否启动鉴定？

答：最高人民法院《关于民事诉讼证据的若干规定》第三十条规定："人民法院在审理案件过程中认为待证事实需要通过鉴定意见证明的，应当向当事人释明，并指定提出鉴定申请的期间。符合《最高人民法院关于适用〈中华人民共和国民事诉讼法〉的解释》第九十六条第一款规定情形的，人民法院应当依职权委托鉴定。"本条明确了鉴定启动的两个基本途径：一是当事人提出鉴定申请；二是人民法院对于需要依职权查明的事实涉及专门性问题的，也应当依职权委托鉴定。

实践中，有观念认为，鉴定的启动是诉讼中人民法院依当事人申请而被动启动的法定程序。这种观念是不正确的。鉴定启动申请只是引发鉴定启动的基本前提条件，不当然产生鉴定启动的法律后果。当事人申请鉴定并不必然启动鉴定，仍需经法官根据其对相关事实的认定需要进行决定。因此，人民法院具有实质意义上的鉴定启动权。

是否启动鉴定，本质上必须是法官在案件审理过程中对相关专

门性问题缺乏判断认定能力的情况下，才会决定通过委托相关鉴定机构通过科学的方法和手段来查明该专门性问题的相关事实。司法鉴定为法院的辅助机关，法官因不具有特别知识而不能知晓的事项，须有专家补其不足，以达到正确判断之目的。因此，鉴定不是以当事人提出为前提，恰恰是以法官查明事实的需要为前提。为防止鉴定启动的随意性，实践中应着重审查以下几个方面：

1. 当事人申请鉴定的事项是否与案件有待查明的事实具有关联性，即该需要通过鉴定方能证明的待证事实是否为案件审理所必须查明的基本事实，或者是否会影响案件的审理程序合法性。

2. 是否必须要通过特殊技术手段或者专门方法才能确定相应的专门性问题，是否已经通过一般的举证、质证手段或者现有证据确实对相关专门性问题无法查明。实践中，一些当事人经常会通过启动鉴定来实现人为混淆视听、拖延诉讼进程或者其他不当的目的。对此，必须要对待证事实查明的方式进行考察，如果发现常规的方式完全可以查明的，则对当事人相关司法鉴定的申请不应予以准许。

3. 对于待鉴定的专门性问题，是否有较为权威的鉴定方法和相应有资质的鉴定机构，是否有明确充分的鉴定材料。

4. 在启动鉴定之前是否已经充分听取了双方当事人的意见。

200. 法院认为需要鉴定，但当事人不主动申请，经法院释明后仍不申请鉴定的，法院可否依职权启动鉴定

问：法院认为需要鉴定，但当事人不主动申请，经法院释明后

仍不申请鉴定的，法院可否依职权启动鉴定？

答：最高人民法院《关于民事诉讼证据的若干规定》第三十条规定："人民法院在审理案件过程中认为待证事实需要通过鉴定意见证明的，应当向当事人释明，并指定提出鉴定申请的期间。符合《最高人民法院关于适用〈中华人民共和国民事诉讼法〉的解释》第九十六条第一款规定情形的，人民法院应当依职权委托鉴定。"最高人民法院《关于适用〈中华人民共和国民事诉讼法〉的解释》第九十六条第一款规定："民事诉讼法第六十七条第二款规定的人民法院认为审理案件需要的证据包括：（一）涉及可能损害国家利益、社会公共利益的；（二）涉及身份关系的；（三）涉及民事诉讼法第五十八条规定诉讼的；（四）当事人有恶意串通损害他人合法权益可能的；（五）涉及依职权追加当事人、中止诉讼、终结诉讼、回避等程序性事项的。"上述情形是法院依职权启动鉴定的范围。由于鉴定仅是证明待证事实中涉及专门性问题的有效手段之一，需要受到当事人举证范围的限制和约束。除上述五种人民法院应当依职权查明的事实外，对于其他应当由当事人举证的待证事实涉及专门性问题的查明，如必须要通过鉴定的，应当进行释明并指定对该待证事实负有举证责任的当事人在合理期限内提出鉴定申请。当事人在该期限内仍不申请鉴定的，法院不能依职权启动鉴定。

需要鉴定的事项是待证事实的一种，由于涉及的专门性问题超出了法官专业知识范围，必须进行专业性的鉴定以查明事实真相。这些专业性的事实与其他普通案件事实一样，同属于当事人举证责任范畴。负有举证责任的当事人，必须证明该事实。如果当事人不及时申请鉴定，经法院释明后仍不主动申请鉴定，在待证事实无法查清时，将承担举证不能的不利后果。

201. 当事人对一审法院委托鉴定人所作的鉴定意见不服，提起上诉并申请重新鉴定的，二审法院如何审查决定

问：当事人对一审法院委托鉴定人所作的鉴定意见不服，提起上诉并申请重新鉴定的，二审法院如何审查决定？

答：最高人民法院《关于民事诉讼证据的若干规定》第四十条规定："当事人申请重新鉴定，存在下列情形之一的，人民法院应当准许：（一）鉴定人不具备相应资格的；（二）鉴定程序严重违法的；（三）鉴定意见明显依据不足的；（四）鉴定意见不能作为证据使用的其他情形。存在前款第一项至第三项情形的，鉴定人已经收取的鉴定费用应当退还。拒不退还的，依照本规定第八十一条第二款的规定处理。对鉴定意见的瑕疵，可以通过补正、补充鉴定或者补充质证、重新质证等方法解决的，人民法院不予准许重新鉴定的申请。重新鉴定的，原鉴定意见不得作为认定案件事实的根据。"

对于当事人对一审法院委托鉴定人所作的鉴定意见不服，提起上诉并申请重新鉴定的，有观点认为，应先组织当事人对所提证据进行质证，听取双方的异议和理由，由合议庭依法进行确认。如果异议成立，原鉴定意见确实存在问题的，视具体情况，或补充鉴定，或对原鉴定意见中某一部分不予采信；如果原鉴定意见存在原则错误的，可以重新鉴定。也有观点认为，委托鉴定应当视为法院调查取证的范畴，对于一审鉴定有误、不明确或应当重新鉴定的，属于一审判决认定事实不清，证据不足，应当发回重审，二审不作重新

鉴定。还有观点认为，虽然当事人在二审中有要求重新鉴定的权利，但二审重新鉴定不能以当事人的申请为依据，二审可以直接要求一审鉴定单位复议，或参加二审的质证。我们认为，首先，应当审查上诉人在一审时有无对该鉴定意见提出异议，一审法院有无对该异议进行审理，如要求鉴定人提供说明，在说明仍不能解决争议时根据当事人的申请组织鉴定人出庭接受询问等。如果上述审理步骤并未完成，二审应当予以审查，通过审查确定该异议是否成立。其次，如果经过审查，可以通过补正、补充鉴定或补充质证、重新质证等方法解决上诉人对鉴定意见的异议的，则二审法院应当就此开展审理活动，从而在实质上解决当事人的矛盾纠纷，对案件的相关基本事实作出实体判断，而不应当通过发回重审这种审理成本最高、对当事人解决矛盾纠纷效果最差的方式来处理。如果经审查，上诉人对鉴定意见所提异议的理由成立，足以排除该鉴定意见的采信的，相关专门性问题应当通过重新鉴定予以查明。此时，是否由二审法院径行按照相关法律、司法解释的规定委托有资质的鉴定人重新鉴定，还是发回一审法院对相关案件事实进行重新查明，则应当根据案件的具体情况处置。

202. 关于举证期限何时确定的问题

问：如何确定当事人的举证期限？在案件受理时确定还是在审理前的准备阶段确定？

答：应当在审理前准备阶段确定当事人提供证据的期限。最高人民法院《关于适用〈中华人民共和国民事诉讼法〉的解释》第九十九条第一款的第一句规定："人民法院应当在审理前的准备阶段确定当事人的举证期限。"与之相符，最高人民法院《关于民事诉讼证据的若干规定》第五十条第一款规定，"人民法院应当在审理前的准备阶段向当事人送达举证通知书"。

根据《民事诉讼法》第十二章第二节的规定，审理前的准备阶段是答辩期届满后至开庭审理前的阶段。在审理前的准备阶段确定举证期限，主要基于以下考虑：其一，在案件受理时即指定举证期限，双方当事人举证期限届满时间不一致，当诉讼中出现追加当事人等稍微复杂情况时，由于当事人举证期限届满时间不一致，会导致程序操作上的混乱。其二，根据《民事诉讼法》第一百三十六条第四项的规定，需要开庭审理的案件，都要通过证据交换等方式明确争议焦点。这意味着凡是开庭审理的案件，均应有以整理焦点、固定证据为目的的审理前准备。其三，在审理准备阶段，特别是双方当事人到场的情况下指定举证期限，双方期限届满时间相同，是有利于诉讼程序的操作。因此，应当在审理前的准备阶段确定当事人的举证期限。

203. 举证期限内提供证据确有困难的处理

问：若当事人在举证期限内提供证据确有困难，法院应当如何处理？

答:《民事诉讼法》第六十八条第二款规定:“人民法院根据当事人的主张和案件审理情况,确定当事人应当提供的证据及其期限。当事人在该期限内提供证据确有困难的,可以向人民法院申请延长期限,人民法院根据当事人的申请适当延长……”该规定为举证期限内,对于提供证据确有困难的当事人延长举证期限的救济措施,以保障当事人和其他诉讼参与人的合法权益,体现了举证时限制度的原则性和灵活性。

根据最高人民法院《关于民事诉讼证据的若干规定》第五十二条第一款规定:“当事人在举证期限内提供证据存在客观障碍,属于民事诉讼法第六十五条第二款规定的‘当事人在该期限内提供证据确有困难’的情形。”该条规定的“确有困难”应限于客观障碍,主要包括两种情形:一是指因不可抗力、社会事件等原因,当事人在法定期限内无法完成举证。例如,因山洪、地震、战争等原因交通中断,当事人在法定期限内无法完成异地取证等情况;证人外出尚没有找到;收集有关证据材料尚需时间等。二是当事人具有客观上不能举证或难以举证的情形,主要是指需要勘验、鉴定、评估、审计才能证明的;涉及国家秘密、商业秘密的资料;当事人提供的证据相互矛盾,且已不能继续举证的;当事人及其诉讼代理人因客观原因不能自行收集的其他证据。如属第二种情形,当事人亦可在举证期限届满前以书面形式向人民法院申请调查收集。

最高人民法院《关于民事诉讼证据的若干规定》第五十二条第二款规定:“前款情形,人民法院应当根据当事人的举证能力、不能在举证期限内提供证据的原因等因素综合判断。必要时,可以听取对方当事人的意见。”该款对法官判断“确有困难”的因素作出了指引性规定,即对是否存在客观困难,应根据举证能力、不能提供证据的原因等案件具体情况综合判断。同时，本款创设性规定“必要时，可以听取对方当事人的意见”，主要目的是尊重对方当事人的程序权利，避免法官误判，防止当事人借举证期限的延长拖延诉讼，维护对方当事人的期限利益。

204. 人民法院审查当事人逾期提供证据的理由时，是否需要双方当事人在场

问：依据《民事诉讼法》第六十八条第二款规定，“当事人逾期提供证据的，人民法院应当责令其说明理由”，那么实践中，人民法院应如何进行审查，是否需要双方当事人在场？

答：依据《民事诉讼法》第六十八条的规定，人民法院应当按照一定程序责令逾期提供证据的当事人说明理由。这是程序公正的基本要求，也是审判实践经验的总结。程序公正的标准有三个方面的内容，即中立、冲突的疏导、裁判。其中，冲突的疏导包括四项具体规则：（1）平等地告知每一方当事人有关程序的事项；（2）冲突的解决应听取双方的辩论和证据；（3）冲突的解决者只应在另一方当事人在场的情况下听取对方的意见；（4）每一方当事人都应有公平的机会回答另一方提出的辩论和意见。因此，在当事人逾期提供证据的场合，意味着必须有对方当事人在场，保障对方当事人发表意见的机会。通过逾期提供证据的当事人的说明，对方当事人的反驳，双方的辩论，以及必要时双方当事人的举证、质证，人民法院对当事人逾期提供证据的理由是否成立能够更好地作出

判断。审判实践中，有观点认为双方当事人在场对逾期提供证据的理由发表意见、进行辩论和质证，增加了程序的复杂性，没有必要。这种观点是错误的。要求人民法院在一定程序中责令当事人说明逾期提供证据的理由，其目的在于要求人民法院为双方当事人提供程序上的保障，并非要求人民法院另行专门组织双方当事人就逾期提供证据的理由进行辩论和质证。事实上，在具体操作上，可以灵活变通，如在开庭审理过程中一方当事人提出举证期限之内未提供的证据，人民法院可以在其后的庭审中先就一方当事人逾期提供证据的理由进行查明。这里所强调的是，人民法院在这一事关当事人重大利益和程序权利的事项上，应当满足程序公正的基本要求。

205. 当事人因故意或者重大过失逾期举证的后果

问：当事人因故意或者重大过失逾期提供证据是否导致证据失效？

答：关于当事人因故意或者重大过失逾期提供证据的后果，存在两种不同的观点。一种观点主张故意逾期提供证据绝对失权，因重大过失逾期提供证据的除涉及基本事实证明的原则上失权；另一种观点则主张凡涉及对事实认定有重要意义的均不失权的观点。对此，最高人民法院《关于适用〈中华人民共和国民事诉讼法〉的解释》第一百零二条第一款规定：“当事人因故意或者重大过失逾期提供的证据，人民法院不予采纳。但该证据与案件基本事实有关的，人民法院应当采纳，并依照民事诉讼法第六十八条、第一百一十八条第一款的规定予以训诫、罚款。”可以看出，该规定实际上是各种观点的折中。其一，民事诉讼中当事人提供的证据可能涉及案件事实的方方面面，但只有证明要件事实的证据，才是核心和关键的证据，才能最终在待证事实真伪不明时发挥结果意义上的举证责任的作用。该条中的“基本事实”，与“要件事实”含义相同，由于立法上并未使用要件事实的概念，其实质上是对要件事实的替代表述。其二，“该证据与案件基本事实有关”，是指逾期提供的证据对于案件的基本事实有证明价值。人民法院对证据是否与案件基本事实有关应当进行审查，而不能仅以当事人的主张来确定。其三，当事人因故意或者重大过失逾期提供的证据与基本事实有关，尽管不发生失权后果，但人民法院应当对当事人处以训诫和罚款。失权后果是属于证据法上的责任，当事人因故意或者重大过失逾期提供的证据与基本事实有关的，不产生证据法上的不利后果，但其拖延诉讼的行为实质上对民事诉讼造成妨害，因此，产生诉讼法上的不利后果。综上所述，就当事人因故意或者重大过失逾期提供的证据，原则上不予采纳；但该证据若与案件基本事实有关，人民法院仍应采纳，但应当对当事人施以训诫、罚款等诉讼法上的责任。

206. 诉讼调解或者和解过程中是否适用自认规则

问：甲诉乙财产损害赔偿一案，经法院庭前调解，乙对造成甲财产损害的事实予以承认，但双方就损害赔偿金额未能达成一致。在其后的诉讼中，甲是否仍须对乙造成甲财产损害的事实承担举证责任？

答：甲仍须对乙造成甲财产损害的事实举证证明。最高人民法院《关于适用〈中华人民共和国民事诉讼法〉的解释》第一百零七条规定："在诉讼中，当事人为达成调解协议或者和解协议作出妥协而认可的事实，不得在后续的诉讼中作为对其不利的根据，但法律另有规定或者当事人均同意的除外。"诉讼调解或和解的过程是当事人双方平等协商，依自愿合法的原则处分其实体权利和诉讼权利，在互谅互让的基础上解决民事纠纷的过程。在这一过程中，当事人为达成调解或者和解协议的目的，往往对一些有争议的事实不再争辩，或者本着息事宁人的态度予以承认。在调解不能达成最终一致的情况下，依据上述司法解释的规定，这种表面上符合自认特征的诉讼行为不能发生自认的后果。作出这种规定主要考虑：其一，诉讼调解与和解过程中对事实的认可，是以达成协议为目的而作出的妥协和让步，与诉讼对抗过程中对事实的承认存在本质不同；其二，如果承认调解或和解过程中对事实的认可能够发生自认的效果，无异于是对违反诚实信用原则的肯定，不利于鼓励当事人通过调解或和解的方式解决纠纷。当然，如果当事人双方均同意赋予这种对事实的认可以自认效果，则属于对自己程序利益的处分，人民法院应当予以尊重。

207. 何种情况下属于申请理由成立，人民法院应当责令对方当事人提交书证

问：最高人民法院《关于适用〈中华人民共和国民事诉讼法〉的解释》第一百一十二条规定："书证在对方当事人控制之下的，承

担举证证明责任的当事人可以在举证期限届满前书面申请人民法院责令对方当事人提交。申请理由成立的，人民法院应当责令对方当事人提交，因提交书证所产生的费用，由申请人负担。对方当事人无正当理由拒不提交的，人民法院可以认定申请人所主张的书证内容为真实。”何种情况下属于申请理由成立，人民法院应当责令对方当事人提交书证？

答：本条是关于书证中证明妨害规则的规定。根据该条第一款的规定，书证在对方当事人控制之下的，承担举证责任的当事人可以申请人民法院责令对方当事人提供该书证。第一款适用的前提是书证须在对方当事人控制之下，对此，承担举证责任的当事人需要提供证据证明书证被对方当事人控制的事实，或者提出理由或者证据揭示持有对方当事人负有法定、约定或者依习惯保存、保管证据的义务。在申请时间上，当事人须在举证期限届满前提出申请，申请行为须遵守举证期限的规定，这是对待当事人申请行为的基本思路。

而至于当事人申请理由成立的情况，我们认为，在有证据证明书证被对方当事人控制或者持有书证的当事人负有法定、约定或者依习惯保存、保管的义务的情况下，如果不提供该证据，待证事实将陷于真伪不明的状态，即事实存在与否法官均无法形成内心确信时，当事人申请的理由才能成立。原因是，待证事实真伪不明是证明妨害客观要件的重要因素，如果当事人虽然实施了妨害证明的行为，但待证事实并未因此而陷入真伪不明的状况，则无适用证明妨害规则的必要。因此，若对方当事人不提供该书证的行为，使待证事实陷入真伪不明的状态，此时，人民法院应当责令对方当事人提交书证。与之相符，最高人民法院《关于民事诉讼证据的若干规定》第四十六条第二款规定，当事人申请提交书证时，若书证对于待证事实的证明无必要的，人民法院不予准许。

208. 当事人主张的法律关系性质或者民事行为效力与人民法院的认定不一致时，如何处理

问：当事人主张的法律关系性质或者民事行为效力与人民法院的认定不一致时，如何处理？

答：在当事人主张的法律关系性质或者民事行为效力与人民法院的认定不一致时，不能简单驳回当事人的诉讼请求，应尽量避免裁判突袭的情形。同时，亦不应由人民法院根据自己的认识径行作出裁判，以致出现超出当事人诉讼请求的严重违反处分原则和辩论主义的裁判。

最高人民法院《关于民事诉讼证据的若干规定》第五十三条第一款规定："诉讼过程中，当事人主张的法律关系性质或者民事行为效力与人民法院根据案件事实作出的认定不一致的，人民法院应当将法律关系性质或者民事行为效力作为焦点问题进行审理。但法律关系性质对裁判理由及结果没有影响，或者有关问题已经当事人充分辩论的除外。"这使当事人能够充分行使辩论权，实现保障当事人合法权益、最大限度节约司法资源以及促进人民法院依法审判的有机结合。同时，对于法律关系性质对裁判理由及结果没有影响的情形，人民法院便没有将此问题作为焦点问题审理的必要。而如果有关问题本来就是案件中双方当事人争议的焦点问题，已经由人民法院主持双方当事人进行了充分辩论，也没有再次进行审理的必要，人民法院可以根据自己的认识对法律关系性质和民事行为效力问题作出认定，并以此为基础进行裁判。

209. 当事人超出举证期限提交证据能否组织质证

问：有些当事人在证据交换终结后，在庭审中或者庭审后又提交证据。对于这类超出举证期限提交的证据，法院能否组织质证？

答：证据交换的作用在于防止当事人证据突袭、诉讼拖延，提高诉讼效率。庭前证据交换并非只有一次机会，例如，最高人民法院《关于民事诉讼证据的若干规定》第五十八条规定："当事人收到对方的证据后有反驳证据需要提交的，人民法院应当再次组织证据交换。"当事人提交反驳证据、补强证据，人民法院根据当事人申请延长举证期限的，均可再次进行证据交换。有些当事人在证据交换终结后，在庭审中或者庭审后又提交证据，该类证据能否再组织质证，由法院根据法律规定、案件事实和审理需要来决定。

最高人民法院《关于适用〈中华人民共和国民事诉讼法〉的解释》第一百零二条规定："当事人因故意或者重大过失逾期提供的证据，人民法院不予采纳。但该证据与案件基本事实有关的，人民法院应当采纳，并依照民事诉讼法第六十八条、第一百一十八条第一款的规定予以训诫、罚款。当事人非因故意或者重大过失逾期提供的证据，人民法院应当采纳，并对当事人予以训诫。当事人一方要求另一方赔偿因逾期提供证据致使其增加的交通、住宿、就餐、误工、证人出庭作证等必要费用的，人民法院可予支持。"证据交换后当事人逾期提交的证据能否被采纳，由法院根据当事人的主观过错、证据与案件基本事实的关联，作出决定。即便法院采纳证据，如果当事人逾期提交证据存在故意或重大过失，法院会依照《民事诉讼法》

第六十八条、第一百一十八条第一款的规定予以训诫、罚款。若证据与案件基本事实有关，当事人逾期提供证据的理由成立（系因客观原因），或者对方当事人对逾期提供证据不持异议的，可以组织双方对证据进行询问、质证。

此外，最高人民法院《关于民事诉讼证据的若干规定》第五十一条第三款规定："举证期限届满后，当事人提供反驳证据或者对已经提供的证据的来源、形式等方面的瑕疵进行补正的，人民法院可以酌情再次确定举证期限，该期限不受前款规定的期间限制。"在举证期限届满的情况下，当事人仍有反驳证据提供，或对已提交证据进行瑕疵补正的，法院可以酌情再次确定举证期限。

210. 在证据交换、询问、调查过程中，或者在起诉状、答辩状、代理词等书面材料中，人民法院对于当事人认可的证据如何审核认定

问：在证据交换、询问、调查过程中，或者在起诉状、答辩状、代理词等书面材料中，当事人明确承认于己不利的事实的，法院是否还需要组织质证？另一方当事人是否还需要举证证明？

答：最高人民法院《关于民事诉讼证据的若干规定》第三条规定："在诉讼过程中，一方当事人陈述的于己不利的事实，或者对于己不利的事实明确表示承认的，另一方当事人无须举证证明。在证据交换、询问、调查过程中，或者在起诉状、答辩状、代理词等书面材料中，当事人明确承认于己不利的事实的，适用前款规定。"据此，当事人

在起诉状、答辩状、代理词等书面材料中，明确对证据表示认可的，也属于诉讼中的认可，但此与证据法上的直接言词原则相违背。

直接言词原则包括直接原则和言词原则。直接原则指法官必须亲自了解案件的所有材料，在庭上审查证据，听取当事人、证人等的口头陈述，进行辩论，最终作出裁判。其核心在于强调法官对证据的审查必须具有“亲历性”。言词原则指法院审理案件，特别是当事人及其他诉讼参与人对诉讼材料的提出和辩论，要在法官面前以口头形式进行，这样取得的材料才可以作为法院裁判的依据。其核心在于强调举证和质证都必须以言词即口头陈述的方式进行。另外，此种证据认可方式也不符合最高人民法院《关于民事诉讼证据的若干规定》第六十条第二款“当事人要求以书面方式发表质证意见，人民法院在听取对方当事人意见后认为有必要的，可以准许。人民法院应当及时将书面质证意见送交对方当事人”的规定。因此，对于当事人在起诉状、答辩状、代理词等书面材料中认可的证据，人民法院仍应组织质证，当事人仍表示认可的，方可作为当事人认可的证据予以确认。

211. 无民事行为能力人或者限制民事行为能力人证言的认定

问：如何确定无民事行为能力人或者限制民事行为能力人证言的证明力？

答：最高人民法院《关于民事诉讼证据的若干规定》第九十条规定：“下列证据不能单独作为认定案件事实的根据：（一）当事人

的陈述；（二）无民事行为能力人或者限制民事行为能力人所作的与其年龄、智力状况或者精神健康状况不相当的证言；（三）与一方当事人或者其代理人有利害关系的证人陈述的证言；（四）存有疑点的视听资料、电子数据；（五）无法与原件、原物核对的复制件、复制品。”

认定无民事行为能力人或者限制民事行为能力人所作证言与其年龄、智力状况或者精神健康状况是否相当时，可以根据案件的复杂程度、对智力发育的要求程度，结合证人的年龄、生理、性格、习惯、受教育的条件和程度，需作证事物的客观环境、条件等综合认定。例如，在一起离婚纠纷案件中，原告一方申请9岁的儿子赵某作为证人出庭作证，当被问到被告有没有出轨时，赵某回答有，并称被告在外面风流。经法庭询问，赵某并不知道“风流”的含义，并称“风流”等词是原告教的。本案中，赵某关于被告出轨的证言便是与其年龄和智力状况不相当的证言，不能单独作为认定被告出轨事实的根据。

212. 当事人陈述前后不一致情形的处理

问：当事人陈述前后不一致时，应当如何处理？

答：最高人民法院《关于民事诉讼证据的若干规定》第六十三条第二款规定：“当事人的陈述与此前陈述不一致的，人民法院应当责令其说明理由，并结合当事人的诉讼能力、证据和案件具体情况进行审查认定。”本款是针对当事人陈述前后不一致情形的处理。由于当事人是法律关系的直接参与者，与案件结果有直接利害关系，决定了其陈述存在主观性和不稳定性的特点，而且往往虚实结合、真伪并存。审判实践中，经常会出现当事人陈述前后不一致的情形，这时需要当事人说明理由。对于当事人陈述的证明效力，则要由审判人员结合当事人陈述的内容、变更陈述的理由、当事人诉讼能力、证据情况及案件相关事实进行审查认定。对当事人诉讼能力的判断，可以结合当事人年龄、智力状况、受教育程度、道德品质、法律意识等因素进行考量。

需要注意的是，根据最高人民法院《关于民事诉讼证据的若干规定》第六十三条第三款规定："当事人故意作虚假陈述妨碍人民法院审理的，人民法院应当根据情节，依照民事诉讼法第一百一十一条的规定进行处罚。"对于审判实践中，当事人故意作虚假陈述妨碍审理的，应当视情节轻重对其予以罚款、拘留等处罚。

213. 私文书证审核认定规则

问：私文书证与公文书证相比，具有什么样的特征？在证据证明力上与公文书证相比又有什么不同？

答：最高人民法院《关于民事诉讼证据的若干规定》第九十二条规定："私文书证的真实性，由主张以私文书证证明案件事实的当事人承担举证责任。私文书证由制作者或者其代理人签名、盖章或捺印的，推定为真实。私文书证上有删除、涂改、增添或者其他形式瑕疵的，人民法院应当综合案件的具体情况判断其证明力。"

公文书证是国家机关或其他依法具有社会管理职能的组织在其职权范围内，依据法定的程式制作而成，是其行使公共管理职权的一种形式，故具有公信力。在形式证据力上，无论是处分性公文书证还是报告性公文书证均具有形式证据力；在实质证据力上，推定其所载内容为真实，若当事人对公文书证的真实性存疑，则有争执的当事人需要对相反的事实承担本证证明责任。相反，私文书证无法从其程式及意旨，推定文书之真伪。因而，在形式证据力上，通过援引私文书证证明案件事实的当事人，负有对私文书证形式真实性的举证责任。若对方当事人挑战私文书证的形式真实，则仅负有反证的责任，使法官对该文书形式证据力的判断陷入真伪不明即可，无须像否定公文书证形式证据力那样承担提供本证的责任。在实质证据力上，则需要依靠法官自由心证，结合案件中其他证据材料、当事人陈述等因素进行判断。具体而言，当事人已经举证或通过推定，认定其所援引的私文书证具有形式真实性，但法官一般不能直接依据该私文书证的形式真实性来推定私文书证具有实质证明力，并以此作为裁判的事实依据，还应有其他证据予以补强。但若援引的私文书证中所载内容，是对援引的当事人不利的内容，则一般应当认定该部分内容具有实质证明力。

214. 电子数据原件的判断标准

问:《民事诉讼法》第七十三条第一款规定:“书证应当提交原件。物证应当提交原物。提交原件或者原物确有困难的，可以提交复制品、照片、副本、节录本。”对于电子数据，应当如何判断其是否为原件?

答:与其他的证据相比,电子数据的原件具有特殊性。我们认为,应当根据不同情况适用不同的判断标准。

1. 在调查收集证据的场合,电子数据的原件应当指最初生成的电子数据及其首先固定所在的各种存储介质,如果某一电子证据首先固定于某块计算机硬盘上,则该硬盘或其上的电子数据就是原件;如果某一电子数据首先固定于优盘或光盘上,则优盘、光盘或其上的电子数据就是原件。

2. 在举证、质证和审核认定证据时,应当进行适当地变通。在诉讼过程中的举证、质证和认证环节,电子证据的原始载体本身对于案件事实的证明并无意义,发挥事实证明作用的是其转换形成的可识别形式,如果固守传统的原始证据或原件的概念,这种转换形式将被作为复制件对待,从而将相当数量的电子数据排除在案件事实证明之外,这势必会削弱电子证据的应有功能。

目前审判实践中,考虑到电子数据的特殊性,为便于电子数据的质证与审查,一般要求当事人提交原始存储介质或者提取的电子数据以封存状态提交,即原件。而在举证、质证和审核认定证据时,应当适当地变通,由当事人向法庭提交电子数据书面展示件,如电子邮件的打印件、微信聊天的打印件等,有的还通过公证的方式固定、展示电子数据。对电子文档、图片等可以直接展示的电子数据,应提交打印件。电子数据的输出件和打印件应能够准确反映电子数据。与之相符,最高人民法院《关于民事诉讼证据的若干规定》第十五条第二款第二句规定:“电子数据的制作者制作的与原件一致的副本,或者直接来源于电子数据的打印件或其他可以显示、识别的输出介质,视为电子数据的原件。”

215. 证明妨害主体是否限于证据持有主体或者直接实施证明妨害行为的主体

问：如果一方当事人基于其与证据持有主体之间存在特定关系，对证据持有主体一方具有一定的掌控力，影响证据持有主体相关行为的实施，能否将证据持有主体的妨害行为视为一方当事人的行为，进而由其承担相应的法律后果？

答：最高人民法院《关于民事诉讼证据的若干规定》第九十五条规定："一方当事人控制证据无正当理由拒不提交，对待证事实负有举证责任的当事人主张该证据的内容不利于控制人的，人民法院可以认定该主张成立。"本条是有关证明妨害规则的规定。人民法院确定证明妨害主体时，需要注意行为主体并不限于证据持有主体或者直接实施证明妨害行为的主体。实践中，一方当事人虽未直接持有相关证据，但基于其与证据持有主体之间存在特定的关系，对证据持有主体一方具有一定的掌控力，影响证据持有主体相关行为的实施。在此情况下，应将证据持有主体的妨害行为视为一方当事人的行为，由其承担相应的法律后果。例如，基于法律规定，一方当事人与证据持有者之间具有特殊的关系，如诉讼代理人、被继承人等，其应对证据持有者实施的证明妨害行为负责。再如，一方当事人与证据持有者之间存在领导与被领导的行政法律关系，则证据持有者实施的证明妨害行为亦应由其负责。在这些情况下，一方当事人虽非直接持有证据的主体，未直接实施证明妨害行为，但基于其与证据持有者之间的特定关系，仍可认定为证明妨害主体，经法院释明后，证据持有主体仍无正当理由拒不提交证据的，可以适用上述《关于民事诉讼证据的若干规定》第九十五条规定，推定负有举证责任的当事人对该证据的内容不利于控制人的主张成立。

216. 违约金过高的举证责任分配

问：李某与王某签订了借款合同，合同约定了违约金条款。借款期限届满后，债务人王某未偿还借款本息，给债权人李某造成了损失。李某向法院起诉，要求王某偿还借款本息并支付违约金。王某主张违约金过高，请求减少违约金，此时由谁承担违约金过高的举证责任?

答：根据“谁主张，谁举证”的原则，王某主张违约金过高，因此，由王某承担违约金过高的举证责任，但李某也应提供相应的证据。一般而言，在违约方请求减少过高的违约金时，应当按照“谁主张，谁举证”原则，违约方负有证明违约金过高的举证责任。但是，鉴于衡量违约金是否过高的最重要标准是违约造成的损失，守约方因更了解违约造成损失的事实和相关证据而具有较强的举证能力，因此，违约方的举证责任也不能绝对化。与之相符，最高人民法院《关于当前形势下审理民商事合同纠纷案件若干问题的指导意见》第八条规定，人民法院要正确确定举证责任，违约方对于违约金约定过高的主张承担举证责任，非违约方主张违约金约定合理的，亦应提供相应的证据。结合该规定，违约方主张违约金过高时，承担举证责任的主体仍为违约方，但是非违约方也需要提供证明约定的违约金合理的相应证据。

若对于实际损失的证明，非违约方掌握相关证明实际损失的文书，此时违约方可以根据最高人民法院《关于适用〈中华人民共和国民事诉讼法〉的解释》第一百一十二条第一款的规定，即“书证在对方当事人控制之下的，承担举证证明责任的当事人可以在举证期限届满前书面申请人民法院责令对方当事人提交”，申请法院责令非违约方提交证明实际损失的有关书证，此时非违约方也应提交相应证据。若非违约方无正当理由拒绝提交其控制的证据，则可适用《关于民事诉讼证据的若干规定》第九十五条规定的证明妨害规则："一方当事人控制证据无正当理由拒不提交，对待证事实负有举证责任的当事人主张该证据的内容不利于控制人的，人民法院可以认定该主张成立。"

217. 法院审理“过桥贷”案件的证据审查

问：吴某欠某银行300万元的借款，为了偿还对银行的欠款，吴某与银行有关责任人口头约定：吴某从他处以高息借得300万元，用该笔资金来偿还对银行的欠款。在旧贷清偿之后，银行承诺向吴某发放新贷，新贷资金用以偿还他处的借款本息。后吴某通过另行借款偿还了对银行的欠款，但银行事后拒绝向吴某发放新贷，吴某于是向法院起诉银行违约，要求银行承担违约责任。法院能否以吴某未能提供书面证据为由驳回吴某的诉讼请求？

答：法院不能仅以吴某未能提供书面证据为由驳回吴某的诉讼请求，而是需要综合全案的证据来认定事实。本案中，鉴于吴某从别处借款是为了“借新还旧”,实践中将其称为“过桥贷”。“过桥贷”涉及以下几个法律关系：借款人与第三方之间的借贷关系，借款人与银行之间还旧贷借新贷的关系。可见,借款人与银行之间就是“借新还旧”的关系，且存在“过桥第三人”。

实践中，“过桥贷”的主要问题是，借款人用高息借来相应款项并偿还旧贷后，银行事后不放贷，从而使借款人陷入困境。而在借款人向法院起诉时，由于借款人与银行之间往往都是“君子协定”，很少有书面证据，因此，借款人在诉讼中面临着证明困难，借款人难以证明银行有发放新贷的义务。对于这一问题，我们认为，如果借款人有证据证明银行对“过桥贷”的相关事实是明知的，意味着银行有签订新的借款合同的义务，银行拒不发放贷款的，借款人可以以违约为由请求其承担违约责任。鉴于借款人与银行之间未就此签订书面合同，法院在审理此类案件时应借助双方的陈述以及其他相关证据作出综合认定，不能仅以借款人未能提供书面证据为由而认定事实不存在。

218. 在金融产品纠纷案件中，卖方机构与金融消费者之间的证明责任分配

问：张某从某金融机构购买了A金融产品，后双方产生了纠纷，张某以金融机构未履行适当性义务给其造成了损失为由，向法院提起诉讼。在诉讼过程中，张某是否应当承担金融机构未履行适当性义务的举证责任？

答：张某作为金融消费者，无须承担金融机构未履行适当性义务的证明责任，而是由金融机构证明其已经履行了适当性义务。举证责任是指当事人对自己提出的主张有收集或提供证据的义务，并有运用该证据证明主张的案件事实成立或有利于自己的主张成立的责任，否则将承担其主张不能成立的法律后果。我国举证责任分配的基本原则是“谁主张，谁举证”，特殊情况下实行举证责任倒置。

由于金融交易的复杂性和专业性，金融消费者囿于自身获取证据能力方面客观上的不足，在举证证明自己所主张的卖方机构违反投资者适当性义务的事实方面往往面临很大的困难。我们认为，从公平原则和举证便利性角度来考虑，规定在案件审理中，金融消费者对其主张的购买产品或接受服务并遭受损失的相关事实，承担举证责任。卖方机构对其是否履行了了解客户、适合性原则、告知说明和文件交付等适当性义务情况，承担举证责任。规定卖方机构就其遵守投资者适当性规定、履行投资者适当性义务承担举证责任更为便利，也不会对其增加额外的负担，并且能够促进卖方机构更加规范地履行投资者适当性义务。故在本案中，金融消费者无须对金融机构未履行适当性义务承担证明责任。与之相符，《全国法院民商事审判工作会议纪要》第七十五条规定："在案件审理过程中，金融消费者应当对购买产品（或者接受服务）、遭受的损失等事实承担举证责任。卖方机构对其是否履行了适当性义务承担举证责任。卖方机构不能提供其已经建立了金融产品（或者服务）的风险评估及相应管理制度、对金融消费者的风险认知、风险偏好和风险承受能力进行了测试、向金融消费者告知产品（或者服务）的收益和主要风险因素等相关证据的，应当承担举证不能的法律后果。"

219. 在劳动者主张提成工资的案件中，举证责任应如何分配

问：张某与某公司签订了1年的劳动合同，约定合同期内按照该公司责任制实施办法设置提成奖，奖金的计算方法为全年完成合

同额减去工程成本和基本定额再乘以 20%。后张某以该公司未按合同约定支付其提成工资为由诉至法院，对张某主张的提成工资是否支付以及如何计算，应当由张某还是由该公司承担举证责任？

答：《民事诉讼法》第六十七条第一款规定："当事人对自己提出的主张，有责任提供证据。"也就是说，原则上应当由主张权利存在的当事人，对该权利发生原因的事实承担证明责任，而主张权利不存在的当事人，对权利消灭原因的事实承担证明责任。在法律没有对劳动者的提成工资明确规定举证责任倒置的情况下，劳动者所主张的提成工资显然属于主张劳动报酬请求权，因此，应当由劳动者对提成工资发生的原因事实即双方约定的提成工资产生的事实承担举证责任。

在现实生活中，各行各业的提成工资的计算方法纷繁复杂，可能涉及合同额、工程成本、基本定额、人员成本等多种计算参数，这些计算参数的确定，是确认劳动者提成工资数额的关键因素，因而也往往成为案件中当事人的争议焦点。在确定这些具体参数时，不应机械地将举证责任全部加于劳动者一方。实践中，用人单位扣押劳动者的劳动合同书等本应由劳动者保管的文书的现象比较普遍，在劳动争议发生后用人单位往往拒不提供由其管理的对劳动者有利的关键证据，导致劳动者举证不能，无法维护自身的合法权益。

针对控制书证的非举证责任一方可能拒绝提供书证的情形，最高人民法院《关于适用〈中华人民共和国民事诉讼法〉的解释》第一百一十二条已经作出明确规定，即书证在对方当事人控制之下的，承担举证证明责任的当事人可以在举证期限届满前书面申请人民法院责令对方当事人提交。因此，如用人单位为对抗劳动者拒绝提供对劳动者有利的书证，劳动者可向法院申请责令其提交。最高人民法院《关于民事诉讼证据的若干规定》第四十七条第一款进一步规定："下列情形，控制书证的当事人应当提交书证：（一）控制书证的当事人在诉讼中曾经引用过的书证；（二）为对方当事人的利益制作的书证；（三）对方当事人依照法律规定有权查阅、获取的书证；（四）账簿、记账原始凭证；（五）人民法院认为应当提交书证的其他情形。"

而在劳动争议领域，《劳动争议调解仲裁法》第六条规定，发生劳动争议，当事人对自己提出的主张，有责任提供证据。与争议事项有关的证据属于用人单位掌握管理的，用人单位应当提供；用人单位不提供的，应当承担不利后果。根据这一规定，在确定这些具体参数时，法院还应当考虑双方当事人的举证能力，即由距离争议内容较近的一方，也就是更容易取得证据的一方承担某一参数的具体举证责任。比如，对于劳动者已经达到约定的提成工资的支付条件，以及具体完成的工作任务数量等，一般由劳动者一方举证证明；而涉及用人单位经营管理状况或者法定的完税义务等方面的数字，用人单位更有能力也有义务向法院提供证据证明。

此外，最高人民法院《关于民事诉讼证据的若干规定》第九十五条还对证据控制方拒不提交证据的情形作了推定规定，即一方当事人控制证据无正当理由拒不提交，对待证事实负有举证责任的当事人主张该证据的内容不利于控制人的，人民法院可以认定该主张成立。

220. 营业信托纠纷中受托人的举证责任

问：谢某委托某信托公司管理其资产，后双方产生纠纷。谢某向法院起诉，主张被告信托公司未履行勤勉尽责的义务。此时由谁来证明信托公司是否勤勉尽责这一待证事实?

答:信托公司作为受托人,须证明其已经履行了勤勉尽责的义务。在营业信托纠纷案件中,关于举证责任的分配存在不同的看法,有观点主张按照“谁主张,谁举证”的举证责任分配的一般原则来分配当事人的举证责任,亦有观点认为应当实行举证责任倒置原则,由受托人承担证明其已经履行了忠实、勤勉等义务的举证责任。针对这一分歧,《全国法院民商事审判工作会议纪要》第九十四条规定:“资产管理产品的委托人以受托人未履行勤勉尽责、公平对待客户等义务损害其合法权益为由,请求受托人承担损害赔偿责任的,应当由受托人举证证明其已经履行了义务。受托人不能举证证明,委托人请求其承担相应赔偿责任的,人民法院依法予以支持。”与委托人相比,信托公司、商业银行、证券公司等受托人作为专业机构,在行为主体、决策过程、客观效果、同行业绩等方面提供证据证明其尽到了勤勉谨慎职责更为容易。且信托合同通常是信托公司的格式文本,随着信托产品的产品结构设计日趋复杂、投资运作专业化程度不断提高,作为金融产品的信托产品与其发行方的关系更加紧密。在信托产品的结构设计和投资运作是否尽责问题上,需要受托人就已经尽责承担举证责任。

221.如何应对垄断民事诉讼中证据与证明的特殊问题

问:在垄断民事诉讼中,当事人提交的证据有时涉及国家秘密、商业秘密、个人隐私等内容,且往往需要运用复杂的专业知识予以认定。在垄断民事纠纷诉讼中,如何应对证据与证明的特殊问题呢?

答:垄断民事纠纷案件中,当事人提交的证据有时涉及国家秘密、商业秘密、个人隐私或者其他依法应当保护的内容,有必要采取有效措施予以保护,防止泄露或者扩散。为此,最高人民法院《关于审理因垄断行为引发的民事纠纷案件应用法律若干问题的规定》(本文以下简称《规定》)总结了多年来人民法院在商业秘密案件审理中的成功经验,《规定》第十一条规定:“证据涉及国家秘密、商业秘密、个人隐私或者其他依法应当保密的内容的,人民法院可以依职权或者当事人的申请采取不公开开庭、限制或者禁止复制、仅对代理律师展示、责令签署保密承诺书等保护措施。”

垄断行为的认定往往需要运用比较复杂的经济学分析,而法官通常并非经济学专家,因此,具有经济学等专门知识的专家辅助人在垄断民事诉讼中发挥着重要作用。对此,《规定》第十二条规定,“当事人可以向人民法院申请一至二名具有相应专门知识的人员出庭,就案件的专门性问题进行说明”,以指引当事人在诉讼中积极申请具有经济学专门知识的专家辅助人出庭,为人民法院更清楚地查明案件事实和更准确地认定垄断行为提供帮助。人民法院在审理垄断纠纷时,应当注意发挥专家辅助人的作用。在庭审中,审判人员可以对出庭的专家辅助人进行询问,可以允许专家辅助人向对方当事人提问,允许双方当事人的专家辅助人进行对质,还可以允许专家辅助人向作出市场调查或者经济分析报告的专业人员提问,以方便理解和查明专业技术问题。

除专家辅助人之外,垄断民事诉讼还经常涉及专家意见,专家意见对于解决案件中关键经济学问题亦具有重要作用。对此,《规定》第十三条明确规定,当事人可以向人民法院申请委托专业机构或者专业人员就案件的专门性问题作出市场调查或者经济分析报告。经人民法院同意，双方当事人可以协商确定专业机构或者专业人员；协商不成的，由人民法院指定。人民法院可以参照民事诉讼法及相关司法解释有关鉴定意见的规定，对前款规定的市场调查或者经济分析报告进行审查判断。在审查判断时，除了参照对鉴定意见审查判断的一般做法外，还要注意结合市场调查或者经济分析报告自身的特点，着重审查如下问题：该报告是否具有充分的事实或者数据基础；是否运用了合理、可靠的市场调查和经济分析方法；是否考虑了可能改变市场调查或者经济分析结果的相关事实；专家是否尽到了专业人员所应具有的谨慎和勤勉；等等。

222. 在依《民法典》第一百二十二条提出的不当得利返还之诉中，由谁来举证证明案涉得利“没有法律根据”

问：甲向乙账户汇款后向法院起诉称汇错款，请求乙返还不当得利。乙辩称甲虽与其无法律关系，但甲的行为系偿还丙欠乙的货款，不构成不当得利。此时应当由谁就“没有法律根据”承担举证证明责任？

答：给付行为没有法律根据是不当得利的构成要件之一。有观点认为，该构成要件的举证责任应当由被告承担，理由在于被告举证“有法律根据”系证明积极事实，相对容易；而原告举证“没有法律根据”则是证明消极事实，难度较大。反对者则认为，原告应当承担举证证明责任。“原告必须证明无法律上的原因（给付目的之欠缺）。此虽具消极事实的性质，仍应由原告负举证证明责任。

给付不当得利请求权人乃使财产发生变动的主体，控制财产资源的变动由其承担举证证明责任困难的危险，实属合理。”由原告承担举证证明责任的另一个理由在于，“谁主张，谁举证”是民事诉讼的基本举证原则，在法律无明文规定的情况下，不能因举证困难而随意倒置。

我们倾向于认为，原则上由被告承担“没有法律根据”的举证证明责任更为妥当。首先，不当得利中“没有法律根据”不是一般诉讼中特定的待证事实，而是一系列不特定的民事法律行为、事实行为乃至事件的集合。对于原告而言，让其证明“没有法律根据”是一项不可能完成的任务。在上述案例中，如果由甲证明汇款“没有法律根据”，则乙只需辩称甲不能举证证明，法院即可判决驳回甲的诉讼请求。其次，按照最高人民法院《关于适用〈中华人民共和国民事诉讼法〉的解释》第九十一条第一项的规定，主张法律关系存在的当事人，应当对产生该法律关系的基本事实承担举证证明责任，此亦为“谁主张，谁举证”的例外情形。故被告如主张存在一定法律关系构成“法律根据”的，应由被告承担举证证明责任。

具体而言，被告的举证证明过程应当分两步走。第一步要证明存在“法律根据”的相关事实。如在上例中，乙辩称甲代替丙还款，并提交乙与丙的借款合同及付款凭证等证据以证明乙对丙享有债权。第二步则需要证明该相关事实构成“法律根据”，从而阻却不当得利的成立。乙在证明其对丙享有债权后，还应当按照《民法典》合同编关于债务加入或债务转移的规定，证明甲确有代替丙还款的真实意思，以达到存在“法律根据”的证明标准。需要指出的是，以上分析的仅仅是一般的情况，在某些情形下，被告的举证责任并没有那么复杂。如上例乙若证明其对甲享有债权，甲汇款是清偿自己债务的行为，则其不但证明了存在“法律根据”的相关事实，同时还证明了该相关事实足以构成“法律根据”。

223. 法律文书中是否需要具体阐述证据是否采纳的理由

问：法律文书中是否需要具体阐述证据是否采纳的理由？

答：人民法院对纠纷的最终处理，需要通过适当的方式对外公开，以接受当事人和社会大众的监督，此为司法公开的应有之义。最高人民法院《关于民事诉讼证据的若干规定》第八十五条第二款规定：“审判人员应当依照法定程序，全面、客观地审核证据，依据法律的规定，遵循法官职业道德，运用逻辑推理和日常生活经验，对证据有无证明力和证明力大小独立进行判断，并公开判断的理由和结果。”第九十七条第一款规定：“人民法院应当在裁判文书中阐明证据是否采纳的理由。”案件事实的认定，建立在对证据认定的基础之上。由此，根据心证公开之要求，证据是否采纳的理由应予对外公开，此即为心证公开的应有之义。

如何在裁判文书中对证据是否采纳的理由进行阐明，最高人民法院出台过相关的要求。如对于诉讼证据的表述原则、方法，最高人民法院《关于印发〈人民法院民事裁判文书制作规范〉〈民事诉讼文书样式〉的通知》中明确，对当事人无争议的证据，写明“对当事人无异议的证据，本院予以确认并在卷佐证”；对有争议的证据，应当写明争议的证据名称及人民法院对争议证据认定的意见和理由；对有争议的事实，应当写明事实认定意见和理由。对于人民法院调取的证据、鉴定意见，经庭审质证后，按照当事人是否有争议分别写明。对逾期提交的证据、非法证据等不予采纳的，应当说明理由。由此可见，对于证据采纳的理由，根据证据的情况，尽管有不同的要求，但均要求说明理由。仅笼统地表述“证据不足、不予支持”或者“证据充分、予以支持”等，不属于在裁判文书中真正阐明证据是否采纳的理由。

回 避

224. 庭审终结后当事人申请审判人员回避如何办理

问：*庭审终结后当事人申请审判人员回避如何办理？*

答：申请回避是当事人的一项诉讼权利，应在法律规定的期间内行使。《民事诉讼法》第四十八条第一款规定："当事人提出回避申请，应当说明理由，在案件开始审理时提出；回避事由在案件开始审理后知道的，也可以在法庭辩论终结前提出。"由此可见，当事人行使回避权有两个时间节点：一是在当事人接到人民法院的案件受理通知书后法庭调查开始前提出，通常的方式是审判长或者独任审判员宣布审判人员名单后，主动询问当事人是否申请回避。最高人民法院《关于适用〈中华人民共和国民事诉讼法〉的解释》第四十七条规定，"人民法院应当依法告知当事人对合议庭组成人员、独任审判员和书记员等人员有申请回避的权利"，因此，一般而言，人民法院在开庭前应告知当事人申请回避的权利。二是在法庭辩论终结前提出，条件是回避事由是在法庭调查和法庭辩论中才知道的，人民法院不得以当事人已经行使过回避权为由予以驳回。如果一个案件多次开庭，其间当事人只要知道了回避事由，在最后一次法庭辩论终结前均可以申请回避。如果当事人在案件审理开始时就知道回避事由，法庭调查开始前明确表示不申请回避，而后又申请回避，因其申请回避权已丧失，人民法院对此可不再作出是否回避的决定。如果全部庭审结束后当事人才知道回避事由，且该事由确属审判人员应当回避的情形，但申请回避的法定时间已过，人民法院对此仍需要区别对待，依法作出处理。由于此时当事人已无申请回避权，人民法院无须就回避申请再向当事人作出口头或者书面决定，也可不答复当事人。经调查，审判人员与本案确有利害关系，该事由很可能影响案件的公正审理的，人民法院应当依照《民事诉讼法》第四十七条的规定，要求应当回避的审判人员自行回避。

妨碍民事诉讼的行为

225. 上诉期间将涉案标的物转让不构成妨害民事诉讼的行为

问：甲将自己的房子卖给乙，后又高价卖给丙，房屋尚未过户，乙起诉甲，一审法院判令甲将房屋过户给乙，涉案房屋并没有办理财产保全；甲不服上诉，上诉期间甲又将房屋卖给了丁，并办理了过户。甲的行为是否构成妨害民事诉讼的行为，能否对甲的行为进行处罚？

答：甲的行为并不构成妨害民事诉讼的行为，并不能对甲进行处罚。理由是对于公民不论实施何种处罚，必须有严格的法律依据。《民事诉讼法》第一百一十四条规定："诉讼参与人或者其他人有下列行为之一的，人民法院可以根据情节轻重予以罚款、拘留；构成犯罪的，依法追究刑事责任：（一）伪造、毁灭重要证据，妨碍人民法院审理案件的；（二）以暴力、威胁、贿买方法阻止证人作证或者指使、贿买、胁迫他人作伪证的；（三）隐藏、转移、变卖、毁损已被查封、扣押的财产，或者已被清点并责令其保管的财产，转移已被冻结的财产的；（四）对司法工作人员、诉讼参加人、证人、翻译人员、鉴定人、勘验人、协助执行的人，进行侮辱、诽谤、诬陷、殴打或者打击报复的；（五）以暴力、威胁或者其他方法阻碍司法工作人员执行职务的；（六）拒不履行人民法院已经发生法律效力的判决、裁定的。人民法院对有前款规定的行为之一的单位，可以对其主要负责人或者直接责任人员予以罚款、拘留；构成犯罪的，依法追究刑事责任。”

依据最高人民法院《关于适用〈中华人民共和国民事诉讼法〉的解释》第一百六十三条规定，“法律文书生效后，进入执行程序前，债权人因对方当事人转移财产等紧急情况，不申请保全将可能导致生效法律文书不能执行或者难以执行的，可以向执行法院申请采取保全措施。债权人在法律文书指定的履行期间届满后五日内不申请执行的，人民法院应当解除保全”，学理上称为“执行前的保全”。在判决生效后，生效判决指定的履行期限届满前，此时权利人还不能申请执行保全，担心义务人在此期间转移财产的，可以申请执行前的保全，由人民法院对财产采取查封、扣押、冻结措施。结合上述案情，由于涉案财产并未办理诉讼保全，不符合《民事诉讼法》第一百一十四条第一款第三项规定的“隐藏、转移、变卖、毁损已被查封、扣押的财产，或者已被清点并责令其保管的财产，转移已被冻结的财产的”行为，甲在上诉期间转让涉案标的物的行为并不构成妨害民事诉讼的行为，不能对其处罚。此时，甲向乙过户房屋的义务属于《民法典》第五百八十条第一款第一项规定的“法律上或者事实上履行不能”的义务，乙不能请求甲实际履行。但由于合同目的不能实现，根据《民法典》第五百八十条第二款规定：“有前款规定的除外情形之一，致使不能实现合同目的的，人民法院或者仲裁机构可以根据当事人的请求终止合同权利义务关系，但是不影响违约责任的承担。”乙可要求解除合同并向甲主张违约责任，赔偿其因甲的违约行为遭受的损失。

诉讼费用与送达

诉讼费用

226. 当事人仅对诉讼费用负担问题申请再审，如何处理

问：当事人仅以不服生效判决确定由其负担诉讼费用数额为由申请再审的，人民法院是否应立案审查？

答：《诉讼费用交纳办法》第二十九条规定："诉讼费用由败诉方负担，胜诉方自愿承担的除外。部分胜诉、部分败诉的，人民法院根据案件的具体情况决定当事人各自负担的诉讼费用数额。共同诉讼当事人败诉的，人民法院根据其对诉讼标的的利害关系，决定当事人各自负担的诉讼费用数额。"由此可见，人民法院有权根据案件的具体情况决定当事人应当负担的诉讼费用数额。《诉讼费用交纳办法》第四十三条第一款和第二款规定："当事人不得单独对人民法院关于诉讼费用的决定提起上诉。当事人单独对人民法院关于诉

讼费用的决定有异议的，可以向作出决定的人民法院院长申请复核。复核决定应当自收到当事人申请之日起 15 日内作出。”当事人不得单独对人民法院关于诉讼费用负担的决定提起上诉，如有异议应向人民法院申请复核，存在错误的由人民法院根据《民事诉讼法》的规定进行更正。因此，人民法院作出的关于诉讼费用负担的决定属于人民法院依职权决定的事项，不具有可诉性。当事人仅以不服生效判决确定由其负担诉讼费用数额为由申请再审的，人民法院不予受理，而应由当事人向作出诉讼费用负担数额之决定的人民法院申请复核。

227. 同一方当事人多人共同上诉的，二审案件受理费如何收取

问：同一方当事人多人共同上诉的，二审案件受理费如何收取？

答：《诉讼费用交纳办法》第二十二条第二款规定：“上诉案件的案件受理费由上诉人向人民法院提交上诉状时预交。双方当事人都提起上诉的，分别预交。上诉人在上诉期内未预交诉讼费用的，人民法院应当通知其在 7 日内预交。”但该条并未规定同一方当事人多人共同上诉的，是交纳一份上诉费还是按当事人人数分别预交上诉费。

最高人民法院《关于适用〈中华人民共和国民事诉讼法〉的解释》第二百零二条规定：“原告、被告、第三人分别上诉的，按照上诉请求分别预交二审案件受理费。同一方多人共同上诉的，只预交一份二审案件受理费；分别上诉的，按照上诉请求分别预交二审案件受

理费。”由此可见，对于一审原告、被告、第三人，因其诉讼地位、诉讼请求、诉讼利益不同，应当分别预交二审案件受理费，但对于同一方多人共同上诉的，应当区别情况对待。以当事人的诉讼请求为标准：如果同一方当事人基于共同的诉讼请求，因其诉讼利益相同，可以只预交一份案件受理费；如果同一方当事人多人分别上诉，诉讼请求不同，即诉讼利益不同，应当分别预交二审案件受理费。

228. 当事人胜诉后，其所预交的案件受理费是否应予退还

问：审判实践中，经常遇到胜诉的当事人申请退还其预交的案件受理费的情况。有观点认为，案件受理费问题可在执行程序中一并解决，当事人预交的案件受理费不必退还，这种观点是否正确？

答：此种观点不正确。《诉讼费用交纳办法》第二十九条第一款规定：“诉讼费用由败诉方负担，胜诉方自愿承担的除外。”所谓诉讼费用由败诉方负担，应理解为胜诉方不应支出诉讼费用。既然如此，如果案件受理费是由胜诉方预交的，就应退回。最高人民法院《关于适用〈诉讼费用交纳办法〉的通知》第三条规定：“《办法》第二十九条规定，诉讼费用由败诉方负担，胜诉方自愿承担的除外。对原告胜诉的案件，诉讼费用由被告负担，人民法院应当将预收的诉讼费用退还原告，再由人民法院直接向被告收取，但原告自愿承担或者同意被告直接向其支付的除外。当事人拒不交纳诉讼费用的，人民法院应当依法强制执行。”最高人民法院《关于适用〈中华人民共和国民事诉讼法〉的解释》第二百零七条也规定：“判决生效后，

胜诉方预交但不应负担的诉讼费用，人民法院应当退还，由败诉方向人民法院交纳，但胜诉方自愿承担或者同意败诉方直接向其支付的除外。当事人拒不交纳诉讼费用的，人民法院可以强制执行。”因此，当事人胜诉后申请退还其预交的案件受理费的，人民法院应予退还。

229. 怎样理解《民事诉讼法》第二百六十四条规定的“加倍支付迟延履行期间的债务利息”

问:《民事诉讼法》第二百六十四条规定，被执行人未按判决、裁定和其他法律文书指定的期间履行给付金钱义务的，应当加倍支付迟延履行期间的债务利息。实践中，各地法院对迟延履行金钱的含义掌握的标准不一，有的认为“金钱义务”仅认定为判决主文被告应承担的金钱给付义务，有的认为还应包括由被告承担的诉讼费、鉴定费等费用。另外，对利息计算的起止时间也有争议。请问对此应如何掌握?

答: 关于利息的标准和起算时间问题。根据《民事诉讼法》第二百六十四条的规定，加倍支付迟延履行期间的债务利息标准是按银行同期贷款最高利率计付的债务利息基础上再增加一倍。最高人民法院《关于适用〈中华人民共和国民事诉讼法〉的解释》第五百零四条规定：“被执行人迟延履行的，迟延履行期间的利息或者迟延履行金自判决、裁定和其他法律文书指定的履行期间届满之日起计算。”最高人民法院《关于执行程序中计算迟延履行期间的债务利息适用法律若干问题的解释》第二条规定：“加倍部分债务利息自生效法律文书确定的履行期间届满之日起计算；生效法律文书确定分期履行的，自每次履行期间届满之日起计算；生效法律文书未确定履行期间的，自法律文书生效之日起计算。”可见，在生效法律文书确定了履行期间的情况下，被执行人承担迟延履行责任的起算时间为生效法律文书指定的履行期间届满之日起，而非法院执行通知书指定被执行人履行的期间届满之日起，即使被执行人在执行通知书指定的期间内履行了法律义务，但超过了生效法律文书指定的履行期间，申请执行人仍有权要求被执行人加倍支付迟延履行期间的债务利息。

关于迟延履行利息基数的确定问题。我们认为，诉讼费用不应当计入迟延履行利息的基数中，理由是：债务利息是指因生效法律文书确定的债务所产生的利息，对于判决来讲，是指判决主文确定的给付金钱债务所产生的利息。而诉讼费用是当事人在诉讼中向法院交纳的费用，与双倍迟延履行利息的惩罚性和补偿性不相符。如预交案件受理费是民事诉讼法对原告及上诉人的要求，目的是防止当事人滥用诉权，对方当事人并未因此受益。另外，在不同案件中诉讼费用是不同的，有些案件对当事人减免诉讼费，有些案件的鉴定费是被告申请和支付的，将诉讼费用计入迟延履行利息基数没有依据。加倍支付生效判决确定的给付金钱债务的迟延履行期间的利息，已体现了对迟延履行的惩罚和对债权人的补偿，较好地平衡了双方的利益。

230. 再审法院裁定撤销一审、二审判决并将案件发回重审的，二审案件受理费应否退还

问：审判实践中，有时会发生案件提审后，再审法院裁定撤销

一审、二审判决并发回重审，当事人申请二审法院退还二审案件受理费的情况，原二审法院是否应当将收取的二审案件受理费退还当事人?

答:在此种情况下，二审案件受理费应当退还当事人。首先，《诉讼费用交纳办法》第二十七条第一款规定:“第二审人民法院决定将案件发回重审的，应当退还上诉人已交纳的第二审案件受理费。”《民事诉讼法》第二百一十八条第一款规定:“人民法院按照审判监督程序再审的案件，发生法律效力的判决、裁定是由第一审法院作出的，按照第一审程序审理，所作的判决、裁定，当事人可以上诉；发生法律效力的判决、裁定是由第二审法院作出的，按照第二审程序审理，所作的判决、裁定，是发生法律效力的判决、裁定；上级人民法院按照审判监督程序提审的，按照第二审程序审理，所作的判决、裁定是发生法律效力的判决、裁定。”因此，再审法院裁定撤销原一审、二审判决并将案件发回重审的情形，亦应适用《诉讼费用交纳办法》第二十七条第一款规定。其次，再审法院裁定撤销一审、二审判决并发回重审后，原二审上诉人对重一审判决可能服判，不提起上诉；该案也可能以调解、撤诉方式结案；当事人亦可能对重一审判决提出新的上诉请求。以上情况会相应导致重审后二审程序不被启动或者原二审案件受理费数额发生变化。因此，再审法院裁定撤销一审、二审判决并将案件发回重审后，原二审法院将收取的二审案件受理费退还当事人，既有法律依据，也符合审判实践，更有利于及时保护当事人的诉讼权利。为便于当事人申请退还二审案件受理费，再审裁定应明确载明将二审案件受理费予以退还的内容。

231. 当事人对反诉部分的判决不服提出上诉的，二审案件受理费是否应当减半收取

问:《诉讼费用交纳办法》第十八条规定了对于合并审理的反诉请求，应当减半收取案件受理费。当事人对反诉部分的判决不服提出上诉的，二审案件受理费是否还应当减半收取呢?

答:《诉讼费用交纳办法》第十八条规定:“被告提起反诉、有独立请求权的第三人提出与本案有关的诉讼请求，人民法院决定合并审理的，分别减半交纳案件受理费。”该办法第十七条规定:“对财产案件提起上诉的，按照不服一审判决部分的上诉请求数额交纳案件受理费。”从上述规定的措辞看，对于二审案件，没有特别规定是否应区分对反诉或者其他人民法院决定合并审理的请求上诉的情况，按照不同标准收取案件受理费。从规定表面看，似乎应对当事人的上诉请求，直接按照其上诉请求数额计算二审案件受理费，而不涉及减半的问题，因为此时一审中的反诉请求已经转变为当事人的上诉请求了。但是，从探究《诉讼费用交纳办法》第十八条的立法本意看，我们认为，该条规定对人民法院决定合并审理的反诉或其他诉讼请求减半收取案件受理费，主要是考虑到人民法院在合并审理的情况下，办案成本比分别审理低，为了减轻当事人的诉讼负担，对案件受理费予以减半收取。而当事人对反诉部分的判决不服提出上诉的，人民法院可将此上诉案件与本诉之上诉案件合并审理，办案成本也可降低。因此，我们认为，二审案件受理费应当采取与一审案件受理费一致的收取标准，即在二审中对当事人针对一审中的反诉部分提出的上诉请求，仍应减半收取案件受理费。

232. 案件被发回重审后没有申请退还二审案件受理费的，在上诉时是否可以不再预交二审案件受理费

问：案件被发回重审后没有申请退还二审案件受理费的，在上诉时是否可以不再预交二审案件受理费？

答：答案是否定的。《诉讼费用交纳办法》第二十二条第二款规定："上诉案件的案件受理费由上诉人向人民法院提交上诉状时预交。双方当事人都提起上诉的，分别预交。上诉人在上诉期内未预交诉讼费用的，人民法院应当通知其在7日内预交。"该办法第二十七条第一款规定："第二审人民法院决定将案件发回重审的，应当退还上诉人已交纳的第二审案件受理费。"因此，已经交纳过第二审案件受理费的案件被发回重审后，预交第二审案件受理费的当事人即可以向人民法院申请退还已交纳的第二审案件受理费。《民事诉讼法》第一百二十一条第一款规定："当事人进行民事诉讼，应当按照规定交纳案件受理费。财产案件除交纳案件受理费外，并按照规定交纳其他诉讼费用。"综上可见，如果案件经重审后，当事人不服提起上诉，则应当再次预交第二审案件受理费。

有的当事人之所以在这个问题上产生误解，是因为2007年4月1日以前施行的《人民法院诉讼收费办法》（已废止）第十七条规定："第二审人民法院发回重审的案件，预交的上诉案件受理费，不予退还；重审后又上诉的，不再预交案件受理费。"应该注意的是，自2007年4月1日《诉讼费用交纳办法》施行后，《人民法院诉讼收费办法》不再适用，已经交纳过第二审案件受理费的案件被

发回重审后，人民法院应当向当事人退还已交纳的第二审案件受理费。案件经重审后，当事人不服判决而再次上诉时，应当依照《民事诉讼法》及《诉讼费用交纳办法》等规定重新交纳第二审案件受理费。

233. 案件的鉴定费用应如何负担

问：2008年8月，李某驾车将原告王某撞伤。事故发生后，王某自行委托鉴定机构对其伤残程度进行了鉴定，鉴定结论为五级伤残。鉴定费用为800元，由原告王某先行支付给鉴定机构。交警部门对事故责任作出认定，被告负主要责任，原告负次要责任。原告王某诉讼请求中的一项要求为被告负担鉴定费用800元。本案在处理时就鉴定费用的负担问题存在不同意见。第一种意见认为，根据《诉讼费用交纳办法》第二十九条的规定，诉讼费用应由败诉方负担，因此，根据原告、被告双方的过错程度，在判决时确定原告、被告应负担该费用的比例。第二种意见认为，根据《诉讼费用交纳办法》第六条、第十二条的规定，鉴定费用不属于诉讼费用的范围，而该费用的负担原则是“谁主张，谁负担”。因此，鉴定费用应由原告自行负担，对原告的该项请求应不予支持。请问哪种意见正确？

答：《诉讼费用交纳办法》第二章规定的是“诉讼费用交纳范围”，关于鉴定费用的交纳规定在该章的第十二条，属于诉讼参与人辅助诉讼的费用，显然鉴定费用属于诉讼费用的范畴。这里的“谁主张，谁负担”只是说，一方当事人为维持自己的利益，在诉讼过程中引入第三方主体证明自己诉讼请求的合法性，并期望据此使法官形成有利于自己的心证。此时法院判决还未作出，对于请求鉴定一方当事人的诉讼请求能否得到支持还处于不确定状态，此时当然应先由申请方交纳鉴定费用。此外，最高人民法院《关于民事诉讼证据的若干规定》第三十九条第一款“鉴定人出庭费用按照证人出庭作证费用的标准计算，由败诉的当事人负担”的规定也说明，因鉴定发生的费用应当由败诉方承担。但是，根据《诉讼费用交纳办法》第二十九条规定，“诉讼费用由败诉方负担，胜诉方自愿承担的除外。部分胜诉、部分败诉的，人民法院根据案件的具体情况决定当事人各自负担的诉讼费用数额。共同诉讼当事人败诉的，人民法院根据其对诉讼标的的利害关系，决定当事人各自负担的诉讼费用数额”。因鉴定费用属于诉讼费用，当然也应根据《诉讼费用交纳办法》第二十九条的规定确定最终由谁来负担。因此，我们认为，第一种意见是正确的。

送达

234. 对于驳回再审申请的案件，在其他方式无法送达的情况下，是否还有必要对应诉通知与审查裁定再进行公告送达

问：对于驳回再审申请的案件，送达与否其实无损被申请人的权利，在其他方式无法送达的情况下，是否还有必要对应诉通知与审查裁定再进行公告送达？

答：在处理申请再审案件过程中，会出现较多的被申请人联系不上、邮寄被退件、原审律师以不代理为由拒收等无法有效送达的情形。按照最高人民法院《关于进一步加强民事送达工作的若干意见》第六条的规定，“当事人在送达地址确认书中确认的送达地址，适用于第一审程序、第二审程序和执行程序……”但未扩大到再审审查和再审程序。对于驳回再审申请的案件，送达与否其实无损被申请人的权利，在其他方式无法送达的情况下，没有必要再进行公告。理由是：一是送达与否并不影响被申请人的权利。最高人民法院《关于进一步加强民事送达工作的若干意见》第十五条规定：“要严格适用民事诉讼法关于公告送达的规定，加强对公告送达的管理，充分保障当事人的诉讼权利。只有在受送达人下落不明，或者用民事诉讼法第一编第七章第二节规定的其他方式无法送达的，才能适用公告送达。”这表明不允许适用公告送达的目的就在于保障当事人的诉讼权利，而在驳回再审申请的案件中是否送达都不会损害被申请人的权利。二是因为没有改变生效文书的状态，再审针对的是已生效的法律文书，不同于二审程序，即使二审是维持原判的结果，但如果无法送达依然要公告。

235. 受送达人避而不见，应当如何送达诉讼文书

问：人民法庭在审理案件时，经常遇到因当事人避而不见而导致诉讼文书送达难的问题。实践中，面对这种情形，往往直接采用公告送达的方式送达，但是造成了诉讼拖延等一系列问题。应当如

何解决这种问题？

答：送达难是人民法院审理案件时经常遇到的问题。2012年8月31日修正的《民事诉讼法》第八十六条针对2007年《民事诉讼法》第七十九条规定作出修改，修改了留置送达的规定。如果有证据表明受送达人就在其住所居住，但却避而不见，即可认为属于“拒绝接收诉讼文书”，人民法院可以依据新《民事诉讼法》第八十九条规定，“受送达人或者他的同住成年家属拒绝接收诉讼文书的，送达人可以邀请有关基层组织或者所在单位的代表到场，说明情况，在送达回证上记明拒收事由和日期，由送达人、见证人签名或者盖章，把诉讼文书留在受送达人的住所；也可以把诉讼文书留在受送达人的住所，并采用拍照、录像等方式记录送达过程，即视为送达”。但是，如果受送达人及其同住成年家属，确实不在其住所内居住生活，人民法院就不能采取上述送达方式送达诉讼文书。最高人民法院《关于进一步加强民事送达工作的若干意见》第八条亦对受送达人避而不见的情形作出了处理规定：“当事人拒绝确认送达地址或以拒绝应诉、拒接电话、避而不见送达人员、搬离原住所等躲避、规避送达，人民法院不能或无法要求其确认送达地址的，可以分别以下列情形处理：（一）当事人在诉讼所涉及的合同、往来函件中对送达地址有明确约定的，以约定的地址为送达地址；（二）没有约定的，以当事人在诉讼中提交的书面材料中载明的自己的地址为送达地址；（三）没有约定、当事人也未提交书面材料或者书面材料中未载明地址的，以一年内进行其他诉讼、仲裁案件中提供的地址为送达地址；（四）无以上情形的，以当事人一年内进行民事活动时经常使用的地址为送达地址。人民法院按照上述地址进行送达的，可以同时以电话、微信等方式通知受送达人。”此外，根据《民事诉讼法》第九十五条的规定，“受送达人下落不明，或者用本节规定的其他方式无法送达的，公告送达。自发出公告之日起，经过三十日，即视为送达。公告送达，应当在案卷中记明原因和经过”。

236. 人民法院能否依据与民事诉讼被告亲属的谈话笔录，适用公告送达程序送达诉讼文书

问：因民事案件被告外出务工，人民法院无法送达诉讼文书，法官向其父母询问被告下落并制作谈话笔录。如被告外出务工已久，去处不明，与家人失去联系，人民法院可否以此为据公告送达诉讼文书？

答：讨论中形成两种不同意见：一种意见认为，该谈话笔录可以作为公告送达的依据；另一种意见认为，谈话笔录不能作为公告送达的依据，而应由当地基层政府出具被告下落不明的证明。

《民事诉讼法》第九十五条规定：“受送达人下落不明，或者用本节规定的其他方式无法送达的，公告送达。自发出公告之日起，经过三十日，即视为送达。公告送达，应当在案卷中记明原因和经过。”据此，法律没有规定需经当地基层组织出具被告下落不明的书证后，才能适用公告送达程序送达诉讼文书。多数情况下，当地基层组织并不了解被告生活和工作情况，无法证明被告下落不明。人民法院询问受送达人亲属并制作谈话笔录，记明通过其他法定送达形式无法送达的原因和经过后，即可认定受送达人下落不明，适用公告送达程序送达。

237. 民事调解书能否公告送达

问：有的民事调解书是采用公告送达方式进行的，请问民事调解书能够公告送达吗？

答：《民事诉讼法》第九十五条规定："受送达人下落不明，或者用本节规定的其他方式无法送达的，公告送达。自发出公告之日起，经过三十日，即视为送达。公告送达，应当在案卷中记明原因和经过。"从该条的规定来看，并没有规定民事调解书不能够公告送达。最高人民法院《关于适用简易程序审理民事案件的若干规定》第十五条第一款规定，调解达成协议并经审判人员审核后，双方当事人同意该调解协议经双方签名或者按指印生效的，该调解协议自双方签名或者按指印之日起发生法律效力。据此，在适用简易程序审理的案件中，生效的调解书也可能存在用直接送达、留置送达、邮寄送达等方式不能送达的情况，这时就需要采用公告送达的方式进行送达。在采用普通程序审理的民事案件中，根据最高人民法院《关于适用〈中华人民共和国民事诉讼法〉的解释》第一百五十一条第一款的规定，"根据民事诉讼法第一百零一条第一款第四项规定，当事人各方同意在调解协议上签名或者盖章后即发生法律效力的，经人民法院审查确认后，应当记入笔录或者将调解协议附卷，并由当事人、审判人员、书记员签名或者盖章后即具有法律效力"。依照上述司法解释，采用普通程序审理的案件中发生法律效力的调解书也存在需要公告送达的情形。有的案件一审时，人民法院对该当事人采用公告送达的方式送达判决书。根据判决书的主文，该当事人不承担民事责任。其他当事人上诉，最后二审法院调解结案。根据调解书的内容，该当事人不承担民事责任。这样，对该当事人也应当用公告送达的方式送达调解书。如果调解书中没有“当事人各方同意在调解协议上签名或者盖章后即发生法律效力”或者类似表述的，那么，按照《民事诉讼法》第一百条第三款的规定，“调解书经双方当事人签收后，即具有法律效力”，该调解书还不具有法律效力。这类没有生效的调解书就不能采用公告送达的方式送达。

238. 当事人在一审案件中提供的送达地址确认书可否适用于此后的二审程序、审判监督程序、执行程序

问：案件进入二审程序、审判监督程序、执行程序，当事人未申请变更送达地址的情况下，可否按照当事人在一审案件中提供的送达地址确认书中记载的地址送达？

答：关于送达地址确认书适用的时间和空间的效力和范围问题，最高人民法院《关于适用〈中华人民共和国民事诉讼法〉的解释》第一百三十七条规定：“当事人在提起上诉、申请再审、申请执行时未书面变更送达地址的，其在第一审程序中确认的送达地址可以作为第二审程序、审判监督程序、执行程序的送达地址。”与之相符，最高人民法院《关于以法院专递方式邮寄送达民事诉讼文书的若干规定》第四条第三款和第十一条第一款也体现了相同的立法思路。该规定第四条第三款规定，“当事人在第一审、第二审和执行终结前变更送达地址的，应当及时以书面方式告知人民法院”；第十一条第一款规定，“因受送达人自己提供或者确认的送达地址不准确、拒不提供送达地址、送达地址变更未及时告知人民法院、受送达人本

人或者受送达人指定的代收人拒绝签收，导致诉讼文书未能被受送达人实际接收的，文书退回之日视为送达之日”。从前述司法解释和规定的内容来看，当事人在一审诉讼时向法院提供或确认的送达地址，在案件进入二审和执行程序后仍然是有效的，送达地址确认书的时间和空间效力可扩展至二审及此后的执行阶段；在一个案件完整的诉讼程序终结前，当事人未申请变更送达地址的情况下，送达地址确认书应该在整个程序中均为有效，除一审程序中可适用外，在二审和执行程序中可以继续适用。最高人民法院印发的《关于进一步加强民事送达工作的若干意见》第六条也同样规定：“当事人在送达地址确认书中确认的送达地址，适用于第一审程序、第二审程序和执行程序。当事人变更送达地址，应当以书面方式告知人民法院。当事人未书面变更的，以其确认的地址为送达地址。”

239. 当庭宣判的案件，人民法院能否通过告知当事人或诉讼代理人领取裁判文书的时间和地点的方式直接送达

问：经当庭宣判，当事人均已了解人民法院的裁判理由和裁判内容，进而能自行判断是否提出上诉。此种情形下，人民法院能否通过告知当事人或诉讼代理人领取裁判文书的时间和地点的方式直接送达？

答：关于当庭宣判的裁判文书送达问题，最高人民法院《关于适用〈中华人民共和国民事诉讼法〉的解释》第二百五十三条规定：“当庭宣判的案件，除当事人当庭要求邮寄发送裁判文书的外，人民

法院应当告知当事人或者诉讼代理人领取裁判文书的时间和地点以及逾期不领取的法律后果。上述情况，应当记入笔录。”由此可见，首先，在当庭宣判的前提下，如果当事人要求邮寄送达裁判文书的，人民法院应按其提供的送达地址邮寄送达，而不用审查其要求邮寄送达的理由是否正当。一方面，这是尊重当事人送达方式选择权的表现；另一方面，依据最高人民法院《关于以法院专递方式邮寄送达民事诉讼文书的若干规定》第十一条第一款规定，“因受送达人自己提供或者确认的送达地址不准确、拒不提供送达地址、送达地址变更未及时告知人民法院、受送达人本人或者受送达人指定的代收人拒绝签收，导致诉讼文书未能被受送达人实际接收的，文书退回之日视为送达之日”,通过邮寄送达可以缓解“送达难”的问题。其次，在当事人放弃邮寄送达并选择领取裁判文书的前提下，当事人在指定期间和指定地点领取裁判文书并不违反送达的相关规定。既然当事人没有选择邮寄送达，那么人民法院指定其领取裁判文书的期间和地点以及就逾期不领取裁判文书的法律后果所作的告知，其本身即已在当事人与人民法院之间建立了类似“契约”的约定并确立了相应的诉讼秩序，当事人违反该约定理应承担约定业已确定的后果。最后，人民法院主动告知当事人逾期不领取的法律后果，包括在指定期间内未领取的，期间届满之日为送达之日，当事人的上诉期从人民法院指定领取裁判文书期间届满之日起开始计算。

财产保全与期间

240. 劳动争议纠纷申请仲裁期间和起诉期间有何区别

问：*劳动争议纠纷申请仲裁期间和起诉期间有何区别？*

答：劳动争议诉讼适用仲裁前置程序，劳动争议仲裁与劳动争议诉讼分别涉及两个期间制度：一是申请仲裁期间，《劳动争议调解仲裁法》第二十七条第一款规定："劳动争议申请仲裁的时效期间为一年。仲裁时效期间从当事人知道或者应当知道其权利被侵害之日起计算。"二是起诉期间，《劳动法》第八十三条规定："劳动争议当事人对仲裁裁决不服的，可以自收到仲裁裁决书之日起十五日内向人民法院提起诉讼。一方当事人在法定期限内不起诉又不履行仲裁裁决的，另一方当事人可以申请人民法院强制执行。"

综上所述，申请仲裁期间和起诉期间的区别在于：

1. 超过期间的法律后果不同。超过申请仲裁期间的，仲裁申请不予受理，当事人可以在 15 日起诉期间内向人民法院提起诉讼；无论申请仲裁是否超过一年，只要在仲裁裁决作出之日起 15 日内起诉，人民法院都应受理；超过 15 日起诉期间的起诉，即便仲裁申请未超过一年，人民法院也应裁定不予受理。

2. 期间的法律性质不同。15 日起诉期间属于不变期间，不适用诉讼时效中止、中断、延长的规定，该起诉期限属于程序性审查事项；一年申请仲裁期间则属于“特殊时效”，为可变期间，起算日为劳动争议发生之日，且可以发生中止、中断，但不能延长，人民法院对该问题应进行实体审查。

241. 人民法院能否接受当事人以保证方式提供的担保用于申请和解除财产保全

问：在审判实践中发现，有的人民法院对于当事人以保证的方式提供的用以申请财产保全或解除财产保全的信用担保一概不予接受，要求其必须以存单质押或者不动产抵押的方式提供物权担保，这种做法是否符合法律规定？

答：最高人民法院《关于人民法院办理财产保全案件若干问题的规定》第六条第二款规定：“第三人为财产保全提供保证担保的，应当向人民法院提交保证书。保证书应当载明保证人、保证方式、保证范围、保证责任承担等内容，并附相关证据材料。”我国《海事诉讼特别程序法》第七十三条第二款规定：“担保的方式为提供现金或者保证、设置抵押或者质押。”显然，将保证作为担保的方式之一不仅符合法律规定，也与国际上的通行做法相一致。

担保可以分为物的担保和人的担保。物的担保可以表现为抵押、质押，人的担保主要表现为保证，是凭借人的信用进行的担保。物的担保与人的担保在本质上并无优劣之分，只要能够实现担保日后生效裁判的执行即应认可。现代市场经济发展的要求必然追求物的便捷流转。从某种意义上来说，人的担保方式更为灵活。这一点在民事诉讼程序中的财产保全解除中表现得比较突出。如果被申请人能够提供财力雄厚、信誉度良好的大公司的担保，并不损害申请人的利益，法院应当予以准许。根据以往实践，对申请人提供的由我国商业银行、船东保赔协会、保险公司、大型担保公司和大型生产企业出具的书面担保，或者申请人认可的书面担保，通常予以接受。由此可见，当事人以保证方式提供担保，申请财产保全或解除财产保全，人民法院不应不区分情况一概加以拒绝。对于当事人提供的保证人，法院应严格审查其信誉度。对于企业来讲，主要是审查其注册资产情况、运营情况及其商业信誉。经审查，如果保证人不具备保证能力，甚至濒临破产的，法院可以让申请人另行提供担保或不予准许其申请，坚决防止被担保人逃避债务；如果保证人经济实力雄厚、信誉良好，法院应当准许其申请，不要简单地把书面担保拒之门外，但要从严掌握。

242. 应当如何处理对于信托公司固有财产的诉讼保全

问：当信托公司作为信托纠纷案件被告，原告申请对信托公司固有财产进行诉讼保全时，受诉法院应如何办理保全？

答：实践对于该问题存在不同的做法。一种做法是，只要原告提供了诉讼保全担保，即应当依法对信托公司固有财产进行保全。另一种做法是，为防止诉讼保全给信托公司的正常经营带来不必要的负面影响，应当秉持善意保全的理念，最大限度降低对信托公司正常经营活动的不利影响。我们认同第二种做法。为了切实防止因诉讼保全工作给个体信托公司带来危机而影响市场整体信心，《全国法院民商事审判工作会议纪要》第九十六条规定，“除信托公司作为被告外，原告申请对信托公司固有资金账户的资金采取保全措施的，人民法院不应准许。信托公司作为被告，确有必要对其固有财产采取诉讼保全措施的，必须强化善意执行理念，防范发生金融风险。要严格遵守相应的适用条件与法定程序，坚决杜绝超标的执行。在采取具体保全措施时，要尽量寻求依法平等保护各方利益的平衡点，优先采取方便执行且对信托公司正常经营影响最小的执行措施，能采取‘活封’‘活扣’措施的，尽量不进行‘死封’‘死扣’。在条件允许的情况下，可以为信托公司预留必要的流动资金和往来账户，最大限度降低对信托公司正常经营活动的不利影响。信托公司申请解除财产保全符合法律、司法解释规定情形的，应当在法定期限内及时解除保全措施”。据此，法院在审判中需注意，在对信托公司进行诉讼保全时，切忌“一哄而起”，甚至是“超标的查封”，影响信托公司的正常经营活动。

243. 二审期间的保全应当由二审法院自行实施，还是委托一审法院实施

问：二审属于正常的诉讼程序，因此，案件在二审期间，法院

若不能进行保全，显然不符合法律的规定。那么二审期间的保全由哪一级法院采取？

答：对于该问题，存在不同的观点。第一种观点认为，法院采取保全措施属于诉讼活动之一，案件一审判决后，一审已经终结，一审法院未经二审法院授权便无权再进行该案件的诉讼活动，因此，应由二审法院采取保全措施。第二种观点认为，一审宣判后，终结的仅是一审审判程序，并不包括执行程序。保全措施不属审判程序范畴，而应视为执行的前置程序，诉讼中保全作为判决执行的一种保障性的手段或方法，应按执行的管辖规定由一审法院采取。第三种观点认为，应根据原审案卷当时所在地法院确定财产保全法院。没有案卷，法院不好采取财产保全措施，案卷移送至二审法院前案卷尚在一审法院，此期间的财产保全应由一审法院采取；案卷移送后案件已在二审法院，应由二审法院采取。最终，最高人民法院《关于适用〈中华人民共和国民事诉讼法〉的解释》第一百六十二条第一款规定："第二审人民法院裁定对第一审人民法院采取的保全措施予以续保或者采取新的保全措施的，可以自行实施，也可以委托第一审人民法院实施。"也就是说，二审法院裁定对于一审法院的保全措施予以续保或者采取新的保全措施的，二审法院可根据实际情况决定，既可以由二审法院自行实施，也可以委托一审法院实施。关于这一款的理解，应当认为，二审期间续保或者新保全的裁定，均由二审法院作出；采取保全措施是由二审法院实施还是由一审法院实施，由二审法院决定。二审法院决定续保或者采取新保全的措施由一审法院实施的，应当向一审法院出具委托书，同时将续保或者新保全裁定一同交给一审法院。

244. 应当如何认定当事人申请变更、增加诉讼请求或者提出反诉，第三人提出与本案有关的诉讼请求的期限

问：当事人申请变更、增加诉讼请求或者提出反诉，第三人提出与本案有关的诉讼请求的申请可以在法庭辩论结束前提出吗？

答：对此，最高人民法院《关于适用〈中华人民共和国民事诉讼法〉若干问题的意见》（已废止，本文以下简称《92年意见》）第一百五十六条规定："在案件受理后，法庭辩论结束前，原告增加诉讼请求，被告提出反诉，第三人提出与本案有关的诉讼请求，可以合并审理的，人民法院应当合并审理。"后最高人民法院《关于适用〈中华人民共和国民事诉讼法〉的解释》（本文以下简称《民诉法解释》）第二百三十二条仍保留了《92年意见》第一百五十六条规定的内容，坚持了在案件受理后、法庭辩论结束前的立场。从目前司法实务来看，在立案后，人民法院一般都会向当事人送达举证通知书，该通知书上一般会载明："申请鉴定，增加、变更诉讼请求或者提出反诉，应当在举证期限届满前提出。"可见，人民法院在实践中都是以举证期限届满为提出变更诉讼请求的截止点。《民诉法解释》第二百二十五条第二项也规定，根据案件具体情况，庭前会议可以"审查处理当事人增加、变更诉讼请求的申请和提出的反诉，以及第三人提出的与本案有关的诉讼请求"，我们认为，至少在庭审开庭前，应已固定当事人的诉讼请求。当然，为最大限度避免法律适用上无谓的争执与风险，最好是在举证期限届满前提出变更、增加诉讼请求的申请。

第一审普通程序

245. 与“对赌协议”有关的另行起诉问题

问：在与目标公司“对赌”时，投资方请求目标公司承担金钱补偿义务的，目标公司没有利润或者虽有利润但不足以补偿投资方的，在人民法院驳回或者部分支持其诉讼请求后，今后目标公司有利润时，投资方还可以依据该事实另行提起诉讼。此时允许投资方另行提起诉讼的规定是否与禁止重复起诉相冲突？

答：不冲突。最高人民法院《关于适用〈中华人民共和国民事诉讼法〉的解释》第二百四十七条规定：“当事人就已经提起诉讼的事项在诉讼过程中或者裁判生效后再次起诉，同时符合下列条件的，构成重复起诉：（一）后诉与前诉的当事人相同；（二）后诉与前诉的诉讼标的相同；（三）后诉与前诉的诉讼请求相同，或者后诉的诉讼请求实质上否定前诉裁判结果。当事人重复起诉的，裁定不予受理；已经受理的，裁定驳回起诉，但法律、司法解释另有规定的除外。”该条是对重复起诉的规定。在与目标公司“对赌”时，投资方请求目标公司承担金钱补偿义务未果的，此后还可以另行起诉。

虽然投资方的另诉满足诉讼当事人相同、后诉与前诉诉讼标的相同、诉讼请求相同，投资方另行起诉有构成重复起诉的可能，但是根据该解释第二百四十七条第二款的规定，“法律、司法解释另有规定的除外”。最高人民法院《关于适用〈中华人民共和国民事诉讼法〉的解释》第二百四十八条规定：“裁判发生法律效力后，发生新的事实，当事人再次提起诉讼的，人民法院应当依法受理。”在人民法院驳回或者部分支持投资方诉讼请求后，当目标公司在裁判生效后有利润时，此时符合司法解释第二百四十八条的情形，即“发生新的事实”。司法解释第二百四十八条属于第二百四十七条第二款规定的“法律、司法解释另有规定的”情形。因此，在此种情形下，投资方的另行起诉不构成重复起诉，与程序法禁止重复起诉的规定并不冲突。

246. 股东代表诉讼中，被告股东能否以恶意起诉侵犯其合法权益为由对原告股东、公司提起反诉？

问：张某系某有限责任公司的股东，认为公司的另一股东王某有损害公司利益的行为，遂依据《公司法》第一百五十一条第三款的规定提起股东代表诉讼。此时王某能否以恶意起诉侵犯其合法权益为由对张某、公司提起反诉？

答：王某可以对张某提出反诉，但是不能对公司提起反诉。《公司法》第一百五十一条第三款规定：“他人侵犯公司合法权益，给公司造成损失的，本条第一款规定的股东可以依照前两款的规定向人民法院提起诉讼。”根据该条第二款、第三款规定，当公司的董事、高级管理人员或者他人侵犯公司合法权益，给公司造成损失的，在监事会、董事会拒绝诉讼或情况紧急时，有限责任公司的股东，股份有限公司连续180日以上单独或者合计持有公司1%以上股份的股东可以直接以自己的名义向人民法院提起诉讼，即股东代表诉讼。在股东代表诉讼中，由于股东是以自己的名义向法院起诉，因此，诉讼的原告应为股东而非公司，被告为侵害公司权益的人。

在本案中，张某系有限责任公司的股东，在监事会、董事会拒绝诉讼或紧急情形下，可以自己的名义对王某提起诉讼，要求王某对公司的损失承担赔偿责任。最高人民法院《关于适用〈中华人民共和国民事诉讼法〉的解释》第二百三十三条前两款规定："反诉的当事人应当限于本诉的当事人的范围。反诉与本诉的诉讼请求基于相同法律关系、诉讼请求之间具有因果关系，或者反诉与本诉的诉讼请求基于相同事实的，人民法院应当合并审理。"根据该规定，本诉的被告可以对本诉的原告提起反诉。本案中，若王某以原告张某恶意起诉侵犯其合法权益为由提起反诉的，此时满足反诉的当事人条件。同时，由于王某的诉讼请求与张某的诉讼请求具有因果关系，张某的诉讼请求为王某诉讼请求的原因，故王某对张某的诉讼符合反诉的要件，王某可以张某恶意起诉侵犯其合法权益为由提起反诉。但在股东代表诉讼中，公司并非诉讼的原告，被告王某只能对原告张某提起反诉，而不得对公司提起反诉。

247. 股东代表诉讼中，应当如何认定调解书的出具条件

问：在股东代表诉讼中，当股东作为原告，与被告达成调解协

议之后，此时法院能否直接出具调解书？

答：法院不能直接出具调解书，需要待公司决议机关通过调解协议之后，法院才能出具调解书。《民事诉讼法》第一百条规定："调解达成协议，人民法院应当制作调解书。调解书应当写明诉讼请求、案件的事实和调解结果。调解书由审判人员、书记员署名，加盖人民法院印章，送达双方当事人。调解书经双方当事人签收后，即具有法律效力。"根据该规定，通常而言，调解协议经双方当事人确认之后，法院即可出具调解书。但在股东代表诉讼中，由于公司是股东代表诉讼的最终受益人，为避免因原告股东与被告通过调解损害公司利益，法院应当审查调解协议是否为公司的意思。只有在调解协议经公司股东（大）会、董事会决议通过后，法院才能出具调解书予以确认。因此，在股东代表诉讼中，当原告股东与被告达成调解协议之后，法院不能直接出具调解书，而是要等公司的决议机关通过决议程序对调解协议的内容予以确认之后，法院才能出具调解书。

248. 应当如何认定撤销合同之诉与合同无效之诉中的法院审理范围

问：当事人向法院主张合同无效，但依据的理由却是合同可撤销的事由。此时法院应如何审查？

答：法院应全面审查合同是否具有可撤销事由以及合同是否无效。我们认为，一方主张合同无效，依据的却是可撤销事由，此时人民法院应当全面审查合同是否具有无效事由以及当事人主张的可撤销事由。当事人关于合同无效的事由成立的，法院应当认定合同无效。当事人主张合同无效的理由不成立，而可撤销事由成立的，因合同无效和可撤销的后果相同，法院也可以结合当事人的诉讼请求，直接判决撤销合同。当事人的诉讼主张与诉讼理由不一致时，在本案的特殊情形中，无论是撤销合同还是认定合同无效，实质上都是对合同效力的消极确认之诉，也即对是否存在有效合同的确认。如果另一方当事人主张合同有效并要求履行义务的，法院要对所有可能导致合同无效的事由在同一个诉讼中全部进行审查，否则就会出现矛盾。总而言之，只要是在同一个合同关系中，如果一方当事人请求确认合同无效或可撤销，此时应在一次诉讼中，将当事人主张的相关事由都考虑进来，针对合同效力作出裁判。

需要注意，《民法典》第一百四十七条至第一百五十一条共规定了四类导致民事法律行为可撤销的事由，撤销权人基于这些事由“有权”主张撤销。《民事诉讼法》第十三条第二款规定，“当事人有权在法律规定的范围内处分自己的民事权利和诉讼权利。”因此，基于处分原则，法院不能主动审查当事人未提出的导致合同可撤销的事由并作出裁判。

249. 当事人通过诉讼程序行使形成权的诉讼类型

问：李某与谢某签订了房屋买卖合同，双方约定，在一定情形下，李某享有合同解除权。后李某通过起诉的方式要求解除合同，行使解除权，此时李某提起的诉讼究竟是形成之诉还是确认之诉？

答：李某在通过诉讼程序行使形成权时，需要区别两种情形：一是李某已在诉讼程序外以通知的方式行使形成权，但谢某有异议，李某据此提起诉讼的，此时该诉讼在性质上属于确认之诉，即确认李某是否享有形成权以及该形成权行使方式是否符合法律规定。二是李某直接提起诉讼，请求撤销或者解除合同，此时该诉讼在性质上属于形成之诉。

合同解除权、抵销权以及撤销权在性质上都属于形成权。所谓形成权，是指权利人得依其单方意思表示引起法律关系变动的权利。形成权的行使方式包括单纯形成权与形成诉权两种。前者是指权利人无须通过诉讼，仅以其单方意思表示即可引起法律关系变动；后者是指只能通过诉讼或者仲裁方式提起，经法院或者仲裁机构确认权利人享有形成权后才能引起法律关系变动。以诉讼或者仲裁方式行使形成权，是形成权行使的例外情形，只有在法律有明确规定的情况下，才能依据此种方式行使。我国法律要求当事人必须通过诉讼或者仲裁的方式撤销合同，故撤销权属于形成诉权。而对于当事人行使解除权、抵销权则没有此限制，当事人既可以在诉讼外通过单方意思表示行使，也可以通过诉讼或者仲裁的方式行使。若当事人已在诉讼外通过单方意思表示行使过解除权，对方当事人有异议的，此时双方的争议焦点便转变为权利人是否享有解除权以及如何行使解除权，属于对权利的确认，因此，该诉讼在性质上属于确认之诉；若当事人直接通过诉讼的方式行使解除权的，此时的争议焦点为是否应变更当事人之间的权利义务关系，故该诉讼属于形成之诉。

250. 当事人仅主张解除合同，法院应否一并审理合同解除的法律后果

问：赵某和刘某签订了房屋租赁合同，后赵某向法院起诉，仅要求解除合同，法院是否应一并审理合同解除后的法律后果？

答：法院可以向当事人释明合同解除后的法律后果，当事人如果增加诉讼请求的，法院可以一并审理合同解除后的法律后果。《民法典》第五百六十六条第一款规定："合同解除后，尚未履行的，终止履行；已经履行的，根据履行情况和合同性质，当事人可以请求恢复原状或者采取其他补救措施，并有权请求赔偿损失。"该款规定了合同解除后的法律后果。审判实践中，当事人仅主张解除合同，法院应否一并处理合同解除的法律后果，一直有不同的观点和做法。一种观点认为，根据"不告不理"的民事诉讼原则，法院应当围绕当事人的诉讼请求进行审理，不应判超所请。若当事人仅主张解除合同，法院不应一并处理合同解除的法律后果。我们认为，定分止争是当事人进行民事诉讼活动的重要目的，也是社会主义法治追求的重要价值目标。为了有效化解社会矛盾，减少当事人诉累，对"不告不理"原则的理解不应过分机械。当事人请求解除合同的，原则上应当一并处理解除后的责任承担等相关后果。如对于房屋租赁合同而言，一旦认定合同应当解除，就应当对返还财产、腾让房屋等事宜一并作出处理。必要时，应当及时组织当事人办理房屋交接手续，这样既可以减少当事人的经济损失，也便于法院对案件的审理，同时有利于化解纠纷，减少诉累。至于合同解除后的损失赔偿、违约责任承担问题，法院应向当事人释明，如果当事人坚持不提出请求，可以在裁判文书中指出通过另行诉讼的方式予以解决，以便尊

重当事人的民事诉讼权利。

251. 法院能否依职权认定担保责任大于主债务的部分无效

问：在某债权债务关系中，主债务数额为50万元，担保责任的数额为60万元。后债权人起诉债务人与担保人，要求其偿还借款本息。在诉讼过程中，法院能否依职权主动认定担保责任大于主债务的部分无效？

答：法院不能直接依职权认定担保责任大于主债务的部分无效，需要由担保人主张后，法院才能审查认定。实践中，担保责任的数额高于主债务、担保责任约定的利息高于主债务利息、担保责任的履行期先于主债务履行期届满，都是担保范围超过主债务范围的体现。尽管当事人有关担保责任大于主债务的约定，属于因违反法律强制性规定或者违背公序良俗而部分无效，但合同部分无效后所产生的担保人因此减少给付的法律后果，仅涉及担保人的个人利益，法院无权也不应替担保人主张，更不能在担保人未提出主张的情况下依职权将担保人的责任降低到与主债务相同的程度。就此而言，关于担保责任超出主债务部分无效，法院只能在担保人提出主张的情况下进行审查。至于此种主张是以起诉还是抗辩的方式提出，则在所不问。故在本案中，在担保人未主动提出超过主债务的10万元担保责任无效的情况下，法院不能直接依职权认定该部分担保无效。

252. 证券虚假陈述代表人诉讼的基本事实审查是否应前置

问：某法院受理了多位投资者基于同一证券虚假陈述对证券公司提起的民事赔偿案件，法院决定采用代表人诉讼的方式审理该案。在发出公告前，法院能否就被告的行为是否构成虚假陈述等基本事实进行审查？

答：法院可以就被告的行为是否构成虚假陈述等基本事实进行审查。虚假陈述案件如采用代表人诉讼方式进行审理，因起诉的原告范围未必涵盖了所有能够获赔的投资者，根据《民事诉讼法》第五十七条第一款的规定，“诉讼标的是同一种类、当事人一方人数众多在起诉时人数尚未确定的，人民法院可以发出公告，说明案件情况和诉讼请求，通知权利人在一定期间向人民法院登记”。也就是说，人民法院在发出的公告中，需要确定可以参加诉讼的投资者范围，而这就与投资者的交易方向，虚假陈述的实施日、揭露日或者更正日等案件基本事实的认定密切相关。我们认为，受诉法院在发出公告前，应当先行就被告的行为是否构成虚假陈述，投资者的交易方向与诱多、诱空的虚假陈述是否一致，以及虚假陈述的实施日、揭露日或者更正日等案件基本事实进行审查。该规定所体现的基本事实审查前置并未违背以审判为中心的原则，因为法院在公告前进行的前置审查在范围与程度上均与庭审中审查事实存在差距，并不会使法院形成先入为主的结论。此外，该做法还可以避免实质上不可能胜诉的原告通过法院告知的方式进入诉讼，从而增加当事人诉累。

253. 如何处理垄断民事诉讼中的合并审理问题

问：在垄断民事诉讼中，垄断行为的受害人往往人数众多，垄断行为的行为人可能也为复数。如何处理垄断民事诉讼中的合并审理问题呢？

答：由于垄断行为的受害人可能人数众多，他们可能选择单独诉讼、共同诉讼、代表人诉讼以及法律规定的其他方式提起诉讼。因此，可能出现多个原告针对相同的垄断行为向同一法院分别起诉的情况。在多个被告共同实施垄断行为的情况下，也可能出现多个原告针对同一垄断行为向不同法院分别起诉的情况。为了节省审判资源、提高审理效率和保证裁判结果的统一性，最高人民法院《关于审理因垄断行为引发的民事纠纷案件应用法律若干问题的规定》（本文以下简称《规定》）第六条规定："两个或者两个以上原告因同一垄断行为向有管辖权的同一法院分别提起诉讼的，人民法院可以合并审理。两个或者两个以上原告因同一垄断行为向有管辖权的不同法院分别提起诉讼的，后立案的法院在得知有关法院先立案的情况后，应当在七日内裁定将案件移送先立案的法院；受移送的法院可以合并审理。被告应当在答辩阶段主动向受诉人民法院提供其因同一行为在其他法院涉诉的相关信息。"换言之，对于前一种情况，受诉法院可以合并审理；对于后一种情况，后立案的法院在得知有关法院先立案的情况后，应当在7日内裁定将案件移送先立案的法院，受移送的法院可以合并审理。为更有效地实现合并审理，受诉法院需要及时获得关联案件的诉讼信息。为此，《规定》第六条还规定了被告的信息披露义务，以便受诉法院及时了解相关信息，做好案件的移送工作。

254. 民刑交叉案件的审理顺序

问：法院在审理王某与刘某的借款纠纷期间，公安机关因债务人刘某涉嫌诈骗犯罪而立案侦查，此时受理借款纠纷的民事法院应如何处理该案？

答：本案需分两种情形：如果借款纠纷的审理不需要以刑事诉讼审理结果为前提，则法院可以继续审理，无须中止；若借款纠纷的审理需要以刑事案件的审理结果为前提，法院则应裁定中止审理。关于民刑交叉案件中民事案件和刑事案件的审理顺序，司法实务常见的做法是"先刑后民"，因为刑事诉讼中采取的侦查手段较之民事诉讼查明事实的方法查明事实更为深入。但这一做法有悖于"私权优先"的现代司法理念，且一些案件因犯罪嫌疑人潜逃、长期无法归案，导致刑事诉讼程序无法正常启动，民事诉讼程序也无法进行，降低了案件审理的效率，不利于对被害人的权益予以及时救济。我们认为，对于民刑交叉案件，已经进行的民事诉讼是否应当中止，应根据《民事诉讼法》第一百五十三条第一款的规定，即"有下列情形之一的，中止诉讼：……（五）本案必须以另一案的审理结果为依据，而另一案尚未审结的……"因此，如果民商事案件必须以相关的刑事案件的审理结果为依据，则民商事案件应当中止审理；反之，民商事案件应当继续审理。

255. 当事人失踪能否中止诉讼

问:《民事诉讼法》第一百五十三条第一款规定了5种具体的中止诉讼的情形，但并未明确列举当事人失踪作为诉讼中止的事由。是否可以将当事人失踪作为第六项兜底条款所规定的“其他应当中止诉讼的情形”?

答:我们认为，对此应当具体问题具体分析。在未经宣告失踪程序前，该当事人是否属于失踪人员尚未经过法定程序认定，这时人民法院应当按照审理一般民事案件的程序，依法使用相应的送达方式，必要时通过公告送达程序向该当事人送达，经过合法送达方式送达相应诉讼文书后，该当事人仍未到庭的，则要依据《民事诉讼法》第一百四十六条规定，“原告经传票传唤，无正当理由拒不到庭的，或者未经法庭许可中途退庭的，可以按撤诉处理;被告反诉的，可以缺席判决”;或者依据《民事诉讼法》第一百四十七条规定，“被告经传票传唤，无正当理由拒不到庭的，或者未经法庭许可中途退庭的，可以缺席判决”，依法适用缺席判决制度。如果该当事人已经被利害关系人向人民法院申请宣告失踪，人民法院依法受理且尚未审结的，这时应适用《民事诉讼法》第一百五十三条第一款第五项规定“本案必须以另一案的审理结果为依据，而另一案尚未审结的”中止诉讼。如果该当事人已经被人民法院宣告失踪，则应当由其财产代管人承继该诉讼，此时应当对原来中止的诉讼恢复审理。

256. 变更失踪人财产代管人应当适用特别程序还是普通程序

问：变更失踪人财产代管人应当适用特别程序还是普通程序？

答：对失踪人财产代管人自己申请变更代管人适用程序没有争议，都认为应比照特别程序进行审理。但在利害关系人申请变更失踪人财产代管人的适用程序问题上则存在不同观点：一种意见认为，失踪人的利害关系人申请人民法院变更财产代管人的，比照特别程序进行审理。其法律依据是最高人民法院《关于贯彻执行〈中华人民共和国民法通则〉若干问题的意见（试行）》（已废止）第三十五条。另一种意见则认为，失踪人的利害关系人申请人民法院变更财产代管人的，人民法院应告知其以原指定的代管人为被告起诉，并按普通程序进行审理。其法律依据是最高人民法院《关于适用〈中华人民共和国民事诉讼法〉的解释》第三百四十二条第二款规定，“失踪人的其他利害关系人申请变更代管的，人民法院应当告知其以原指定的代管人为被告起诉，并按普通程序进行审理”。

我们认为，第二种意见更为可取。首先，利害关系人和财产代管人之间的争议性决定了其不能申请特别程序。特定情形下，利害关系人之所以申请变更财产代管人主要是因为财产代管人损害了失踪人财产权益，从而间接影响到利害关系人可能的利益。因此，利害关系人与财产代管人之间是存在广义上的民事争议的。而根据《民事诉讼法》第十五章规定，特别程序的适用范围是特定的。其特定性表现在：（1）适用特别程序的人民法院是特定的，即仅限于基层人民法院，中级以上人民法院不适用特别程序。（2）适用特别程序审理的案件是特定的，即仅限于审理选民资格案件和非讼案件。在这两类案件中，不存在民事权利义务之争，也不存在利害冲突的双方当事人。其次，最高人民法院《关于贯彻执行〈中华人民共和国民法通则〉若干问题的意见（试行）》已经失效，应当适用《关于适用〈中华人民共和国民事诉讼法〉的解释》。

257. 被告缺席的案件，法院应否对时效问题主动审查；义务人未提出诉讼时效抗辩，人民法院应否释明

问：2020 年 12 月 1 日，甲将乙、丙分别诉至法院，要求归还甲和乙于 2016 年 10 月 1 日签订的民间借贷合同项下 300 万元、甲和丙于 2016 年 10 月 2 日签订的民间借贷合同项下 100 万元借款，两份合同约定最后还款期限都为 2017 年 11 月 1 日。法院开庭审理后，乙经传唤未到庭，丙在法庭审理过程中未明确提出诉讼时效抗辩，但主张“超过约定还款期限时间过长，按理无须承担清偿义务”。法院是否应主动审查乙案件中的诉讼时效问题？法院应否向丙释明诉讼时效抗辩？

答：关于第一个问题，在被告缺席的情形下，根据我国现行《民事诉讼法》的相关规定，视为被告放弃其答辩权，当然也包括诉讼时效的抗辩权，因此，该情况下，法院不应对诉讼时效进行主动审查。但应注意的是，虽然当事人未到庭或者在退庭之前未当庭提出诉讼时效抗辩，但如果其提交的书面答辩意见中提出诉讼时效抗辩的，则应认定其提出诉讼时效抗辩，法院应对诉讼时效问题进行审理。

关于第二个问题，释明权实为法官的职责，实质为诉讼指挥权。如果义务人未提交任何关于诉讼时效抗辩权的证据，其也无任何相关抗辩，则法院不应主动释明，否则将有违行使释明权所应遵循的法院中立原则，也不利于当事人之间权益平衡以及当事人的权利实现，有损公平原则。如果义务人已有提出诉讼时效抗辩权的意思表示，只是不够充分明确，法官可以对此进行消极的释明，这并不违反当事人意思自治原则和处分原则，也不违反法官居中裁判的中立地位。但需要指出的是，义务人行使诉讼时效抗辩权，不必使用诉讼时效完成的字样或引用规定诉讼时效的法条，只要其是以请求权因时效的经过而不得再作为行使理由的，法院即可认定义务人行使了诉讼时效抗辩权。如义务人提出“权利人主张权利时间过长、义务人无须承担清偿义务的”，则应认定其有提出诉讼时效抗辩的意思表示，法院应通过询问等方式确定其是否提出诉讼时效抗辩。而对于法院给当事人发放诉讼风险提示书中含有告知义务人享有诉讼时效抗辩权的内容，属于保护所有当事人利益考虑，为普及法律知识而发放的诉讼材料，不是针对个案的特殊提示，不应认为是对个案行使释明权。

258. 在违约金过高的调整问题上，法官能否行使释明权

问：在违约金过高的调整问题上，法官能否行使释明权？

答：在违约金调整的启动模式上，通常存在法院依职权调整和

依当事人申请调整两种立法例。根据《民法典》第五百八十五条第二款“约定的违约金低于造成的损失的，人民法院或者仲裁机构可以根据当事人的请求予以增加；约定的违约金过分高于造成的损失的，人民法院或者仲裁机构可以根据当事人的请求予以适当减少”的规定，我国目前采用当事人申请调整的立法模式，人民法院原则上不得依职权直接进行调整。审判实务中，在违约金过高的调整问题方面，对于法官能否行使释明权存在否定说与肯定说两种不同的观点。

我们认为，否定说与肯定说之争论，实际上是民事诉讼中“当事人主义”诉讼模式与“职权主义”诉讼模式在违约金调整问题上如何选择之体现。法官释明权属于法院诉讼指挥权的一种，具有职权主义的意味，但其存在和设定的目的则在于削减辩论主义绝对化所带来的弊害。就违约金过高的调整而言，人民法院应当充分尊重当事人的合同约定，一般不宜通过公权干预私权领域。但是在审判实务中，当事人往往并不围绕违约金数额是否过高问题，而是将诉讼焦点集中在是否违约方面，其结果通常是由于违约方并未提出调整违约金的申请，人民法院自然仅就违约方是否违约作出裁判。违约方若再主张违约金过高而申请调整，则由于裁判已经作出，而只能另外单独提起调整违约金之诉。因此，为了减少当事人上诉、申诉，缩短诉讼周期，减少当事人诉累，节约国家司法资源，提高司法审判效率，在当事人仅纠缠于是否构成违约而未对违约金高低主张权利时，人民法院应当行使释明权。当然，法官释明只是协助当事人决定是否提出调整违约金的申请，而违约金调整审查活动的实际开始仍然仅以当事人主动申请为前提。

259. 本诉撤诉后对反诉的影响

问：对于当人民法院准许本诉原告撤诉后，本诉被告提起的反诉该如何处理？

答：首先，本诉撤诉的，本诉被告申请撤回反诉的，人民法院应予准许。撤诉是当事人享有的一项诉讼权利，是当事人行使处分权的具体表现，亦是人民法院结案的重要方式。本诉与反诉的当事人具有平等的诉讼权利，既然撤诉是原告的诉讼权利，反诉原告即本诉被告也享有撤回反诉的权利。最高人民法院《关于适用〈中华人民共和国民事诉讼法〉的解释》第二百三十八条第一款规定："当事人申请撤诉或者依法可以按撤诉处理的案件，如果当事人有违反法律的行为需要依法处理的，人民法院可以不准许撤诉或者不按撤诉处理。"既然人民法院已准予本诉原告撤诉，说明本诉当事人并无违法行为，基于反诉构成理论，反诉也应当是无违法行为。因此，本诉被告申请撤回反诉是否存在违法行为也就无审查之必要，人民法院应当予以准许。

其次，本诉撤诉不影响反诉的审理。虽然本诉与反诉之间具有牵连性，但两者之间又是相互独立之诉，并不存在相互依存性，本诉与反诉具有程序上的相对性。一方面，反诉具有独立性，为诉的一种，这项诉讼请求的提起同样需要被告具有提起诉讼的权利，并按起诉的基本要求向法院提起，反诉提起后并不因本诉的撤回而消灭，人民法院继续审理并无不妥。另一方面，反诉对本诉具有一定的依赖性是反诉相对独立的体现。当本诉撤回后，反诉即失去了针对性，演变成一种特殊形式的起诉，人民法院应当继续审理。并且，《民事诉讼法》第一百四十三条规定："原告增加诉讼请求，被告提出反诉，第三人提出与本案有关的诉讼请求，可以合并审理。”由此可推出，反诉与本诉并非一定要合并审理，反诉可以单独审理。如果在本诉撤诉后简单驳回反诉，案结事未了，当事人之间的矛盾并未化解，反而增加了当事人的诉累，人民法院也未发挥出定分止争的功能。

最后，本诉撤诉后，反诉的审理依然继续使用本诉的案号。本诉立案后，人民法院即给该案编制一个案号，因反诉并没有经过起诉程序，法院也没有对反诉编制案号，本诉与反诉共用一个案号、案由，双方互为原、被告，在程序上互相牵连。在本诉撤诉后，人民法院应当以该案号作出撤诉裁定，而又因反诉没有独立的案号，这要求反诉的审理仍然继续使用本诉的案号并作出判决，不必另行更换案号。

260. 当事人在一审程序中所作诉讼行为的拘束力是否存在特例

问：最高人民法院《关于适用〈中华人民共和国民事诉讼法〉的解释》第三百四十条规定：“当事人在第一审程序中实施的诉讼行为，在第二审程序中对该当事人仍具有拘束力。当事人推翻其在第一审程序中实施的诉讼行为时，人民法院应当责令其说明理由。理由不成立的，不予支持。”如何理解本条规定的诉讼行为的拘束力？是否存在例外？

答：目前，大陆法系国家对诉讼行为比较通行的分类方法系以当事人诉讼行为与审判的关系为基准，分为期待通过法院的裁判以产生其效果的行为和直接产生诉讼法上效果的行为，前者称为“作因诉讼行为”（亦称为“取效性诉讼行为”），后者称为“作用诉讼行为”（亦称为“与效性诉讼行为”）。在作因诉讼行为中，当事人无法单独直接获取起诉要求的诉讼效果，必须积极向法院进行诉讼活动，寻求审判产生的效果，如提起诉讼，向法院提出调查取证的申请，有关案件的事实主张和举证等。与此相对的是，作用诉讼行为无须法院介入即可直接发生诉讼效果，其范围较为广泛，基本上在作因诉讼行为之外的诉讼行为均可归入此列。

为了维护诉讼程序的系统性和连续性，诉讼行为以表示主义为原则，即便当事人欠缺效果意思，或者该意思存在瑕疵，通常而言不影响诉讼行为的成立和生效。且依据《民事诉讼法》中的诚实信用原则，当事人对其自身的诉讼行为负有真实陈述、促进诉讼及禁反言、禁止诉讼权利滥用等义务。

虽然诉讼行为采表示主义原则，一般不会产生民法法律行为中的因意思表示不真实引起的无效或可撤销等问题，但在不同情形下亦存在撤回其表示的可能性。在作因诉讼行为场合下，当事人通过法院审判来寻求其效果的产生，因而法院应对此种诉讼行为进行审理，如要求其在法定期限之前补充、修正其诉讼行为的瑕疵，或认可该行为的撤回，如只涉及程序的申请（申请延期、申请指定期日等）以及不变更诉讼标的的实体申请。在作用诉讼行为的场合下，一旦行为发生则可直接获得诉讼法上的效果，故原则上不认可因形式上的瑕疵而引起的失效，但亦应予以考量的是，从本质上而言，诉讼法律行为是依照当事人的意愿所产生的诉讼效果，当事人的效果意思是该诉讼行为的根本，若为了程序稳定的需要而贯彻形式主义则无疑会强求当事人作出过度的牺牲，反而会使诉讼丧失其意义。因此，有必要在程序的稳定和行为当事人利益之间进行权衡，在形式主义原则下亦应考量因效果意思的瑕疵而导致的无效撤销情形。

简易程序

261. 适用简易程序审理的案件，原告口头起诉的，被告等是否具有口头答辩的权利

问:《民事诉讼法》第一百六十一条第一款规定:“对简单的民事案件，原告可以口头起诉。”那么，在适用简易程序审理的案件中，原告口头起诉的，被告等是否具有口头答辩的权利?

答:《民事诉讼法》对被告等的口头答辩权没有作出规定，只在该法第一百二十八条第二款规定:“被告不提出答辩状的，不影响人民法院审理。”这是因为我国尚不承认答辩失权制度和律师强制代理制度，但并不能因此得出被告等没有口头答辩的权利。最高人民法院《关于适用〈中华人民共和国民事诉讼法〉若干问题的意见》（已废止）第一百七十五条规定:“适用简易程序审理案件，卷宗中应当具备以下材料:（1）诉状或者口头起诉笔录;（2）答辩状或者口头答辩笔录……”《经济纠纷案件适用简易程序开庭审理的若干规定》（已废止）第三条第一款规定:“原告到庭请求解决纠纷，被告在本地的，可以用书面、电话、请基层组织工作人员捎信等简便方式传

唤另一方当事人到庭。被告口头答辩的，记入笔录，可以当即审理；被告要求书面答辩的，可以征求其所需答辩期限的意见，但最长不得超过 15 天。”最高人民法院《关于适用〈中华人民共和国民事诉讼法〉的解释》基本援引上述规定，其第二百六十三条规定：“适用简易程序审理案件，卷宗中应当具备以下材料：（一）起诉状或者口头起诉笔录；（二）答辩状或者口头答辩笔录……”由此可见，《民事诉讼法》等相关规定虽未明确规定被告有口头答辩的权利，但诸如最高人民法院《关于适用〈中华人民共和国民事诉讼法〉的解释》等司法解释事实上已经间接允许被告进行口头答辩。2020 年修正的最高人民法院《关于适用简易程序审理民事案件的若干规定》第七条也明确规定：“双方当事人到庭后，被告同意口头答辩的，人民法院可以当即开庭审理；被告要求书面答辩的，人民法院应当将提交答辩状的期限和开庭的具体日期告知各方当事人，并向当事人说明逾期举证以及拒不到庭的法律后果，由各方当事人在笔录和开庭传票的送达回证上签名或者按指印。”从简易程序的特点、适用简易程序案件的性质以及当事人自身法律素养等情况来看，允许被告等提出口头答辩既有其现实合理性，又符合人民法院对当事人的诉讼权利平等保护的要求。在适用简易程序审理的案件中，原告口头起诉的，人民法院对被告口头答辩的权利应当予以保护。

262. 被告收到开庭传票后下落不明的，是否可以适用简易程序进行审理

问：因经济纠纷，甲以乙为被告向人民法院提起诉讼，人民法

院于开庭3日前通知双方当事人。但乙在收到开庭传票后下落不明，此时人民法院是否仍可适用简易程序审理此案？

答：最高人民法院《关于适用〈中华人民共和国民事诉讼法〉的解释》第二百五十七条规定："下列案件，不适用简易程序：（一）起诉时被告下落不明的；（二）发回重审的；（三）当事人一方人数众多的；（四）适用审判监督程序的；（五）涉及国家利益、社会公共利益的；（六）第三人起诉请求改变或者撤销生效判决、裁定、调解书的；（七）其他不宜适用简易程序的案件。"本条第一项规定，起诉时被告下落不明的案件不适用简易程序。其理由在于简易程序能够及时解决简单的民事案件，方便当事人诉讼，便于人民法院办案，促进司法资源的合理配置，有利于实现诉讼经济和诉讼效率的目标。《民事诉讼法》第九十五条第一款规定："受送达人下落不明，或者用本节规定的其他方式无法送达的，公告送达。自发出公告之日起，经过三十日，即视为送达。"起诉时被告下落不明，需要公告送达，进而会造成审理拖延，不符合简易程序快审快结的特点。但被告收到了开庭传票后下落不明的，已不存在公告送达开庭时间的问题，人民法院可以适用简易程序进行审理。

263. 被告缺席的案件，人民法院该如何对证据进行审查认定

问：被告经传票传唤，无正当理由拒不到庭的，或者未经法庭许可中途退庭的，人民法院可以缺席判决。那么，对于被告缺席的

案件，人民法院该采取何种方式对证据进行审查认定？

答：最高人民法院《关于适用〈中华人民共和国民事诉讼法〉的解释》第二百四十一条规定："被告经传票传唤无正当理由拒不到庭，或者未经法庭许可中途退庭的，人民法院应当按期开庭或者继续开庭审理，对到庭的当事人诉讼请求、双方的诉辩理由以及已经提交的证据及其他诉讼材料进行审理后，可以依法缺席判决。"我们认为，在对证据的审查认定上，缺席审理和对席审理一样，法官都应对证据的形式要件与实质要件一并进行审查判断。

具体而言，对于被告不完全应诉即被告在收到起诉状副本等发诉材料后，也向人民法院提交书面答辩状或参加庭前证据交换并提出口头意见，但后又无正当理由未参加庭审的，被告提出的答辩状及证据材料应该视为其诉讼主张，纳入法庭调查的范围，原告应当对其进行辩论，人民法院可以将其作为裁判的基础。如果被告对原告在起诉状中陈述的事实在答辩状中没有否认，也未提交反证材料，不能据此视为其对原告主张的认可；如果被告仅单纯予以否定，原告须对其主张的事实承担举证责任；如果被告提出了积极的主张予以抗辩，则被告需要对此积极主张承担举证责任。庭审后，法院应当对双方提交的证据进行综合审查，作出缺席判决。对于被告完全不应诉即被告收到起诉状副本和开庭传票后，无正当理由拒绝参加诉讼的，视为被告放弃了在法庭上进行答辩、举证、质证以及辩论的权利，但不能视为其对原告诉讼请求或主张的事实的承认，也不能视为对其实体权利的处分，人民法院不能当然地据此对原告提供的证据予以认定，进而完全按照原告的主张来判决。法官应从职业道德出发，运用逻辑推理和经验法则对原告提交的资料进行全面、客观的审查，重在审查证据的关联性、合法性。此外，为确保诉讼程序的安定性，还应放宽依职权调查取证的范围，法官在必要时可对不收集则会导致案件处理明显不公的证据启动职权主动调查收集。

264. 适用简易程序审理的案件，法官能否依职权直接决定采用在线庭审方式开展庭审

问：采用视听传输技术等高科技方式开庭，有利于实现便利当事人、提高诉讼效率的目标。那么适用简易程序审理的案件，法官能否依职权直接决定采用在线庭审的方式开展庭审？

答：随着电信、网络技术的迅猛发展和快速普及，部分人民法院审理案件时已开始尝试采用视听传输技术并取得良好成效，尤其是在适用简易程序审理的案件中极具价值。但运用视听传输技术等方式开庭，不完全符合直接言辞规则，极可能造成当事人程序利益的减损，也可能会因一方或双方无法亲自到庭而无法核实当事人身份，还可能会因视听传输技术故障原因，当事人无法完整表达其意见，从而变相贬损其辩论权。因此，仍应当尊重当事人的意愿。

最高人民法院《关于适用〈中华人民共和国民事诉讼法〉的解释》第二百五十九条规定："当事人双方可就开庭方式向人民法院提出申请，由人民法院决定是否准许。经当事人双方同意，可以采用视听传输技术等方式开庭。"2021 年修正的《民事诉讼法》专门增加一条关于在线诉讼的规定，即第十六条，明确："经当事人同意，民事诉讼活动可以通过信息网络平台在线进行。民事诉讼活动通过信息网络平台在线进行的，与线下诉讼活动具有同等法律效力。"在

此基础上，2022年最高人民法院公布《人民法院在线诉讼规则》（法释〔2021〕12号），其中第二十一条明确规定了采用在线庭审的条件，即“人民法院开庭审理的案件，应当根据当事人意愿、案件情况、社会影响、技术条件等因素，决定是否采取视频方式在线庭审……”其中，明确提出各方当事人均明确表示不同意，或者一方当事人表示不同意且有正当理由的；各方当事人均不具备参与在线庭审的技术条件和能力等情形均不能适用在线庭审。

前述规定遵从了适用简易程序审理案件中当事人的程序选择权。为了防止法官强迫当事人采用视听传输技术进行庭审，应严格限定在当事人主动提出适用此种庭审方式的情况下，人民法院才考虑是否适用。即使人民法院主动建议使用这种庭审方式，也应该向双方当事人释明采用此种庭审方式的优劣所在，方便当事人在充分了解的情况下自行选择。

265. 对按第一审普通程序审理的案件，能否转为小额诉讼程序进行审理

问：依照最高人民法院《关于适用〈中华人民共和国民事诉讼法〉的解释》第二百六十条之规定，已按第一审普通程序审理的案件在开庭审理前可转为简易程序审理。那么，是否可以据此认为对按第一审普通程序审理的案件也可在开庭审理前转为小额诉讼程序审理？

答：对按第一审普通程序审理的案件在开庭审理前是否能够转为小额诉讼程序审理的问题，存在两种观点。一种观点认为，小额诉讼程序是简易程序的再简化，本质仍为简易程序，且法无禁止即

为自由。《民事诉讼法》第一百六十条规定："基层人民法院和它派出的法庭审理事实清楚、权利义务关系明确、争议不大的简单的民事案件，适用本章规定。基层人民法院和它派出的法庭审理前款规定以外的民事案件，当事人双方也可以约定适用简易程序。"既然没有明确禁止当事人选择使用小额诉讼程序，那么就应该尊重当事人的程序选择权，允许其选择适用小额诉讼程序。另一种观点则依据原《民事诉讼法》第一百六十二条规定："基层人民法院和它派出的法庭审理事实清楚，权利义务关系明确、争议不大的简单金钱给付民事案件，标的额为各省、自治区、直辖市上年度就业人员年平均工资百分之五十以下的，适用小额诉讼的程序审理，实行一审终审。"认为当事人要约定适用小额诉讼程序还需满足小额程序限定的标的额。两种观点均有道理，各地法院由此开展了各种有益的探索。

最终，2021年修正《民事诉讼法》时对此问题采取了折中态度，规定"基层人民法院和它派出的法庭审理事实清楚、权利义务关系明确、争议不大的简单金钱给付民事案件，标的额为各省、自治区、直辖市上年度就业人员年平均工资百分之五十以下的，适用小额诉讼的程序审理，实行一审终审。基层人民法院和它派出的法庭审理前款规定的民事案件，标的额超过各省、自治区、直辖市上年度就业人员年平均工资百分之五十但在二倍以下的，当事人双方也可以约定适用小额诉讼的程序。"因此，对于采用一审程序审理但标的额超过各省、自治区、直辖市上年度就业人员年平均工资百分之五十但在二倍以下的民事案件，经由当事人约定，也可以转为小额诉讼程序审理。

小额诉讼

266. 适用小额诉讼程序应当如何向当事人告知小额诉讼案件的特殊之处

问：适用小额诉讼程序应当如何向当事人告知小额诉讼案件的特殊之处？

答：民事诉讼中，告知是指人民法院将有关事项在特定时间、以特定方式告诉当事人让其知道的一种制度。《民事诉讼法》规定告知义务的价值取向包括：督促人民法院审判人员积极办案；保障当事人的程序利益；帮助当事人清楚相关诉讼事项，提高案件审理效率；降低当事人诉讼成本。

相对普通程序而言，当事人对小额诉讼程序更为陌生，为了让当事人能更多地了解小额诉讼的特殊性，并在此基础上正确行使诉讼权利、履行诉讼义务，配合人民法院提高审理效率，实现案结事了的目标，最高人民法院《关于适用〈中华人民共和国民事诉讼法〉的解释》第二百七十四条规定了法院在适用小额诉讼程序时应当告知当事人的事项："人民法院受理小额诉讼案件，应当向当事人告知该类案件的审判组织、一审终审、审理期限、诉讼费用交纳标准等相关事项。"实务中，人民法院至少应向当事人明确告知：该类案件的审判组织为审判员独任制审理、一审判决即为生效判决、当事人不得上诉、审理期限不超过3个月、诉讼费用减半收取等事项。除此之外，人民法院还可以向当事人告知当地适用小额诉讼程序审理案件标的金额的上限、适用的案件类型、不适用小额诉讼程序的情形、当事人可以提出异议以及申请再审救济、裁判文书将会简化等事项。至于告知的方式，从目前司法实践来看，不少人民法院都通过在立案大厅或诉讼服务中心内设置小额诉讼专题宣传栏、放置小额诉讼程序指南等方式介绍上述小额诉讼案件的特殊之处。但我们认为，从避免"案结事不了"出发，有必要对每一个小额诉讼案件的当事人进行专门告知。而且，建议尽量使用《小额诉讼须知》等书面材料告知当事人，并要求当事人签收后收回存档；只有在极特殊情况下（如当事人不能正常阅读文字），可以采用口头告知形式，但仍应将告知内容记入笔录存档。另外，虽然司法解释没有规定人民法院告知的时间，但我们认为最晚应在开庭审理前，否则，不利于当事人行使异议等相关诉讼权利。

公益诉讼

267. 公益诉讼确认的事实及生效裁判对后诉案件的效力

问：公益诉讼确认的事实及生效裁判对后诉案件产生什么影响？

答：一是产生前诉确认的事实，后诉无须再举证的效力。最高人民法院《关于适用〈中华人民共和国民事诉讼法〉的解释》第九十三条第一款第五项“已为人民法院发生法律效力的裁判所确认的事实”是对当事人无须举证证明的事实的明确规定。

二是产生前诉生效裁判对后诉讼当事人片面扩张适用的效力。原则上公益诉讼裁判不具有扩张效力，不能直接适用到其他案件，包括受害人的损害赔偿诉讼。为了加强对消费者权益的保护，各国大多都承认消费者援引公益诉讼裁判支持自己请求的做法，事实上承认了公益诉讼裁判的效力的片面扩张；同时对被告援引公益诉讼裁判反驳消费者损害赔偿请求，不予准许。从其效果上看，如此有利于受害人的权益保护，有利于对违法行为的制裁。《民事诉讼法》对不特定多数人代表诉讼的生效裁判也规定了其对代表人诉讼未登记的当事人后提起的诉讼，直接适用代表人诉讼生效裁判的规定。基于上述两点，最高人民法院《关于审理环境民事公益诉讼案件适用法律若干问题的解释》第三十条对公益诉讼生效裁判规定了片面扩张适用的效力："已为环境民事公益诉讼生效裁判认定的事实，因同一污染环境、破坏生态行为依据《民事诉讼法》第一百一十九条[①]规定提起诉讼的原告、被告均无需举证证明，但原告对该事实有异议并有相反证据足以推翻的除外。对于环境民事公益诉讼生效裁判就被告是否存在法律规定的不承担责任或者减轻责任的情形、行为与损害之间是否存在因果关系、被告承担责任的大小等所作的认定，因同一污染环境、破坏生态行为依据民事诉讼法第一百一十九条规定提起诉讼的原告主张适用的，人民法院应予支持，但被告有相反证据足以推翻的除外。被告主张直接适用对其有利的认定的，人民法院不予支持，被告仍应举证证明。"如此规定并不会对被告造成不公平，因为前诉案件被告已经参加并依法行使了相应的诉讼权利，前诉案件对于事实的认定和裁判，是被告充分进行了辩论的，所以，受害人援引生效的裁判支持其损害赔偿请求显然没有损害被告权益。相反，由于受害人未参加前诉案件的审理，未对被告的主张及证据进行相应的攻击和防御，因此，把受害人未参与的情形下得出的前诉判断作为证据提交后诉，会对受害人构成显著的不利益，这对受害人的诉讼程序保障有所欠缺。该规定可以适用全部公益诉讼案件。

---

① 现为《民事诉讼法》第一百二十三条。

第三人撤销之诉

268. 第三人撤销之诉中如何认定第三人因不能归责于本人的事由未参加诉讼的情形属于“无明显过错”

问：最高人民法院《关于适用〈中华人民共和国民事诉讼法〉的解释》第二百九十三条规定：“民事诉讼法第五十九条第三款规定的因不能归责于本人的事由未参加诉讼，是指没有被列为生效判决、裁定、调解书当事人，且无过错或者无明显过错的情形。包括：（一）不知道诉讼而未参加的；（二）申请参加未获准许的；（三）知道诉讼，但因客观原因无法参加的；（四）因其他不能归责于本人的事由未参加诉讼的。”如何认定第三人未参加原诉讼属于“无明显过错”？

答：判断是否属于明显过错，需要根据具体案件具体分析。首先，明显过错是程度较重的过错形态，按民法理论应当是一般过失以上的过错，以故意、重大过失为主。其次，明显过错的认定应当考虑第三人的基本情况，包括法律知识、诉讼能力以及相关的经验等。最后，明显过错更强调其主观上的过错状态，原则上应当排除过错推定以及客观过错的形态。如通常在判断有无过错的“知道或者应当知道”时，“应当知道”即属于客观过错的范畴，一般不宜认定为有明显过错。

从实践情况来看，人民法院未通知第三人参加诉讼，是第三人最经常提出的其未参加诉讼没有过错的事由。但由人民法院通知第三人参加诉讼，只适用于无独立请求权的第三人，不适用于有独立请求权的第三人，因此，有独立请求权的第三人以此为证明其无过错，不能成立。无独立请求权的第三人参加诉讼，可以由人民法院通知其参加诉讼，也可以申请参加诉讼，仅以人民法院未通知其参加诉讼为由即认定其无过错也不妥当。通常情况下，无独立请求权的第三人在人民法院未通知其参加诉讼时，可以作为其无过错的初步标准，同时，还要看无独立请求权的第三人对诉讼的了解情况以及其参加诉讼的必要性。如果能够证明无独立请求权的第三人对诉讼非常清楚，对诉讼结果与其利害关系能够作出判断，但未参加诉讼的，应当视为其有明显过错。

269. 对第三人撤销之诉的裁判是否可以任意选择适用改变判决和撤销判决

问:《民事诉讼法》第五十九条第三款规定:“前两款规定的第三人，因不能归责于本人的事由未参加诉讼，但有证据证明发生法律效力的判决、裁定、调解书的部分或者全部内容错误，损害其民事权益的，可以自知道或者应当知道其民事权益受到损害之日起六个月内，向作出该判决、裁定、调解书的人民法院提起诉讼。人民法院经审理，诉讼请求成立的，应当改变或者撤销原判决、裁定、调解书；诉讼请求不成立的，驳回诉讼请求。”按照措辞来看，“改变”排在“撤销”之前，这是否意味着第三人撤销之诉中应当以改变判决为主，或者改变判决和撤销判决可以任意选择适用？

答：应当以撤销判决为原则，撤销后如何重新安排实体权利义务则要求第三人另诉解决。第三人撤销之诉从性质上讲是形成之诉，其目的在于去生效判决、裁定、调解书中损害第三人合法民事权益的内容，从而保护第三人的合法实体权利。因此，在第三人撤销之诉的诉讼请求成立时，只要撤销原判决、裁定、调解书的相应内容即足以达成第三人撤销之诉的目的。如果将第三人其他民事权利主张与撤销诉讼请求合并审理，虽然有利于一次性解决纠纷，但势必导致第三人撤销之诉的审理内容和审理程序更加复杂，严重影响第三人撤销之诉的诉讼效率。另外，由于多数第三人撤销之诉是针对二审生效判决提起的，如果将第三人的其他民事权利主张合并审理，而且作为第一审程序审理，实质上在审级上上提了一级，这既会造成上级法院特别是最高人民法院和高级人民法院审判压力，也不符合四级法院职能定位。

改变判决的适用应当有严格的条件限制。首先，必须以第三人撤销诉讼请求为限。第三人没有请求改变原判决、裁定、调解书错误内容的，法院不得作出改变判决，只能作撤销判决。其次，第三人撤销之诉诉讼请求改变原判决、裁定、调解书的内容，提出的独立的权利主张应当与撤销内容直接关联，也即与原诉讼标的相关。如果是与原诉讼标的没有直接关系的新的民事权利主张，法院不宜一并审理。

适用改变判决时，可以根据原生效判决是一审生效判决还是二审生效判决而有所区别。如果第三人撤销之诉是对一审生效判决提起的，对于第三人的民事权利主张，如果认为应当直接改变原审裁判文书全部或部分内容的，可以直接作出改变判决。如此，当事人提起上诉后也不会带来审级方面的问题。如果第三人撤销之诉是对二审生效判决提起的，对第三人提出的新的民事权利主张，原则上仅作撤销判决，特殊情况作改变判决更为妥当。换言之，可以对《民事诉讼法》第五十九条第三款关于法院“改变”前诉裁判文书的规定作一定程度的限缩解释，即只是在原审当事人并未上诉，针对一审即生效的裁判文书而提起的第三人撤销之诉由前诉一审法院管辖的情况下，法院才可能作出改变原审裁判文书的判决。

第二审程序

270. 二审法院对合同未成立、无效或被撤销的法律后果的释明及处理

问：徐某和王某签订了买卖合同，徐某向王某出售10台笔记本电脑，总价款为5万元。后徐某向法院提起诉讼，主张买卖合同无效，但并未提出返还电脑的诉讼请求，一审法院是否能直接释明合同无效的法律后果？若一审法院未释明，当事人提起上诉的，二审法院如何处理？

答：一审法院可以向徐某释明合同无效的法律后果。若一审法院未释明，当事人又提起上诉的，二审法院可以直接释明并改判。在民商事交往中，若当事人在合同中约定了给付内容，那么在合同不成立、合同无效或合同被撤销时，则会出现返还原物、赔偿损失等后果。在民事诉讼中，若当事人的诉讼请求仅为确认合同无效，未主张合同无效的法律后果，一审法院可以直接向当事人释明合同无效的法律后果，告知当事人可以一并请求对方当事人返还原物或赔偿损失。在双务合同中，原告起诉请求确认合同有效并请求继续

履行合同，被告主张合同无效的，或者原告起诉请求确认合同无效并返还财产,而被告主张合同有效的,都要防止机械适用“不告不理”原则，仅就当事人的诉讼请求进行审理，而应向原告释明变更或者增加诉讼请求，或者向被告释明提出同时履行抗辩，尽可能一次性解决纠纷。至于当事人之间如何返还原物或赔偿损失，法院则需要对此进行审理后确定。人民法院经审理认定合同无效的，除了要在判决书“本院认为”部分对同时返还作出认定外，还应当在判项中作出明确表述，避免因判令单方返还而出现不公平的结果。当事人按照释明变更诉讼请求或者提出抗辩的，人民法院应当将其归纳为案件争议焦点，组织当事人充分举证、质证、辩论。

若一审法院未向当事人释明合同无效的法律后果，此时一审法院并没有违反职权，没有出现适用法律错误的情形，当事人不得以一审法院未释明为由提起上诉。若当事人因其他缘由提起上诉，在二审中，二审法院认为应当对合同不成立、无效或者被撤销的法律后果作出判决的，可以直接释明并改判。当然，如果返还财产或者赔偿损失的范围确实难以确定或者双方争议较大的，也可以告知当事人通过另行起诉等方式解决，并在裁判文书中予以明确。因此，在本案中，当一审法院未释明时，二审法院可以向徐某释明合同无效的法律后果，在徐某和王某对法律后果的实现无争议时，二审法院可以直接改判。

271. 二审审理中，法院是否应就以物抵债协议出具调解书

问：赵某与刘某之间签订了借款合同。后双方产生争议，债权

人刘某向法院起诉，要求赵某偿还3万元借款本金及相应利息。一审判决作出后，赵某提起上诉。在二审中，双方达成了以物抵债协议，债权人刘某请求法院就以物抵债出具调解书，法院是否应予以支持?

答：当事人在诉讼中达成以物抵债协议，鉴于法院难以审查该协议是否存在恶意串通损害他人合法权益的情形，为慎重起见，不宜出具调解书予以确认。在一审程序中，债权人作为原告，可以根据双方达成以物抵债协议为由向法院申请撤回起诉。在二审中，根据最高人民法院《关于适用〈中华人民共和国民事诉讼法〉的解释》第三百三十六条第一款的规定，“在第二审程序中，原审原告申请撤回起诉，经其他当事人同意，且不损害国家利益、社会公共利益、他人合法权益的，人民法院可以准许。准许撤诉的，应当一并裁定撤销一审裁判”。据此，在符合相应情形下，债权人在二审也可以以物抵债协议为由请求撤回起诉。在双方达成了以物抵债协议后，若债权人未申请撤回起诉，而是申请二审法院出具调解书，此时因债务人完全可以立即履行该协议，没有必要由法院出具调解书，故法院不应准许，同时应当继续对原债权债务关系进行审理。

272. 在一审诉讼中，当事人未对诉讼时效问题提出抗辩，二审中提出时效抗辩的，二审法院应否对诉讼时效的抗辩进行审查

问：在一审诉讼中，当事人未对诉讼时效问题提出抗辩，二审中提出时效抗辩的，二审法院应否对诉讼时效的抗辩进行审查?

答：一般情形下，一审中当事人不提出诉讼时效抗辩，应视为其已放弃诉讼时效抗辩权，在二审中不应允许其重新行使该项抗辩权，二审法院也不应再对时效问题进行审查。但如果在二审期间该当事人有新的证据足以证明权利人的请求权已过诉讼时效期间而提出诉讼时效抗辩的，法院应予支持，即存在基于新证据在二审提出诉讼时效抗辩应予支持的例外规定。这一例外规定不包括在一审期间，当事人一方已经明确表示其放弃诉讼时效抗辩权或者以其行为可以认定其放弃诉讼时效抗辩权的情形。根据“禁反言”原则，其在二审期间提出诉讼时效抗辩的，即使有新的证据证明诉讼时效期间已经经过，法院也不予支持。尽管原判决未查明诉讼时效的事实，但二审法院不能仅以一审法院对诉讼时效事实未予查明而发回重审,而应在查明事实的基础上决定是否改判。同理,终审判决作出前,当事人一方未提出诉讼时效抗辩，以诉讼时效期间届满为由申请再审或提出再审抗辩的，法院不予支持。

特别程序

273. 申请实现抵押权是否以抵押权人与抵押人就抵押权的实现方式先行协商未达成协议为前提

问：《民法典》第四百一十条第二款规定："抵押权人与抵押人未就抵押权实现方式达成协议的，抵押权人可以请求人民法院拍卖、变卖抵押财产。"是否能够据此认为协商是通过非讼程序实现担保物权的前提？

答：我们认为，抵押权人申请实现抵押权不必以抵押权人与抵押人就抵押权的实现方式先行协商未达成协议为前提。主要理由是：无论是抵押权人与抵押人协议，还是抵押权人向人民法院申请通过非讼程序实现担保物权，都是物权法赋予抵押权人的权利，而不是物权法施加给抵押权人的义务。抵押权人即使不与抵押人协商，亦可以直接向人民法院申请拍卖、变卖抵押财产，以实现其抵押权。通过非讼程序实现担保物权的主要目的是便捷、经济地实现担保物权，如果将协商作为通过非讼程序实现担保物权的前提，就与通过非讼程序实现担保物权的主要目的相悖。《民法典》的上述规定只是赋予了抵押权人更多的抵押权的实现途径，而不是申请人向人民法院申请实现担保物权的前提条件，故申请人不需要提交证明抵押权人与抵押人就抵押权实现方式未能达成一致的材料。同理，在出质人和债务人申请实现质权和留置权的场合，也不必提交出质人请求质权人在债务履行期届满后及时行使质权，以及债务人请求留置权人在债务履行期届满后行使留置权的材料。

274. 对申请实现担保物权案件的审查是实质审查还是形式审查

问：最高人民法院《关于适用〈中华人民共和国民事诉讼法〉的解释》第三百六十九条规定："人民法院应当就主合同的效力、期限、履行情况，担保物权是否有效设立、担保财产的范围、被担保的债权范围、被担保的债权是否已届清偿期等担保物权实现的条件，以及是否损害他人合法权益等内容进行审查。被申请人或者利害关系人提出异议的，人民法院应当一并审查。"对实现担保物权案件的上述审查是形式审查还是实质审查？

答：我们认为，申请实现担保物权案件属于非讼程序，依据非讼法理，此类程序无须进行实质审查。实质审查虽然有利于法院全面、准确地查明案件事实，公正作出裁判，但该做法不符合实现担保物权案件程序的非讼的属性和原理，忽视了实现担保物权程序快捷、高效地实现担保物权的立法本意，可能导致实现担保物权程序的“休眠化”。此外，从国外的立法例来看，很多国家和地区对实现担保物权案件的审查均为形式审查。因此，对此类案件应当进行形式审查而非实质审查。具体而言，我们认为，法院的形式审查主要是审查担保物权实现的条件是否成就（包括担保物权是否有效成立、履行期是否届满、担保物权的实现条件是否成就等）。

审判实践中，对已经登记的担保物权，基于登记的公信效力，法院对担保物权人提交的权属证书及登记证明只需作形式审查，只要其担保物权已经合法登记，债务已届清偿期，并且无法律限制行使担保物权情形的，即可作出准许拍卖、变卖担保财产的裁定；而未登记的担保物权，其效力及实现条件均无法依据权属证书及登记簿登记证明确定，担保物权人申请拍卖、变卖担保财产的，法院可以询问担保物权人与债务人。在审查方法上，可以根据案件的不同情况采取书面审查或调查核实相关事实的做法。法院对于实现担保物权的案件的审查为形式审查并不意味着法院仅就当事人提交的材料进行书面审查，而放弃调查核实相关的事实的职权，形式审查与法院的依职权调查核实相关的事实并不相互对立。

275. 可以申请司法确认的调解协议范围

问：可以申请司法确认的调解协议的范围应如何确定？除了《人民调解法》规定人民调解协议可以申请确认外，其他调解组织达成调解协议是否都可以纳入申请确认范围？

答：《民事诉讼法》（2017 修正，已被修改）第一百九十四条规定：“申请司法确认调解协议，由双方当事人依照人民调解法等法律，自调解协议生效之日起三十日内，共同向调解组织所在地基层人民法院提出。”仅据此规定，《人民调解法》规定的人民调解协议以外的其他调解组织所达成的调解协议是否可以纳入申请确认范围的问题并不明确。

由于我国面临着全面深化改革，提升社会治理法治化水平的新形势，特别是十八届四中全会中共中央《关于全面推进依法治国若干重大问题的决定》指出，推进多层次多领域依法治理。坚持系统治理、依法治理、综合治理、源头治理，提高社会治理法治化水平，健全社会矛盾纠纷预防化解机制，完善调解、仲裁、行政裁决、行政复议、诉讼等有机衔接、相互协调的多元化纠纷解决机制，这为我们指明了深化多元化纠纷解决机制改革的方向和目标。社会各类调解组织面临着蓬勃发展的大好时机，人民群众也逐步认识到纠纷解决方式的多元化。根据社会纠纷的解决理应广泛地发挥社会各类调解组织的作用，不应将纠纷解决作为一种权力，由某些组织机构独家垄断，而应当允许更多的合法成立的调解组织参与纠纷解决，为人民群众提供更多、更便利、更适合的纠纷解决途径。

《关于建立健全诉讼与非诉讼相衔接的矛盾纠纷解决机制的若干意见》第二十条规定：“经行政机关、人民调解组织、商事调解组织、行业调解组织或者其他具有调解职能的组织调解达成的具有民事合同性质的协议，经调解组织和调解员签字盖章后，当事人可以申请有管辖权的人民法院确认其效力。当事人请求履行调解协议、请求变更、撤销调解协议或者请求确认调解协议无效的，可以向人民法院提起诉讼。”最高人民法院《关于适用〈中华人民共和国民事诉讼法〉的解释》第三百五十一条规定：“申请司法确认调解协议的，双方当事人应当本人或者由符合民事诉讼法第六十一条规定的代理人依照民事诉讼法第二百零一条[①]的规定提出申请。”这也意味着其他调解组织达成的调解协议均可以申请司法确认。

2023 修正后的《民事诉讼法》第二百零五条明确规定：“经依法设立的调解组织调解达成调解协议，申请司法确认的，由双方当事人自调解协议生效之日起三十日内，共同向下列人民法院提出：（一）人民法院邀请调解组织开展先行调解的，向作出邀请的人民法院提出；（二）调解组织自行开展调解的，向当事人住所地、标的物所在地、调解组织所在地的基层人民法院提出；调解协议所涉纠纷应当由中级人民法院管辖的，向相应的中级人民法院提出。”这就明确了申请司法确认不只限于人民调解委员会所达成的调解协议，也包括行政机关、商事调解组织、行业调解组织或其他依法设立的调解组织等调解达成的调解协议。

① 现为《民事诉讼法》第二百零五条。

执 行

276. 如何认定民事案件二审诉讼期间当事人达成的和解协议的性质

问：民事案件二审期间，双方当事人达成和解协议的，应当如何认定该和解协议的性质？

答：对于这一问题，目前理论界和司法实务部门主要有两种观点：一种观点认为，二审诉讼期间当事人签订的和解协议，既未经法院审查确认，又没有制作调解书，因其内容上与执行和解协议大体相似，故这类和解协议在性质上属于一种执行和解协议。另一种观点认为，这类和解协议与执行和解协议有一些不同点，不能简单认定为执行和解协议。

二审诉讼期间当事人签订的和解协议与执行和解协议存在以下不同点：第一，在前者签订时，案件的判决还没有发生法律效力，而后者是在判决已经生效，进入执行程序之后签订的；第二，前者是对未生效判决确定的民事权利义务作出新的约定和处分，而后者是对生效判决确定的民事权利义务进行处分；第三，法院未以任何形式参与前者的签订，而尽管法官也不参与后者的制定，但在执行和解程序中，法院的执行员要将协议内容记入笔录，由双方当事人签字或盖章；第四，前者签订后，一方当事人申请撤回上诉，经法院审查同意的，二审程序终止，一审判决生效，而后者签订后，执行程序中止。从上述两者的不同特点可以看出，二审诉讼期间当事人签订的和解协议不宜简单归入执行和解协议范畴。

对于二审诉讼期间当事人签订的和解协议，理论界还有“诉讼中和解”和“诉讼外和解”之区分。主要有两种区分标准：一种以审判和执行阶段为界限进行区分，凡在诉讼期间、判决生效以前当事人双方达成的和解，都属于“诉讼中和解”；在案件进入执行阶段之后达成的和解，都称为“诉讼外和解”。另一种是以法院是否参与和解为标准进行区分，凡是法院参与下达成的和解，称为“诉讼中和解”；法院没有参与，当事人自行在庭外达成的和解，都称为“诉讼外和解”。经研究，根据二审诉讼期间当事人签订的和解协议的特点，按照第二种划分标准，属于诉讼外的和解协议。

另外，从二审诉讼期间当事人签订的和解协议所包含的内容出发，审判实践中，此类协议通常都包含三方面内容：对实体民事权利义务作出变更或者新的约定；对履行给付义务作出具体约定；以实体民事权利义务变更为条件，对诉讼权利进行处分，双方达成中止诉讼的意思表示。因此，从协议内容分析，其具有双重性质：一方面，它是当事人双方签订的具有私法行为性质的和解契约；另一方面，它又是一种诉讼行为。

277. 对于民事案件二审诉讼期间当事人达成的和解协议，发生不履行和解协议的情况时，当事人应当如何救济

问：对于民事案件二审诉讼期间当事人达成和解协议并撤诉后，发生一方当事人不履行和解协议的情况时，另一方当事人应当如何救济？

答：发生不履行和解协议的情况时，当事人如何救济以及法院应当如何处理的问题，涉及对和解协议是否具有合同效力的研判。有关涉诉当事人之间签订的和解协议是否成立了新合同的问题，理论界和实务部门观点不一致。有一部分学者认为，按照合同自由原则，当事人之间签订的和解协议就是当事人在原合同基础上的新约定，完全存在成立新合同的可能性。最高人民法院《关于执行和解若干问题的规定》（法释〔2018〕3号，经法释〔2020〕21号修正）第一条第一款规定："当事人可以自愿协商达成和解协议，依法变更生效法律文书确定的权利义务主体、履行标的、期限、地点和方式等内容。"二审期间当事人达成的和解协议同样也可能涉及变更"法律文书确定的权利义务主体、履行标的、期限、地点和方式等内容"。

基于以上观点和法律、司法解释的规定与审判实践中存在的实际情况，理论界和实务部门对和解协议履行中出现违约时可以救济的途径，主要提出了三种意见：第一种意见认为，应当根据和解协议的内容具体区分。如果当事人签订的新协议成立了新的合同，构成了新诉的，法院对新合同违约的诉讼应当受理；而如果法院审查当事人就违反和解协议的约定起诉的案件，认为符合"一事不再

理”原则的，则不予受理。第二种意见认为，可以通过《民事诉讼法》的修改完善，赋予当事人在申请恢复原生效判决执行或者起诉这两者之中的选择权。第三种意见认为，《民事诉讼法》第二百四十一条第二款对执行和解协议作了如下规定：“申请执行人因受欺诈、胁迫与被执行人达成和解协议，或者当事人不履行和解协议的，人民法院可以根据当事人的申请，恢复对原生效法律文书的执行。”而最高人民法院《关于执行和解若干问题的规定》第八条规定：“执行和解协议履行完毕的，人民法院作执行结案处理。”由此可见，对于执行和解协议这类诉讼外和解协议，一方面，法律尊重当事人的意思自治，承认部分履行或者全部履行的和解协议具有合同的效力；另一方面，一旦出现反悔、不履行执行和解协议的情形，现行法律提供的并非违约救济手段，而是以赋予当事人请求执行原生效判决的权利作为救济。

我们认为，鉴于《民事诉讼法》对二审期间当事人达成和解协议的效力没有作出明确规定，二审期间庭外和解，未经法院依法确认或制作调解书的，作为诉讼外和解协议，与执行和解协议相类似，不具有强制执行力；一方或者双方撤回上诉时，应当知道撤诉的法律后果，即一旦法院裁定准许撤诉，一审判决即为生效判决，而一审生效判决具有强制执行力。换言之，民事案件二审审理期间，双方当事人达成和解协议，一方出现不履行和解协议的情形时，遵循现行法律规定的精神，另一方当事人应当向一审法院申请执行一审判决，以寻求救济。

278. 在执行异议之诉中，人民法院作出不得执行或者准予执行的判决，是否应同时撤销执行裁定

问：在执行异议之诉的裁判中，人民法院作出不得执行或者准予执行的判决，是否应同时撤销执行裁定？

答：执行异议案件包括案外人执行异议之诉和申请执行人执行异议之诉。在案外人执行异议之诉中，人民法院经过审查，如果判决不得执行特定执行标的，则应该终结执行程序、解除执行措施，此时就需要处理执行法院先前作出的驳回案外人执行异议裁定。同理，在申请执行人执行异议之诉中，人民法院经过审查，如果判决准许执行该执行标的，则需要处理执行法院先前作出的中止执行裁定。

对这两种情形的处理存在两种观点：一种观点认为，执行异议裁定是人民法院依法作出的生效法律文书。案外人执行异议之诉案件中人民法院判决不得对执行标的执行的，或者申请执行人执行异议之诉案件中人民法院判决准许对执行标的执行的，相当于推翻了执行异议裁定，否定了执行异议裁定的效力，因此，在判决中应一并撤销执行异议裁定。另一种观点认为，人民法院支持案外人、申请执行人在执行异议之诉中的诉讼请求，事实上已经否认了执行异议裁定的效力，没有必要在判决中撤销执行异议裁定。我们认为第二种观点是正确的，理由是最高人民法院《关于适用〈中华人民共和国民事诉讼法〉的解释》第三百一十二条规定，“对案外人执行异议之诉，人民法院判决不得对执行标的执行的，执行异议裁定失效。对申请执行人执行异议之诉，人民法院判决准许对该执

行标的执行的，执行异议裁定失效，执行法院可以根据申请执行人的申请或者依职权恢复执行”。可见，司法解释已经规定，在执行异议案件的判决结果和执行异议的裁定结果相反的情况下，执行异议裁定失效。因此，在执行异议之诉判决中无须另行撤销执行异议裁定。

279. 案外人将其所有的款项误汇至被执行人账户后被法院冻结扣划，案外人请求排除强制执行的，应否支持

问：案外人将其所有的款项误汇至被执行人账户，该账户此后因被执行人的债权人申请强制执行而冻结，现案外人以其汇入该账户上的款项系误汇为由，在提出执行异议被驳回后又提起执行异议之诉，请求排除对该款项强制执行的，应否支持？

答：虽然案外人将其所有的款项误汇至被执行人账户的行为缺乏当事人的真实意思表示，但除非法律、司法解释有明确规定的以外（如担保法司法解释规定的保证金质押），对于货币这一种类物，一般均应适用“占有即所有”的规则认定其权属，故该行为并不因欠缺真实意思表示而不能产生转移款项实体权益的法律效果；相反，汇款在到达被执行人账户之时即发生权属转移。

这种受益并没有法律上的理由，可能构成不当得利。《民法典》第九百八十五条规定：“得利人没有法律根据取得不当利益的，受损失的人可以请求得利人返还取得的利益，但是有下列情形之一的除

外：（一）为履行道德义务进行的给付；（二）债务到期之前的清偿；（三）明知无给付义务而进行的债务清偿。”据此，不当得利的构成要件为：一方获利，他方受损，一方受利与他方受损具有因果关系，获利无合法根据。在错汇款项的情况下，被执行人虽然没有相应的意思表示，但在事实上已经因此而获利，即使该款项又因其债权人的申请而被法院强制执行，也不改变其已经获得的事实，因为这导致被执行人因此而清偿了对其债权人相应的债务，案外人当然因此遭受了相应的损失；而被执行人的获利没有合法依据。因此，案外人将其所有的款项误汇至被执行人账户的行为，在案外人与被执行人之间构成了典型的不当得利之债。由此，案外人享有的是不当得利债权，其可以基于不当得利而请求被执行人返还相应款项，法律已经赋予了案外人此种救济途径。

从性质上看，不当得利债权属于普通债权，并不具有优先受偿性。而如果支持了案外人针对该错汇款项提出的执行异议请求，则在实质上是赋予了此种债权优先于其他普通债权获得清偿的权利，这无疑违背了对于普通债权而言的债权平等的基本原则。比如，对于参与分配案件中的普通债权，最高人民法院《关于适用〈中华人民共和国民事诉讼法〉的解释》第五百零八条规定：“参与分配执行中，执行所得价款扣除执行费用，并清偿应当优先受偿的债权后，对于普通债权，原则上按照其占全部申请参与分配债权数额的比例受偿。清偿后的剩余债务，被执行人应当继续清偿。债权人发现被执行人有其他财产的，可以随时请求人民法院执行。”因此，对于此种情形下案外人提出的排除执行请求，法院一般不应支持。

此外，需要指出的是，执行异议之诉往往涉及不同当事人的权利冲突，因此，在执行异议之诉案件审理中，一定要秉承严格、谨慎的原则，对案外人提出的理由加以严格审查。对于当事人提出的权利保护请求，应当首先基于维护法律规则的稳定与权威、维护交易制度和规则的简明与可预期加以审查，尽可能在现行法律框架内寻求相应的制度和规则依据，而不宜对此轻易突破，否则将可能导致相关当事人权利的失衡乃至法律规则的破坏。

280. 执行异议与执行异议之诉是否应适用相同的审查标准

问：执行异议与执行异议之诉是否应适用相同的审查标准？

答：对于执行异议之诉，根据最高人民法院《关于适用〈中华人民共和国民事诉讼法〉的解释》第三百一十条、第三百一十一条的规定，据以作出判决的标准是案外人就执行标的是否“享有足以排除强制执行的民事权益”。

执行异议之诉是案外人或申请执行人因不服执行异议裁定而提起的。我们认为，执行异议与执行异议之诉不应适用完全相同的审查标准。执行异议之诉中，当事人的诉讼请求是否成立，不能完全依照最高人民法院《关于人民法院办理执行异议和复议案件若干问题的规定》（法释〔2015〕10号，经法释〔2020〕21号修正）进行审查，而应根据案件的具体情况、异议人主张的权利、申请执行人债权实现的效力以及被执行人对执行标的享有的权利作出比较和综合判断，从而确定异议人的权利是否能够排除执行。

281. 案外人针对仲裁机构作出的确权裁决书或仲裁调解书的执行能否提起执行异议之诉

问：案外人针对仲裁机构作出的确权裁决书或仲裁调解书的执行能否提起执行异议之诉？

答：案外人针对仲裁机构作出的确权裁决书或仲裁调解书的执行提起执行异议之诉，其根本目的在于否定仲裁裁决书与调解书本身而对于执行异议之诉，根据《民事诉讼法》第二百三十八条第二句规定："案外人、当事人对裁定不服，认为原判决、裁定错误的，依照审判监督程序办理；与原判决、裁定无关的，可以自裁定送达之日起十五日内向人民法院提起诉讼。"也即，案外人的异议与原裁判无关时才可提起案外人异议之诉。即使扩张解释此处的"判决、裁定"包括仲裁裁决与仲裁调解书，案外人也不符合提起案外人执行异议之诉的条件。根据《仲裁法》第五十八条，只有当事人可以向法院申请撤销仲裁裁决书或仲裁调解书，案外人不具有申请撤销仲裁裁决书或调解书的主体资格。

案外人可以采取的救济措施，是依据最高人民法院《关于人民法院办理仲裁裁决执行案件若干问题的规定》第九条的规定，向人民法院申请不予执行仲裁裁决或仲裁调解书。案外人需提交申请书以及证明其请求成立的证据材料，并需符合下列条件：（1）有证据证明仲裁案件当事人恶意申请仲裁或者虚假仲裁，损害其合法权益；（2）案外人主张的合法权益所涉及的执行标的尚未执行终结；（3）自知道或者应当知道人民法院对该标的采取执行措施之日起三十日内提出。

282. 执行异议之诉与执行异议有何区别

问：执行异议之诉与执行异议有何区别？

答：根据《民事诉讼法》，执行异议可区分执行行为异议与执行标的异议。执行行为异议是当事人对法院的执行行为不服提出异议，通过执行复议制度解决。这里的“执行行为”一般包括：执行法院采取的执行措施；执行法院采取的执行方法；执行法院在强制执行时应当遵守的法定程序等。《民事诉讼法》第二百三十六条规定：“当事人、利害关系人认为执行行为违反法律规定的，可以向负责执行的人民法院提出书面异议。当事人、利害关系人提出书面异议的，人民法院应当自收到书面异议之日起十五日内审查，理由成立的，裁定撤销或者改正；理由不成立的，裁定驳回。当事人、利害关系人对裁定不服的，可以自裁定送达之日起十日内向上一级人民法院申请复议。”而执行标的异议，则是案外人主张对执行标的享有可以排除执行的权利而对执行标的提出书面异议。《民事诉讼法》第二百三十八条第一句规定：“执行过程中，案外人对执行标的提出书面异议的，人民法院应当自收到书面异议之日起十五日内审查，理由成立的，裁定中止对该标的的执行；理由不成立的，裁定驳回。”

而执行异议之诉是案外人或者申请执行人对执行异议的裁定不服，而向人民法院提起的诉讼。《民事诉讼法》第二百三十八条第二句规定：“案外人、当事人对裁定不服，认为原判决、裁定错误的，依照审判监督程序办理；与原判决、裁定无关的，可以自裁定送达之日起十五日内向人民法院提起诉讼。”

因此，执行异议与执行异议之诉在当事人、管辖法院、裁判方式等方面均有区别。同时，只有案外人依据《民事诉讼法》第二百三十八条规定提出执行标的异议后，案外人或申请执行人对法院作出的裁定不服且异议与原裁判无关，才能再提起案外人异议之诉。

283. 执行异议之诉与普通民事诉讼有何区别

问：执行异议之诉与普通民事诉讼相比，有何区别？

答：执行异议之诉在程序构造、法律适用及处理结果等方面与普通民事诉讼区别较大。两者存在以下区别：

1. 诉讼目的不同

执行异议之诉包括案外人执行异议之诉和申请执行人执行异议之诉，诉讼目的在于阻却或许可对特定标的物的执行行为；普通民事诉讼的目的在于实现其某项民事权益，不能产生对抗执行行为的法律效力。

2. 当事人不同

执行异议之诉的原被告是执行程序的案外人或申请执行人；普通民事诉讼的当事人系民事法律关系中的权利人或义务人。

3. 诉讼请求不同

执行异议之诉当事人的诉讼主张系基于其实体权利而请求法院对执行标的停止执行或者许可执行的程序性方面的诉讼请求，这是异议之诉不同于普通民事诉讼的最明显之处。

4. 起诉的法律依据不同

执行异议之诉当事人系依据《民事诉讼法》第二百三十八条、最高人民法院《关于适用〈中华人民共和国民事诉讼法〉的解释》的相关规定及其他可阻却执行的法律、法规、司法解释等提起诉讼；

普通民事诉讼的当事人则依据一般民事诉讼规则提起诉讼。

5. 诉讼结果是否影响执行不同

执行异议之诉有阻却或许可执行之法律后果，均是以民事判决的形式来影响执行程序；普通民事诉讼的审理结果原则上不能直接影响其他案件的执行程序。

284. 执行异议之诉中，案外人依据另案判决或调解书主张权利的处理

问：法院在执行生效法律文书确定的金钱债权过程中，针对特定标的物实施强制执行，案外人以另案生效判决、调解书为依据，要求对该标的物停止执行的，应当如何处理？

答：应当根据另案生效判决、调解书的性质作出区分。最高人民法院《关于人民法院办理执行异议和复议案件若干问题的规定》（法释〔2015〕10号，经法释〔2020〕21号修正）第二十六条规定了解决案外人执行异议的规则，我们认为，在审理执行异议之诉时可以参考适用。依据该条规定，作为案外人提起执行异议之诉依据的裁判将执行标的物确权给案外人，可以排除执行；作为案外人提起执行异议之诉依据的裁判，未将执行标的物确权给案外人，而是基于不以转移所有权为目的的有效合同（如租赁、借用、保管合同），判令向案外人返还执行标的物的，其性质属于物权请求权，亦可以排除执行；基于以转移所有权为目的有效合同（如买卖合同），判令向案外人交付标的物的，其性质属于债权请求权，不能排除执行。

此外，2019年《全国法院民商事审判工作会议纪要》中还特别提出案外人依据的裁判文书内容是认定双务合同无效情形下的特殊处理。即在金钱债权执行中，如果案外人提出执行异议之诉依据的生效裁判认定以转移所有权为目的的合同（如买卖合同）无效或应当解除，进而判令向案外人返还执行标的物的，此时案外人享有的是物权性质的返还请求权，本可排除金钱债权的执行，但在双务合同无效的情况下，双方互负返还义务，在案外人未返还价款的情况下，如果允许其排除金钱债权的执行，将会使申请执行人既执行不到被执行人名下的财产，又执行不到本应返还给被执行人的价款，显然有失公允。为平衡各方当事人的利益，只有在案外人已经返还价款的情况下，才能排除普通债权人的执行。反之，案外人未返还价款的，不能排除执行。

285. 执行异议之诉中，被执行人对案外人的权利主张表示承认的，是否可以免除案外人的举证责任

问：执行异议之诉中，被执行人对案外人的权利主张表示承认的，是否可以免除案外人的举证责任？

答：当事人对自己提出的诉讼请求所依据的事实，有责任提供证据加以证明，这是民事诉讼的基本举证原则。执行异议之诉案件同样应遵循上述原则。案外人作为原告方应举证其存在可以阻止执行的实体权利；在申请执行人执行异议之诉中，申请执行人则应举证证明执行标的可以强制执行。作为上述举证原则的例外情形，我

国民事诉讼法律规定当事人对事实的承认可免除对方当事人的举证责任，即确立了自认制度。自认制度暗含的适用前提应是诉讼程序本身具有对抗性，利益一致的双方当事人对事实的主张和自认，不能免除提出具体诉请或事实主张一方的举证责任。在执行异议之诉案件中，案外人和被执行人合谋通过共同确认案外人的实体权利，对抗申请执行人对执行标的的强制执行的情形，在实践中并不少见。因此，有意见认为，应加强法院在案件事实调查中的作用，同时引入禁止反言规则。

我们认为，在执行异议之诉中，为了真正避免当事人恶意利用自认制度，应当依据最高人民法院《关于防范和制裁虚假诉讼的指导意见》（法发〔2016〕13号）第六条规定，“诉讼中，一方对另一方提出的于己不利的事实明确表示承认，且不符合常理的，要做进一步查明，慎重认定。查明的事实与自认的事实不符的，不予确认”，以及最高人民法院《关于民事诉讼证据的若干规定》（法释〔2019〕19号）第八条规定，“《最高人民法院关于适用〈中华人民共和国民事诉讼法〉的解释》第九十六条第一款规定的事实，不适用有关自认的规定。自认的事实与已经查明的事实不符的，人民法院不予确认”，处理当事人的自认，并对被执行人的处分权利予以限制。而对被执行人的处分权予以限制需要正当性理由，有观点认为，限制当事人处分权系因其有处分他人（申请执行人）可能的财产之虞，但是申请执行人对该财产是否享有权利依赖于本案诉讼的结果，如果案外人诉请成立，申请执行人可能的权利将被否定，可见，以此作为限制被执行人处分权的正当性理由不妥。被执行人处分权之所以被限制，是因为其处分行为本质上是在对抗形式上具有合法性的强制执行行为，而强制执行行为仅能由法院的裁判予以变动或否定，因为只有法院的裁判才可以否定强制执行行为的合法性。因此，在执行异议之诉中，对被执行人自认效力予以限制应当是正当的，亦是必要的。

286. 执行异议之诉中，案外人另行主张权利如何处理

问：案外人在对执行标的权属有异议时不依据《民事诉讼法》第二百三十八条的规定主张权利，而是以被执行人为被告就执行标的物另行提起确权之诉、给付之诉，此种情况如何处理？

答：《民事诉讼法》第二百三十八条规定了案外人执行异议的处理方式："执行过程中，案外人对执行标的提出书面异议的，人民法院应当自收到书面异议之日起十五日内审查，理由成立的，裁定中止对该标的的执行；理由不成立的，裁定驳回。案外人、当事人对裁定不服，认为原判决、裁定错误的，依照审判监督程序办理；与原判决、裁定无关的，可以自裁定送达之日起十五日内向人民法院提起诉讼。"

但是，在实践中，案外人在发生纠纷时不依据《民事诉讼法》第二百三十八条的规定主张权利，而是以被执行人为被告就执行标的物另行提起确权之诉、给付之诉的情形十分普遍。我们认为，在法院针对执行标的物的强制执行过程中，该标的物即处于非正常状态，此时就该标的物发生的争议，应当通过《民事诉讼法》规定的案外人异议之诉制度寻求救济，而不应允许案外人另行提起确权之诉，并且案外人以被执行人为被告在非执行法院提起确权之诉，由

于申请执行人并非该案的当事人，极易出现案外人与被执行人恶意串通对抗执行的情形。因此，案外人以被执行人为被告就执行标的物另行提起确权之诉的，应当裁定不予受理，已经受理的，应当裁定驳回起诉，并告知其可以依据《民事诉讼法》第二百三十八条的规定主张权利。案外人以被执行人为被告另行提起给付之诉，要求转移执行标的物所有权，该标的物已处于强制执行状态的，法院应当向案外人释明，告知其可以变更诉讼请求主张损害赔偿，经释明其仍坚持不变更的，应当判决驳回其诉讼请求，并在判决理由中写明案外人可待执行标的物解除强制执行状态后再行主张。对于审判中未发现并已经作出的生效判决、调解书，应当依法通过审判监督程序予以撤销。

287. 案外人提起执行异议之诉和另行起诉的关系

问:《民事诉讼法》第二百三十八条规定:“执行过程中，案外人对执行标的提出书面异议的，人民法院应当自收到书面异议之日起十五日内审查，理由成立的，裁定中止对该标的的执行；理由不成立的，裁定驳回。案外人、当事人对裁定不服，认为原判决、裁定错误的，依照审判监督程序办理；与原判决、裁定无关的，可以自裁定送达之日起十五日内向人民法院提起诉讼。”在执行程序中，案外人以被执行人为被告就执行标的物另行提起确权之诉，人民法院是否应当不予受理并告知案外人根据该条规定主张权利?

答：不应当，这种做法限制了当事人的诉权。当事人在另行起诉和执行异议之诉中有选择权，即便在执行程序中，案外人也可以不提出排除对执行标的执行的诉讼请求，而仅就执行标的确权或者给付进行起诉，这是案外人的权利。这种情况属于案外人另行提起了新的普通诉讼，而非执行异议之诉。如果其诉讼请求得到支持，可再以该案中的生效法律文书为证据，向原执行法院提起执行异议或者申请执行回转。但这种方法不利于案外人权益保护，人民法院在审查案外人另行提起的新诉时应予适当释明。

案外人在提起执行异议之诉后，一审判决作出前，又向执行法院就相同执行标的提起确权之诉的，应当合并审理。案外人在提起执行异议之诉且同时对执行标的提起确权之诉后，又就相同执行标的向其他法院提起确权之诉的，受理确权之诉的人民法院应当将案件移送执行法院一并审理，执行异议之诉已经作出裁判的，则应当驳回起诉。案外人在提出排除对执行标的执行的诉讼请求的同时，又提出对执行标的进行确权的诉讼请求的，人民法院作出裁判后，案外人就不能再对执行标的的确权另行起诉。

288. 对于因保全、先予执行错误造成案外人损害的救济

问：案外人因保全、先予执行错误产生损害的，如何救济？是否应当赋予其执行异议之诉的权利？

答：鉴于保全裁定和先予执行属于中间性程序性裁定，对于因保全、先予执行错误造成案外人损害的，一致意见认为应当给予救

济。但如何进行救济，存在两种不同的观点。一种观点认为，案外人因保全或先予执行错误受到侵害，赋予案外人享有复议的救济程序就足够了，不应适用执行阶段的案外人异议制度。另一种观点认为，除赋予案外人享有复议的救济程序外，还应当赋予利害关系人依照《民事诉讼法》第二百三十六条和第二百三十八条规定提出执行异议和执行异议之诉的权利。

我们认同第一种观点，主要理由是：第一，《民事诉讼法》第一百零八条规定，“当事人对保全或者先予执行的裁定不服的，可以申请复议一次。复议期间不停止裁定的执行”。可见，当事人对保全或者先予执行裁定不服的，《民事诉讼法》只是规定可以申请复议，并未规定其他救济渠道。第二，保全裁定和先予执行裁定虽然涉及当事人民事权利和义务，但不是对民事主体权利义务关系的最后决定，其主要功能仍在于解决诉讼程序上发生的事项，故保全、先予执行裁定只是中间性的裁定，而非终局裁定，赋予利害关系人与当事人相同的申请复议权利即可，不宜给予其异议之诉的权利。第三，诉讼程序要兼顾权利救济的充分性和诉讼的效率性，如果给予利害关系人过多的救济环节和手段，保全和先予执行程序将变得过于冗长和低效，严重影响整个案件的审理。第四，对于保全和先予执行的实施中发生的问题，利害关系人有异议的，可按执行程序中的相关规定处理。因此，最高人民法院《关于适用〈中华人民共和国民事诉讼法〉的解释》第一百七十二条规定：“利害关系人对保全或者先予执行的裁定不服申请复议的，由作出裁定的人民法院依照民事诉讼法第一百一十一条规定处理。”

289. 执行中双方达成和解协议后，被执行人就主要条款反悔，申请执行人能否寻求强制执行和解协议

问：甲与乙签订了借款合同，因乙到期不偿还借款，甲向法院提起诉讼，请求乙偿还本息，法院支持了甲的诉讼请求。乙在收到生效判决后仍不履行，案件进入执行程序。在执行过程中，乙和朋友丙共同承诺会将丙的一套与借款本息价值相近的房屋赠与甲以抵偿借款本息，甲表示同意，法院裁定中止执行。后乙反悔，但甲仍希望得到该房屋。请问甲能否请求法院强制执行和解协议？

答：在执行程序中，如果双方当事人经过平等协商，就变更执行依据所确定的权利义务关系自愿达成和解协议的，人民法院经当事人的申请，可以裁定中止执行或终结执行。需要注意的是，《民事诉讼法》第二百四十一条第一款规定："在执行中，双方当事人自行和解达成协议的，执行员应当将协议内容记入笔录，由双方当事人签名或者盖章。"可见，我国法律规定的执行和解是诉讼外和解，并没有法院的参与，性质上是私法行为，效力等同于民事合同。在此种定性下，由法院直接执行和解协议显然是不适当的。因此，执行和解协议虽然像合同一样对当事人有约束力，但不具有强制执行力，不能作为法院强制执行的依据，甲不能请求法院强制执行。

对于这种和解协议不能顺利履行的情况，《民事诉讼法》第二百四十一条第二款规定："申请执行人因受欺诈、胁迫与被执行人达成和解协议，或者当事人不履行和解协议的，人民法院可以根据当事人的申请，恢复对原生效法律文书的执行。"最高人民法院《关于适用〈中华人民共和国民事诉讼法〉的解释》第四百六十五条规定：

"一方当事人不履行或者不完全履行在执行中双方自愿达成的和解协议，对方当事人申请执行原生效法律文书的，人民法院应当恢复执行，但和解协议已履行的部分应当扣除。和解协议已经履行完毕的，人民法院不予恢复执行。"因此，甲应当尽快向法院申请执行原生效法律文书，避免被执行人乙趁机转移财产等，以最大限度地减少损失。由于乙完全没有履行和解协议，故执行原判决时不存在扣除已履行部分的问题。

290. 部分错误的仲裁裁决能否得到执行

问：我国《民事诉讼法》第二百四十八条第二款规定了人民法院不予执行仲裁裁决的情形。但如果这些情形仅涉及部分裁决事项，剩余部分能否得到执行?

答：对于仅有部分符合不予执行情形的仲裁裁决，人民法院可以裁定对该部分不予执行，但这取决于该部分仲裁裁决与整体的关系。如果裁决事项可分，出于公平原则的考虑，正确的部分可以予以执行。最高人民法院《关于适用〈中华人民共和国民事诉讼法〉的解释》第四百七十五条规定："仲裁机构裁决的事项，部分有民事诉讼法第二百四十四[①]条第二款、第三款规定情形的，人民法院应当裁定对该部分不予执行。应当不予执行部分与其他部分不可分的，人民法院应当裁定不予执行仲裁裁决。"

部分执行的前提条件是应当不予执行的部分具有可分性。可分性是指在去除无效部分后，有效的部分还能够继续存在，且不会与当事人的愿望相违背。如果仲裁裁决的裁项之间不可分，继续执行

① 现为《民事诉讼法》第二百四十八条。

其余部分对当事人已经没有意义，或是会造成极为不公平后果的，应裁定对全案不予执行。在这种情况下，存在不予执行情形的部分一般包含着该仲裁裁决的决定性因素。

司法实践中常见的仲裁裁决部分存在应当不予执行情形，但仍应当裁定执行其余部分的情况有以下几种：第一，超范围仲裁，对超过部分不予执行；第二，如果有部分证据是伪造的，则与该证据无关的其他部分应当可以执行；第三，当事人存在隐瞒证据的情况，如果隐瞒的证据仅涉及部分裁决事项，则对其他部分应依法执行；第四，如果有部分裁决事项违背社会公共利益，则仅对该部分裁决事项不予执行。

291. 法人分支机构被判决承担民事责任后经法院执行无法清偿的，能否追加法人作为被执行人

问：权利人仅起诉分支机构，法院也仅判决分支机构承担责任，权利人在申请执行阶段，发现分支机构不具有清偿能力，能否直接要求追加法人作为被执行人进行执行？

答：分支机构不具有独立的主体资格，不能独立承担民事责任，分支机构从事民事活动产生的民事责任应由法人承担。对于法人承担的是何种性质的责任，理论上存在以下几种观点：一是直接责任，即相对人对于分支机构所应承担的民事责任，可以不向分支机构主张权利，而直接要求法人承担责任；二是补充责任，即相对人对于分支机构所应承担的民事责任，应先向分支机构主张权利，分支机

构的财产不足以清偿的，才可以要求法人承担民事责任；三是连带责任，即相对人对于分支机构所应承担的民事责任，可以同时向分支机构与法人主张权利，分支机构与法人承担连带责任。对于该问题，《民法总则》（已废止）起草过程中争议较大，曾规定为直接责任，后又修改为补充责任，最后又修改为当前《民法典》第七十四条第二款的表述，“分支机构以自己的名义从事民事活动，产生的民事责任由法人承担；也可以先以该分支机构管理的财产承担，不足以承担的，由法人承担”。该表述是直接责任与补充责任的结合。

对于上述问题，最高人民法院《关于民事执行中变更、追加当事人若干问题的规定》第十五条第一款予以明确规定，作为被执行人的法人分支机构，不能清偿生效法律文书确定的债务，申请执行人申请变更、追加该法人为被执行人的，人民法院应予支持。因此，对于法人分支机构，法人仍旧承担补充性质的责任，但可以在分支机构财产不足时，被追加为被执行人。被追加的法人如对裁定不服，则可依据《关于民事执行中变更、追加当事人若干问题的规定》第三十条，自裁定书送达之日起十日内向上一级人民法院申请复议。

判 决

292. 二审法院对一审判决内容既有维持也有改判的，应当如何引用《民事诉讼法》条文

问：二审过程中，经常会遇到维持一审判决一部分主文，但对另一部分主文作出改判的情形，对如何引用《民事诉讼法》有关条文有不同观点。一种观点认为，维持的部分应当引用《民事诉讼法》第一百七十七条第一款第一项，改判的部分根据具体情况分别引用第二项、第三项；另一种观点认为，只区分不同情形引用第一百七十七条第一款第二项、第三项即可。哪一种观点是正确的？

答：我们认为第二种观点是正确的。《民事诉讼法》第一百七十七条第一款规定："第二审人民法院对上诉案件，经过审理，按照下列情形，分别处理：（一）原判决、裁定认定事实清楚，适用法律正确的，以判决、裁定方式驳回上诉，维持原判决、裁定；（二）原判

决、裁定认定事实错误或者适用法律错误的，以判决、裁定方式依法改判、撤销或者变更；（三）原判决认定基本事实不清的，裁定撤销原判决，发回原审人民法院重审，或者查清事实后改判；（四）原判决遗漏当事人或者违法缺席判决等严重违反法定程序的，裁定撤销原判决，发回原审人民法院重审。”根据上述规定，二审法院对上诉案件的处理方式一般分为三种：维持原判决、裁定；改判、变更或者撤销原判决、裁定；撤销原判决，将案件发回重审。只有一审判决认定事实清楚、适用法律正确，二审法院作出驳回上诉、维持原判决的终审判决时，才能引用《民事诉讼法》第一百七十七条第一款第一项。驳回上诉即意味着，原判决全面生效。如果一审判决认定事实错误或者适用法律错误，二审法院进行改判的，应当引用《民事诉讼法》第一百七十七条第一款第二项；如果一审判决认定基本事实不清，二审法院查清事实后改判的，应当引用《民事诉讼法》第一百七十七条第一款第三项。尤其应当注意的问题是，改判包括两种情况：一是对一审判决全部内容都进行改判，即全部变更判决；二是仅对一审判决部分内容作出改判，对其余内容则予维持，即部分变更判决。不论是哪种改判，在二审处理方式上都属于《民事诉讼法》第一百七十七条第一款第二项或者第三项所称的改判。在部分变更时，尽管二审法院对一审判决中部分主文予以维持，但仍为改变一审判决，一审判决不生效，二审判决中维持的部分与改判的部分共同构成新的判决生效。此时，如果将《民事诉讼法》第一百七十七条第一款第一项作为二审维持一审判决部分内容的法律依据，是对《民事诉讼法》上述规定的错误理解，是不正确的。

293. 二审期间，原审原告能否撤回起诉

问：二审期间，原审原告能否撤回起诉？

答：关于二审期间，原审原告能否撤回起诉，实践中存在争议。一种观点认为，原审原告不能撤回起诉。一审程序、二审程序是两个独立的程序，二审期间，一审程序已经终结。二审是针对当事人的上诉请求进行审理。二审期间只能撤回上诉，不能撤回起诉。如果当事人要终结诉讼程序，可以调解。另一种观点认为，撤回起诉，是当事人的诉讼权利，当事人可以自行处分。我们倾向于认为，原审原告可以撤回起诉，但是需具备相应的条件。

最高人民法院《关于适用〈中华人民共和国民事诉讼法〉的解释》第三百三十六条规定："在第二审程序中，原审原告申请撤回起诉，经其他当事人同意，且不损害国家利益、社会公共利益、他人合法权益的，人民法院可以准许。准许撤诉的，应当一并裁定撤销一审裁判。原审原告在第二审程序中撤回起诉后重复起诉的，人民法院不予受理。"我国实行两审终审制，在诉讼过程中，当事人可以处分自己的诉讼权利。《民事诉讼法》第十三条第二款规定："当事人有权在法律规定的范围内处分自己的民事权利和诉讼权利。"原审原告撤回起诉是对自己诉讼权利的处分，但是原审原告处分诉讼权利不能损害国家利益、集体利益以及第三人的合法利益。原审原告撤回起诉，基于多种原因，但主要原因是预见到其可能败诉，才撤回起诉。为了防止原审原告滥用处分权，损害其他人的利益，对于原审原告撤回起诉应具备相应的条件。在不损害国家利益、社会公共利益、他人合法权益的条件下，征得其他当事人同意并经人民法院准许后，原审原告才可以撤回起诉。第二审法院应当裁定撤销一审判

决，准许原审原告撤回起诉，但撤回起诉后原审原告对同一诉讼请求不得再次提起诉讼。

294. 当事人可否在二审调解协议中约定不履行调解协议就执行一审判决

问：二审中，如当事人双方达成的调解协议中约定，义务人到期不履行义务，就执行一审判决书中确定的当事人的义务，该约定是否有效？

答：《民事诉讼法》第九十九条规定："调解达成协议，必须双方自愿，不得强迫。调解协议的内容不得违反法律规定。"调解协议是权利人为尽快实现自己的权利所作出的一种让步，是双方当事人对于自己权利义务的处分，只要该协议自愿、合法，法律就予以认可。

但诉讼中达成调解协议后，如申请法院确认调解协议，则二审调解书将成为生效的法律文书，一审判决自此不具有法律效力或不具有强制执行力。尽管《民法典》第一百五十八条规定了附条件的民事法律行为，为民事合同附条件也是实践中常见的情形，但此处的调解协议将得到二审法院的确认，为调解协议附条件将直接影响法院的裁判，故不是单纯的民事法律行为。也不应允许当事人自行变动执行依据。实际上，当事人或法院只能依照二审调解书的内容履行或执行，不得再以一审判决为履行或执行依据，更不能赋予债务人选择权，即既可按照二审调解书的内容履行债务，也可以一审判决为债务履行依据。故此种约定无效。

此时，更妥当的做法是释明当事人在调解书中将一审裁判的内容予以明确，约定如义务人不履行义务，则履行何种义务，而不是直接约定执行一审判决。

295. 和解、调解协议的内容是否可以转换为判决

问：当事人自行和解或者调解达成协议后，请求人民法院按照协议内容制作判决书，人民法院是否准许？

答：最高人民法院《关于适用〈中华人民共和国民事诉讼法〉的解释》第一百四十八条第一款规定，当事人自行和解或者调解达成协议后，请求人民法院按照和解协议或者调解协议的内容制作判决书的，人民法院不予准许。

理由是，裁判是法官对当事人之间的纠纷作出的强制性处理决定，是公权力对私权利的判断，要以审判公开为保障权力正当行使的基本方法。

人民法院的判决合法性主要体现在依法公正审理，未经实质性审理的内容不能作为判决书主文。而和解、调解均以当事人合意为基础，法院无须对相应证据、事实作出实质性审理，仅须协议不违反法律、行政法规禁止性规定。所以，当事人自行和解或者调解达成协议后，请求人民法院按照和解协议或者调解协议的内容制作判决书的，人民法院不予准许。

在法律允许的幅度内，当事人可以自由处分自己的权利，因此，不要求和解、调解协议必须严格依法成立，只要出于当事人 的自愿而达成，即属有效的和解、调解协议。如果当事人是申请法院依据

协议制作调解书，则可以允许。

同时，依据最高人民法院《关于人民法院民事调解工作若干问题的规定》第七条规定，调解协议内容超出诉讼请求的，人民法院可以准许。而人民法院本持“不告不理原则”，其判决应当严格围绕当事人的诉讼请求而作出，不允 许超出或者遗漏当事人的诉讼请求。

但依据最高人民法院《关于适用〈中华人民共和国民事诉讼法〉的解释》第一百四十八条第二款的规定，“无民事行为能力人的离婚案件，由其法定代理人进行诉讼。法定代理人与对方达成协议要求发给判决书的，可根据协议内容制作判决书”。这是考虑到充分保护无民事行为能力人的合法权益而作出的特别规定。

仲裁案件的异议

296. 仲裁机构、案外人能否申请撤销仲裁裁决

问：仲裁机构、案外人能否申请撤销仲裁裁决？

答：对于撤销裁决的申请主体，《仲裁法》第五十八条规定："当事人提出证据证明裁决有下列情形之一的，可以向仲裁委员会所在地的中级人民法院申请撤销裁决：（一）没有仲裁协议的；（二）裁决的事项不属于仲裁协议的范围或者仲裁委员会无权仲裁的；（三）仲裁庭的组成或者仲裁的程序违反法定程序的；（四）裁决所根据的证据是伪造的；（五）对方当事人隐瞒了足以影响公正裁决的证据的；（六）仲裁员在仲裁该案时有索贿受贿，徇私舞弊，枉法裁决行为的。人民法院经组成合议庭审查核实裁决有前款规定情形之一的，应当裁定撤销。人民法院认定该裁决违背社会公共利益的，应当裁定撤销。"从上述规定看，仲裁委员会申请撤销仲裁裁决无法律依据，况且其作为仲裁裁决的主体，不能再作为撤销其裁决的申请人。案外

人，是专指除当事人以外，其法律上的权益因执行行为而可能受到侵害的人，即与执行标的有利害关系的人。由于《仲裁法》第五十八条仅将申请撤销仲裁裁决的权利赋予当事人而未授予案外人，故依据现行法律其也不能成为申请撤销仲裁裁决的主体。

但案外人可以选择向法院申请对仲裁裁决或仲裁调解书不予执行。最高人民法院《关于人民法院办理仲裁裁决执行案件若干问题的规定》（法释〔2018〕5号）明确了案外人向人民法院申请不予执行仲裁裁决或者仲裁调解书的权利。具体而言，第九条规定："案外人向人民法院申请不予执行仲裁裁决或者仲裁调解书的，应当提交申请书以及证明其请求成立的证据材料，并符合下列条件：（一）有证据证明仲裁案件当事人恶意申请仲裁或者虚假仲裁，损害其合法权益；（二）案外人主张的合法权益所涉及的执行标的尚未执行终结；（三）自知道或者应当知道人民法院对该标的采取执行措施之日起三十日内提出。"第十八条规定："案外人根据本规定第九条申请不予执行仲裁裁决或者仲裁调解书，符合下列条件的，人民法院应当支持：（一）案外人系权利或者利益的主体；（二）案外人主张的权利或者利益合法、真实；（三）仲裁案件当事人之间存在虚构法律关系，捏造案件事实的情形；（四）仲裁裁决主文或者仲裁调解书处理当事人民事权利义务的结果部分或者全部错误，损害案外人合法权益。"

297. 因仲裁当事人恶意串通、骗取仲裁裁决损害案外人利益时，对案外人如何救济

问：因仲裁当事人恶意串通、骗取仲裁裁决损害案外人利益时，

对案外人如何救济?

答：因仲裁当事人恶意串通、骗取仲裁裁决损害案外人利益时，需根据案外人是否直接反对仲裁裁决的内容判断。《民事诉讼法》第二百三十八条规定："执行过程中，案外人对执行标的提出书面异议的，人民法院应当自收到书面异议之日起十五日内审查，理由成立的，裁定中止对该标的的执行；理由不成立的，裁定驳回。案外人、当事人对裁定不服，认为原判决、裁定错误的，依照审判监督程序办理；与原判决、裁定无关的，可以自裁定送达之日起十五日内向人民法院提起诉讼。"此处虽将异议对象指向"判决、裁定"，但应解释为所有合法的执行根据。仲裁裁决书与仲裁调解书都是法定的执行根据，故可以被包括在内。不过，仲裁裁决书与调解书的特殊之处在于，不能进行审判监督程序，只能由法院撤销或裁定不予执行。

对于案外人而言，如果其异议无关原仲裁裁决书或调解书，仅是认为基于裁决内容而对相应执行标的进行的执行影响其权益，则可依据《民事诉讼法》第二百三十八条提起案外人异议之诉；而如果其对于仲裁裁决书或仲裁调解书内容有异议，则应根据最高人民法院《关于人民法院办理仲裁裁决执行案件若干问题的规定》(法释〔2018〕5号)第九条规定了案外人应向人民法院申请不予执行仲裁裁决或者仲裁调解书。对于后者，法院将根据案外人提供的申请书和证据进行审查，如果认定符合下列条件，则支持案外人的不予执行申请：(1)案外人系权利或者利益的主体；(2)案外人主张的权利或者利益合法、真实；(3)仲裁案件当事人之间存在虚构法律关系，捏造案件事实的情形；(4)仲裁裁决主文或者仲裁调解书处理当事人民事权利义务的结果部分或者全部错误，损害案外人合法权益。如人民法院裁定驳回或者不予受理案外人提出的不予执行仲裁裁决、仲裁调解书申请，案外人不服的，可以自裁定送达之日起十日内向上一级人民法院申请复议。

前述司法解释第十八条规定："案外人根据本规定第九条申请不予执行仲裁裁决或者仲裁调解书，符合下列条件的，人民法院应当支持：(一) 案外人系权利或者利益的主体；(二) 案外人主张的权利或者利益合法、真实；(三) 仲裁案件当事人之间存在虚构法律关系，捏造案件事实的情形；(四) 仲裁裁决主文或者仲裁调解书处理当事人民事权利义务的结果部分或者全部错误，损害案外人合法权益。"因此，仲裁当事人恶意串通、骗取仲裁裁决损害案外人利益时，其存在虚构法律关系、捏造案件事实的情形，作为合法权益主体的案外人，如认为该仲裁裁决书或调解书损害自己利益，可向法院做出不予执行的申请。

再审

298. 当事人对再审判决能否申请再审

问：王某和李某就借款合同产生争议，王某作为债权人向人民法院起诉。该案件经过两审终结。在二审判决作出后，债务人李某认为二审判决有误，申请再审。人民法院受理了李某的再审申请并作出了再审判决。再审判决作出后，债权人王某对再审判决不服，此时王某能否向法院申请再审？

答：不能。《民事诉讼法》第二百一十条规定："当事人对已经发生法律效力的判决、裁定，认为有错误的，可以向上一级人民法院申请再审；当事人一方人数众多或者当事人双方为公民的案件，也可以向原审人民法院申请再审。当事人申请再审的，不停止判决、裁定的执行。"该条规定所称的当事人是案件的全部当事人，也就是说，上诉人和被上诉人等案件当事人针对已经发生法律效力的一审或二审判决、裁定，均依法享有申请再审的权利。一方当事人在法定期间内申请再审，另一方当事人在法定期间内未提出再审申请的，在审判监督程序终结后，所有当事人针对该已经发生法律效力的一审或二审判决、裁定申请再审的诉讼程序权利已经消灭，并不会因另一方未在法定期间内行使申请再审的权利而为其另行保留一次向作出再审裁判法院申请再审的权利。因此，一旦再审判决作出后，双方当事人均不享有申请再审的权利。此外，最高人民法院《关于适用〈中华人民共和国民事诉讼法〉的解释》第三百八十一条第一款规定："当事人申请再审，有下列情形之一的，人民法院不予受理：……（二）对再审判决、裁定提出申请的……"据此可知，司法解释明确规定了法院不予受理当事人对再审判决提出的再审申请。法院针对一方当事人的再审申请，经过审查，裁定进入再审程序的，虽然再审程序是按照第二审程序审理的，但所形成的法律文书并非二审判决，而是再审判决，两者因所处的诉讼程序不同而性质有别。此时，由于当事人相应诉讼权利所指向的对象是再审判决而非二审判决，当事人只能根据《民事诉讼法》第二百二十条第一款的规定，"有下列情形之一的，当事人可以向人民检察院申请检察建议或者抗诉：……（三）再审判决、裁定有明显错误的"，向检察院申请提出检察建议或者抗诉。因此，在本案中，对于法院作出的再审判决，债权人王某不得提出再审申请；若再审判决确有错误的，王某可以向检察院申请提出检察建议或者抗诉。

299. 通过一审程序再审后作出的裁判，当事人上诉后，对该二审裁判能否申请再审

问：秦某与李某发生纠纷诉至法院，一审裁判作出后，双方均未上诉，一审裁判生效。后秦某向一审法院申请再审，一审法院启

动再审程序并作出了驳回起诉的裁定。秦某提起上诉，二审法院经审理作出了维持原裁定的裁判。此时对该二审裁定，秦某能否直接向法院申请再审？如果不能，秦某能否根据《民事诉讼法》第二百二十条第一款的规定向检察机关申请抗诉？

答：秦某可以对该二审裁定申请再审。对于该问题，司法实务中存在两种意见：第一种意见认为，《民事诉讼法》第二百二十条第一款规定："有下列情形之一的，当事人可以向人民检察院申请检察建议或者抗诉：……（三）再审判决、裁定有明显错误的。"虽经一审法院再审并作出再审裁判，但因当事人提起上诉启动二审程序，二审法院经审理作出终审裁判，该二审裁判未经过再审程序，不属于《民事诉讼法》第二百二十条第一款第三项规定的再审裁判，因此，当事人可以对该裁判申请再审。第二种意见认为，一审判决生效后，原审法院依照审判监督程序启动再审后作出的一审、二审裁判，应属于再审裁判范畴。

我们认为，2012年《民事诉讼法》修改增加第二百零九条[①]的目的是解决当事人不断申请再审、重复申诉的问题，总的立法精神就是因当事人针对生效裁判申请再审，就启动一次。如果当事人不服再审裁判则可寻求检察监督。

再审程序依据原审程序确定，如原审适用一审程序，则再审也同样适用一审程序，作出裁判后可以上诉。但该上诉引起的二审仍旧是再审诉讼的一部分，而不是单独的二审程序。二审作出的裁判也应同样属于再审裁判。因此，就一审判决生效后，经一审法院启动再审程序作出驳回起诉的裁定，当事人提起上诉，对二审作出维持原裁定的生效民事裁判而言，如允许当事人再就该裁定申请再审，则实际将再次挑战原再审裁判。因此，当事人不能再就此裁定申请

---

① 现为《民事诉讼法》第二百二十条。

再审。当事人秦某应就该裁判寻求检查监督救济。

300. 再审案件中原审当事人诉讼地位应如何列明

问：审判实践中，对再审案件如何列明除再审申请人、被申请人之外的原审当事人诉讼地位一直存有争论，有观点认为，应当依次列明其在一审、二审中的诉讼地位，请问这种做法是否正确？

答：再审程序针对的是业已发生法律效力的法律文书，再审案件的当事人分为再审申请人、被申请人和除再审申请人与被申请人之外的原审当事人。在针对发生法律效力的一审法律文书进行再审的案件中，再审申请人、被申请人之外的原审当事人，列明其一审诉讼地位即可。在针对二审法律文书进行再审的案件中，再审申请人、被申请人之外的原审当事人，应首先列明其二审诉讼地位（如二审上诉人或二审被上诉人），并在括号中注明其一审诉讼地位（如一审被告、一审原告或一审第三人）。最高人民法院《关于适用〈中华人民共和国民事诉讼法〉的解释》第三百一十七条规定："必要共同诉讼人的一人或者部分人提起上诉的，按下列情形分别处理：（一）上诉仅对与对方当事人之间权利义务分担有意见，不涉及其他共同诉讼人利益的，对方当事人为被上诉人，未上诉的同一方当事人依原审诉讼地位列明；（二）上诉仅对共同诉讼人之间权利义务分担有意见，不涉及对方当事人利益的，未上诉的同一方当事人为被上诉人，对方当事人依原审诉讼地位列明；（三）上诉对双方当事人之间以及共同诉讼人之间权利义务承担有意见的，未提起上诉的其他当事人均为被上诉人。”根据该条确立的原则，前述当事人的诉讼地位依原审诉讼地位确定，而该“原审”应当理解为距离再审程序最近的诉讼程序，即二审程序。若该当事人在二审程序中既非上诉人亦非被上诉人，则因其在二审程序中依原审诉讼地位分别可能列明为原审原告、原审被告、原审第三人，故其在相对于一审程序、二审程序的审判监督程序中的诉讼地位亦应相应地分别列明为一审原告、一审被告、一审第三人。

301. 当事人申请再审被作出终审判决的人民法院驳回后，上一级人民检察院向其同级人民法院抗诉后，该院是否应当依照《民事诉讼法》的规定裁定再审等问题

问：二审法院驳回当事人的再审申请后，上一级人民检察院向其同级人民法院提起抗诉，该院是否应当依照《民事诉讼法》的规定在30日内裁定再审？如果原来驳回当事人再审申请的裁定是由作出终审判决法院的上一级人民法院作出的，人民检察院抗诉后，是否应当由接受抗诉的该上一级人民法院提审？

答：关于作出终审判决的人民法院驳回当事人的再审申请后，上一级人民检察院向其同级人民法院提起抗诉，该院是否应当依照《民事诉讼法》的规定在30日内裁定再审的问题。我国《民事诉讼法》授权人民检察院对民事案件进行抗诉的立法目的，就是以国家公权力介入的方式，纠正人民法院审理民事案件出现的程序性、

实体性错误，以维护当事人的合法权益。因此，《民事诉讼法》第二百二十二条规定，人民检察院提出抗诉的案件，接受抗诉的人民法院应当自收到抗诉书之日起30日内作出再审的裁定。法院不能以任何一级人民法院曾经驳回过同一案件当事人的再审申请为理由，拒绝再审。但是，法院仍需对检察院提出的抗诉进行形式审查，以确保抗诉本身形式合法，抗诉所针对的裁判符合再审的条件。根据《关于适用〈中华人民共和国民事诉讼法〉的解释》的规定，法院在法定期限内对检察院的抗诉主要应当审查四项内容：第一，抗诉是否有必要的材料，检察院移送的抗诉卷宗除了抗诉书，还应当包括当事人的申请书和相关证据材料等；第二，抗诉的裁判是否具有可抗诉性，一般而言，有诉的内容的判决、裁定才能通过再审程序纠正错误；第三，抗诉书中是否援引了法定再审事由；第四，该案是否已经由法院裁定驳回或逾期对再审申请作出裁定。

关于人民法院抗诉后裁定再审，是否应当提审的问题。《民事诉讼法》第二百二十二条规定："……有本法第二百零七条第一项至第五项规定情形之一的，可以交下一级人民法院再审，但经该下一级人民法院再审的除外。"也就是说，除了因出现重大新证据、缺乏证据、伪证、未经质证等证据问题而裁定再审的案件可交下一级人民法院再审，原则上抗诉后裁定再审的案件应当由接受抗诉的人民法院提审。

302. 再审审查阶段认定新证据"足以推翻"原判决、裁定的标准

问：根据《民事诉讼法》第二百一十一条第一项，"有新的证据，足以推翻原判决、裁定的"，才符合再审的条件，认定新证据"足以

推翻”原判决、裁定应当采取何种标准？

答：根据最高人民法院《关于适用〈中华人民共和国民事诉讼法〉的解释》第三百八十五条第一款的规定，“再审申请人提供的新的证据，能够证明原判决、裁定认定基本事实或者裁判结果错误的，应当认定为民事诉讼法第二百零七条[①]第一项规定的情形”。关于在再审审查阶段如何把握“足以推翻”的标准，实务中有两种做法：一是采取必然性标准，即再审后必须改变原裁判；二是采取盖然性标准，即该证据可能推翻原裁判。我们认为，再审审查程序和再审审理程序是审判监督程序中两个相对独立的阶段，再审审查程序的目的是决定是否启动再审审理程序，再审审理程序则是对案件作出实体裁判。目的、任务的不同，决定了再审审查与再审审理所采取的审查标准也存在重大区别。不能用再审审理的功能取代再审审查的功能，也不能用再审审理的目的取代再审审查的目的，否则就是将保障当事人申请再审的权利与维护生效裁判的既判力截然对立起来，否认再审审查所具有的独特程序功能。因此，在再审审查阶段，对“足以推翻”的把握，宜以高度盖然性为标准，而不能要求新证据必须推翻原裁判，否则很可能导致应该再审的案件没有进入再审或者再审审理程序形式化。

303. 再审发回重审案件的性质及审理范围

问：案件再审裁定撤销原判决、裁定发回重审，是否适用普通一审程序？案件的审理范围是否等同于全新的一审案件？

---

① 现为《民事诉讼法》第二百一十一条。

答：再审发回重审与按照第一审程序的再审不同。前者即人民法院对该案所作出的所有裁判已被全部撤销，当事人的诉讼争端回到原第一审宣判前的状况，原审当事人的起诉地位恢复，由一审法院对当事人之间的争议重新进行审理；后者是在原生效裁判没有被撤销的情形下，对该案件再次审理，当事人的再审请求不能超出原审。有观点认为，再审发回重审的案件虽然撤销原一审、二审判决，但毕竟是曾有过生效判决的，根据程序不可逆的基本原理，适用再审之后诉讼程序的都是再审案件；也有观点认为，发回重审的案件视同全新案件，适用普通一审程序。我们认为，发回重审案件的定性关系到对于相关程序问题的理解与适用，目前一般认为，基本可参照普通一审程序审理。对于审理范围，有观点认为，发回重审的案件完全等同于全新的一审案件，允许变更、增加诉讼请求而有观点认为，再审发回重审的后果应当不能重于不发回的再审改判，即不允许当事人变更、增加诉讼请求。我们认为，对当事人的诉讼请求不该允许或一概不允许其增加或变更，都不利于案件的公正处理。最高人民法院《关于适用〈中华人民共和国民事诉讼法〉审判监督程序若干问题的解释》原本在第三十三条第二款中将发回重审的案件完全等同于全新的一审案件。但该条已经于2020年经最高人民法院《关于修改〈最高人民法院关于人民法院民事调解工作若干问题的规定〉等十九件民事诉讼类司法解释的决定》（法释〔2020〕20号）中被删除。因此，对于再审发回重审案件的审理范围，应依照最高人民法院《关于适用〈中华人民共和国民事诉讼法〉的解释》第二百五十二条规定，“再审裁定撤销原判决、裁定发回重审的案件，当事人申请变更、增加诉讼请求或者提出反诉，符合下列情形之一的，人民法院应当准许：（一）原审未合法传唤缺席判决，影响当事人行使诉讼权利的；（二）追加新的诉讼当事人的；（三）诉讼标的物灭失或者发生变化致使原诉讼请求无法实现的；（四）当事人申请变更、增加的诉讼请求或者提出的反诉，无法通过另诉解决的”的规定处理。

304. 申请抗诉的当事人在人民法院审查期间请求撤诉的，人民法院应当如何处理

问：申请抗诉的当事人在人民法院审查期间请求撤诉的，人民法院应当如何处理？

答：《民事诉讼法》第二百二十二条规定，人民检察院提出抗诉的案件，接受抗诉的人民法院应当自收到抗诉书之日起30日内作出再审的裁定。对于检察机关提出抗诉之前或者之后，在法院裁定再审之前，当事人和解或者撤诉的如何处理，根据最高人民检察院民事行政检察厅《关于人民检察院办理民事行政案件撤回抗诉的若干意见》第二条的规定，不论是否已提出抗诉，只要在人民法院裁定再审之前，检察机关就应当终止审查或者撤回抗诉。

最高人民法院《关于适用〈中华人民共和国民事诉讼法〉审判监督程序若干问题的解释》第二十三条第一款、第二款对抗诉再审后出现相关情形时可以裁定终结再审诉讼作出了规定：“申请再审人在再审期间撤回再审申请的，是否准许由人民法院裁定。裁定准许的，应终结再审程序。申请再审人经传票传唤，无正当理由拒不到庭的，或者未经法庭许可中途退庭的，可以裁定按自动撤回再审申请处理。人民检察院抗诉再审的案件，申请抗诉的当事人有前款规

定的情形，且不损害国家利益、社会公共利益或第三人利益的，人民法院应当裁定终结再审程序；人民检察院撤回抗诉的，应当准予。”但是，该司法解释对受理审查抗诉案件时，遇到前述情形，检察机关出于种种原因不撤回抗诉的如何处理没有作出规定。

我们认为，当事人有权在法律规定的范围内处分自己的民事权益和诉讼权利。申请抗诉的当事人在人民法院审查期间请求撤诉，其撤诉申请意思表示真实，且不损害国家利益、社会公共利益或第三人利益的，应当依法准许。鉴于检察机关提出抗诉的目的是启动再审程序，而申请抗诉的当事人已明确表示放弃继续通过再审程序主张权利，检察机关提出抗诉的基础已不存在，故已无裁定进入再审的必要，可依照《民事诉讼法》第一百五十七条第一款“裁定适用于下列范围：……（十一）其他需要裁定解决的事项”的规定，裁定终结审查。

305. 一方当事人申请再审后，被申请人及原审其他当事人另行提出再审请求，应如何处理

问：一方当事人申请再审，再审程序开始后，庭审辩论结束前，被申请人及原审其他当事人另行提出再审请求，应如何处理？

答：对于该问题，以往实践中做法不一。有的法院不予受理，有的作为另案再次审查，有的直接裁定并案处理。对此，最高人民法院《关于适用〈中华人民共和国民事诉讼法〉的解释》第四百零三条第二款规定：“被申请人及原审其他当事人在庭审辩论结束前

提出的再审请求，符合民事诉讼法第二百一十二条[①]规定的，人民法院应当一并审理。”《民事诉讼法》第二百一十六条规定：“当事人申请再审，应当在判决、裁定发生法律效力后六个月内提出；有本法第二百零七条第一项、第三项、第十二项、第十三项规定情形的，自知道或者应当知道之日起六个月内提出。”这是对当事人申请再审期间的规定。

因此，如果被申请人或原审其他当事人提出的请求符合当事人申请再审的条件，特别是当事人申请再审的期间条件，人民法院就应直接将该请求纳入再审审理范围，并作出裁判，不需要针对该申请另作出一份提起再审的裁定。

这种处理方法的正当性在于：第一，平等保护各方当事人申请再审的权利；第二，如果不允许被申请人及其他当事人提出再审请求，其就失去了再审救济的机会，而最多只能向检察机关申请监督，明显不公；第三，在生效裁判已经进入再审的情况下，应避免因重复立案进行再审审查而出现对同一裁判的二次或多次中止执行，避免出现多个矛盾的审查或审理结果；第四，将再审请求纳入同一再审程序中进行审理，可以避免被申请人或其他当事人以申请再审为由拖延再审案件的审理；第五，有利于节约诉讼资源，符合 2012 年《民事诉讼法》基本确立的有限再审原则。

306. 检察院对生效判决、裁定提出抗诉，法院是否有权审查

问：《民事诉讼法》第二百二十二条规定：“人民检察院提出抗诉的案件，接受抗诉的人民法院应当自收到抗诉书之日起三十日内

① 现为《民事诉讼法》第二百一十六条。

作出再审的裁定；有本法第二百零七条第一项至第五项规定情形之一的，可以交下一级人民法院再审，但经该下一级人民法院再审的除外。”这一规定是否意味着法院对于检察院的抗诉只能作出再审的裁定，不能进行审查？

答：检察院依法向法院提出抗诉，法院原则上应当及时裁定再审；但司法实践表明，法院对检察机关的抗诉作出一定的形式审查仍是必要的。对此，最高人民法院《关于适用〈中华人民共和国民事诉讼法〉的解释》（本文以下简称《民诉解释》）第四百一十五条规定："人民检察院依当事人的申请对生效判决、裁定提出抗诉，符合下列条件的，人民法院应当在三十日内裁定再审：（一）抗诉书和原审当事人申请书及相关证据材料已经提交；（二）抗诉对象为依照民事诉讼法和本解释规定可以进行再审的判决、裁定；（三）抗诉书列明该判决、裁定有民事诉讼法第二百一十五条[①]第一款规定情形；（四）符合民事诉讼法第二百一十六条[②]第一款第一项、第二项规定情形。不符合前款规定的，人民法院可以建议人民检察院予以补正或者撤回；不予补正或者撤回的，人民法院可以裁定不予受理。”

根据《民诉解释》的规定，法院在法定期限内对检察院的抗诉主要应当审查四项内容：第一，抗诉是否有必要的材料，检察院移送的抗诉卷宗除了抗诉书，还应当包括当事人的申请书和相关证据材料等；第二，抗诉的裁判是否具有可抗诉性，一般而言，有诉的内容的判决、裁定才能通过再审程序纠正错误；第三，抗诉书中是否援引了法定再审事由；第四，该案是否已经由法院裁定驳回或逾期对再审申请作出裁定。

---

① 现为《民事诉讼法》第二百一十九条。

② 现为《民事诉讼法》第二百二十条。

需要明确的是，接受抗诉的法院一般应当裁定再审，《民诉解释》第四百一十七条规定的审查在性质上是形式审查，并没有改变《民事诉讼法》第二百二十二条的规定。由法院对抗诉案件进行必要的形式审查，是司法实务的需要，也有利于避免检察机关抗诉中可能出现的差误的影响，从整体上维护司法机关的公信力。

307. 人民检察院对驳回当事人再审申请的裁定能否抗诉

问：根据《民事诉讼法》的规定，当事人对已经发生法律效力的判决、裁定，认为有错误的，可以向人民法院申请再审。人民法院经审查认为再审申请不符合《民事诉讼法》规定的，裁定驳回申请。对于驳回当事人再审申请的裁定，人民检察院能否提出抗诉？

答：驳回当事人再审申请的裁定不能成为抗诉的对象。最高人民法院、最高人民检察院《关于对民事审判活动与行政诉讼实行法律监督的若干意见（试行）》（高检会〔2011〕1号）第八条前段规定，人民法院裁定驳回再审申请后，当事人又向人民检察院申诉的，人民检察院对驳回再审申请的裁定不应当提出抗诉。

该规定的理由在于，裁定是《民事诉讼法》规定的对程序事项进行处理后使用的文书，不涉及当事人的实体权利，因此，没有既判力，一般不适用审判监督程序进行救济。例外是不予受理和驳回起诉的裁定，由于其效果涉及当事人的基本诉权，故有必要特别保护。因此，最高人民法院《关于适用〈中华人民共和国民事诉讼法〉的解释》（本文以下简称《民诉解释》）第四百一十二条将人民检察院可以抗诉的裁定限定为驳回起诉、不予受理的裁定。可见，裁定原则上是不应适用审判监督程序的。驳回当事人再审申请的裁定的主要功能是终结审查程序，对当事人的实体民事权利不产生既判力和执行力，并无特殊保护的必要，故不能适用再审程序，人民检察院也就没有对其提出抗诉的空间。

如果原生效裁判确实存在应当再审的情形，人民检察院应当对原审裁判提起抗诉。《民诉解释》第四百一十六条规定："当事人的再审申请被上级人民法院裁定驳回后，人民检察院对原判决、裁定、调解书提出抗诉，抗诉事由符合民事诉讼法第二百零七条[①]第一项至第五项规定情形之一的，受理抗诉的人民法院可以交由下一级人民法院再审。"

308. 案外人同时符合第三人撤销之诉和案外人申请再审的条件时，如何选择救济方式

问：第三人撤销之诉和案外人申请再审都是民事诉讼程序中案外第三人权利受损时的救济途径，它们的关系如何？案外人同时符合第三人撤销之诉和案外人申请再审的条件时，应如何救济？

答：《民事诉讼法》第二百三十八条规定，执行过程中，案外人对执行标的提出书面异议，对人民法院驳回其异议的裁定不服，认为原判决、裁定错误的，依照审判监督程序办理。这是对案外人申请再审的规定。对于第三人撤销之诉，《民事诉讼法》第五十九条第

① 现为《民事诉讼法》第二百一十一条。

三款前段规定，前两款规定的第三人，因不能归责于本人的事由未参加诉讼，但有证据证明发生法律效力的判决、裁定、调解书的部分或者全部内容错误，损害其民事权益的，可以自知道或者应当知道其民事权益受到损害之日起六个月内，向作出该判决、裁定、调解书的人民法院提起诉讼。这两种救济途径的原因均是认为原判决、裁定有错误，案外第三人的民事权益受到了损害。因此，有条件申请再审的案外人确实可能同时符合第三人撤销之诉的条件。

需要明确的是：第一，案外人同时符合第三人撤销之诉和案外人申请再审的条件时，只能选择其中一种程序，而不能在一种救济途径结束之后，再寻求另一种救济。这一立场的主要依据是救济程序应当有限，原则上，对同一情形只能适用同一救济程序。第二，案外人只能按照启动程序的先后选择相应的救济程序，而不能任意选择其中一种。具体而言，根据最高人民法院《关于适用〈中华人民共和国民事诉讼法〉的解释》第三百零一条，第三人提起撤销之诉后，未中止生效判决、裁定、调解书执行的，执行法院对第三人依照《民事诉讼法》第二百三十八条规定提出的执行异议,应予审查。第三人不服驳回执行异议裁定，申请对原判决、裁定、调解书再审的，人民法院不予受理。而如果案外人对人民法院驳回其执行异议裁定不服，认为原判决、裁定、调解书内容错误损害其合法权益的，应当根据《民事诉讼法》第二百三十八条规定申请再审，提起第三人撤销之诉的，人民法院不予受理。

因此，一旦案外人先向执行法院提起执行异议，则只能依据《民事诉讼法》第二百三十八条的规定，向作出原判决、裁定、调解书的人民法院申请再审。如果案外人先启动了第三人撤销之诉，在执行程序中又提出执行异议，也不能再申请再审，第三人撤销之诉的程序继续进行。这样处理有利于避免出现程序上的扯皮现象，提高诉讼效率，也便于当事人诉讼和法院审理。

309. 检察院能否以抗诉或再审检察建议作出“二次监督”

问：*在检察院采取了抗诉或再审检察建议，法院进行了再审审理和裁判后，检察院是否还能够再次提出要求法院再审的监督？*

答：抗诉与再审检察建议是检察院对法院的生效判决书、裁定书、调解书进行监督的两种方式。在这两种方式的组合下，检察院“二次监督”的情形比较复杂，应当分别考察：

第一，对于上级检察院的二次抗诉，法律并无限制。考虑到如果上级法院因检察院的抗诉，按照《民事诉讼法》第二百二十二条的规定将案件交下一级法院再审，那么该上级法院并未对案件进行实体审理。在这种情况下，原提出抗诉的检察院仍有权再次提出抗诉，法院应予受理。

第二，对于同一检察院的二次再审检察建议，法院可以不予受理，但出于在形式上减少分歧的考虑，不妨直接按前一次的处理结果予以答复。

第三，抗诉可以成为再审检察建议的“二次监督”方式。《民事诉讼法》第二百一十九条规定，检察院提出再审检察建议应“报上级人民检察院备案”，我们认为，该规定隐含着抗诉可以成为再审检察建议的再次监督手段的含义。

第四，法院对抗诉案件经过审理作出再审裁判后，如果同级检察院再次提出再审建议，法院应当尊重本院的再审结论，直接以该结论回复检察院。

总之，应当可以进行“二次监督”的一般都是上级检察院，除这种情况外，同一检察院只能提一次监督。需要注意的是，如果“二次监督”是对再审判决提出的，则还应当符合《民事诉讼法》第二百二十条第一款第三项“再审判决、裁定有明显错误的”的标准。

公示催告程序

310. 公示催告程序中，公告期间届满日应如何确定

问：现有一张银行承兑汇票，出票日期为2019年2月1日，付款提示期限为6个月。票据持有人于2019年2月27日遗失该票据，后向法院申请公示催告。该法院经审查受理了申请，并于2019年3月1日发出公告，请问公告期间届满日应如何确定？

答：最高人民法院《关于适用〈中华人民共和国民事诉讼法〉的解释》第四百四十七条规定："公告期间不得少于六十日，且公示催告期间届满日不得早于票据付款日后十五日。"需要注意的是，本条规定中的"票据付款日"是指"票据提示付款期限届满日"。

规定"公示催告期间届满日不得早于票据付款日后十五日"的原因在于：第一，银行承兑汇票等商业汇票的付款提示期限较长，如果持票人在出票后不久就丧失票据，申请公示催告，由于当时的时间距离提示付款期限届满日还较远，法院受理并公告后，合

法持票人可能不会注意到公示催告的存在，也就不会申报权利。如果公告期间过短，可能导致法院因无人申报而早早作出除权判决。这样，合法持票人在提示付款时，就会因票据被认定无效而无法持票行使票据权利。第二，如果除权判决公告日过分早于票据付款期限，就会导致申请人在丧失票据后实现票据权利的时间反而可以早于未丧失票据时行使权利的时间，这不利于保护付款人的期限利益。

因此，在确定公示催告期间时，“六十日”和“票据付款日后十五日”两个因素缺一不可：如果“票据付款日后十五日”早于“六十日”，则公示催告期间不能少于“六十日”；如果“票据付款日后十五日”晚于“六十日”，则公示催告期间不能早于“票据付款日后十五日”。

问题中的银行承兑汇票的付款提示期限届满日为2019年8月1日。对于这种付款提示期限届满日长于60日的情况，公告期间届满日应不早于票据付款日后15日，即不得早于2019年8月15日。

311. 适用公示催告程序，是否仅限于票据“被盗、遗失或者灭失”三种情形

问：《民事诉讼法》第二百二十九条第一款规定：“按照规定可以背书转让的票据持有人，因票据被盗、遗失或者灭失，可以向票据支付地的基层人民法院申请公示催告。依照法律规定可以申请公示催告的其他事项，适用本章规定。”最高人民法院《关于适用〈中华人民共和国民事诉讼法〉的解释》第四百四十二条规定：“民事诉

讼法第二百二十五条规定的票据持有人，是指票据被盗、遗失或者灭失前的最后持有人。”然而，票据丧失的可能原因还有很多，因被盗、遗失或者灭失之外的原因失票的最后持有人，还能否通过公示催告程序获得救济？

答：我国《票据法》第十五条和司法解释都没有明确列出票据丧失的具体情形，结合现有规定，公示催告的法定事由应理解为票据最后合法持有人因意志以外的原因导致可背书转让的票据脱离其有效控制下落不明。因此，我们认为，对于司法实务中存在的因被抢劫、抢夺、欺诈、胁迫丧失票据的，并非一概不能适用公示催告程序，而可以根据个案的情形进行裁量。

需要明确的是，公示催告程序处理的是票据被不特定人占有的情形，没有特定的相对人。因此，在各种失票情形下，如果失票人知道票据下落，知道占有票据的特定主体，则应该向占有人提起返还票据之诉，而无须再通过公示催告督促不特定利害关系人申报权利。

对于其他失票情形，司法实务中存在如下观点：第一，在因被抢劫丧失票据的情况下，存在抢劫的人再将票据非法转让他人，损害失票人权利的可能，并且抢劫的人具有不特定性，因此，倾向于认为这种情况下的失票人可以申请公示催告。第二，对于因被胁迫丧失票据的情况，有观点认为，在实施胁迫的人为特定当事人，且票据并未被转让时，失票人可以直接请求返还票据，人民法院应当作为“票据返还请求权纠纷”受理。这种观点值得参考。第三，对于因被欺诈丧失票据的情况，存在不同观点。反对申请公示催告的观点认为：一方面，在被欺诈的情况下，利害关系人一般是明确的；另一方面，即使票据已经进入流通领域，由于票据的外观性特征，如果允许被欺诈的人申请公示催告并持除权判决行使票据权利，就会损害票据的流通性，也不利于保护善意第三人的权利。但也有观点认为，应根据是否知道票据下落，区分情况确定丧失票据的人能否申请公示催告。

312. 票据义务人能否成为公示催告程序的适格申请人

问：对于司法实践中一些将出票人、付款人等票据义务人认定为适格申请人的做法，存在不同观点。支持的观点认为，票据义务人失票，利益也可能受损，故有必要通过公示催告程序予以救济；反对的观点认为，公示催告程序的立法原意为保护真正权利人的利益，故票据义务人不应属于适格申请人。对此应如何认定？

答：对于适格申请人，最高人民法院《关于适用〈中华人民共和国民事诉讼法〉的解释》第四百四十二条规定：“民事诉讼法第二百二十五条[①]规定的票据持有人，是指票据被盗、遗失或者灭失前的最后持有人。”我们倾向于第一种观点，即作为最后持有人的票据义务人也可能成为公示催告程序的适格申请人。具体而言，对于出票人，包括已经完成票据记载事项但在交付给收款人之前丧失票据的出票人，已完成除授权补记事项外的其他绝对应记载事项但在交付给收款人之前丧失票据的出票人，已签章但未记载代理付款人的银行汇票丧失的出票人；对于付款人而言，包括已经付款，但持票人未在票据上记载“收讫”等字样并签名，付款人收回票据后又丧失票据的付款人。

① 现为《民事诉讼法》第二百二十九条。

原因在于：第一，我国《民事诉讼法》规定的公示催告的申请主体是“票据持有人”，从票据法理看，“持票人”不仅限于票据权利人，也包括因为各种原因持有票据的人。第二，票据义务人在一些情况下可能因为失票而遭受损失，有通过公示催告程序进行保护的必要。对于出票人而言，如果在填写票据的必要记载事项之后、把票据交付给收款人之前丧失票据，票据就仍有被其他人取得和转让的可能；对于付款人而言，若已付款，但票据尚未记载“收讫”等字样就丧失，付款人就有可能面临票据被善意持票人取得而需要重复付款的情况。出于保护以上票据义务人的考虑，我们倾向于认为，符合一定条件的票据义务人也可以成为申请公示催告的适格主体。

313. 恶意申请公示催告的救济

问：赵某将一批货物出卖给周某，周某以有效票据作为对价。在赵某持票要求付款行付款之前，周某伪造了票据丧失的事实申请公示催告，赵某对此不知情，未在有效期内申报权利。法院作出除权判决后，赵某在持票要求付款行付款时，被告知票据失效，此时赵某如何救济权利？

答：在除权判决作出后，赵某作为合法持票人的救济途径需要视付款行是否付款来讨论。

如果付款行尚未根据除权判决付款，此时赵某可以根据《民事诉讼法》第二百三十四条的规定，即“利害关系人因正当理由不能在判决前向人民法院申报的，自知道或者应当知道判决公告之日起一年内，可以向作出判决的人民法院起诉”，在法定期限内请求撤销除权判决，待票据恢复效力后再依法行使票据权利。如果付款行已经付款的，因恶意申请公示催告并持除权判决获得票款的行为损害了最后合法持票人赵某的权利，赵某作为最后合法持票人，可以请求申请人周某承担侵权损害赔偿责任。

此外，赵某作为最后合法持票人，也可以基于基础法律关系，即货物买卖合同法律关系向其直接前手周某退票并请求其直接前手周某另行给付基础法律关系项下的对价。换言之，赵某在票据失权时，可以根据货物买卖合同要求周某直接支付合同约定的价款。

图书在版编目(CIP)数据

民事审判实务问答 / 最高人民法院民事审判第一庭编. -- 北京：法律出版社,2021(2024.6 重印)
(民事审判指导丛书)
ISBN 978-7-5197-5081-7

Ⅰ. ①民… Ⅱ. ①最… Ⅲ. ①民事诉讼-审判-中国-问题解答 Ⅳ. ①D925.118.2-44

中国版本图书馆 CIP 数据核字(2020)第 210062 号

民事审判指导丛书

民事审判实务问答
MINSHI SHENPAN SHIWU WENDA

最高人民法院民事审判第一庭 编

策划编辑 薛 晗
责任编辑 赵明霞 田 浩
装帧设计 马 帅

出版发行 法律出版社
编辑统筹 法商出版分社
责任校对 杨锦华 周诗湄
责任印制 胡晓雅
经　　销 新华书店

开本 A5
印张 15.25 **字数** 342 千
版本 2022 年 7 月第 1 版
印次 2024 年 6 月第 13 次印刷
印刷 天津嘉恒印务有限公司

地址:北京市丰台区莲花池西里 7 号(100073)
网址:www.lawpress.com.cn
投稿邮箱:info@lawpress.com.cn
举报盗版邮箱:jbwq@lawpress.com.cn
销售电话:010-83938349
客服电话:010-83938350
咨询电话:010-63939796

书号:ISBN 978-7-5197-5081-7　　**定价**:88.00 元
凡购买本社图书,如有印装错误,我社负责退换。电话:010-83938349